U0593170

国家出版基金项目
NATIONAL PUBLICATION FOUNDATION

国家社会科学基金项目、全国艺术科学"十五"规划课题（01BF48）

欧亚历史文化文库

总策划 张余胜

兰州大学出版社

敦煌壁画艺术论

上册

丛书主编　余太山

李映洲　主编

图书在版编目(CIP)数据

敦煌壁画艺术论 / 李映洲主编. —兰州:兰州大学出版社,2013.8

(欧亚历史文化文库/余太山主编)

ISBN 978-7-311-04197-7

Ⅰ.①敦… Ⅱ.①李… Ⅲ.①敦煌壁画—研究 Ⅳ.①K879.414

中国版本图书馆 CIP 数据核字(2013)第 169128 号

总 策 划 张余胜

书　　名　敦煌壁画艺术论(上册)
丛书主编　余太山
作　　者　李映洲　主编
出版发行　兰州大学出版社　(地址:兰州市天水南路 222 号　730000)
电　　话　0931-8912613(总编办公室)　　0931-8617156(营销中心)
　　　　　0931-8914298(读者服务部)
网　　址　http://www.onbook.com.cn
电子信箱　press@lzu.edu.cn
印　　刷　兰州人民印刷厂
开　　本　700 mm×1000 mm　1/16
总 印 张　35(插页 37)
总 字 数　486 千
版　　次　2013 年 7 月第 1 版
印　　次　2013 年 7 月第 1 次印刷
书　　号　ISBN 978-7-311-04197-7
定　　价　148.00 元(上、下册)

(图书若有破损、缺页、掉页可随时与本社联系)
淘宝网邮购地址:http://lzup.taobao.com

▲ 图1-1 西域商队 420窟（隋代）

▲ 图1-2　耕获图　榆林25窟（中唐）

▲ 图1-3　飞天　39窟（盛唐）

▲ 图1-4　萨埵那跳崖饲虎　254窟（北魏）　　　▲ 图1-5　菩萨　334窟（初唐）

▲ 图2-1　萨埵太子本生故事图　428窟（北周）

▲ 图2-2　佛传故事图　290窟（北周）

4

▲ 图3-3　打铁酿酒图　榆林3窟（西夏）　　　　　▲ 图3-6　工匠制陶图　61窟（五代）

▲ 图4-1 菩萨图 57窟（初唐）

▲ 图4-2　宋国夫人出行图　156窟（晚唐）

▼ 局部

8

▲ 图4-7　飞天　39窟（盛唐）

▲ 图5-3 沙弥守戒自杀品（部分） 257窟（北魏）

▲ 图5-7 须摩提女缘品（部分） 257窟（北魏）

▲ 图5-8 须摩提女缘品（部分） 257窟（北魏）

▲ 图5-10 窟顶东坡 285窟（西魏）

10

▲ 图5-15 狩猎图 249窟（西魏）

▲ 图5-16　五百强盗成佛　285窟（西魏）

▲ 图5-17　佛传故事　290窟（北周）

◀ 图5-18　胡人驯马　290窟（北周）

▲ 图6-1 降服火龙 305窟（隋代）

▲ 图6-3 飞天 402窟（隋代）

▲ 图6-6 疏体画风 302窟（隋代）

13

▲ 图6-7 密体画风 419窟（隋代）

14

▲ 图6-9　维摩诘经变　220窟（初唐）

15

▲ 图6-10 维摩诘经变 220窟（初唐）

▲ 图6-12　佛教史迹画　323窟（初唐）

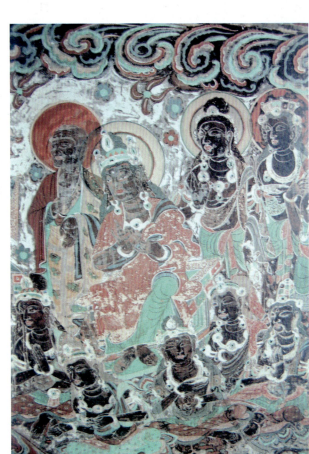

▶ 图6-15　说法图　328窟（盛唐）

图6-17 劳斗叉斗圣变 335窟（初唐）

▼ 图6-22 吐蕃赞普 159窟（中唐）

17

▲ 图6-23 维摩诘经变弟子品 159窟（中唐）

▲ 图6-25 女供养人 9窟（晚唐）

▲ 图7-1 外道信女 146窟（五代）

▲ 图7-4 回鹘公主出行图 100窟（五代）

▲ 图7-9 弥勒经变 55窟（宋代）

▲ 图7-19 欢喜金刚 465窟（元代）

21

▲ 图8-1 供养菩萨 401窟（初唐）

▲ 图8-5 供养菩萨 185窟（西魏）

▲ 图8-7　菩萨　404窟（隋代）

23

24

▲ 图8-9 菩萨 323窟（初唐）

▲ 图8-10　思维菩萨　71窟（初唐）

▲ 图8-11　菩萨　322窟（初唐）　　　　▲ 图8-14　文殊变　25窟（中唐）

▶ 图9-9　飞天　249窟（西魏）

▼ 图9-10　飞天　278窟（隋代）

▲ 图9-11 飞天 313窟（隋代）

◀ 图9-15 佛背光飞天 321窟（初唐）

31

▲ 图9-16　飞旋双飞天　172窟（盛唐）

图9-17 双飞天 320窟（盛唐）

▲

图9-18　飞天　158窟（中唐）

▲ 图9-20　飞天　61窟（五代）

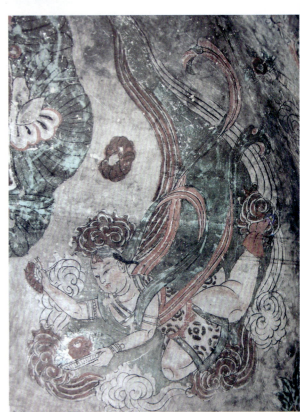

▶ 图9-22　童子飞天　97窟（西夏）

▲ 图9-24 金发飞天 3窟（元代）

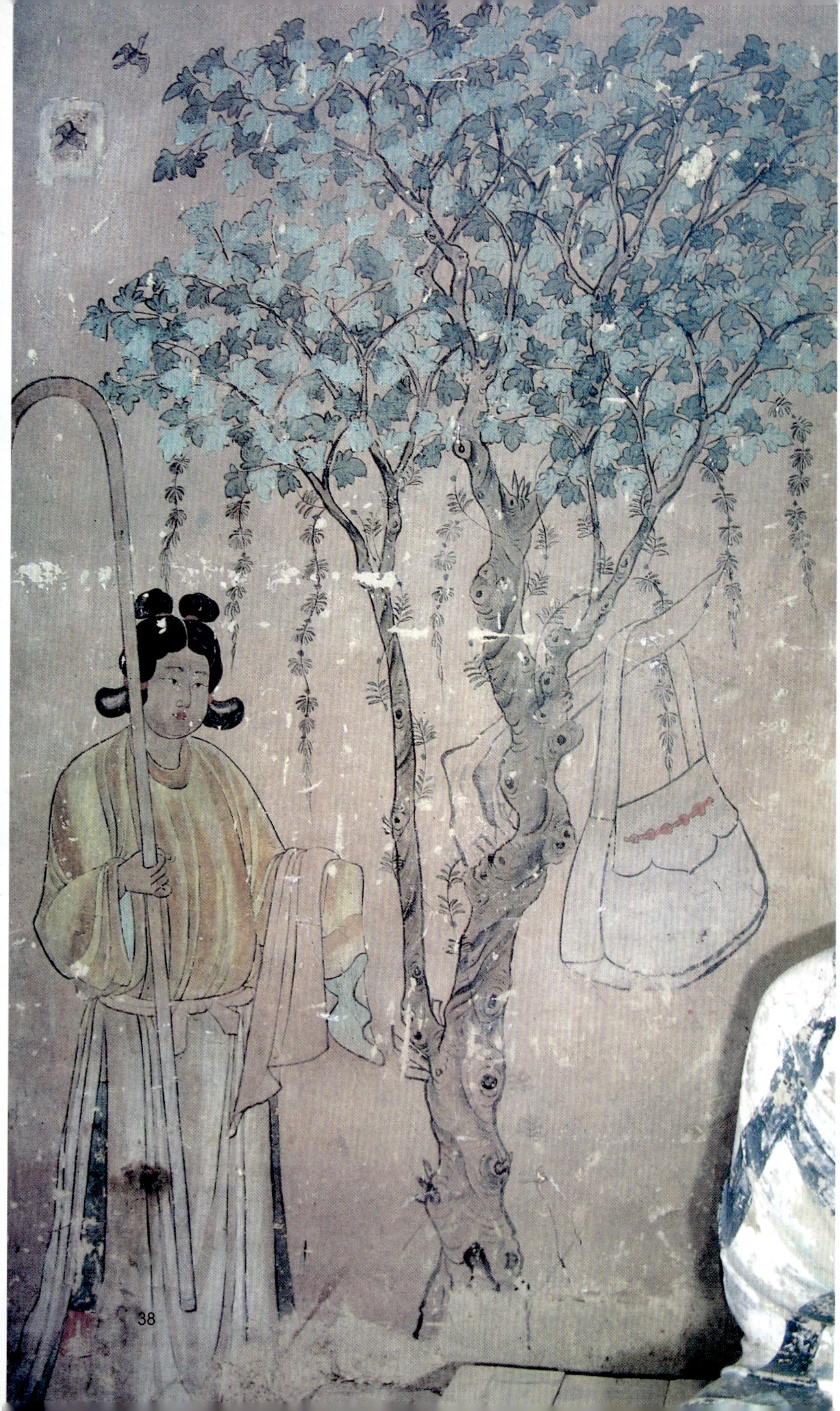

◀图10-11 近侍女 17窟（晚唐）

大朝大寶于阗國大聖大明天子

▲ 图10-12　于阗国王供养像　98窟（五代）

▲ 图10-13 于阗公主供养像 61窟（五代）

▲ 图10-14 曹议金出行图 409窟（五代）

▲ 图10-15　回鹘王　409窟（西夏）

▲ 图11-4　国王与大臣服饰　285窟（西魏）

▲ 图11-7　维摩诘　103窟（唐代）

▶ 图12-8 连环藻井 390窟（隋代）

▶ 图12-15 窟顶藻井 329窟（初唐）

▲ 图12-18　藻井　387窟（盛唐）

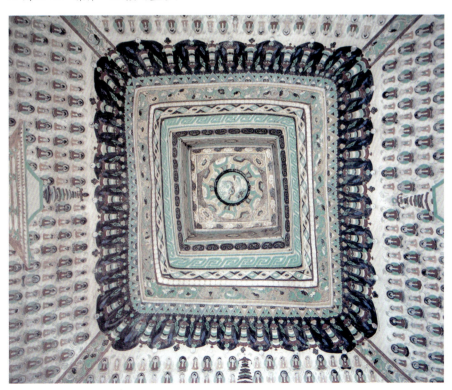

▲ 图12-19　窟顶藻井　360窟（中唐）

▲ 图12-29　五龙藻井　234窟（西夏）

▲ 图12-30　丹凤四龙藻井　16窟（西夏）

▲ 图13-3 受惊的野牛 249窟（西魏）

▶ 图13-4 山林动物图 285窟（西魏）

▲ 图13-5　山林动物图　285窟（西魏）

▲ 图13-8 莲上鹦鹉 45窟（初唐）

▲ 图13-20　马夫与马　431窟（初唐）

▲ 图13-23　骑马射猎　98窟（五代）

▲ 图13-25 翼马图 榆林10窟（西夏）

▲ 图13-26 群虎 301窟（北周）

55

▲ 图14-5 金刚宝座塔 428窟（北周）

▲ 图14-14　早期建筑画　290窟（北周）

◀ 图14-18　观无量寿经变　172窟（盛唐）

▲ 图14-23 药师经变 146窟（五代）

▲ 图15-1　西山行旅　103窟（盛唐）

▲ 图15-6　狩猎　249窟（西魏）

59

▲ 图15-7　药师经变　146窟（五代）

▶ 图15-15　日想观　320窟（盛唐）

▲ 图15-16　长河落日　172窟（盛唐）

▲ 图15-22　树下听琴图　85窟（晚唐）

▲ 图15-24-1　山林奔鹿　303窟（隋代）

▲ 图15-24-2　山林奔鹿　303窟（隋代）

▲ 图15-24-3　山、林、鹿　303窟（隋代）

▲ 图15-24-4　山、林、鹿　303窟（隋代）

▲图15-28 五台山 61窟（五代）

64

▼ 图16-1 白衣佛 435窟（北魏）

65

▲ 图16-2 佛教史迹画 323窟（初唐）

▲ 图16-3 北坡东王公 249窟（西魏）

68
▲ 图16-4　西壁维摩诘经变之文殊　420窟（隋代）

▲ 图16-5 药师经变图 220窟（初唐）

▲ 图16-6 张议潮出行图 156窟（晚唐）

▲ 图16-7　药师经变　61窟（五代）

▲ 图16-8　千手千钵观音　3窟（元代）

《欧亚历史文化文库》学术委员会

主　任

陈高华

委员（按拼音顺序）

定宜庄　韩　昇　华　涛　蓝　琪

李锦绣　李勤璞　厉　声　林梅村

林悟殊　刘欣如　刘迎胜　卢向前

罗　丰　马小鹤　梅维恒　牛汝极

潘志平　荣新江　芮传明　沈卫荣

汪受宽　王邦维　王冀青　王　颐

王希隆　王　欣　魏存成　徐文堪

杨　军　于志勇　郑炳林

《欧亚历史文化文库》出版委员会

主　任

张余胜

副主任

管钰年　李玉政　汪晓军　袁爱华
赵　莉　文斌虎　马永强

委　员(按拼音顺序)

崔　明　郝春喜　柯肃成　雷鸿昌
雷永林　李连斌　李兴民　梁　辉
刘　伟　卢旺存　罗和平　饶　慧
施援平　孙　伟　王世英　王永强
夏　玲　邢　玮　张东林

出版说明

　　随着 20 世纪以来联系地、整体地看待世界和事物的系统科学理念的深入人心，人文社会学科也出现了整合的趋势，熔东北亚、北亚、中亚和中、东欧历史文化研究于一炉的内陆欧亚学于是应运而生。时至今日，内陆欧亚学研究取得的成果已成为人类不可多得的宝贵财富。

　　当下，日益高涨的全球化和区域化呼声，既要求世界范围内的广泛合作，也强调区域内的协调发展。我国作为内陆欧亚的大国之一，加之 20 世纪末欧亚大陆桥再度开通，深入开展内陆欧亚历史文化的研究已是责无旁贷；而为改革开放的深入和中国特色社会主义建设创造有利周边环境的需要，亦使得内陆欧亚历史文化研究的现实意义更为突出和迫切。因此，将针对古代活动于内陆欧亚这一广泛区域的诸民族的历史文化研究成果呈现给广大的读者，不仅是实现当今该地区各国共赢的历史基础，也是这一地区各族人民共同进步与发展的需求。

　　甘肃作为古代西北丝绸之路的必经之地与重要组

成部分,历史上曾经是草原文明与农耕文明交汇的锋面,是多民族历史文化交融的历史舞台,世界几大文明(希腊—罗马文明、阿拉伯—波斯文明、印度文明和中华文明)在此交汇、碰撞,域内多民族文化在此融合。同时,甘肃也是现代欧亚大陆桥的必经之地与重要组成部分,是现代内陆欧亚商贸流通、文化交流的主要通道。

基于上述考虑,甘肃省新闻出版局将这套《欧亚历史文化文库》确定为2009—2012年重点出版项目,依此展开甘版图书的品牌建设,确实是既有眼光,亦有气魄的。

丛书主编余太山先生出于对自己耕耘了大半辈子的学科的热爱与执著,联络、组织这个领域国内外的知名专家和学者,把他们的研究成果呈现给了各位读者,其兢兢业业、如临如履的工作态度,令人感动。谨在此表示我们的谢意。

出版《欧亚历史文化文库》这样一套书,对于我们这样一个立足学术与教育出版的出版社来说,既是机遇,也是挑战。我们本着重点图书重点做的原则,严格于每一个环节和过程,力争不负作者、对得起读者。

我们更希望通过这套丛书的出版,使我们的学术出版在这个领域里与学界的发展相偕相伴,这是我们的理想,是我们的不懈追求。当然,我们最根本的目的,是向读者提交一份出色的答卷。

我们期待着读者的回声。

总 序

　　本文库所称"欧亚"(Eurasia)是指内陆欧亚,这是一个地理概念。其范围大致东起黑龙江、松花江流域,西抵多瑙河、伏尔加河流域,具体而言除中欧和东欧外,主要包括我国东三省、内蒙古自治区、新疆维吾尔自治区,以及蒙古高原、西伯利亚、哈萨克斯坦、乌兹别克斯坦、吉尔吉斯斯坦、土库曼斯坦、塔吉克斯坦、阿富汗斯坦、巴基斯坦和西北印度。其核心地带即所谓欧亚草原(Eurasian Steppes)。

　　内陆欧亚历史文化研究的对象主要是历史上活动于欧亚草原及其周邻地区(我国甘肃、宁夏、青海、西藏,以及小亚、伊朗、阿拉伯、印度、日本、朝鲜乃至西欧、北非等地)的诸民族本身,及其与世界其他地区在经济、政治、文化各方面的交流和交涉。由于内陆欧亚自然地理环境的特殊性,其历史文化呈现出鲜明的特色。

　　内陆欧亚历史文化研究是世界历史文化研究中不可或缺的组成部分,东亚、西亚、南亚以及欧洲、美洲历史文化上的许多疑难问题,都必须通过加强内陆欧亚历史文化的研究,特别是将内陆欧亚历史文化视做一个整体加以研究,才能获得确解。

中国作为内陆欧亚的大国,其历史进程从一开始就和内陆欧亚有千丝万缕的联系。我们只要注意到历代王朝的创建者中有一半以上有内陆欧亚渊源就不难理解这一点了。可以说,今后中国史研究要有大的突破,在很大程度上有待于内陆欧亚史研究的进展。

古代内陆欧亚对于古代中外关系史的发展具有不同寻常的意义。古代中国与位于它东北、西北和北方,乃至西北次大陆的国家和地区的关系,无疑是古代中外关系史最主要的篇章,而只有通过研究内陆欧亚史,才能真正把握之。

内陆欧亚历史文化研究既饶有学术趣味,也是加深睦邻关系,为改革开放和建设有中国特色的社会主义创造有利周边环境的需要,因而亦具有重要的现实政治意义。由此可见,我国深入开展内陆欧亚历史文化的研究责无旁贷。

为了联合全国内陆欧亚学的研究力量,更好地建设和发展内陆欧亚学这一新学科,繁荣社会主义文化,适应打造学术精品的战略要求,在深思熟虑和广泛征求意见后,我们决定编辑出版这套《欧亚历史文化文库》。

本文库所收大别为三类:一,研究专著;二,译著;三,知识性丛书。其中,研究专著旨在收辑有关诸课题的各种研究成果;译著旨在介绍国外学术界高质量的研究专著;知识性丛书收辑有关的通俗读物。不言而喻,这三类著作对于一个学科的发展都是不可或缺的。

构建和发展中国的内陆欧亚学,任重道远。衷心希望全国各族学者共同努力,一起推进内陆欧亚研究的发展。愿本文库有蓬勃的生命力,拥有越来越多的作者和读者。

最后,甘肃省新闻出版局支持这一文库编辑出版,确实需要眼光和魄力,特此致敬、致谢。

余太山

2010 年 6 月 30 日

序

　　1977年，中国结束了动乱的岁月，恢复高考，这一重要的变革改变了许多人的命运，我也幸运地成为"77级"的一员，读的是历史。在大三，开了一门让我目眩且极感兴趣的课程——敦煌学，由著名的敦煌学家段文杰先生、周丕显先生主讲。两位大师的授课给我打开了一扇中国文化灿烂辉煌之门。在学习中，曾萌发一定要去趟敦煌、到莫高窟朝拜的强烈愿望。1981年，我被共青团甘肃省委选中，参与接待一日本友好访华团，作为全程陪员参观访问了丝绸之路甘肃段，最后一站去了敦煌，第一次参观了莫高窟，见到了时任敦煌文物研究所所长的常书鸿先生。大学学习生涯结束，留兰州大学工作后，多次有机缘再进莫高窟，每次近距离观读瑰丽旖旎的敦煌壁画时，都有一种深深的视觉冲击和心灵震撼。这期间，断断续续写了关于敦煌壁画的研究论文。2001年终于按捺不住，申报了国家社科基金（艺术类）项目，获得全国艺术科学规划办资助立项。2001年10月经费正式到位，随之组成了一个既有艺术史论研究，又有具有中西绘画创作实践的著名画家参与的8人研究团队。至2005年

1

12月，课题完成，前后历时4年时间。现在出版的《敦煌壁画艺术论》，即是这个项目的结项成果。全书共分3编：《绪论编》、《综论编》和《分论编》，文稿共计35万余字，图版285幅，其中1/3为彩色图版。成果圆满通过了甘肃省和全国艺术科学规划办的两级评审和鉴定验收。课题结项了，成果却一直"待字闺中"。期间，境内外数家出版机构均表示愿以优惠条件出版该书，然而我却一直"惜嫁"，不忍"出阁"，其最主要的理由是怕负了"敦煌壁画"，这于我是过于沉重的心理负载。

《敦煌壁画艺术论》最终签约国家"十二五"重点图书出版规划项目、国家出版基金项目《欧亚历史文化文库》。掩卷沉思，感慨良多。记得课题刚完成时，段文杰先生还健在，曾欣然应允等成果出书时一定为之作序。但现在先生已然故去，虽未及成序，但我依然感恩于他老人家。正是他当年的课堂之烛，点燃了一个稚嫩学子关于敦煌艺术心灵追求的希望之光！《敦煌壁画艺术论》的出版，必须要感谢兰州大学的郑炳林教授和敦煌研究院的马德研究员，两位先生是我自始至终的良师益友，帮助我解决了从立题到结项全过程中的诸多困惑和难题。此外，我必须要鸣谢书稿中引述较多的几位敦煌学大家，他们是：关于敦煌壁画艺术史论研究的段文杰先生，关于敦煌壁画艺术创造者研究的马德先生，关于敦煌壁画飞天、菩萨、供养人画、壁画图案研究的谢生保、关友惠、苏莹辉先生，关于敦煌壁画动物画研究的刘玉权先生，关于敦煌壁画建筑研究的萧默先生，关于敦煌壁画山水画研究的王伯敏、赵声良先生。正是诸位先生一流的研究成果，构筑了本书坚实的学术根基。感谢陶一鸣先生，他是甘肃省艺术科学规划项目的主管人，"敦煌壁画艺术论"课题在从立项至结题的过程中，他都给予了关怀、支持和大力帮助。我要特别感谢《欧亚历史文化文库》项目执行人施援平博士，她是我曾经的同事和后来的同门学妹，正是她的慧识和不断的敦促，才使《敦煌壁画艺术论》"出阁"面世。她为之付出的精心策划和编辑辛劳，令我十分感佩！她还拟策划本书的英文版，力促灿烂辉煌的敦煌文化能远播海外，这更是功德之举，期望达成。

最后，我要感谢随我4年艰苦著书的研究团队，本书是集体学识与智慧的结晶。他们是：

甘肃画院国家一级美术师、工笔重彩画家王宏女史,她是本课题最先的"做茧者"。本书最有创新价值的学术观点部分是关于敦煌壁画与21世纪中国画形态的研究,而这正是得益于她和我合作研究的早期成果。上世纪末,同题论文曾被中国画研究院权威期刊《中国画研究通讯》加编者按全文转载,衷心希望本研究成果能对中国形成敦煌画派的创作实践产生重要的影响。

西北民族大学教授、油画家、敦煌壁画色彩研究专家周大正先生,他的加盟使《敦煌壁画艺术论》备增"色彩"。他关于敦煌壁画色彩的实证研究成果亦是本书独一无二的贡献。

还有当年的5位研究生女弟子,她们早已步入高校讲台,或成为专业研究机构的科研骨干。她们是:董珍慧(甘肃工业职业技术学院),主要承担了分量最重的《综论编》的主撰任务;王晓蓉(四川农业大学),主要承担了《绪论编·敦煌壁画源流》《分论编·敦煌壁画之建筑、山水画》的主撰任务;汪永萍(河北大学),主要承担了《分论编·敦煌壁画之菩萨、飞天、供养人、图案》的主撰任务;张建荣(山西风光旅游规划研究中心),主要承担了《绪论编·敦煌壁画艺术佛缘》《分论编·敦煌壁画之动物》的主撰任务;王晓琳(秦皇岛职业技术学院),主要承担了《绪论编·敦煌壁画艺术创造者》《分论编·敦煌壁画之服饰》的主撰任务。她们5位同课题一起成长,经历了深入洞窟的实地考察、课题无休止的研讨思辨、浩如烟海的资料淘金,经历了几近山穷水尽,继而柳暗花明的专题读解,同老师一道完成了一次难忘的学术、审美、人文旅行,完成了一份沉甸甸的优秀答卷。我本人于本书的贡献如下:提出了"敦煌壁画艺术论"研究选题,论证了选题的研究背景、研究意义、国内外研究现状、研究主要内容框架、研究思路和研究方法等。作为本书主编和课题负责人,本书的主要学术观点体系的责任应由我来承担。此外,我还承担了《绪论编》的主要撰稿任务和最终结题及出版两次修订统稿任务。

《敦煌壁画艺术论》的创新主要体现在以全新的理论架构,从源流论、佛缘论、美学理论和美术创作方法论角度,全面系统论述敦煌壁画艺术问题,以综合研究方法,对博大精深的敦煌壁画首次进行全面系统的梳理,产生了一本填补空白性质的专项研究著作。作为研究团队,我们竭尽了全力,但依然感到力不从心。逾千年的敦煌壁画仅用四载春秋进行学术耕耘,这本身就是一个浅陋的安排,不足乃至误述不可避免,诚望方家批评指正,不胜感激。

敦地厚载千佛史,煌天永著万年诗。谨以此书献给逾10个世纪虔诚地奉献宗教与艺术的敦煌壁画无名的艺术大师们,你们鲜有其名,但你们的艺术生命不朽!献给近1个世纪以来关于敦煌艺术史论辛勤耕耘的先辈大师们,你们的足迹是我前行的学术路标和不竭的动力源泉!

《敦煌壁画艺术论》付梓之际,写下上述文字,是为序。

李映洲

2012 年大雪日

于兰州大学麦积山斋

目 录（上册）

综论编

绪论编

李映洲　王宏　王晓蓉　张建荣　王晓琳　编著

1　敦煌壁画艺术源流

这是各民族的遗产,多少世纪留下来的积淀,社会逐渐蒸发的结果所形成的结晶。总之,这是一种特有的结构。

——雨果

1.1　敦煌壁画艺术形成的背景和原因

敦煌,古称三危,地处河西走廊的西北端,南有祁连山,北部有北塞山,往西连塔克拉玛干大沙漠,加上地处青藏高原北部的边缘地带,是个地处高山和沙漠、戈壁环绕的小绿洲,以戈壁、沙漠和山地为主。它的地理位置十分重要,是甘肃、青海、新疆三省的交汇处。自汉代以来,敦煌一直是中原通西域交通要道的咽喉之地,是著名的丝绸之路上的重镇。公元前 111 年,汉武帝平定西域,以后便在附近设立了汉河西四郡之一的瓜州。随着河西走廊的渐趋稳定,敦煌成为了沟通欧亚的大陆桥,丝绸之路上的重要城市之一,史书称敦煌是"华戎所交,一大都会"。西域胡商与中原汉族商客在这里交易中原的丝绸和瓷器,西域的珍宝,北方的驼、马与当地的粮食,包括中国、印度、波斯及阿拉伯在内的亚洲文明,与来自欧洲的古希腊、古罗马文明在这里汇聚并相互影响,形成了别具特色的西域文化。与此同时,自汉代中西交通畅通以来,中原文化不断传播到敦煌,在这里深深扎了根,中西不同的文化在这里汇聚、碰撞、交融。著名的敦煌学者季羡林先生指出:"世界历史悠久、地域广阔、自成体系、影响深远的文化体系只有四个:中国、印度、希腊、伊斯兰,再没有第五个;而这四个文化体系汇流的地方只有一个,就是中国的敦煌和新疆地区,再没有第二个。"[1]季先生的论说充分说明敦煌所处的地理位置在历史上的重要性。

敦煌之所以形成以壁画为主的艺术圣地,有其特殊的背景和原因:

第一,敦煌是一片富庶的绿洲,历史上经济得到较好的发展。敦煌南枕气势雄伟的祁连山,西接浩瀚无垠的罗布泊,北靠嶙峋蛇曲的北塞山,东峙峰岩突兀的三危山。今天的敦煌是甘肃省最西端的一个县级市,总面积 3.12 万平方公里,略小于台湾和海南省,其中绿洲面积1400 平方公里,仅占总面积的 4.5%,其余绝大部分是戈壁、沙漠和山地。历史上的敦煌,比现在还要大,包括党河流域和疏勒河流域的广大地区,即今天的敦煌市、安西县、玉门市、肃北蒙古族自治县和阿克塞哈萨克族自治县,总面积约 16.8 万平方公里,相当于一个半江苏省。那时候的敦煌,有较大的绿洲,有丰富的水资源,土地肥沃、草木繁盛,是理想的农牧业区。汉唐两代,敦煌的经济得到长足发展。张骞通西域以后,汉武帝多次从内地移民到此,汉族逐步超过原来的少数民族,成为主体民族。他们不仅为保卫、开发敦煌提供人力,还带来了内地先进的生产技术和文化。他们屯田、兴修水利工程,把敦煌的社会生活从以游牧为主转变成为以农耕为主,使经济得到了较好的发展。[2]

第二,敦煌偏安的历史,使其拥有相对稳定的发展环境。在敦煌的历史上,有一个有趣的现象,就是敦煌的发展并不完全与中央王朝的盛衰治乱同步,有多段偏安发展的经历。王莽时期,中原大乱,有一个人叫做窦融,从内地来到河西,拥兵自保,使得这一地区"上下相亲,晏然富殖"。稳定和发展的关系,在历史上就是如此。东汉建立以后,经过200 多年的经营,从中原迁来的大族在敦煌逐渐站稳了脚跟;同时,中原文化也在这个地区扎下了根,以儒家经典为主的许多汉文典籍开始在这里传播。有一些非常有名的学者到这里隐居,其中有个叫张奂的,传授儒学,门徒有 1000 多人。[3] 东汉末年,诸侯割据混战,敦煌有近

〔1〕季羡林:《敦煌吐鲁番学在中国文化史上的地位和作用》,载《红旗》1986 年第 3 期。

〔2〕史苇湘:《敦煌历史与莫高窟艺术研究》,甘肃教育出版社 2002 年版。

〔3〕冯培红:《汉晋敦煌大族略论》,载《敦煌学辑刊》2005 年第 2 期。

20年没有太守,但在当地大族控制下,保持相对平静。晚唐以后,敦煌进入一个特殊的时期,即归义军时期。归义军政权保持了敦煌地区200年的社会稳定和不受战争摧残,创造了敦煌拥有相对稳定的发展环境。所以说偏安是敦煌历史发展上一个很重要的因素。

第三,敦煌在丝绸之路上的重要地位,使其成为东西文化交流的中转站。丝绸之路有五六条路通向现在的西亚,每一条路都要经过敦煌。交通上的重要地位,使很多的文化沉淀在这个地方。中原的一些士人到西域去,要通过敦煌,往往有些人到了这里走不过去了,就成了敦煌居民;从西边过来的人也一样,甚至终老于此,所以就有了更多的文化传播。丝绸之路开通以后,中国丝绸源源不断地运往西方,成为罗马帝国时髦的服装面料。同时,西方各国的珍禽异物、宗教思想,又陆陆续续流入中原。这样,位于丝绸之路干线上的敦煌,就成为东西方贸易中心和商品中转站(如彩图1-1)。

第四,民族的多样性以及各民族间的争斗和融合。据师古注引应劭说:"敦,大也;煌,盛也。"盛大辉煌的敦煌有着悠久的历史,灿烂的文化。敦煌地区是很多民族聚居的地区,早在原始社会末期,中原部落战争失败后被迁徙到河西的三苗人就在这里繁衍生息。他们以狩猎为主,开始掌握了原始的农业生产技术。敦煌地区曾发掘出新石器时代的石刀、石斧和陶器、铜器。夏、商、周时,敦煌属古瓜州的范围,有三苗的后裔、当时叫羌戎族的在此地游牧定居。敦煌地区发现的游牧民族留下的许多岩画至今历历在目。战国和秦时,敦煌一带居住着大月氏、乌孙人和塞种人。以后,大月氏强盛起来,兼并了原来的羌戎。战国末期,大月氏人赶走乌孙人、塞种人,独占敦煌直到秦末汉初。西汉建郡以后,汉人逐渐超过少数民族,但少数民族仍然很活跃。唐朝安史之乱之后,中央对边疆的控制不得力了。敦煌地区曾被吐蕃人统治了70余年。他们也信仰佛教,留下了不少东西。在俄罗斯、法国等地方,有大量出自敦煌石室的吐蕃藏文写本,大多数是佛教经文,也有世俗的历史文献、文学作品。进入宋代以后,回鹘人和西夏人又相继成为敦煌的统治者。敦煌还是与周边民族交往最密切的地方,一些民族政权和外国

·欧·亚·历·史·文·化·文·库·

的王族、使臣不断来到敦煌,长期居住,开窟造像,各民族都为敦煌的发展做出了特殊的贡献。[1]

第五,敦煌地区特殊的地质状况,形成敦煌石窟壁画的物质条件。敦煌石窟的岩质属于酒泉系砾石岩层,由泥沙与卵石沉淀粘结而成。卵石坚硬,金石难琢;沙层疏松,稍碰即落,因此不适于雕刻。故古人凿窟之后,在壁顶和墙面上抹上泥灰,涂上白粉,令其平整再绘画其上。由于壁画和雕刻相比费工少,易于描绘细节,所以表现佛经内容及时代社会风貌都较石刻广泛、丰富、详尽。这就是敦煌石窟有别于其他石窟的最大特点和独具的优势。我们可以这样说,大同云岗、洛阳龙门易于雕刻,故以石雕为主;敦煌不适宜雕刻,故采用了壁画的形式。

第六,宗教信仰是敦煌壁画形成的精神支柱。据《高僧传》记载,约公元244年前后,外国僧人竺上座在敦煌收世居敦煌的月氏人竺法护为徒。晋武帝时,竺法护随师东游西域诸国,学会了36国语言和文字,携大量胡本佛经东归,在敦煌、长安、洛阳等地传教译经,成为中国佛教史上著名的译经大师。后来,内地佛教禅宗传到了敦煌地区。隋文帝和隋炀帝都倡佛崇法。在尼寺里长大的隋文帝,自幼深受佛教思想的熏陶。他曾云:"我兴由佛故"[2],因此即位后大兴佛事,促使敦煌佛教迅速发展。隋炀帝杨广在笃信佛教上更甚于父。其在位时,除造像立寺之外,"在两都及巡游,常以僧、尼、道士、女官(女道士)自随",并从全国各地搜寻名僧。据《大慈恩寺三藏法师传》云:"初,炀帝于东都建四道场,召天下名僧居焉。其征来者,皆一艺之士,是故法将如林。"盛唐时期,佛教有进一步的发展。唐武宗时,曾发生被称为"会昌法难"的毁佛事件,中原佛教受到沉重打击,而敦煌躲过了这次劫难,使得佛教艺术在此繁衍。[3] 佛教的兴盛使石窟发展成为有相当规模的佛教建筑,窟内雕塑佛像供奉并绘制壁画以表现佛教的教义,壁画佛教题材就有尊像画,本生、佛传、因缘故事,佛教东传故事,经变画和中

---

〔1〕夏鼐:《敦煌考古漫记》,载《考古》1955年第1期。

〔2〕《广弘明集》卷17《舍利感应记》。

〔3〕胡同庆:《试析敦煌隋初壁画的艺术特色》,载《敦煌学辑刊》1998年第2期。

国传统神话等五大类,每一类又可细分为十多种题材不等。

上述六大要素使敦煌成为东西方文化的交汇点和积淀处,铸造了敦煌壁画艺术的辉煌。

1.2　敦煌壁画艺术源流的 3 种学说

敦煌为丝路之咽喉、中西交通之枢纽,是东西方文化交流的见证者。因而,敦煌艺术与东西方艺术的关系也就成为学术界探讨的焦点之一。敦煌艺术的源流问题,是敦煌研究中的重大课题,学者们很早就开始了对这个问题的研讨,但至今关于敦煌艺术源流的问题仍没有统一的界定,目前主要有西来说、东来说、东西融合说 3 种观点。

1.2.1　西来说

向达 1944 年在兰州讲演《敦煌佛教艺术之渊源及其在中国艺术上之地位》时持西来说观点,认为敦煌佛教艺术确实渊源于印度。他从绘画技术、绘画结构、塑像、画工题名 4 点进行了说明[1],并在《敦煌艺术概论》中继续指出,因为敦煌所邻接的西域是受印度文化影响最深的地方,所以古代敦煌的文化也表现了不少印度文化的痕迹。向达后来又在《莫高、榆林二窟杂考》一文中,对此问题进行了更加详尽的研究,认为:"至于敦煌佛教艺术之渊源,则说者不无异议,亦有倡为源出汉画之说者。中国之有壁画不知始于何时,唯战国西汉已有画屋之风,但其在技术方面之情形史文缺略,俱无可考。像武梁石室一类之画像石,则属于浮雕,与壁画殊料。又其中时杂以跳丸及都卢寻橦之伎,树则左右交缠对称,与伊兰古代之浮雕手法相同,富于异国情调,非纯粹汉族文明所能解释,故谓敦煌壁画为继承汉代画屋之风,固进于臆侧,以为出于汉画像石,亦有未谛也。敦煌佛教艺术渊源于西域彰彰明甚,兹就技术以及画理方面略举数证,以为解纷理惑之助。"此外,向达还通过分析各方面材料,认为敦煌壁画的画师中也有西域画家从事其间。

---

〔1〕向达:《敦煌佛教艺术之渊源及其在中国艺术史上之地位》,载《敦煌学辑刊》1981 年第 2 期。

向达对敦煌艺术西来说的论证全面深入,其中许多论述对研究中印文化的密切关系有很大帮助。但这种全盘西来的观点,有较大的片面性,忽略了敦煌艺术的地方风格和民族传统。

1.2.2　东来说

20 世纪 30—40 年代,贺昌群在中国首倡东来说。他从敦煌千佛洞的开凿年代及古印度的犍陀罗艺术的传播分析,指出犍陀罗佛教艺术随着佛徒的东来如商业上的交往而传入我国,并以敦煌第 111 号洞窟的北魏塑像为例,说明敦煌艺术具有犍陀罗式的基调[1],但对这一观点没有详尽的论述。持这种观点的主要代表还有冯国瑞、宿白、吴作人及苏莹辉等人。冯国瑞在《天水麦积石窟介绍》一文中对麦积石窟和敦煌石窟进行比较,认为研究敦煌艺术的人,总是生硬地说敦煌艺术与希腊印度犍陀罗艺术有血肉关系,或者说是融合的,或者说某些地方还存在西方作风的影响,都是忽视了我们祖国劳动人民不断创造优良传统的代表作品。他认为:"敦煌[石窟]的创建在晋代(366 年),而麦积[石窟]的建窟时期是较早期的,说明这一艺术传统可能是由晋、魏、北周、唐的政治中心长安区域附近的汾州、天水发展到敦煌,而不可能由敦煌倒回来到关内。"冯国瑞的以麦积石窟为中心、东西流传影响其他石窟的观点在论据上不够充分,其敦煌不可能倒过来影响关内的观点也很牵强。

吴作人《谈敦煌艺术》一文,认为在敦煌壁画中可以看到"冲击澎湃、犷放腾动、风逐电驰,凡所有隋以前的壁画都充分地表现着这种中国古代民族的雄猛的生命力"。敦煌壁画与东面辑安通沟古冢的壁画风格一致。同样的风格在汉墓石刻画像中也可以看到。甚至在绘画作风以外的题材内容上,也可以在壁画与汉石刻里时常找到相同的或类似的表现当时的生活、服饰,以及中国古神话与传说。所以可以肯定当时中国的文化早已东至于海,西渡大漠。吴作人还指出:"帝国主义文化侵略者面对中国古文化的遗产瞠目结舌,就片面地借了这个提高了

---

〔1〕贺昌群:《敦煌佛教艺术的系统》,载《东方杂志》1931 年第 28 期。

的艺术形式,来否定中国广大人民的伟大气魄的民族优秀风格。他们不但把我们有无上价值的艺术作品抢走,回过头来还反说'这根本不是你们的东西'。"[1]敦煌壁画人物表现上虽说有印度佛教艺术的影响,但需要注意的是,希腊艺术衰落期的作风在犍陀罗艺术的表现非但没有直接影响中国艺术,并且在东渐的途中,相当于唐代的时候,在西域已看到中国绘画作风的流行——只有具有高度文化水准的中华民族才能批判地吸收而使得自己发扬灿烂。

宿白在《〈莫高窟记〉跋》中谈到了莫高窟石窟艺术的渊源问题。他认为敦煌莫高窟开凿年代较早,其位置又近当时内地西端,所以过去考查其艺术渊源往往偏重在它和中亚西亚的关系,但据莫高窟本身的文字记载,最早佛龛的开凿人乐樽、法良,一是"西游至此",一是"从东届此",都是自敦煌以东而来,这说明莫高窟艺术的开始,也和敦煌以东有密切关系。

苏莹辉就敦煌艺术东来说作了更加深入的分析。在《敦煌文化传自东方略论》一文中,他认为:早期敦煌艺术渊源于东方,并从实地观察、壁画题材和表现形式、壁画绘制技法等3个方面进行了详细论证。在《敦煌艺术源流之新论》一文中,苏莹辉进一步对此观点进行了阐述。

1.2.3 东西融合说

常书鸿先生最先提出东西融合说,影响也相当大。他在《敦煌艺术的源流与内容》一文中提出:"关于敦煌艺术,它在北魏创始的时期已经达到高度的技术水准。显然,它不是从敦煌石窟中发生滋长的原始艺术,因此,谈到石窟艺术的作风不能孤立地在敦煌就地分析,应当正本清源。"常书鸿先生认为:首先,在犍陀罗艺术传入之前中国艺术已有坚实的基础。在过去的研究中,人们都注意到敦煌艺术与希腊、印度犍陀罗艺术的关系,但另一方面却忽略了它与祖国民族艺术一脉相传的事实。其次,敦煌保存了大量汉代文化传统。敦煌,不特是现今中

---

〔1〕吴作人:《谈敦煌艺术》,载《文物参考资料》1952 年第 2 卷第 4 期。

·欧·亚·历·史·文·化·文·库·

华民族文化的宝库,而且是汉唐民族保留传统的都城,一直保留着汉代正宗的文化传统,成为后来复兴民族文艺的一个主要的刺激力量。再次,佛教艺术对中国的影响是流而非源。从敦煌壁画看,佛教文化传入中国之后,中国艺术无论在思想内容、技术各方面都曾受着相当的影响,但这个影响是仅止于个别的"流"的方面,而不是本源的问题。从思想方面说:印度佛教教义的那种"无为"的思想,是不能为当时人民所接受的,这个问题,在隋唐时代壁画中以西方净土变来代替佛陀本身牺牲故事这一点可以得到几许线索,如把北魏初的阿弥陀佛改为无量寿佛,正说明了佛教教义在那时候已适合秦汉以来当时朝野求仙入道长寿的愿望,改变为行善礼佛往生不死的观念;从内容方面说,也随着佛教思想的转变,把过去鉴贤愚、颂功扬德,零碎标榜对象变为统一的以如来佛为首的善行的模式。[1]

常书鸿先生关于艺术源流的基本看法,首先值得注意的是,他第一次提出了敦煌一直保留着汉代正宗的文化传统,是外来艺术与民族形式的交融点,并分析了敦煌艺术向东流布的路线。第二,分析了汉唐文化对新疆地区的影响,有助于我们认识印度佛教艺术东传过程中"中国化"的第一个环节。第三,此文从思想内容上分析了敦煌艺术中民族传统和外来影响的源与流的关系,可惜分析得不够具体深入。

另一位持东西融合说的学者潘絜滋认为:新疆在历史上是佛教文化的先进地区,在石窟艺术上有许多卓越的创造,印度石窟艺术通过这个地区时,已揉合了许多地方的色彩,再传到敦煌,与中原艺术传统融合,才形成了所谓敦煌艺术。[2] 因此,敦煌艺术也体现了多民族祖国艺术的特点,它是汉民族和西北民族无数艺术家共同劳动的成果。潘絜滋强调印度艺术在新疆地区的地方化过程,这是佛教艺术进入中国后的第一道过滤,然后再传到敦煌,并且与中原艺术传统相融合,才形成了敦煌艺术,既非东来,也非西来,而是融合后产生的新艺术。[3]

---

〔1〕常书鸿:《敦煌艺术的源流与内容》,载《文物参考资料》1951年第2卷第4期。
〔2〕潘絜滋:《敦煌莫高窟艺术》,上海人民出版社1957年版。
〔3〕林家平、宁强、罗华庆:《中国敦煌学史》,北京语言学院出版社1992年版。

1.3 本书对敦煌壁画艺术源流的界定
——本土说

以上关于敦煌艺术源流的分析各具特色,但又不同程度地存在缺陷。我们认为,艺术是现实的产物,艺术创作离不开现实生活,现实生活是一切艺术创作的源泉。敦煌壁画艺术作为一种佛教艺术,它和世俗艺术一样,都是以现实生活为依据而创造的一种艺术。固然敦煌艺术的发展在早期曾受到外来文化的影响,但是,敦煌艺术是数千年逐渐形成的,它反映了我国人民的民族意识和审美思想,具有中国民族风格艺术传统强大的生命力和融合力。敦煌艺术是东传的佛教在一个具有成熟的封建文化的地方的特有产物,也是民族传统文化在外来宗教刺激下出现的新形态。这个新形态随着我国古代历史的衍变、发展而不断变化,但始终保持着固有的以汉晋文化为主体的面貌。所以,敦煌本地土壤孕育了神奇的敦煌艺术,因此,我们对敦煌壁画艺术作出新的界定——敦煌壁画艺术本土说。

关于敦煌艺术源流的本土说观点,虽然至今是首次明确提出,但在以往的研究中,有不少学者为此做出了重要的探索。段文杰在《敦煌早期壁画的民族传统和外来影响》一文中认为,敦煌早期壁画是我国各族匠师以当时的现实生活为源,以传统的艺术技巧为流,又汇集了若干外来的支流而形成的一条艺术长河。段氏此文通过对敦煌早期壁画从题材内容到技法形式的系统分类分析,对敦煌早期壁画的民族传统和外来影响作了广泛深入的探讨,有许多新的见解。在《十六国、北朝时期的敦煌石窟艺术》一文中,段文杰进行了进一步深入的论述,特别是加强了与西域艺术的比较研究,在一定程度上弥补了上篇文章的不足,提出了敦煌早期壁画已"具有浓厚的乡土特色"的新观点,认为前人往往仅指出了敦煌佛教艺术中的民族性因素,而忽略了它的乡土特

·欧·亚·历·史·文·化·文·库·

色。[1] 段氏此文尽管提出了"乡土特色",但未深入阐发论证。

史苇湘在《丝绸之路上的敦煌与莫高窟》一文中,也提出了与段文杰"乡土特色"相类似的观点。他认为敦煌的"文化、艺术始终保持着自己固有的以汉晋传统为主体的面貌"[2]。在《敦煌佛教艺术产生的历史依据》一文中,史苇湘对敦煌艺术的源流做了进一步阐述,认为没有本土条件就没有产生敦煌莫高窟佛教艺术的可能。敦煌佛教艺术是东传的佛教在一个具有成熟的封建文化的地方的特有产物,也是民族传统文化在外来宗教刺激下出现的新形态。这个形态是随着我国古代历史的衍变、发展而不断变化着的,但由于敦煌是一个历史悠久的文化名城,是古代西北地区各族人民物质文明和精神文明的集散地,在漫长的封建历史时期,由于特殊的地理条件,它很少遭受到像中原地区那样频繁的战乱,相对安定的时期比较长,就连整个河西五郡,在封建社会的历史中,也比中原地区有较长的安定,而敦煌地区在五郡中又更为突出。因此,世家豪族的统治得以延续繁衍,传统文化得以持久繁荣,并且形成了鲜明的地方风格。因此,敦煌艺术形式上所表现出的古老、保守的成分要比中原地区浓厚得多。同时,中原地区不断变化着的新艺术形式又总是以迟缓、渐进的步伐促使敦煌佛教艺术发生变化。一种内在的强固势力,影响着古代敦煌地方的经济生活和意识形态,而且经历了漫长的岁月,这个势力就是古老的汉晋传统。[3]

史苇湘通过对史籍中关于汉晋时中原对敦煌的移民、敦煌生产水平的发展和文化上的高度繁荣等方面的分析研究,指出敦煌既有著名的书法家张芝、索靖,又有能工巧匠的代表"敦煌鲁班",更有许许多多著名的音乐家、针灸师、占卜师等以其技艺的高超而被载入史册,可以说,汉晋文化传统在河西和敦煌地区有坚实而深厚的基础,以敦煌为中心的五凉文化,在继承汉晋文化传统基础上,到 4 世纪时,已发展到相

---

〔1〕段文杰:《敦煌艺术论文集》,甘肃人民出版社 1994 年版。

〔2〕史苇湘:《丝绸之路上的敦煌与莫高窟》,载史苇湘《敦煌研究文集》,甘肃人民出版社 1982 年版。

〔3〕史苇湘:《敦煌佛教艺术产生的历史依据》,载《敦煌研究》1981 年第 1 期。

当成熟的阶段,这就是莫高窟在公元366年开创时的基础。

史苇湘对敦煌艺术产生的客观基础和艺术形式上的地方风格首次作了较为全面系统的论述,可以说是具有划时代的意义,使敦煌艺术产生的"本源"之谜的解答初见端倪,他认为佛教艺术东传,一进入我国,无论至少数民族聚居的西域还是汉族聚居的敦煌都在受到不断的改造,提出了佛教艺术东传过程中的步步本土化的观点。

宁强在《从印度到中国——某些本生故事构图形式的比较》一文中,对某些本生故事构图形式在印度和新疆的不同特点进行了比较,指出一种艺术类型无论影响有多大,都会在其传播伸展过程中,受当地自然条件限制,被当地文化传统改造,逐步走向本地化。正是由于各地艺术家的不断吸收、变革和创新,赋予旧有艺术形式以活力,从而诞生出新型的艺术形式,促进了人类文明的进步发展。敦煌是一个有浓厚汉晋文化传统的地区,当地的居民也主要是汉人。所以,当佛教艺术沿丝绸之路传来之后,立即被当地的艺术家加以改造,创造出新的汉式佛画。[1]

我们在此基础上,通过总结前人研究的成果,提出:尽管敦煌艺术早期受到印度艺术的影响,但敦煌本土条件才是产生敦煌艺术的本源。

1.3.1 历史环境

我国从三国至南北朝的一个多世纪时间里,中原战乱频繁,相反,敦煌由于它地处东西交通要道,是古代西北地区各族人民物质文明和精神文明的集散地。由于其特殊的地理位置,很少遭受中原地区那样频繁的战乱,较为安定。因此,传统文化得以繁衍,这对东晋十六国(前凉、北凉)和北朝(北魏、西魏)时期壁画的长期盛行,创造了有利的条件。

早在公元前2世纪初,西汉王朝的田卒和弛刑士们(充军服劳役的罪犯)就开拓了敦煌这片肥沃的土地。在敦煌建郡前,玉门关、阳关

---

〔1〕宁强:《从印度到中国——某些本生故事构图形式的比较》,载《敦煌研究》1991年第3期。

·欧·亚·历·史·文·化·文·库·

以东已经开辟了不少农田。由于军事屯田,农牧业得到了发展。西汉元鼎六年(前111)正式建立敦煌郡,管辖现今敦煌、安西等地。由于扼守河西、开发西域的战略需要,西汉王朝不断向敦煌移民。这些移民有不少因犯罪被贬的官僚地主,他们在举家迁移时,不仅带了大量的部属、佃户,其中不乏能工巧匠,同时将先进的农业技术带到了敦煌,使这个荒凉之地发展壮大。因此,西汉时期敦煌已成为西域重镇,在政治、军事、经济、文化等方面都得到了发展。

4世纪初,在西汉王朝八王之乱后,北方十六国分裂。这时,由于晋凉州牧张轨为发展生产安置流民,使以敦煌为中心的凉州文化在混乱的北方大放异彩。这期间,敦煌出了不少著名文士和能工巧匠,至今还留存着他们的著述和他们创造的文化遗迹。另外,敦煌有很多隐士,他们离开中原,到敦煌或安居河西,证明敦煌当时已经具备他们从事著述和讲学的物质条件。前凉政权延续了70余年(301—376)不仅保存了汉晋文化传统,而且有所发展。

公元5世纪初,西凉王李浩以敦煌为国都,曾先后营建多处宫殿建筑,并绘了各类封建历史人物的画像。公元421年北凉灭西凉后,起用了一些敦煌人士,其中有不少工匠。这些证明4—5世纪时河西诸凉国都营建过精美的建筑群,反映了凉州地区的统治者不但掌握了大量的财富,而且掌握了一批有经验的建筑师和工匠。后来,唐朝人张鷟的《朝野佥载》和段成式的《酉阳杂俎》都记载敦煌曾出过一个"鲁班"。自古以来"鲁班"就是能工巧匠的化身,唐代传说的"敦煌鲁班",说明古代敦煌的工匠技艺已经达到一定高度。此外,敦煌还有著名的音乐家、针灸师、占卜师,都以出众的技艺载入古籍。[1] 以上这些都说明汉晋文化传统在敦煌地区已有坚实深厚的基础,以敦煌为中心的五凉文化,在继承汉晋文化传统的基础上,到4世纪时已发展到相当成熟的阶段。敦煌艺术就是在这样的历史环境中孕育诞生的。

在敦煌的历史长河中,只是在公元前111年建郡时,曾有过酷烈的

---

〔1〕马德:《敦煌工匠史料》,甘肃人民出版社1997年版。

战争,其他时期都较为稳定。又由于全国性的农民起义战争洪流没有冲击到此,世家豪族的繁衍延续竟长达千年之久,为内地所罕见,因而历史沉淀深厚。苦难的下层工匠、农民、寺户、驿户,在现实生活中看不见光明,佛教就成为他们唯一的慰藉。他们在宗教中抒发自己的愤懑、哀怨和希望,发挥了他们的想象力,培养了表达他们意志与愿望的绘塑工匠,创造了莫高窟的文化和艺术。地主阶级为了进行有效的思想统治,也为了自己营功祈福,投入了大量的财富,使莫高窟连续建造达10个世纪之久。这些优秀的壁画和塑像,正是古代艺术家们的艺术想象力创造性地使佛教教义的想象力形象化的重要历史成果。[1]

我们在说明了敦煌各时代的社会生活是敦煌艺术的依据之后,进一步从敦煌壁画深入探讨一下这些古代艺术是怎样反映现实的。

大量的描绘大乘净土的经变和早期的本生故事及佛教史迹画形象地反映了各时期的社会生活情景,只有佛教艺术为了描绘众生皆苦,使画工们的笔触描绘了社会的许多方面:在榆林窟第25窟观无量寿经变中我们看到激烈的宫廷夺权斗争、嫁娶和耕种生活情景(如彩图1-2);在莫高窟第76窟法华经变中保留的战争、旅行、折柳送别、雨中耕种、斋僧、请医等场面,是我国古代历史生活的形象图典。

莫高窟各时代壁画中对水的描写,充分体现了敦煌群众崇拜他们现实生活中不可缺少的事物。在历时千年的石窟里,无论是藻井中的环渊方井、故事画中的蜿蜒长河,还是“水若浮壁”的莲花宝池,水都是用明亮、温柔的石绿和浅青来描绘的。在干旱的敦煌,水是最宝贵、最美丽、最诱人的。古代敦煌人说:“本地,水是人血脉。”在敦煌莫高窟第296窟福田经变中,画种植园果以施清凉、施给医药、旷路凿井、架设桥梁;在莫高窟第94窟金光明经变里,画流水长者救鱼。这是严酷的大自然使人们在描绘佛国世界的时候,必然在壁画里融进他们的生活经验与希望,把他们生产所系、生命所依的水加以神化。[2]

---

〔1〕马德:《敦煌莫高窟史研究》,甘肃教育出版社1996年版。

〔2〕沙武田:《敦煌金光明经变的几个问题》,载王希隆:《历史文化探研》,甘肃民族出版社2009年版。

·欧·亚·历·史·文·化·文·库·

在敦煌莫高窟的经变与变文里,处处可以看到现实生活和佛国世界之间的联系。壁画经变的种类由少到多,品类由简到繁,都有它的社会原因。从敦煌壁画的佛教画和经变画及本生故事画中可以看出,无论是从义理到形式,敦煌艺术的基础和依据都在当地人间。这是被生活所证实的,也是被大量历史文献所证明的。

1.3.2 壁画题材

壁画是敦煌石窟艺术的重要组成部分。根据壁画的题材内容,可将敦煌壁画分为5类:佛像画、故事画、民族传统神话题材画、装饰图案和供养人。敦煌壁画艺术的本土特色从各类壁画的题材及其表现手法都能体现出来。

1.3.2.1 佛像画

佛像画是人们崇奉礼拜祈愿的对象,主要是以佛为主体的说法图。在说法图里出现了汉式子母阙。除了西域传来的圆拱门,又出现了中央殿堂式门楼,一中一西,栉比相间。这种天宫楼阁建筑形式与嘉峪关新城七号魏晋墓中的天宫楼阁完全相同,所不同者仅仅楼阁中不是墓主人的生活场面而是天宫伎乐。由于受到本土汉晋文化的熏陶和河西魏晋墓画的感染,菩萨的面相逐渐条长而丰满,人物曲鼻平眉,秀眼,身材修长,有的超过7个头。

1.3.2.2 故事画

故事画是向人们灌输佛教思想的壁画,比佛像画更有吸引力。佛经故事画是敦煌壁画主要的内容,它包括了萨埵那舍身饲虎、月光王以头施人、尸毗割肉喂鹰、微妙比丘尼现身说法、九色鹿舍己救人、五百强盗成佛以及释迦牟尼生平事迹等20余种。

早期的故事画多以修六度为内容,要求人们忍受各种迫害凌辱、穷困疾苦而不生怨恨之心。反映在画面上,就是充满恐怖和悲惨的气氛。这些虽然是来自西域的经典和佛教艺术,但当时在敦煌大量出现,绝非偶然。我们以"强盗成佛"为例。这个故事反复在西魏、北周出现,这和北魏后期以来风起云涌的农民起义密切相关。洛阳出土的北魏元朗墓志中说:"皇家多难,妖氛竟起,河西之地,民莫安居。"当时驻守瓜州的东阳王元荣,忧心忡忡地说:"天地妖荒,王路否塞,君臣失礼,于兹多载。"[1]可见农民起义截断了从敦煌去洛阳的道路,使得元荣不能朝拜天子、履行君臣之礼,因此就大造佛窟、大写佛经,祈灵于宗教,以保障他们的安宁。

这个例子也说明,采用外来的东西,其目的总是满足自己的需要。在采用中,为了把佛教哲学和神学思想化为具体的形象,就必然会与当时当地的社会生活结合。画面上大量出现的农耕、狩猎、捕鱼、屠宰、治病、射靶等生产劳动和社会活动,以及审讯、挖眼、活埋等酷刑,或是纯粹的中国的形象,或是中国化了的形象,它们是当时社会面貌某些侧面的真实反映。

1.3.2.3 民族传统神话题材画

民族传统神话这类题材主要出现在西魏时期,大多集中在一些洞窟顶部藻井四周,主要有伏羲、女娲、东王公、西王母、青龙、白虎、朱雀、玄武、开明、飞廉、雷公、羽人、方士等10余种20余幅。

目前认为最早的第285窟就有这类题材画:窟的东顶画伏羲女娲南北相对,伏羲一手持规,一手持墨斗;女娲两手擎规,双袖飘举,奔腾活跃。画中有龟蛇相交的玄武、昂首奔驰的白虎、振翅飞翔的朱雀等守护四方之神;有旋转连鼓的雷公、挥舞铁钻的辟电,有头似鹿、背有翼的飞廉等古代神话传说中的自然神,还有人头鸟身的禺强、兽头人身的乌获、竖耳羽臂的羽人等等,与仙鹤共翱翔,随云彩而飞动。顶部下方绕窟一周,画有山峦树木和各种动物,以及射虎、追羊、杀野猪、射野牛等人间活动。[2] 这种象征宇宙的壁画,在屈原的《天问》中早已提到。王延寿《鲁灵光殿赋》中也说:"图画天地,品类群生,杂物奇怪,山神海灵……遂古之初,五龙比翼,伏羲鳞身,女娲蛇躯。"虽然这些壁画已随着古代建筑的毁灭而无缘目睹了,但在墓葬中却发现了许多具体而生动的形象。汉代画像砖中的东王公、西王母,河西走廊魏晋墓画中的种

---

〔1〕金维诺:《敦煌壁画中的中国佛教故事》,载《美术研究》1958年第1期。

〔2〕赵声良:《敦煌石窟鉴赏丛书》第3辑第2分册第285窟,甘肃人民美术出版社1990年版。

种神话题材,特别是酒泉丁家闸发现的十六国壁画墓,顶部呈覆斗形,中心为展瓣莲花藻井,东西顶画东王公西王母,南北顶画神兽羽人,顶的下方一周画山林野兽。墓室的建筑形制,壁画内容、布局和表现方法,均与第285窟顶部非常相似。单就早期的外来羽人形象发展到唐代的飞天来说,就极具中国本土特色(如彩图1-3),说明敦煌壁画的神话题材与汉墓室壁画有密切的关系,这也正是魏晋南北朝时期外来的佛教逐渐民族化并与道、儒思想逐渐融合的反映。

1.3.2.4 装饰图案

装饰图案即装饰洞窟建筑各个部分的形式和纹样,主要是平棋和藻井。藻井是我国古代宫殿建筑象征天井的装饰,所谓"交木为井,画以藻文","殿屋之有园泉方井兼施荷花者"称为藻井。到了北魏晚期,藻井变为华盖。华盖是天子和王公大臣的"伞"。佛教传入我国以后,掺进了封建统治的内容和形式,"设华盖以祠浮图、老子",在汉代已经出现,如第285窟的藻井除莲花、花池、火焰、忍冬、莲花等装饰外,边饰上增加了统一的云纹、带珠的垂角幔帷等具有民族传统的饰物。

除了平棋和藻井,还有龛楣、边饰和椽间图案,形式虽不同,纹样则是共通的,主要纹样有莲荷纹、忍冬纹、云气纹、火焰纹、鸟兽纹等。其中莲花是我国古老的装饰纹样之一,春秋时代青铜莲鹤壶上已经出现展瓣莲花,汉墓中已有完整的莲花藻井,这说明在我国佛教兴起之前,莲花已被广泛使用。忍冬是一种植物变形纹样,洛阳卜千秋墓壁画的云彩中出现了最早的忍冬纹,武威东汉墓出土的屏风用忍冬纹样装饰,民丰东汉墓出土的丝织物上也绣有忍冬的形象。到了两晋南北时期,忍冬纹成为佛教石窟主要的装饰纹样之一。敦煌早期石窟是忍冬纹的大本营,从十六国一直延续到唐初,才逐渐为新的纹样所代替。古代的工匠们巧妙地运用连续、对称均衡、多样统一、动静结合等形式美的规律,把简单的题材变成丰富多彩的图案,并且充分体现了主次分明、形象精练、构图完整、赋彩明快等特色,大大丰富和发展了装饰图案的内容和形式。[1]

1.3.2.5 供养人画像

段文杰先生在《敦煌学大辞典》中对供养人画像和供养画像做出了这样的注释:供养人画像即出资造窟的功德主和其家族的画像及出行图。据《敦煌石窟供养人研究》课题组最新统计,莫高窟现存洞窟中有供养人画像的洞窟共 281 个,供养人画像总数超过了 9010 身。[2]在敦煌莫高窟甬道的两侧及佛教故事的下方,往往有一行行排列整齐的男女,小的仅有数寸,高的竟达几尺。他们中既有身份显赫的地方官吏、戍边战士画像,也有庶民百姓、奴仆画像和各民族人物画像。供养人画像多以主仆结合成组出现,等级森严,主人像大在前,奴婢像小在后,体现了我国封建社会的等级制度。这种画像在各时期表现的主体也不相同,早期一般仅表现供养者虔诚之心。唐代,肖像进入极盛时期,形象真实,个性鲜明,神态生动,繁华富丽。五代出现了大量的瓜沙曹氏家族的画像。一家一族,祖宗三代,如叙家谱。晚唐时代的出行图是供养人的新形式,继张议潮夫妇出行图之后,还有张淮深夫妇出行图、曹议金与回鹘公主出行图以及榆林窟的慕容妇盈夫妇出行图等,人物众多,场面宏伟,反映了封建贵族的豪华奢靡,也是当时社会生活习俗的真实写照。[3]敦煌莫高窟的洞窟中,几乎都有供养人画像,且绝大多数都有榜书题记。这些题记反映供养人的身份,都是当时真人真事的记录。

1.3.3 壁画绘画技法

敦煌壁画是随着佛教艺术的西传而成的,这一点是无可否认的。那么如何将佛教艺术的外来基因与敦煌本土固有文明结合?我们从内容和形式两个方面来看。关于内容即题材我们在上面已进行了较详尽的阐述,下面我们对其形式即绘画技法进行论述。

---

〔1〕关友惠:《敦煌装饰图案》,华东师范大学出版社 2010 年版。

〔2〕陈宗立、罗斌:《莫高窟供养人画像数量得确认》,http://www.gmw.cn/01gmrb/2008 - 09/04/content_832290.htm,2008 年 9 月 4 日登录。

〔3〕关友惠:《敦煌壁画中的供养人画像》,载《敦煌研究》1989 年第 3 期。

·欧·亚·历·史·文·化·文·库·

当外来的新题材要在敦煌传播时,它首先要表现为群众喜闻乐见的形式。新题材的一些固有仪轨用本土形式、技法来表现,必然要出现"变异"。新题材的出现也刺激了传统技法的发展,但是固有的审美习惯、布局结构、制作经验,始终占主导地位。

1.3.3.1 构图

敦煌壁画中佛经故事画是最主要的内容,它的表现形式多种多样,在十六国时代,多采用主体式单幅画并列的组画形式,北周有所发展,内容越来越长、曲折,画面愈拉愈长。由于故事内容和主题思想不同,画面结构也多种多样。如微妙比丘尼现身说法画面描绘了 21 个场面。由于故事内容较长,采用了犬牙交错的进行方式,完整地表现了全部故事内容。该故事描写了微妙家破人亡,走投无路,2 次被活埋,3 次被迫改嫁的悲惨遭遇。透过因果报应等宗教谎言,可以看到封建社会中妇女的苦难生活。[1]

佛教故事画在北魏采取了连环画形式,按故事发生的时间和人物不同,将故事的缘起、发展、高潮、结局的过程画在同一画面。某个人物可以多次出现,异时同图。它们组合严谨,形式多样,真是浪漫主义的手法。编排上看起来随心所欲,实际上是费了心机、经过推敲、精心构思和认真处理的。一些情节画用房屋建筑作分界,使画面既形成阶段性,又具有整体故事的连续性。比如北凉第 275 窟释迦牟尼体味人间疾苦的"出游四门"就是这样的画。九色鹿本生中表现的九色鹿的遭遇,高潮放在中段,就是鹿王昂首挺立,向国王斥责溺人的画面,很特别的是画上还出现了许多小山包,如同馒头样式,平列画出,合乎当时人大于山的记载,也是为了更加突出人物表达主题的需要。这种连环画形式,不是那种表现故事进程,有一定时间和空间的单幅画的组合,而是像一条连绵不断的带子,让人物在此活动,如展开的横幅手卷。每一段落还加签题记,说明故事情节,与汉代武梁祠画像石的处理手法一

---

〔1〕欧阳琳:《敦煌壁画中的故事〈微妙比丘尼变〉》,载《飞天》1981 年第 6 期。

致。如果故事较长,就作"之"字形处理,灵活自然,又有连续性。[1]

北魏第254窟的萨埵那太子本生图,表现萨埵那太子舍身饲虎的故事。故事为:宝典国国王大车的3个太子,一日入山狩猎,见一母虎带领数幼虎,饥饿逼迫,欲食其子。太子摩诃萨埵欲以身命救此饿虎,行至山间,卧于虎前,饿虎无力啖食。萨埵又爬上山冈,以利木刺身出血,跳下山崖,饿虎舔血后啖食其肉。二兄久不见萨埵,沿路寻找,终于找见萨埵尸体,惊慌回宫禀告。国王和夫人赶至山林,抱尸痛哭。随后收拾遗骨,起塔供养(见彩图1-4)。这一画面表现了8个情节,不同时间地点的事件,穿插组合在一个画面之中,浑然一体。色彩上,以深棕色为主,杂以青、绿、灰、白等冷色,构成严肃沉重、阴森凄厉的气氛,十分悲壮。[2] 莫高窟北周第428窟也有萨埵那太子本生图。画面分3层:上段自右至左,中段自左至右,下段又自右至左,走了个倒"之"字。画中的山水屋木都小于人物,这是为了突出地表现人物,将山水屋木推到次要地位的一种手法。最有趣的是,两位兄长回宫报信骑马飞驰,道旁树木被带起的风吹得倾斜了,衬托出奔马的快速和二人的急迫心情。[3] 这种以自然景物来衬托人物精神的例子还有不少。这些壁画如同中国传统绘画一样,用的是不定位置法、不定视点法,并兼用俯视法来写形。无论画中形体有多少,都把它当做一个形体来看,当做一个有许多支体的整体来看。

1.3.3.2 造型

绘画是一种造型艺术,敦煌壁画也离不开造型这一艺术手段。壁画中的各类造型超凡脱俗,充分体现了古代艺术家们的艺术智慧。他们能把自然形象艺术化地再现,笔下的形象古朴自然、传神写照、夸张有度、以少胜多、生动有趣。敦煌壁画的造型中以当时当地现实生活中的人物为依据,依经铸容、创造形象。如菩萨的蓝本就是中国的嫔妃,

---

〔1〕万庚育:《敦煌壁画中的构图》,载《敦煌研究》1989第4期。

〔2〕赵声良:《敦煌石窟鉴赏丛书》第1辑第1分册第254窟,甘肃人民美术出版社1990年版。

〔3〕施萍亭:《莫高窟壁画艺术·北周》,甘肃人民出版社1986年版。

罗汉则是借鉴丝绸之路上往来的中外高僧。通过高度的想象,加以提炼、夸张甚至变形,创造出符合佛教思想的艺术形象,也适应中国人的精神需求和审美理想。

敦煌壁画在人物造型中,人物面向角度的选择是绘画艺术的一个重要问题。敦煌早期壁画在适应佛教内容需求的前提下,塑造了3种角度的形象:佛像都是正面像,为了表现佛的庄严神圣;胡人多为侧面像,大约是因为身份的卑微和易于突出高鼻深目的特点;菩萨、弟子供养人和故事画中的人物大多是半侧面像。在塑造半侧面像形象时,不仅注意面型的准确性,同时还注意人物姿态动作的丰富性,注意男女老少外貌的不同和内心的变化。画师在长期创作实践中逐渐形成了一套表现喜、怒、哀、乐等不同情绪的程式,对于寓形寄意的汉代绘画来说,程式化是一个进步,它使人物形象不断地丰富和深化。莫高窟北魏晚期到西魏的石窟壁画中,出现了新型的人物画法,人物造型清瘦,衣饰繁多,第285窟最为典型。说法图及故事画中,不论是佛、菩萨形象还是世俗人物形象都一改北魏以前的作风,完全以中原式的人物面貌出现,被称为秀骨清像风格。[1]

敦煌壁画中的菩萨造型,有的形体粗拙,庄严肃立,神思静穆;有的风姿绰约,神情温婉;有的手拈鲜花,沉思默想(如彩图1-5)。佛像则慈目下视,默默不语。种种人物风神,都是适应儒家与佛家要求的结果。佛教宣扬仁慈,故佛经中称佛为"仁者";孔子讲仁学,所以儒家称有德者为仁人。佛教说"虚心乐静"为"仁";儒家讲"智者动,仁者静"。仁和静是佛教和儒家共同的修养准则,尤其是早期壁画,深受儒家思想的熏陶,画中的人物造型和艺术风格,都注入了儒家思想,因而敦煌壁画一开始就具有敦煌本土色彩。

1.3.3.3　线描

佛教艺术传入敦煌,并在敦煌逐步形成了颇具规模的石窟艺术,不可能全盘按照外来的彩塑和绘画样式创作,不可避免地会在很多地方

---

〔1〕赵声良:《敦煌早期壁画中中原式人物造型》,载《敦煌研究》2008年第3期。

体现本地文化传统的一些因素。线描是壁画技法中主要的表现手段和作画程序之一，以线造型是中国画的基本特点。明代汪阿玉在《论古今衣纹描法一十八等》一文中，将古人绘画中对衣褶的18种技法作了具体的分析总结。古代画师工匠将描绘人物衣纹的线描广泛应用到了动物、花鸟、山水、树石、风云、建筑等题材中。"十八描"也指在绘画表面不被色彩掩盖的造型线条，是敦煌壁画中广泛运用的线描技法。所谓"十八描"是指：高古游丝描、琴弦描、铁线描、行云流水描、蚂蟥描（亦即兰叶描）、钉头鼠尾描、混描、撅头描（也称撅头丁描和秃笔线描）、曹衣描、折芦描、橄榄描、枣核描、柳叶描、竹叶描、战笔水纹描（粗大减笔）、减笔描、柴笔描（另一种粗大减笔多用于宋以后的写意画）、蚯蚓描等。[1] 敦煌从十六国到元代千余年的壁画中，尽管受壁画的时代、内容、绘画风格等限制，"十八描"的传统绘画技法未能尽现于壁画中，但也可以看出中国画线描的发展轨迹。敦煌壁画是以"工笔重彩"人物画为主的一种绘画体系，顾名思义所谓工笔，首先即是以工细稠密的线条来造型，其次才是色彩的渲染。因此，线描在敦煌壁画中的作用至关重要。不同时期的线描其表现手法也不一样：北朝时期流行曹衣描、琴弦描、高古游丝描和行云流水描，隋代多用琴弦描和铁线描，唐至宋代流行兰叶描、柳叶描（多用于眉、眼的线条）、行云流水描和铁线描，到了西夏、元代则是将高古游丝描、行云流水描、琴弦描、铁线描、兰叶描、折芦描和钉头鼠尾描等汇集应用，充分体现了中国画书画同源、书法运笔的造型运笔特点。

在绘画技法上，注重笔法，通过线描的变化来表现人物的肌肤和衣服、装饰物等的质感，特别是面部造型，对眼、眉、嘴唇的细微特征有细腻的表现，体现出中国人的性格和气质。早期敦煌壁画的绘画艺术中注重线描造型，用笔劲健、挺拔，体现出力量感。在窟顶表现天空的天人、神仙等画面中，以流畅的线描表现出行云流水般的效果，飞天的飘带和衣裙在天空飞动，如第285窟东壁和北壁的说法图与供养人像中，

---

〔1〕吴荣鉴：《敦煌壁画中的线描》，载《敦煌研究》2004年第1期。

就能看出对不同的对象,通过线描的轻、重、疾、徐表现出不同的质感和性格。而总的来看,以线描的力度,表现出一种动的气氛,是该窟壁画的一大特色。即使是西壁的"西域式"人物中,除了色彩的晕染上以西域手法外,在表现人物面部造型以及衣纹的线描上,依然可以看出一种流畅而充满力感的线条。关于这一点,史苇湘先生也指出:所谓"中原风格"的壁画中,其实也包含了不少敦煌本地汉晋以来传统的题材和风格特征,只是在中原新风格大举传入的时代倾向中,画家们就更加大胆地采用中国式的方法来绘制佛教壁画了。[1] 第 249 窟与第 285 窟窟顶壁画虽然有部分题材早已出现在敦煌及周边的墓室中,画法上也存在部分汉晋以来的传统特色,但是从绘画风格及技法方面来看,满壁风动的气氛、富有力量的线描、场面宏大而空灵的境界等等特征,无疑是随着东阳王元荣从中原的到来而集中地表现于石窟中的最新的风格。

1.3.3.4 赋彩

我国绘画史上对赋色是十分讲究的,汉朝人已经提倡"随色象类",南齐谢赫把"随类赋彩"列为六法之一。战国的漆画上已具有浓重热烈的色调,秦汉墓画色彩鲜丽明快、西汉帛画的色彩更为丰富。更重要的是出现了体现色彩变化和立体感的晕染法,辑安高丽汉代墓画人物面部染红色,云气、忍冬纹饰也都有染;东晋顾恺之《女史箴图》,人物的衣纹以水晕色表现质感的效果;新疆出土西凉时《晏乐图》画稿中,人物面部染红色;河南洛阳卜千秋墓画中人物面部、陕西咸阳杨家湾出土陶俑面部、甘肃嘉峪关魏晋墓画妇女面部,都染红色。这说明,汉晋以来我国民族绘画用色已经发展到一个比较成熟的新阶段。敦煌壁画辉煌的色彩,就是在民族传统绘画赋色基础上发展起来的。

敦煌壁画基本上使用两种晕染法:一种是西域的叠晕法,另一种是我国汉晋以来传统的渲染或烘染法。叠晕即画史上所说的凹凸法或天竺遗法,是指一色的不同色度,由浅入深、层次分明地形成色阶,用色阶

---

〔1〕赵声良:《敦煌早期壁画中中原式人物造型》,载《敦煌研究》2008 年第 3 期。

的浓淡形成明暗而使之具有主体感。这种晕染法由天竺传到西域,经吸收融合而创造了在人体赋色上的一边叠晕或两边叠晕。它传到敦煌后并没有照搬,而是在形式上发生了变化,成为敦煌自身赋色的特点。传统的渲染,在人物面部染两团红色,炳灵寺西秦时代的女供养人,大多如此,只简单地点两块红色;莫高窟壁画中也偶尔如此,北魏早期第254窟尸毗王本生中的诸眷属、降魔变中的诸魔女、第257窟鹿王本生中的王后、须摩提女缘品中的须摩提及眷属等,面部两颊均图两团胭脂,体现面部红润和自然色。

叠晕和渲染两种不同体系的晕染法有它的历史渊源。叠晕是受西域影响的明暗法,渲染是汉晋传统的晕染色法。以明暗表现主体感的晕染法始于印度佛教艺术,东传时经过新疆被吸收后发生了变化。在传到敦煌后,在技法上更有所创新,与中国绘画传统用色法结合而产生了新的晕染形式。晕染法在敦煌壁画中延续运用了10个世纪,没有间断过。从总的发展趋势和各时代所影响艺术造型的效果来看,它经历了从写实到公式化两种形式的漫长道路,有一个民族传统与外来影响并存、融合、创新、衰退的过程。[1]

色彩是最大众化的语言,敦煌壁画追求的是类型色、象征色,用大块平涂,层层叠晕,形成色彩的多层次和装饰美。随着时代的进展,敦煌壁画色彩越来越复杂,但始终体现了"众色乖而皆丽"的传统美学思想。早期壁画在色彩分布上,土红涂底是一大特点。在土红底色的基调上,根据物的需要,调配青、绿、朱、黄、黑、白、金等色。在以色貌色原则下,使其均衡而又不死板、统一中又富有变化,并充分运用了同色叠晕、异色对比的手法,以显示色彩的深浅明暗。[2] 第285、257等窟的壁画,红白对比、青绿交辉,具有质朴而又鲜丽的装饰效果。纵观敦煌壁画早期的色彩的共同特征:鲜明色种用得少,黑灰色种用得多;鲜明色的对比为壁画起着色调个性的决定作用。总的说来,早期壁画的色

〔1〕万庚育:《敦煌壁画中的技法之———晕染》,载《敦煌研究》1985年第5期。
〔2〕周大正:《敦煌壁画与中国画色彩》,人民美术出版社2000年版。

彩呈现出一片和谐、温馨的色彩印象,颜色温文尔雅、不火不俗,色调变化神奇莫测,用色单纯之中求丰富,色彩浓烈而沉着、鲜明而和谐,呈现出一派色彩美的高级阶段的繁荣景象。

综上所述,敦煌壁画数量之多、规模之大、内容之丰富、艺术技巧之精湛,堪称稀世之珍,不愧为我国古代伟大的艺术宝库。敦煌壁画的艺术魅力之所以强大而且经久不衰,除了建筑、雕塑、壁画三者互相结合的整体效果而外,更重要的原因是,敦煌壁画艺术随着时代的不同而变化发展,始终体现不同的时代风格和本土特色。

2　敦煌壁画艺术佛缘

> 善不善法，从心化生。
>
> ——《金刚三昧经·真性空品第六》

2.1　佛教文化与敦煌

2.1.1　中国佛教文化的发展

佛教约于公元前 6 至公元前 5 世纪，由古印度迦毗罗卫国的释迦牟尼创立。起初，它只是社会上众多宗教哲学派别之一，仅流行于北印度，主要是恒河中、下游地区。后因受到不少社会人士的欢迎，尤其得到许多国王和富商的支持，迅速发展起来，成为古印度主要宗教派别之一。

公元前 3 世纪，印度佛教在孔雀王朝阿育王的支持下，分南传、北传两条路线开始向外传播。南传佛教首先进入斯里兰卡，后逐渐传到缅甸、泰国、老挝、柬埔寨、印度尼西亚以及我国云南西双版纳地区，所传的是属于部派佛教系统的斯里兰卡上座部。北传佛教分为两路：一路经由中亚传入我国，又从我国传到朝鲜、日本、越南等国，一般称为汉传佛教，所传以大乘佛教为主；另一路传入我国西藏，后逐渐流传于我国的藏、蒙、满、裕固、纳西等民族中，并传到不丹、尼泊尔、蒙古人民共和国和俄罗斯等国，一般称为藏传佛教，所传以密教为主。[1]

佛教是人类历史上的重大社会文化现象，是两千多年来无数佛教徒社会历史时间的总沉淀。作为一种宗教，它的教主、教义、教团，亦即

---

〔1〕任继愈：《中国佛教史》（第 1 卷），中国社会科学出版社 1985 年版。

·欧·亚·历·史·文·化·文·库·

佛教所谓的佛、法、僧三宝,在不同的历史时期、不同的地区,发挥着或消极或积极的作用。作为一种社会文化现象,它包含了信仰观念、社会意识、道德规范、文学艺术、心理习俗等内容,从而影响到社会文化的各个方面,发挥了极大的作用。佛教在中国流传、发展了两千年,已经深深地渗透到传统的中国文化之中,对中国的哲学、宗教和艺术发展影响深远。

中华民族自古以来就是一个有高度文明的大国。它有深厚悠久的文化传统,对外来文化有一种鉴别、择取的能力。所以,佛教传入时并不是很顺利地被接受。中华民族的传统文化经历了与佛教的一段漫长的交流、冲突,才逐渐吸收了其中适合于中国人的部分。佛教与中国传统文化相结合,从而形成中国佛教。这一特点在汉传佛教中表现得最充分。中国藏传佛教及云南上座部佛教也有类似的情况。[1]

汉传佛教在中国发展两千年来,与中国传统文化的相互关系,大致可以分为以 3 个阶段:[2]

第一阶段为译传阶段,从初传到南北朝,历时约 500 年。这一时期的重要佛教代表人物大都是外国译经僧人,他们是佛教典籍传译的主持人。他们的任务是翻译、介绍佛教的基本内容。这一时期的后期也开始出现了中国人撰写的佛教著作,但大都是对印度佛教经典的著述与介绍。由于中华民族有相当高深的文化素养,因此,即使在著述与介绍中也有所创造。如佛教般若学是佛教理论中的重要流派,中国学者也十分看重般若学,但他们有独特的看法,如“六家七宗”,反映了中国玄学的不同学派对佛教般若学的理解。因此,从某种角度讲,“六家七宗”的出现,也可以看作中国学者力图摆脱依傍、提出自己解释的一种尝试。

第二阶段是创造发展阶段,历时约 300 年。前一阶段佛教的代表人物主要是外国僧人,这一阶段佛教的创造发展者几乎都是中国僧人。

〔1〕方广锠:《中国佛教文化大观》,北京大学出版社 2001 年版。

〔2〕任继愈:《佛教与东方文化》,经济日报出版社 1997 年版。

隋唐以前介绍佛教典籍原著要借助外国僧人。隋唐以后,介绍翻译外国典籍比重减少,因为印度佛教的重要经典大多有了汉译本,有的典籍有两种或多种译本,乃至综合不同译本的编译本。中国人的汉文著作比重急剧增加,内容为中国佛教信徒关于各佛教典籍的理解、阐释。这一时期的作者已由外国佛教学者转移为中国佛教学者。著作的内容也从介绍、转述到阐发、发挥。中国佛教学者继承了中国古代以述为作、以述代作的传统方式,他们的著作名为佛经的注疏,其内容主要是论述著者自己的理论体系。佛教传播中心已转移到中国。中国佛教离开印度佛教词句,注重发挥佛教的微言大义。有些发挥是在印度佛教的某些经典中找到凭借而赋予新意;也有些中国人的著作已摆脱异邦,完全阐发自己的理论。禅宗的理论在印度就几乎找不到什么根据,他们自称"教外别传",得自佛祖的"心印"。南北朝中期以后,不断出现的"伪经",是当时时代思潮的反映,有很重要的思想史料价值,丰富了中国佛教的内容,开创了中国佛教理论研究的新局面。从人类认识史、文化史角度看,佛教史也等于中国文化史、思想史。

中国佛教发展的第三阶段是儒、佛、道"三教合一",也可以称为"佛教儒化"阶段,佛教与中国传统宗教儒、道两教进一步结合,潜移默化,深入到中国文化的中枢部分。这一糅合过程,充实、改造了儒教的世界观,把佛教长期发展的心性之学渗透到理学内部。在佛教心性之学的参与下,中国的儒教逐渐形成。佛教得儒教而广,儒教得佛教而深。三教合一,儒教居中,佛道两教为辅。从此中国的佛教与儒教同命运,共兴衰。学术界一致认为朱子(熹)近道,陆子(九渊)近禅,王守仁(阳明)近狂禅。事实上,没有佛教就没有儒教,以反佛教自命的宋儒,没有不受佛教洗礼的,骨子里是佛教的嫡系传人。

佛教文化是中华民族文化的一个重要组成部分。实际上,佛教作为一个宗教,它所影响的只是社会上某一部分对佛教具有虔诚的宗教信仰或宗教感情的人;而佛教作为一种文化,它已经与中国传统文化融为一体,成为笼罩着整个民族精神生活的巨大背景,任何一个在这个背景中生活的中国人,都不可能不受它的影响。佛教创始人释迦牟尼与

·欧·亚·历·史·文·化·文·库·

中国儒教代表人物孔子、道教代表人物老子并称"三圣"。中国各族人民都没有把佛教祖师当成外国人,而且受到普遍的尊敬。由此也可见佛教文化入人心之深广。

但是中国式佛教宗派的出现是佛教已经中国化的重要标志之一。所谓中国式佛教宗派,大致有这么些特点:以一定的佛教学说为传承,以一定的寺院经济为依托,仿照中国封建宗法制父子相承的形式,将学说的传承与寺院财产、教团领导权的继承结合起来,团体成员虽然不像世俗社会那样存在血缘关系,但一般均像世俗社会一样讲究祖孙昭穆等辈分,由此形成相对稳定的佛教团体。[1]

最早出现的中国式佛教宗派是在南北朝晚期由智顗创立的天台宗。隋朝产生了三论宗、三阶教。唐朝是佛教宗派大盛的时期,出现了法相宗、律宗、华严宗、禅宗、密宗。另外还有世系跳跃的净土宗。

天台宗 因该宗于南朝陈末隋朝初创于天台山(今浙江天台县境内),故称。该宗主要依据《妙法莲华经》,故又称法华宗。天台宗据以立宗的主要经典是《法华经》、《大智度论》、《大般涅槃经》、《大品般若》等。在佛教弘法的过程中,天台宗僧人编纂了大量的著作,专门阐述天台宗的教义与止观双修的思想。这批著作被集中起来,称为"天台教典",发挥了很大的作用。该宗的中心理论是讲"诸法实相"。他们认为有差别的事相实际上都是假象,其本质是统一的,所以诸法本身均反映了真如法性的本相,并用"一念三千"与"团融三谛"来论证上述理论。该宗对中国哲学的发展有所贡献,如该宗"性具善恶"的观点对深化中国人性论的讨论有一定的意义;该宗"无情有性"的观点具有一定的泛神论倾向,对后代也有影响。会昌废佛之前,该宗一直是我国佛教的一大宗派。

三论宗 因该宗主要依据《中论》、《百论》、《十二门论》立宗,故称。传统称该宗以《大品般若经》为所依经,以《中》、《百》、《十二》等三论为所依论。该宗的主要理论是诸法性空的中道实相论。为了论证

---

〔1〕任继愈:《佛教与东方文化》,经济日报出版社1997年版。

这一理论,提出破邪显正、真俗二谛、八不中道3种法义。该宗主张一切众生本性湛然,本有佛果觉体,因被烦恼客尘所蔽,所以流传生死,只要拂除客尘,自然显出湛然寂静之本有觉体。该宗数传后,因天台宗、法相宗相继流传,故渐湮没无闻。

三阶教 因该宗主张时、处、人均可分为三阶,故名。在提倡敬拜一切众生的同时,三阶教要求信徒必须认识自己是末法时代、五浊恶世的第三阶段人,犹如重病人,要用重药,所以他们提倡苦行忍辱,以吃寺院的饭食为非法,每天乞食一餐,死后把尸体放到树林中供养鸟兽,然后收骨搭塔。信行的灵塔在终南山至相寺,后来的三阶教徒,无论僧俗,均葬于信行墓塔左右,故该寺后成为三阶教的集体墓地,称百塔寺。三阶教创立后,曾经盛行一时,影响越来越大。由于它的学说与修行方法与传统差别较大,故引起正统派僧人的反对,屡屡遭到非难乃至朝廷的禁止。隋代、武周代、开元朝都曾下令禁绝它的流传,没收它的无尽藏,但效果不大。唐代宗、德宗年间,三阶教一度为朝廷所承认,信行所撰著作也被收入皇家大藏经。会昌废佛后,该宗衰微无闻。

法相宗 该宗着重从理论上辨析一切事物(法)的种种表现(相)及其产生原因,故名。由于该宗主张"唯识无境",故又称唯识宗。因它的创始人玄奘及其弟子窥基居住在大慈恩寺,又称慈恩宗。唐代僧人玄奘游学印度期间,在那兰陀寺从唯识大师戒贤求学,回国后,系统传译了一大批有关典籍,奠定了该宗的理论基础。玄奘在翻译时,边译边讲,教授了一批弟子。这批弟子对该宗典籍竞相注疏,在理论上各有发挥,尤其是玄奘的高足窥基,著作最丰,有"百部疏主"之称。由于玄奘及其弟子的努力,法相宗盛极一时。法相宗主张唯识无境说,认为世界一切事物都是心识的变现,心外无独立的客观事物存在。法相宗主张的是一种典型的经院主义哲学,提倡烦琐的名相分析,虽然在初唐兴盛了一段时间,但数传以后便趋于衰微。

禅宗 因该宗的早期代表人物均为禅僧,故名。自六祖慧能之后,该宗主张用参究的方法,彻见心性的本源,洞识自性,一悟即得佛地,故又称佛心宗。禅宗以教外别传,不立文字,以心传为特点。传统认为菩

·欧·亚·历·史·文·化·文·库·

提达摩于南北朝时来到中国,下传慧可、僧璨、道信、弘忍。弘忍门下弟子很多,分别在全国各地传播佛法,其中形成以神秀为主的北宗和以慧能为主的南宗。安史之乱以后,南宗的势力日益增长,遍及全国,北宗则渐渐衰微无闻。弘忍以前的早期禅宗主要依据4卷本《楞伽经》立宗,从弘忍开始重视主张无相、无往的《金刚经》。慧能以后,尤以集录慧能言的《坛经》为主要依据。《坛经》禅法思想的关键是见性成佛。性,指佛性,又指菩提自性。《坛经》认为人人均有佛性,本来清净无染,只是人不能自己认识而已,内在的佛性湛然自存,并不攀缘善恶,想要认识它并不需要沉空守寂,重要的是认识本心。《坛经》还认为如果想要修行,不一定非要出家;出家固然可以修行,在家同样可以修行。禅宗的这些思想,从总体来说,就是在打破传统的框框的同时,要求人们必须把建立佛教世界观放在首要位置。他们反对宗教的种种外在形式,是为了把宗教变成人们的内心世界。提倡自食其力,为会昌废佛以后禅宗的发展奠定基础,同时,制定禅院清规,成为后世禅院的规式。

密宗 专指汉地流传的密教派别,因该宗主张通过三密修行而得解脱,故名。早在三国时期,印度佛教杂密就传入我国。但密宗作为一个宗派,是在唐代善无畏、金刚智等人传播印度纯密之后出现的。汉地密宗分金刚界、胎藏界两部,其中金刚表示坚固、利用,胎藏表示摄持、含藏,主张在一心法界上,立主平等、智差别二门。他们主张在观察诸法性空、无祖之理的基础上,结合三密修行(口密,念诵真言密咒;身密,手作印契;意密,心作观想),实行"当相是道,即事而真"的观行,可以得到解脱乃至成佛。在具体的修行方法上,密宗有一整套烦琐而严格的仪轨,如诸曼陀罗、本尊瑜伽修习以及供养、念诵、灌顶等等。这套方法一般都是师徒相传,秘不示人。

净土宗 因该宗专修往生阿弥陀佛西方净土,故称。净土经典称西方净土的七宝池中长满莲花,凡往生西方净土的人,都先投生在莲花中,经过一定的时候,莲花开放,该人便正式生活在净土中。东晋时以慧远为首的一些人组织团体专修净土法门时,曾自命为"白莲社",后人也把净土宗称为莲宗。净土宗依凭的主要经典有《无量寿经》、《观无量寿经》、《阿弥陀经》、《往生论》,习惯称为三经一论。净土宗的思想比较简单,没有什么深奥的哲学道理。该宗认为修行者的念佛行业是内因,阿弥陀佛普度众生的愿力是外缘,内外相应,便可以往生净土。善导把修行分为正行与杂行2种,正行即读诵经典、观察净土相好、礼拜佛像、念诵佛名、赞叹供养佛等5种,其中以念诵佛名最为重要,除此以外诸如修塔、造像等一切善行都为杂行。由于净土宗简便易行,特别适合文化程度较低的下层民众的接受水平,故此中唐以后广泛流传,并与其他宗派相互渗透,成为我国信仰佛教的主要形态之一。

2.1.2 敦煌地区的佛教文化发展

与中原文化在敦煌扎根成长的同时,发源于印度的佛教文化也通过丝绸之路传到了敦煌。[1] 中古时期的敦煌多教共融,但佛教最为发达,留下了丰富的佛教石窟与写经文献资料,因而敦煌在中国佛教史上有着特殊的历史地位。在敦煌地区的历史上,佛教及其文化的流行传播大致经历了5个阶段4次转折。[2] 从开始传入到西晋末年是第1阶段,从十六国时期到北朝时期是第2阶段,从隋朝到唐代前期是第3阶段,从吐蕃统治时期到宋初是第4阶段,少数民族统治时期是第5阶段。居于这5个阶段中间的是4次转折。其中,头3个阶段也可以作为一个大阶段,即佛教及其文化从开始传入到逐步发展再到中国化、中原化和敦煌地区本土化完成的阶段;后2个阶段又可以作为一个大阶段,即佛教及其文化以一种变化了的形态继续发展而又终于走向衰落的阶段;居于这2个大阶段中间的,则是吐蕃统治时期的转折。一般地说,佛教及其文化传入中国,主要是经陆路即丝绸之路而实现的。开始先传入西域地区即今天的新疆地区,然后再继续东进至中原腹心地区。当其在西汉之际传入中原腹心地区并继续传播的早期阶段,敦煌地区可能主要是充当中转过站的作用,佛教及其文化的影响比较单薄。事实上至迟到了曹魏时期,佛教及其文化便在敦煌地区驻足并产生影响。

---

〔1〕甘肃敦煌对外文化交流协会:《敦煌简史》,甘肃文化出版社1995年版。

〔2〕颜廷亮:《关于敦煌地区佛教及其文化的历史进程》,载《兰州教育学院学报》1999年第3期。

·欧·亚·历·史·文·化·文·库·

据《高僧传》记载,约公元 244 年前后,外国僧人竺上座在敦煌收世居敦煌的月氏人竺法护为徒。单道开与其同学 9 人在敦煌地区习禅,其时间也在西晋。另外一些资料也表明,至迟从 3 世纪起,佛教及其文化在东传过程中确已在敦煌驻足并在一定程度上为敦煌地区所接受。这可以说是佛教及其文化在敦煌地区的始传阶段。

进入一秦四凉时期之后,佛教及其文化在敦煌地区的传播才有了明显的发展,不仅仅是知识的初步流传,而是扎下根来并向社会生活的各个方面渗透。这个时期中原腹心地区与江南一带,佛教及其文化已大为盛行。在河西地区,由于统治这里的各个政权及一秦四凉的统治者大都崇信佛教或者至少不排斥佛教,所以佛教文化开始在敦煌扎根并产生广泛的影响。寺塔林立,石窟尤其是莫高窟的营建就始于这个时期,与寺塔和石窟的营建相联系的佛教艺术也在这个时期逐步开始显示出其力度。这可以说是佛教及其文化在敦煌地区的扎根阶段。到了十六国时期,敦煌地区的佛教文化已经逐渐地中国化、中原化、敦煌地区本土化。

北朝时期敦煌地区的佛教及其文化接着一秦四凉时期继续发展。就全国而言,南北朝时期的佛教及其文化在中原地区的传播和发展是个重要时期。北方除帝王之外,大都信佛,虽然曾有过北魏武帝和北周武帝两次灭佛,但都为时不久,而且大多数统治者还是重视利用佛教及其文化来服务于统治的。由于敦煌地区天高皇帝远,所以灭佛事件都未对敦煌佛教文化发展产生太大影响,而且北魏沙州(即今敦煌)刺史元荣、北周沙洲刺史于义都带动了敦煌地区佛教的兴盛发展。北魏初期,因有"沙门佛事皆俱东"之事,敦煌地区以及整个河西走廊地区的佛教及其文化虽然未灭绝,但是其发展曾一度终止。

进入隋唐时期以后,敦煌地区的佛教及其文化又出现了一次转折,进入了一个新阶段。隋朝的建立标志着长期分裂的国家得到统一,国家政权重归于汉族之手。就佛教文化而言,南北之分也已经成为历史。当时的敦煌地区直接由中原政权管辖,与中原腹心连成一片,社会安定,经济繁荣,中外文化交流频繁,以中原化佛教及其文化为代表的中国化佛教及其文化在敦煌地区也终于形成并有了很大的发展。当然，敦煌地区的佛教及其文化，又带有本土化的成分，对以佛教义理研讨为基础而形成的佛教各宗，敦煌地区似乎并无有意识的区分和选择，而是来者不拒、兼收并蓄，既表现出对佛教义理研究的不怎么在意，又表现出一种阔大的胸怀。与此相适应的是，注重佛教行为，造窟、写经、诵经、礼拜佛菩萨、举办佛事活动等等，作为功德而在僧、俗两界极为推崇。净土信仰的盛行，更是隋和唐前期敦煌地区佛教及其文化的一大特点。这个时期特别是唐前期的莫高窟艺术的一个突出现象，就是净土题材几乎成为唯一的题材。据统计，当时洞窟的大型壁画中，阿弥陀经变、弥勒经变、药师经变、福田经变、观无量寿经变、东方药师经变等总计达82幅之多，而且时间越往后就越多。净土信仰占有如此突出的地位并产生如此广泛的影响，是敦煌地区佛教及其文化长期发展的必然结果，这既成为当时敦煌地区佛教及其文化已经大致完成中国化、中原化和敦煌地区本土化历程的表现，又为此后敦煌地区佛教及其文化的世俗化和庶民化提供了一个良好的开端。

吐蕃对敦煌地区的统治，使敦煌地区文化的总体格局发生了很大的调整，这就是中原传统文化的主体地位大大下降而佛教及其文化的地位大大提高。[1] 吐蕃统治者十分崇信佛教及其文化，因而当时敦煌的佛教势力大为膨胀。在当时所营建的莫高窟洞窟中，不难发现作为统治民族的吐蕃艺术形式的凸现，诸如第159窟维摩诘经变中的各国王子礼佛图变成了吐蕃赞普礼佛之类就是例证。唐前期在敦煌地区居民特别是在作为主体居民的汉人中弥漫的净土梦已被打破，敦煌地区佛教及其文化中的净土信仰也随之失去了以前那种突出地位和广泛影响。敦煌地区佛教及其文化已经大致完成的中国化、中原化和敦煌地区的佛教及其文化深深打上了吐蕃烙印。

吐蕃统治时期结束以后的归义军时期，敦煌地区的政局以及整个社会生活发生了一次极大的转变。进入归义军时期时，佛教及其文化

---

[1]李其琼:《论吐蕃时期的敦煌壁画艺术》,载《敦煌研究》1998年第2期。

在敦煌地区已经有了近 8 个世纪之久的传播历史,而且一直未曾中断,再加上归义军的历任节度使在不同程度上都信奉佛教,在这种情况下,佛教及其文化再度繁荣似乎也是势所必然。然而,归义军时期的佛教及其文化,是既与吐蕃时期有所不同,又与唐前期及其以前时期有一定差别的。用极为概括的语言加以表述的话,那么可以说归义军时期的佛教及其文化乃是充分的世俗化和庶民化。就全国而言,佛教及其文化在唐末五代时期,也是走着世俗化和庶民化的路子的。唐武宗制造的法难,给予特别兴盛发展着的中原腹心地区佛教及其文化的打击是很大的,它标志着中国化、中原化佛教及其文化正式形成的佛教各宗,大体上都已经衰微不存,只有禅宗和净土以及二者的综合还在延续着自己强大的生命力,而禅宗和净土宗实际上正是最为世俗化和庶民化的佛教宗派。中原腹心地区的佛教及其文化,本来也必然会走向世俗化和庶民化,否则佛教及其文化也就不可能长久地在中国社会的各个方面特别是在千百万广大群众中生存下去。唐武宗灭法之举,加速了这个过程。如果只是从佛教理论的探讨来看,这个过程似乎表明佛教及其文化的衰微。但是,如果换一个角度,那么倒可以说这个过程表明的是佛教及其文化在以一种新的形态为自身的继续生存和发展所做的努力的一个胜利,因为只有有了这个过程,它才能争取更多的信众,才能深深地渗透到更为广大的社会人群中去。在敦煌地区,应当说也是这样。

归义军政权终结之后,敦煌文化的总体格局发生变化,作为有特定内涵和外延的敦煌文化走向衰落。然而,敦煌地区的佛教及其文化,却仍然存在并在某些时候还较为兴盛,这与继归义军政权之后相继统治敦煌地区的沙洲回鹘、党项、蒙元统治者均崇拜佛教及其文化有关,与敦煌地区有长期的佛教及其文化传统有关。不过,总的说来,由于历史长期的重大变化,敦煌地区的佛教及其文化又一次发生了转折,不仅归义军时期的那种盛况已是风光不再,而且还逐渐地远离了以中原化为主要表现的中国化佛教及其文化的发展方向。由于甘州回鹘政权的西部近邻是高昌回鹘,在其统治下的敦煌地区佛教及其文化,也就必然会受到高昌回鹘地区佛教及其文化的影响。由于紧跟着的西夏统治者延请吐蕃高僧到其统治地区传授藏密教义和仪轨,由于元代藏密普遍流行,影响所及,敦煌地区的佛教及其文化也就带上了藏密色彩。但从敦煌文化的历史这个角度讲,那就只能说是其走向衰落的一种表现。到元末明初,随着整个敦煌文化历史的终结,敦煌地区的佛教及其文化,也就走完了自己在古代历史上的全部路程。

2.2 佛教艺术与敦煌壁画

2.2.1 佛教艺术概述

佛教艺术是人类文明的重要成果,是文化的主要形态之一,它起源于古印度,大约于公元 1 世纪前半期传入中国。在漫长的历史长河中,佛教与中国本土文化相接触,由依附、冲突逐渐到融合协调,成为中国文化的有机组成部分。它不仅对中国人的世界观、人生观产生了巨大的影响,同时对中国古代学术、艺术等方面也起着积极促进作用。而艺术一旦纳入佛教文化体系,佛教思想必然会给它打上深刻的烙印,使其成为不同于一般世俗艺术的佛教艺术。[1]

由于中国是北传佛教的中心,所以佛教艺术在中国得到了充分的发展。佛教艺术传到中国,必然受到中国社会生活影响,必然受到中国传统美学思想和艺术风格的熏染,从而逐渐形成具有中国民族特色的佛教艺术体系。中国佛教艺术不仅为中国艺术宝库增添了夺目的光彩,也在人类艺术史上留下了辉煌的业绩。佛教艺术涉及建筑、雕刻、绘画、音乐等众多领域,大大地丰富了中国本土文化的内容,提升了它的品位,并成为中国文化的重要成分。绘画作为佛教艺术的重要表现手段之一,对佛教的传播、发展起到了积极的作用。中国佛教绘画艺术也随着佛教的中国化呈现出其独特的风格。

先秦时,中国绘画依附于工艺和实用美术。直到春秋战国时期,绘

---

〔1〕魏承思:《中国佛教文化论纲》,载《上海社会科学院学术季刊》1990 年第 3 期。

·欧·亚·历·史·文·化·文·库·

画才摆脱从属的地位,成为独立的艺术门类。当时的绘画以线条为主要的造型手段,至于汉代,更形成了朴直古劲的风格。而从东汉至六朝,佛教绘画随着佛教影响日益扩大成为当时绘画艺术的主流。佛教绘画在唐代以壁画的形式风靡一时,形成了中国绘画史上的一个创作高潮。据统计,当时绘有佛画的寺院有183座。同时,盛唐时的佛教壁画也在融合各种艺术的基础上,达到了其创作的最高成就。宋代以后,由于佛教日渐衰落,佛教画也日渐衰落,寺院壁画也渐落民间之手。

中国较早的佛教画像,大约出现在东汉明帝时,据说是白马驮经像,这里的像就是指佛画。此时佛画的题材和技巧沿用了印度佛画样式,但当时著名的佛画家在史书上记载的较少。到南北朝时,善于佛画的画家越来越多。东吴时期的画家曹不兴,是在此前第一次把西域传来的佛教绘画与汉代绘画结合得较好的画家,被称为佛画始祖。但曹不兴的画风很快被魏晋南北朝时的一些优秀画家所改变。西晋时的画家张协,绘有七佛图,有画圣之称。继曹张之后,东晋时的画家顾恺之从绘画技艺和理论上都取得了重大成就。顾恺之所作的维摩诘壁画轰动一时,与戴逵所塑佛像、狮子王国像并称为瓦棺寺三绝。顾恺之的绘画无论是技艺还是他以行写神的理论,都对后世产生了极大的影响。顾恺之之后,刘宋陆探微、萧梁张僧繇都以佛画创作名动当世,其中秀骨清像一派南朝画风就是始于顾恺之、成于陆探微。张僧繇以印度佛画中凹凸画法、没骨画法独步于当时画坛,形成独具风格的"张家样"。

唐代佛画主要以壁画为主。唐代画家尉迟乙僧的绘画是中原与西域艺术的结合。西域彩色晕染与中国的线条造型相合,在唐代独具一格。他一生多次画过西方净土变,气象万千。吴道子是盛唐时代的画家,素有画圣之称,他与北朝画家曹仲达、齐梁画家张僧繇、中晚唐画家周昉合称为佛教四大家,是佛家艺术的集大成者。禅宗盛行后,画家开始致力于山水而非佛像,这样,佛教内容与绘画就脱离了。宋之后,佛画渐趋衰微,但仍有一些较好的创作。宋太宗修汴京大相国寺,就有相当丰富的壁画创作。元代后文人画很少再有佛教题材,壁画的创作也主要是民间艺人所为。佛教绘画对中国绘画的影响是多方面的,在内容和题材上都极大丰富了中国绘画艺术的创作。

中国佛教绘画分为两种,一种是像,主要是佛像、菩萨像、罗汉像、高僧像、鬼神像;还有一种是图,主要是佛传故事图、本生故事图、经变图等。

壁画早在汉代就有,但随着壁画艺术的发展,可以清楚地看到佛教绘画对壁画的举足轻重的影响!中国绘画是以线条为主要表现手段的,后吸收了用色彩晕、凹凸等画法,这一切都推动了中国绘画艺术在技艺上的发展。佛教在中国绘画史上有相当一段时间居于主流地位,其成就是多方面的,从传世的作品和文献记载来看,这一切都反映了绘画艺术的确达到了以线条造型为主的中国画的高峰。[1]

2.2.2 敦煌壁画中的佛教艺术特征

敦煌佛教艺术是敦煌文化的重要组成部分,佛教传入敦煌地区,对敦煌文化产生了巨大而深远的影响。由于在接受佛教的过程中,敦煌逐渐受到中土高度发展而且成熟的文化影响,所以可以说,敦煌佛教文化经历了有所选择、有所创造的发展过程。《中国宗教通史》认为:"由于中国固有的传统文化根基深厚并且富于包容精神,其结果是吸收外来文化和同化外来文化同时并存,外来文化的进入丰富了中国文化,却并不丧失中国文化特有的本色。"换言之,中国本土文化又反过来作用于佛教,从而形成具有中国特色的佛教文化传统。敦煌佛教艺术也鲜明地体现着这一特色。敦煌佛教艺术具有以下4个方面的特征。

宗教性 敦煌壁画佛教艺术具有浓厚的宗教性特征。从本质上看,敦煌佛教艺术毕竟属于宗教艺术范畴,是一种具有浓郁宗教色彩的艺术形式。由于与艺术活动存在着相似性,宗教很早就开始利用各种门类的艺术来进行教理和教义的宣传。宗教艺术正是宗教与艺术的有机合一,其根本任务就是为宣传教理和教义服务,其本质特征说到底就是宗教性。敦煌佛教艺术同样也不例外。

程式化 敦煌佛教艺术的宗教性实质决定着它高度的程式化特

---

〔1〕楚启恩:《中国壁画史》,工艺美术出版社2000年版。

征。敦煌佛教艺术不仅在思想内容上严格遵循佛教的教理和教义,而且在外观形式上也有着严格的宗教仪轨。程式化可以说是敦煌佛教艺术在形式上的一个重要特征。佛教艺术不同于普通的艺术品,它的创作过程也与普通艺术的创作过程迥然不同。佛教艺术的宗教性本质为敦煌佛教艺术创作过程和艺术作品制定了严格的仪轨和程式。之所以有严格的仪轨,是因为只有严格依据造像仪轨,才不至于损害佛的庄严。佛像有严格的量度和仪轨,这一方面形成了佛像的"庄严妙相",另一方面也限制了佛教艺术的自由创造。佛教艺术程式化特征是其宗教性本质的自然延伸。

民族性 敦煌佛教艺术是印度佛教文化与中国固有文化的有机融合,敦煌佛教艺术既包含有佛教所含有的印度文化特色,更包含着中国文化的民族特征。敦煌佛教艺术反映出中国文化善于吸收外来文明而加以创造性发展的能力。可以说,强烈的民族性风格是敦煌佛教艺术的又一重要特征。敦煌佛教艺术的民族性特征既表现在中华民族儒道文化的渗透,又表现出与中原的不同,其原因正是由民族化的进程和方向不同所造成的。

象征性 高度的象征性也是敦煌佛教艺术的基本特征之一。佛教艺术承载着传达佛教教理教义的任务,它用形象化的方式来阐明佛教对世界和人生的基本观念。在佛教艺术中,形象是最基本的表态元素,利用某些形象来固定地传达某种意义,就成为一种象征。由于佛教艺术的根本任务是要传达某种抽象的意义,所以,象征也就成为敦煌佛教艺术的基本表现方式,这也是其区别于其他艺术形式的重要特征。从整体上看,所有佛教艺术都具有象征性。敦煌佛教造像有佛、菩萨、罗汉等等各种各样的形象,它们分别代表着不同的神格和境界,也就象征着佛教的教理。它们之间的相互关系组成一幅巨大的象征性图景,由此生动地体现着佛教的神灵谱系及其对生命境界的基本观念。除了整体性的佛像之外,敦煌佛教艺术中的佛像的某些动作、衣饰、法器等,也具有强烈的象征性特征。

2.3　敦煌壁画佛教艺术

2.3.1　敦煌壁画中的佛教故事图

佛说法图　早期洞窟的显著位置都绘有说法图,是描写世尊在苦行 6 年后,向弟子说法的情形:佛跌坐或站立中央,手结转法轮印,佛头有项光,身后有火焰,头上有幢幡宝盖,两旁侍立佛的大弟子迦叶和阿难,在外面一层是胁侍菩萨。根据不同的佛经,本尊和菩萨的名目也不同,如依《华严经》,就以毗卢舍那佛为本尊,以文殊、普贤菩萨为左右胁侍,二菩萨分别主悲、智二门。早期说法图,佛比菩萨要大一倍,用来表示尊崇;菩萨像上有飞天舞动翻飞。隋代说法图各尊像的比例渐趋自然,飞天也更为活泼可爱,与空中的花饰相映成趣。但随着唐代气势恢弘的经变画的出现,说法图渐被取代,或进入净土经变画中成为经变画的一部分。

佛传故事图　释迦牟尼佛的图像除说法图外,还有连续性的佛传图。佛传故事图主要有 8 相:下生、入胎、出胎、出家、降魔、成道、转法轮、入涅,叙述释迦成道行化的主要事迹。敦煌壁画的佛传图,以第290 和第 61 窟保存得比较完整,它们是根据汉译佛典《修行本起经》、《佛点说太子瑞应本起经》等的内容敷演而成的。佛传图的主要画面和情节如下:佛由燃灯佛护送,从天而降,乘白象入母胎。国王夫人同时梦见有乘白象菩萨入胎。占相者说此子生下当成佛。十个月后,四月初八那天,摩耶夫人出游兰毗尼园,攀无忧树枝,太子从右胁降生。太子初降地,向十方各行七步,右手指天,说"天上天下,唯我为尊。三界皆苦,吾当安之",每步均生莲花。天空中天人撒花奏乐,九龙吐水为太子浴身。太子长大后,见人间生老病死各种苦难,闷闷不乐,意欲出家。国王命令严加守卫宫城内外,以防太子出走。于是太子乘马逾城离宫,由夜叉开道,天人引导。太子离开王宫,落发出家,四处访道,直至入山中苦行。最后修成正果,传道说法,终至涅槃。第 158 窟中唐绘弟子及各国王子举哀图,有的举刃自残,有的抱头痛哭,表情极其生

·欧·亚·历·史·文·化·文·库·

动。敦煌的佛传图,由山水切隔成连环画式的一个个画面,形象地展现了佛的一生,内容丰富、完整,应是首屈一指的。

本生故事画 在早期的佛教经典中,吸收了许多印度古老的民间寓言和故事,颂扬释迦牟尼在降生于净饭王家为太子之前,就已具有悲天悯人的伟大人格,他终成正果是因为他过去无量劫中行善积德的报应。这些释迦牟尼的前生故事,叫做本生故事。根据这些故事绘画的本生故事图,是对佛的行善的形象摹写,比文字更能感召人。本生故事图是人们对那些超乎常人的自我牺牲的菩萨圣行的歌颂,在月光王以头施人、萨埵那太子以身饲虎等故事中表现得尤为突出。因为内容通俗易懂,情节生动有趣,对佛教的教化、传播、普及作用极大,因此在北朝洞窟中数量很多,内容多有重复,但情节、景物和表现技巧方面又有所区别,形成各个时期的不同风格。

第 275 窟中绘制于北魏时期的尸毗王本生图,描写尸毗王为了从鹰的口中救出一只鸽子,宁愿割下自己的肉来喂鹰的情节。尸毗王端坐画中央,双目下垂,安详镇定地被人割下自己左腿上的肉。画面色调沉稳,中心人物形象非常鲜明,故事情节一目了然。尸毗王的周围配以各种表情的弟子,上空飞舞着菩萨,鲜花在空中飘散,整个画面充满了和声般的音乐,衬托出庄严、肃穆的主题。

第 257 窟中的鹿王本生图是一幅连环画似的长卷,生动地讲述了一个令人深思的故事。一只美丽的九色鹿舍命救出一个溺水人,而被救人为了私利竟出卖了救他的九色鹿,最后溺水人得到了可鄙的下场。画面用故事性的描写颂扬了鹿的忘我的高贵精神和溺水人的卑下,宣扬善恶因果报应和佛家对众生的拯救。情节从画两端开始,至中央发展到高潮而结束。整个画面浑然一体,每个情节连接自然,人物造型生动有趣,色彩明快而与内容统一。画中所出现的山水树木、人物和九色鹿都具有装饰性,对后人的绘画风格有很大的影响。

第 428 窟中的萨埵那太子本生图也是用连环画的形式将整个发展情节有机地组织在画面上,在十分有限的空间里,从开始离宫出游到收骨建塔,中间经历了舍身饲虎的情节高潮,以萨埵王子用自己的躯体拯救众生的方式来突出其自我牺牲的精神。画面色调为绿青灰色,与其悲伤壮烈的气氛十分协调,把悲剧性的主体烘托得十分突出。同窟的须达挐太子图所描绘的情节更加奇异:乐善好施的须达挐太子把本国的一只赖以战胜敌人的白象施舍给了异教,被国王流放。另外他还将自己的爱子施舍给了婆罗门,并亲眼看见他们惨遭婆罗门的毒打与虐待。该图构图简洁、形象夸张、设色凝重,使人观之动容。画中把须达挐太子的施舍癖与坚决修炼的意志表现得非常充分。

2.3.2 敦煌壁画中的佛教宗派和经典

敦煌壁画艺术的内容从大类上可以和大藏经相比,同样包容了经、律、论、史四大部分。此外,它还和盛行于唐代的俗讲有着紧密的联系。这些壁画范围之广虽然没有包罗佛教经典的所有内容,但佛典的各部类与宗教派别的历史却几乎都涉及了。从佛教的艺术形式看,构成敦煌壁画艺术的主体壁画是经义的形象化,至少在南北朝时期就已经把它叫做经变。

三阶教相关壁画 北朝末期佛教出现了危机,终有北周武帝灭佛之举。当时佛教内部的改革派想力挽狂澜,大声疾呼"末法住世"。僧人信行就是这一派的代表,他倡导的三阶教,主张"以时勘教,以病验人",认为当时已经进入末法时期,应恢复僧人的乞食生活,实行苦行忍辱,建立"五尽藏"普施一切法,还主张救济社会,修缮故塔旧庙,做实际有益于社会的事情。北周第 296 窟和隋初 302 窟的两幅福田经变,画的都是各种社会公益事业,与当时的三阶教有关。再结合莫高窟藏经洞所出的三阶教经典,更可以看出他们之间的内在联系。然而由于认为当时就是末法住世、五浊诸恶世界,这些不敬之词惹恼了一味尊崇佛教的隋文帝。开皇二十年(600)三阶教被禁断,此后敦煌壁画中不再见福田经变画迹。

净土宗相关壁画 净土变虽然由唐代善导创立,但净土思想却早就流入我国。与充满种种痛苦的人间秽世相对比,佛国净土早已成为人们追求的理想境界。表现净土思想的壁画,当首推阿弥陀经变。原经在三国时代就已经以《无量寿经》的名称翻译出来,姚秦时鸠摩罗什译出《阿弥陀经》，很快在北方流行。从北魏时起，凡画有莲花、宝池的大型说法图，实际都可以看做是早期的西方净土变。

隋代，净土系统的壁画大为发展。虽然那些壁画幅面不大，但它的价值和意义却十分重要。初唐时期才有明确的观无量寿经变。敦煌壁画中的净土变为什么显得那样动人？是因为它无处不依据人间的形式与人间的内容。也正是这个原因，净土信仰格外兴盛。敦煌壁画中的观无量寿经变、阿弥陀经变，加上晚期的净土变，多达200余铺。

药师经变是另一个重要的净土题材，在窟中多与阿弥陀经变或观无量寿经变作对称的布局。它是根据《药师琉璃光如来本愿经》和《药师如来本愿功德经》绘制的，在莫高窟保存有96幅之多。从吐蕃时代起，以九横死、十二大愿为主要内容的药师经变普遍流行。九横死和十二大愿还以独立的形式绘入壁面和龛内的屏风。社会上的灾祸和痛苦，往往是宗教兴旺的根源。面临饥馑、疾病、天灾和战争，《药师经》和药师经变就成了万应灵方，贫困无助的人需要通过它祈求消灭灾难，富有的人则通过它营功祈福。敦煌的世家豪族营造石窟，大都要画上药师经变，其目的主要还在于祈福。

敦煌莫高窟的又一重要净土变当数弥勒经变。彩塑弥勒菩萨交脚像和弥勒佛坐像是莫高窟最早的艺术题材，这和十六国时期的战祸有关。人民在战争荼毒中盼望一个能使他们得到和平安宁的救世主，弥勒造像正是在这样的历史条件下产生的。莫高窟现存最早的壁画弥勒经变，是隋代第416窟、436窟的两铺弥勒上生经变。到了唐初，弥勒经变开始以净土的形式出现：在整铺壁画上画楼台、水池、栏楯，当中倚坐下生的弥勒佛，两旁侍立众菩萨和天人、护法。到了盛唐，莫高窟的弥勒上生、下生经变开始画在一个幅面上。不同于阿弥陀净土的超然世外，弥勒经变是将秽土与净土的形象交集在一起。壁画上的弥勒净土很像是理想化了的沙洲本土。人们通过画笔，在壁画上重新安排他们的生活。在第445窟南壁弥勒经变中，我们看见了大堆的粮食，巨大的斛斗，场屋里扎软巾的地主正吩咐管家如何处理收获的谷物。经文说弥勒世界"人寿八万四千岁"、"女人年五百岁尔乃行嫁"，作者就以饱满的热情,把当时当地的婚礼场面描绘在壁画里。经文说米勒世界"人命将终,自然行诣冢间而死",壁画上是一座有 4 个角墩的墓园,中间 1 座坟茔,老人安居其中,家人护送衣食;死亡毕竟是一件悲哀的大事,和人间的生死离别一样,亲属面对即将死去的老人失声痛哭,他们的眼泪和痛苦同秽土并无区别。

将近 90 铺的弥勒经变,分别按照不同历史时期的社会面貌,展示了活生生的民间生活图景,这是十分可贵的。宣传弥勒净土无非是为了教导人们厌生乐死,然而壁画上对于理想化的人世间充满赞赏的描绘却与此相矛盾。人类是乐生的、现实的、有我的,而世间亦是可乐的。他们世世代代为了铲除痛苦的根源,追求自己的理想而不断地奋斗。

其他几种大乘佛教经典相关壁画 与法华宗即天台宗密切相关的是《妙法莲华经》、《法华经》、《大般涅槃经》。以《妙法莲华经》为题材的壁画,最初在北魏造像上出现,继而隋初又在窟顶画上《观音普门品》。从盛唐开始,敦煌壁画出现了内容完备、结构严谨的法华经变,如神龙、景云年间修建的第 217 窟以东、南两壁的规模描绘了法华经变相。愈到以后法华经变的品数越多,到了五代,《法华经》总共 28 品被描绘在经变中的已经达 24 品之多。

在苦难重重的世界里,《法华经》给人们指出一条解脱苦难、满意如愿的最简便的办法,这就是"持观世音菩萨名号"。《观音普门品》由此而获得广泛的社会基础,很早就形成了独立的篇幅,以后又演变成观音经变的完整构图。第 217 窟东壁就是一铺首尾完整的观音普门品变相,而第 45 窟南壁则是观音经变的代表作。法华经变是敦煌佛教艺术中描绘现实生活较为丰富的壁画题材,其中刻画的世俗人物与世俗生活的细节多具有高度的真实性,并且它在各个时期的石窟里,还体现出强烈的时代感。

把《维摩诘所说经》画成变相,是我国美术史上的一大创造,有很早的历史,大约在 5 世纪初已经画得十分成熟。而莫高窟却只保留了以隋代为最早的维摩诘经变,比画史上的记载要晚 2 个世纪。

从吐蕃时代到晚唐,敦煌壁画中的维摩诘经变中用很大的篇幅描绘《佛国品》与《方便品》。《方便品》是维摩诘的"传记",表现他"资财无量"、"善于智度"等。壁画上画了维摩诘身处酒肆、博弈戏处以及学校、庙宇,以如实的身份,做劝人出世的宣导者。此壁画描绘了广阔的社会生活。

《大般涅槃经》是大乘教除《法华经》、《维摩诘经》、《华严经》、《无量寿经》之外的另一重要经典。涅槃变与涅槃龛是佛教艺术中的重要题材,莫高窟从北周到吐蕃时代的壁画尚存11铺、涅槃龛(像)5铺。初唐第332窟、盛唐第148窟和中唐第158窟都是煌煌巨制,其中第332、148两窟都有丰富的情节描绘,由单纯的涅槃变发展成结构完整的涅槃经变。第158窟以巨型彩塑涅槃像为主,周围以壁画表现举哀弟子与前来悼念的各族国王、邦长,在人物刻画上都是具有代表性的作品。从整窟看,佛涅槃像恬静、安详,寂灭为乐的神态、僧俗们痛不欲生的情景,以及六师外道闻佛涅槃而欢舞狂喜的场面,这些尖锐的矛盾竟然能在窟内组合成一个统一体,互相衬映,在对比中描写了许多耐人寻味的细节,这样的艺术效果远远不是《大般涅槃经》所能包含的。但是,吐蕃时代以后,在敦煌壁画就再难看到涅槃变这一题材了。

密宗相关壁画 在吐蕃管辖沙洲之前,敦煌壁画主要以大乘净土宗经典为题材,但也出现了一些密宗图像,如第79、113、148窟壁画中的千手千眼观音、如意轮观音等。密宗题材中除了比较简单的密教图像外,还有一些密宗经变,密严经变就是其中之一。《密严经》全名为《大乘密严经》,唐代分别由地婆诃罗和不空先后两次译出,内容为金刚藏菩萨说的经,解答法性问题。经变相在莫高窟一共留下了4铺:晚唐第85、150窟2铺,五代第61窟1铺,宋代第55窟1铺。

另一部密宗经典《佛顶尊胜陀罗尼经》虽在唐代已经有5个译本,但在莫高窟则晚至宋代才出现2铺变相。这个经为罪孽深重的权势者寻找逃脱"因果业报"的出路。两铺佛顶尊胜陀尼经变都画在归义军节度使曹氏家族出资修建的第55、454窟洞窟里。

小乘佛教经典相关壁画 《天请问经》是玄奘译的一部短小的经典。莫高窟最早在第148窟北壁不空绢索龛上描绘了天请问经变。这部经的内容是释迦答复一位天神提出的 9 组问题。天请问经变出现在吐蕃围攻沙洲的紧急关头,恐非偶然。经文中世尊答天问曰:"福能与王贼,勇猛相抗敌。"抗蕃军民或多或少地将战争的胜败寄托在开窟种福上。这一题材在莫高窟从唐大历年间直到北宋,共保存下来 31 铺。其间也出现过一些密宗图像,如壁画中的千手千眼观音变(第 79、113、148 窟)、如意轮观音变和不空绢索观音变(第 148 窟);而禅宗所憧憬的各种经变与图像则大都是吐蕃时代的"前夜"才流传到沙洲来的,于是吐蕃时代的莫高窟,一下子增添了许多新的内容。

2.4 敦煌壁画的佛教意义

证明了佛教东传学说的合理性 佛教立教初期只有佛足迹石、晒衣石、阿育王拜塔等故事,这些早期佛教故事传到了印度以外的许多国家和地区,但自立教至公元前 3 世纪阿育王时期,尚无佛像制作和偶像崇拜。佛像的出现乃受希腊文化影响的结果。佛像出现后,沿着丝绸之路向东传。敦煌开窟造像的佛教图像与印度、于阗的对照,再引证文献,不难考订佛像崇拜及其艺术风格是由印度经于阗再传到中原。

直观形象地表现了佛教和佛教艺术 古代识字的人不多,普遍的文化水平较低,而佛教经典大多高深晦涩、寓意深远,不利于大众理解。敦煌壁画用通俗的壁画表达深奥的佛经,像一些大型的说法图、故事图、经变图、因缘图等,用一个个小故事将佛教提倡的哲理蕴于生活,让更多的信徒通过生活化的直观形式理解佛教义理。敦煌壁画不仅展现了佛教教义,还展现了佛教艺术,必是佛教史上非常宝贵的遗产。

为研究佛教艺术中国本土化进程提供了资料 敦煌早期佛教历史故事画和中唐瑞像图多是印度故事,自公元 848 年归义军时期起,莫高窟故事画的题材、绘画位置、表现形式、佛教地位发生巨变,题材多为中国佛教圣迹故事。汉地瑞像图一时涌现,如濮州铁弥勒瑞像、河西张掖佛影瑞像、凉州瑞像变相等。这是佛教中国化的痕迹,是以中国佛教故事为内容的中国式佛教艺术。这些材料的史学价值实非文献可比。

为佛教绘画提供了丰富的模版 敦煌壁画与敦煌建筑、敦煌彩塑具有同等重要的地位，是敦煌佛教艺术发展到一定阶段的产物。它不仅是一门独立的艺术系列，而且为佛教绘画提供了丰富的模版，充实了中国画史的内容，并可以为当代美术事业提供历史的借鉴。

在历史上促进了佛教的发展 敦煌壁画作为一种艺术，在一定程度上充当了传播佛教的手段。从佛窟的营造到壁画的绘制都是佛教发展的体现，必然对当地百姓产生潜移默化的影响，增加了佛教信众，使处于或战乱或太平的人民百姓得到了精神上的补充。当佛经变成壁画的时候，真正意义上的大众化佛教也就受到了充分的重视。正是佛教和佛教艺术的存在促成了敦煌壁画的产生和辉煌；反过来，敦煌壁画也对佛教的传播起到了重要的推动作用。

3 敦煌壁画艺术创造者

生在你们以前的大师,你们要爱他们。

——罗丹

敦煌壁画总面积达 45000 多平方米,绘画时间长逾千年,被誉为世界最大的画廊。敦煌壁画也是敦煌艺术的主要组成部分,是中国艺术史上极其辉煌的一页。她让每一个看到或了解敦煌壁画艺术的人,都不由自主地对创造她的这些艺术家们产生无比的崇敬和怀念。上世纪40 年代,潘絜滋先生初到敦煌求艺时就写到:"最使我激动的是如此辉煌的壁画,竟出于'卑贱者'之手。他们在中古时期,在艰苦至极的环境下,克服了难以想象的困难,创造出艺术奇迹。不留姓名,不见画史,是何等崇高而伟大。"可见,人们对创造这些神奇艺术的创造者们怀有怎样的崇敬!今天,当我们站在每一幅壁画前时,都不由自主地想到:他们究竟是些什么样的人?他们当时的情况又是怎样的呢?

3.1 敦煌壁画创造者的概念界定

3.1.1 广义上的创造者概念

广义上的敦煌壁画创造者,是从整个石窟的营造角度讲的,因为敦煌壁画毕竟是石窟艺术的一部分。所以,站在这个立场上分析,敦煌壁画的创造者应当由窟主、施主、工匠 3 个部分组成。

所谓窟主,是指洞窟营造的主持者和洞窟的所有者。涉及壁画方面,窟主也顺理成章地成为壁画创作的主持者和决策者。这些窟主有官宦、高僧、大族、庶民百姓等各个阶层的各级各类人物。许多洞窟又

·欧·亚·历·史·文·化·文·库·

分别有初建时的窟主和后来维修、重修的窟主。同时,一个洞窟的窟主,有一个人、一家人的,也有几个人、几家人的。[1]

所谓施主,主要是指洞窟营造活动的支持者和参与者,即出钱出力帮助窟主建窟的人。同样有一个人、一家人或几个人、几家人的,也包括初建时的施主和重修时的施主。

这里需要说明的一点是,在敦煌石窟壁画的营造史上,许多洞窟的营造任务,需要由几个人或几家人共同来承担,因此就出现了窟主和施主间不可分割的关系。一个洞窟中,既有窟主,又有施主;同一个人,可能既是这个洞窟的窟主,又可能是另一个或几个洞窟的施主。

所谓工匠,是指壁画绘制的具体操作者,整个敦煌壁画的制作过程将由这些人负责完成。壁画除洞窟前后室的四壁、窟顶之外,还包括泥塑、窟檐的彩绘与装饰。从现存各个时代的石窟看,壁画的制作一般为集体作业,但也有一两名画家承担并完成整座佛窟的。

3.1.2 狭义上的创造者概念

狭义上的敦煌壁画创造者,主要是指上述工匠,这是从敦煌壁画本身的具体制造角度讲的。

无论如何,这里从广义、狭义上所讲的敦煌壁画创造者,并不冲突,只是出发的角度不同而已。本书为了对敦煌壁画的创造者有个更全面的理解,所谈及的敦煌壁画创造者,主要是从广义的角度入手。

3.2 敦煌壁画创造者分类

3.2.1 窟主和施主

这里主要介绍一下窟主和施主的类别。由于上文所说的窟主和施主间存在着不可分割的关系,所以,就将窟主和施主一起加以说明。

3.2.1.1 官宦窟主与僚属施主

所谓官宦,是指古代敦煌地区高层统治者;而僚属,则指中下层的

---

〔1〕马德:《敦煌工匠史料》,甘肃人民出版社1997年版。

官吏和僧尼。历史上,每一位造窟的敦煌地区的最高层统治者,总是有许多下属幕僚、僧侣以及普通百姓作施主,给以人力、物力和财力等方面的支援。不仅如此,也可能他的这个洞窟从开凿到完成,全由施主们和工匠们操持。当然,这是由他们的权势和地位决定的。下面列举几例,以有助于理解。

莫高窟第428窟内绘制了1200多名敦煌及河西地区的僧人,他们都是该窟的施主。该窟显示了北周宗室瓜州刺史于义与其兄于实同在河西各霸一方,他们要借助僧侣集团来维护自己的统治,而僧侣集团也要依靠统治者以求得其保存和发展。

再如晚期的张、曹归义军时期,几乎每一任节度使都要营造属于自己的大窟,而他们在营造中,主要还是依靠施主们的力量。如张淮深自己亲自组织和主持的莫高窟第94窟的营造和第96窟北大像的重修,只用了3年时间,尽管文献记载张淮深曾一再嗟叹无人相助,但此窟建成绝非他个人的能力所及。首任节度使曹议金,营造了莫高窟最大洞窟之一的第98窟。窟内绘僚属及高僧供养人像200多身,而这些人都是张氏时期的前朝元老。曹议金利用自己营造的洞窟成功地将他们笼络在一起,完成了从张氏家族到曹氏集团政权的平稳过渡。曹议金的回鹘夫人陇西李氏营造的五代100窟(见图3-1),其南壁长达10米的《曹议金出行图》和《李氏出行图》,向世人展示了曹氏势力的强大和敦煌地区的稳定繁荣。但是,第98窟的那些老臣和高僧的供养像,在第100窟以后的曹氏大窟如454、61、55等窟中再没有出现。这些曹氏

图3-1　曹议金出行图　100窟(五代)

·欧·亚·历·史·文·化·文·库·

大窟实际上向我们叙述着曹氏政权由初建时的内忧外患到逐步强盛的整个过程。[1]

3.2.1.2 庶民窟主与官宦施主

在莫高窟营造史上,无论何时,也不论谁造窟,敦煌地区的最高统治者都是当然的"施主",他们被绘在洞窟的主要供养人像位置。一般人需要出钱出力才能取得施主资格,而这类官宦施主们很少出资出力或者根本不用出资出力,就成为洞窟内比窟主还重要的施主。

如莫高窟著名的西魏 285 窟,本来是敦煌民众阴归安、滑黑奴等人在大统四至五年(538—539)开凿的。北壁七世佛最西一铺释迦与弥勒,其发愿文虽然泯灭,画中的男供养人像戴笼冠、着冕服,女供养人像着长裙蔽膝,显然是皇室贵族,推测他们就是东阳王元荣夫妇,属于元荣及其家族在这一时期所造的石窟(见图 3-2)。还有与 285 窟毗邻的西魏 288 窟,此窟东壁窟门两侧的两组着贵族装的供养人,在西魏大统年间非元荣、元康、邓彦、元法英等人莫属。这些人与东阳王的关系非亲即戚,实为一家;而这个窟除了贵族一家之外,也再无其他供养人

图 3-2 供养人与题记 285 窟(西魏)

〔1〕马德:《敦煌莫高窟史研究》,甘肃教育出版社 1996 年版。

像,推测此窟应是独家营造。

张、曹归义军时代的每位节度使,除了在自己营造的大窟内充当首席供养人外,同时又在各自的任期内和任期后,亦作为首席供养人出现于他人营造的大窟。因此,这一时代所初建和重修的大窟,都绘有已故和现任节度使的供养像。如翟和尚法荣建造的莫高窟第 85 窟(翟家窟)甬道南壁所绘官宦"施主",初建时为张议潮、张淮深叔侄,五代重修时换成了曹议金、曹元忠父子,翟氏家族根据需要先后两次绘制此首席供养像。莫高窟第 108 窟,窟主张怀庆系曹议金之妹夫,甬道绘有已故曹议金、当政者曹元德及其夫人们的供养像。这是由统治者亲属营造的大窟,在施主问题上有与一般民众不同的意义,但曹氏出资的可能性也不大。[1]

3.2.1.3　僧俗分别为窟主施主

敦煌石窟的洞窟,除官宦窟外,一般都是以家族为单位营造的。一个家族之中,参与营造者有僧有俗,这里就有一个谁为窟主谁为施主的问题。僧尼造窟是莫高窟营造史上比较普遍的现象。这里主要指那些高僧大德,他们营造大窟所依赖的,无外乎自己的声望和经济实力。他们的声望来自两个方面:一是自己本人的品行、造诣和成就,二是自己出身的豪门,而经济实力则主要依靠其家族。营造大窟是对高僧本人成就地位的庆祝和纪念,也是其家族的荣耀。

以莫高窟第 85 窟为例,荣任河西都僧统的翟法荣和尚,在担任敦煌县尉的弟弟翟承庆及侄怀光、怀恩的支持下营造此大窟,甬道北壁的供养人画像依次为法荣、承庆、怀光和怀恩,法荣为窟主,承庆等为施主。法荣死后,第 85 窟以"翟家窟"的俗名著称于莫高窟史上。从五代时期所绘供养人像看,第 85 窟在法荣死后由翟氏后人中的僧尼和俗众共同管理,但从窟名看已与世俗家窟无别。洞窟是家庙,世袭相承,窟主当然要是翟氏子孙中可传宗接代的俗家弟子,而翟氏子孙中的僧尼们则是以施主的身份从事其管理事务。这类洞窟,在敦煌石窟中比

---

〔1〕马德:《敦煌石窟营造史导论》,新文丰出版公司(台北)1999 年版。

·欧·亚·历·史·文·化·文·库·

较普遍。

俗众造窟则于财力物力方面完全依靠自己的能力。只是由于在一个家族内僧俗关系的不可分割，营造活动以及建成后窟内的各种活动，实际上也是由这个家族的僧尼们来主持的。比如莫高窟第148窟，窟主为李大宾，但后来在窟内接待节度使周鼎时，却是由大宾之弟僧灵悟和尚作为首席出面的，有关撰写碑文的要求也是由灵悟向周鼎提出的。就是说，灵悟实际上是第148窟包括营造在内的各种活动的主持人，而窟主则是李大宾无疑。第148窟在莫高窟历史上一直以"李家窟"著称，管理和维修此窟的李氏后人们，实际上是僧俗共为窟主。

许多佛窟在初建成时僧俗共为窟主，如营造北大像的灵隐禅师与阴祖，营造南大像的处谚和尚与马思忠，他们应该分别属于同一家族。而大像后来的窟主只是俗家，如南大像在后代重修时还由"窟家"供给建筑材料，窟家即窟主家族。

僧俗共为施主的情形，主要反映在洞窟的重修活动中。在一个中小型洞窟的重修中，中下层的僧俗民众自愿结合起来共同施作。这些营修前代窟龛的施主们，有的是同一个家族的僧俗，他们具备不联合其他家族而独立营造的能力，如前述莫高窟第85窟；有的是不同家族的僧俗联合营造，如莫高窟第329窟为初唐时期所建，五代时，由清河张氏家族僧俗重修了前室及甬道，参与重修的还有某"索都头"、"翟押衙"二人。[1]

3.2.1.4 初建窟施主与重修窟施主

就一般洞窟来讲，初建者是窟主，后来的重修者是施主。如曹氏归义军时代广大庶民对莫高窟所有洞窟的大规模重修，不论团体或家族，所修旧窟早已无窟主存在。但对庶民百姓来讲，重修者们则是窟主身份，佛窟的作用和功能在这里也是因人而异的。

公元925年前后由归义军节度使曹议金为窟主建成的莫高窟第98窟的东壁窟门南侧，十几年后，又涂去原绘供养人像而绘上了于阗

---

〔1〕马德：《敦煌莫高窟史研究》，甘肃教育出版社1996年版。

国王李圣天的供养像,其题名曰"大朝大宝于阗国大圣大明天子……(李圣天)即是窟主",即是说,李圣天也是第98窟窟主(见彩图10-12)。李圣天是曹议金的女婿,当时被后晋王朝新加封为于阗国王,他自己并没有、也不可能到莫高窟来重修第98窟。这身莫高窟最大的供养人画像,明显是曹氏统治者家族专门所为,因为对曹氏统治集团来讲,主要还是政治上的需要。在这方面,窟施主的作用显然是不一样的。先代窟龛的窟主们及其后人已无在敦煌者,后代的重修者们,如果是一个家族重修,就成为所修窟的新窟主。如莫高窟第129窟,唐代原建,五代安某家族重修此窟。如果是集体结社重修无明确窟主之窟,一般均以施主身份出现,没有继承或传承问题,管理上也比较松,所以过一段时间人们为"找功德做"便结社重修。有的窟龛仅在曹氏时期就经过两次或三次重修,如莫高窟第358、383、388、445等窟。[1]

3.2.2 工匠

3.2.2.1 工匠的分类

工匠即那些创造敦煌壁画的匠人。工匠可以按其从事行业性质和他们在壁画创作中的作用不同分为不同的类别。从敦煌工匠史料可以总结出,古代敦煌的工匠,大体可分为两类:

第一类是与社会生产及人们生活直接相关的、为人们提供劳动工具和食、衣、住、行的各行业工匠。具体可以细分为:敦煌地区所用生产工具,主要是石具、铁具、木具,因此,从事生产工具的加工、制作的主要是石匠、铁匠、木匠;从事饮食器具的加工、制造的工匠,除前3种外,还有索匠、褐袋匠、罗筋匠、瓮匠等;从事衣饰加工的工匠有帽子匠、皮匠、染布匠、鞋匠、皱纹匠、金银匠、玉匠、毡匠、桑匠等;从事房屋建筑方面的除了前面所讲的木匠外,还有泥匠、灰匠;从事军工加工的各类工匠如弓匠、箭匠、胡禄(箭袋)匠等,同时,铁匠、木匠等也参与军械的加工制作。

第二类是从事文化艺术活动的,也是最具敦煌特色的工匠,如画

---

〔1〕马德:《敦煌工匠史料》,甘肃人民出版社1997年版。

匠、塑匠、打窟人、纸匠、笔匠等。

除此而外,还有两种情况值得重视。一是敦煌古代还有一些专门从事各种行业劳动的家、户等,如制造武器的弩家、榨油的梁户、酿酒的酒户等(见彩图3-3)。这些人不同于一般工匠的是,他们以一家一户为生产单位从事手工业生产,类似我们今天的各类专业户。二是一部分僧侣也从事工匠的劳动。另外,一部分官家、贵族子弟或已在军政部门为官者也从事工匠劳作。[1]

3.2.2.2 工匠的技术级别

古代敦煌地区的工匠大致可以分为以下几类:

都料 都料是工匠中技术级别最高者,也是本行业的规划与指挥者。他们除了具备本行业工程的设计、规划和组织施工的才能之外,作为高级工匠,一般都具有过硬并超越其他画匠的本专业技术,经常参与施工造作。设置都料的行业,一般多为集体施工,工程规模大;或为兼容几类工匠的大行业,应该是技术难度较高的行业,或备受社会重视的行业。再就是作为一种基层组织,一位都料所辖本行业的工匠队伍及行业规模也应该比较大一些。遗书史料中关于画行都料董保德功德颂中所记载的画匠董保德,不仅是绘画行业的头目,而且自己也是一位出色的画家,亲自制作了许多真正属于他本人的作品。再如博士级别的泥匠王庶子,纸匠都料何员住,木行都料像奴,金银匠都料郁迟宝令(见图3-4)等都是本人亲自参与施工的高级匠师和组织者。

博士 博士是具备本专业过硬技术、能够从事高难度技术施工并能独立完成一项工程的工匠。以博士一名称呼画匠,源自对当时俗语"把式"的借词书颂。把式即能工巧匠之谓。博士一词表明被称呼者具备一定的技能,但在敦煌文献的记载中,博士显然是高于一般画匠的高级匠师。如上仰泥博士的工作是往屋内顶部上泥,是泥匠活中最难达到要求的技术活。能上仰泥者可成为泥匠博士。史料所列北咸59号8世纪时僧慈灯所雇汜英振即是泥匠博士,他能够独立承担并完成

---

〔1〕马德:《敦煌工匠史料》,甘肃人民出版社1997年版。

一座佛堂的全部施工任务。再如,《乙卯年(955)归义军押衙知柴场司安佑成牒》记供应柴草的账目中有:"三月三日,支于阗博士月柴壹拾伍束。"这里的归义军按月支付柴草的这位于阗博士,显然有一定的技艺,是博士级,为敦煌所需,因此才较长时间留在敦煌。

匠　在工匠阶层中能被称作匠者,当为独立从事一般技术性的劳动者。这是工匠队伍中的多数,是主体力量。因为从技术级别方面来说,文献中记载最多的是匠一级,其次是博士级。可见,匠和博士两级工匠,是敦煌工匠队伍中的基本力量。

《壬午(982)年便物历》中记有一位名唤索章三的皮匠。遗书史料——《彩绘佛菩萨诸神像等》中有一幅纸质彩绘佛坐像,有题记云"清信弟子缝鞋匠索章三一心供养"。大英博物馆藏敦煌绢画《观音菩萨像》之题记与此同;法国吉美博物馆藏敦煌绢

图3-4　金银行都料　榆林34窟(宋代)

·欧·亚·历·史·文·化·文·库·

画《多宝如来佛像》中为"施主清信弟子皮匠缝鞋靴录事索章三一心供养"。这几位索章三当为同一人,是活动于公元982年前后的归义军官府所属专事缝制鞋、靴的皮匠。由此亦可得知,在当时,缝鞋业亦为皮货加工行业之一类。

生(人) 敦煌工匠中有关生、人的资料,基本都属于绘画工匠行业,也就是所说的学徒,这里可能也包括同为美术行业的雕塑行业。从记载看,生、人级别的画工亦能独立从事绘画劳动,基本上属于匠一级,画人即画匠。

工匠以下,还有大量随从或协助工匠从事劳作者,敦煌文献称其为"人夫"。但人夫和工匠不属同一级别,所从事劳动的性质也不相同。[1]

3.2.2.3 工匠的生活待遇

工匠们平常在为官府或寺院所役使时,一般是由官府或寺院按定量供给饮食。但这并不是官府或寺院对所役使工匠们的关心,而是为增加工匠们的劳动时间、最大限度地提高工匠们的劳动效率。我们从有关的文献记载得知,平时供给工匠们的主食,各类工种、各个季节的标准都是一样的,根本没有考虑劳动强度的大小或劳动时间的长短,而且多一顿也不供给。

工匠们在这里属于服役的劳工。我们在敦煌壁画中各时代的建筑施工图中可以看到,参与建造施工的工匠们,基本上都是赤身露体,这固然说明天气炎热和劳作的苦累,但最主要的还是工匠们的贫穷。

唐朝时期,有一位名叫张廷瑰的官员,在给皇帝的一份《谏表》中曾这样描述:"通什工匠,率多贫窭,朝驱暮役,劳筋苦骨,箪食瓢饮,晨饮星饭,饥渴所致,疾疹交集。"从这里可以窥见敦煌工匠的生产、生活之一斑。另外,我们还可以从遗书史料——"丁未年归义军宴设司状三"的有关记载来看下当时工匠们的生活状况:

泥匠二人,早上馎饦,午时各胡饼两枚,供七日,食断。

铁匠史奴奴等二十人,早上馎饦,午时各胡饼三枚,供一日,食

---

〔1〕马德:《敦煌莫高窟史研究》,甘肃教育出版社1996年版。

断。

金银匠八人,早上餺饦,午时各胡饼两枚,供两日,食断。

鞍匠张儿儿等十一人,早上餺饦,午时各胡饼两枚,供两日,食断。

抽金扇画匠三人,早上餺饦,午时各胡饼两枚,供两日,食断。[1]

从该记载可以看出,敦煌地区的工匠,虽然也和其他古代人一样,在饮食习惯上都是每天只吃两顿饭,即早餐和午餐,没有晚餐,但是早午餐的食品和饮品数量之少,即暴露了工匠们当时的生活状况。

当然,工匠中也有像画行都料董保德、武保琳(见图3-5)等那样的家资丰足者,包括所有在洞窟上作为供养人有画像和题名者,他们一般都是在官

图 3-5 画家供养人 榆林 35 窟(宋代)

〔1〕马德:《敦煌工匠史料》,甘肃人民出版社 1997 年版。

·欧·亚·历·史·文·化·文·库·

府担任一定的职务的高级工匠,或者是出身于贵族和官僚家庭的工匠,但数量毕竟很少,绝大多数的工匠都是贫苦劳动者,绝不可能以窟主或施主身份,即不作为供养人在窟内画像和题写姓名。

从9、10世纪敦煌官府和寺院文书中有关看望和"屈"(即招待)工匠们的记述中,也可以看出,他们并不关心工匠们的生活,而是关心工匠们为他们所从事的劳动。当然,工匠们有固定的职业,也使得这种贫穷的生活比较稳定。[1]

在画工地位提高的唐末五代,我们也可以看到画人塑匠分化的加剧。文书记载,有典卖儿子的塑匠都料赵僧子;另一方面,又有像上面所说的画行都料董保德"家资丰足",画院使竺保则可依三品散号规制着紫色华服。当然,董保德是一名很有造诣的画师,有文书记载他"手迹及于僧繇,笔势邻于曹氏"。"僧繇"即张僧繇,南朝梁武帝时的名画家,擅长壁画,并能以天竺法画凹凸画,为阎立本所备极推崇,吴道子亦称其"夺得僧繇神笔路"。这也说明,在阶级社会,文明的发展是在对抗中实现的。[2]

3.2.2.4 工匠的社会地位

从文献记载看,敦煌古代工匠大体为官府、寺院和个体3类。

官府和寺院的工匠 这类工匠其身份基本上是世袭的,为奴隶或农奴性质的被役使者,没有人身自由。他们所从事的技术劳动,实际上就是一种"常役"。包括都料、博士等高级工匠在内的所有工匠,都受官府和寺院的控制。这类工匠可以根据需要互相派遣和役使,并由役使一方提供饮食和适当的报酬。也有一部分官府匠人,他们在从事手工业的同时,还耕种一部分官府分给的土地。

个体工匠 这类工匠是平民身份的手工业劳动者,他们有一定的土地、财产和庄园,不受官府或寺院的管辖,属于自由民。当然,他们也常为官府和寺院有偿使役,即赚取雇价,并受到一定的尊崇。另外,平

---

〔1〕马德:《敦煌莫高窟史研究》,甘肃教育出版社1996年版。

〔2〕敦煌研究院主编:《全国敦煌学术讨论会文集》,甘肃人民出版社1987年版。

民中取得"匠人"以上资格者可免除部分徭役,可能这是由官府或寺院给予的部分特权,但也有可能是因为平时工匠们特别是高级工匠任务繁重所致。

敦煌文书唐代后期的《二十五等人图》文本中将人分为5类25个等级,劳动者阶层分在第4类"次五等人"之16—20等,分别为:士人、工人、庶人、农人、商人。文书中对工人的解释是:"工人者,艺士也。非隐非士,不农不商。虽有操持之劳,信谓代耕之妙。或专粉缋之最,或在医巫之能,百技无妨,济身之要。莘他负千古之誉,般垂有百代之名,禄在其中。工人之上,虽无四人之业,常有济世之能,此工人之妙也。"这里将画工和医生作为工人的代表,而工人的等级位于农、商之前,显示当时对工匠比较重视。在另一份敦煌归义军时代(公元10世纪)的文献《地亩表》中,计有音声[人]、牧子、打窟[人]、吹角[人]等受田20—34亩不等。姜伯勤先生指出,这些操有一定技艺的人是官府的驱使户,而这些驱使户有因刑事罪罚作之例,或曰将罪犯"官收"为驱使户。当然,这4类艺人中,打窟人是专事石窟营造的工匠,但牧手、音声人等也与打窟人、铁匠、金银匠等一道由归义军宴设司供给饮食,说明他们都属于官府的工匠。

在古代敦煌,僧侣及一部分官家、贵族子弟或军政官员亲自操作工匠活计这一事实说明,写经、绘画(包括石窟营造)当时是在一种神圣的信念支配下的艺术活动。从某种意义上讲,对宗教的信仰,对艺术追求,可以抹去人们之间高贵与卑贱的界线,可以把官吏与百姓、贵族与平民拴在一条绳上。这里面固然有包括佛教在内的宗教所谓平等观念的影响,但对古代敦煌人来说,艺术创造的神圣、伟大和崇高更是能让所有的人慑服的活动。[1]

3.2.2.5 工匠的行业制度

据史料记载,中国古代的手工业,从工匠的培训、考核,到产品的规格、式样、标准,以及对不合格产品及其制造者的惩罚等方面,一直有详

---

[1]马德:《敦煌石窟营造史导论》,新文丰出版公司(台北)1999年版。

·欧·亚·历·史·文·化·文·库·

细而严格的管理制度。学徒达不到一定的水平就不能出师,产品达不到标准就不能面世,制造不合格产品的工匠会受到不同程度的惩罚,直至被判死罪。这样就决定了一个时期的手工业者及其产品都具有当时的标准、水平和时代风格(见彩图 3 - 6)。只是由于在封建制度下,一切都显得比较呆板、缺乏活力。

以敦煌的画匠为例,敦煌石窟题记和敦煌文献将"画行"与"金银行"、"木行"、"弓行"等行业同等对待,如"知画行都画匠作"、"沙州工匠都勾当画院使"等记载。具体的事例,如在公元 906—1036 年的 130 年间,在曹氏归义军政权统治下,莫高窟开凿和改修了 80 多座石窟。当时在归义军政权中设有画院、伎术院、画行等这一类官方管理机构,由归义军节度使派押衙掌管。在节度使押衙内配有知画行都料、知画手等大小等级有差的画工组织。

可以想见,他们与其他手工业者一样,也必然受到手工业管理制度的制约,使一般画匠的水平,以及其作品的时代风格,都必须达到当时所要求的标准,这就使得一个时期内大师的作品与一般工匠的作品在艺术风格及水平方面没有多大差距。

这样看来,决定一个艺人能否成为大师或成为一般匠工的因素并不完全在艺术水平方面,还在于他的身份、地位、所处的环境、所遇到的机会等诸多方面。所以,这些敦煌壁画,虽然都出自无名匠工之手,但在我们今天看来,这些默默无闻的工匠们同样都是伟大的艺术家! 他们所创造的敦煌石窟艺术,自然是中国艺术史的重要组成部分。

3.3 敦煌壁画创造者与壁画创作

3.3.1 窟主和施主在壁画创作中的作用

如前所述,窟主是洞窟营造的主持者和洞窟的所有者;施主是洞窟营造活动的支持者、参与者,即出钱出力帮助窟主建窟的人。因此,窟主和施主在敦煌壁画创作中的作用是不可忽视的。试想一下,如果没有窟主和施主在人力、财力、物力方面的决策、支持、帮助,恐怕也不会有今天如此之规模的壁画存在。不仅如此,窟主及施主的实力,对在一定时间内能否完成一幅壁画以及壁画工艺水平的高低都有着重要的作用。

如武周末至开元初,唐朝派到敦煌地区的最高统治者、担任沙州刺史兼豆庐军使的李庭光,在莫高窟造一大窟。作为地方长官,李庭光在石窟营造方面不但出资、出物,而且身体力行,这不仅对莫高窟,而且对全社会的佛窟营造活动无疑都有很大的作用和意义。再如莫高窟第108窟,绘画时间用了3个月左右。第108窟在敦煌石窟的洞窟中也算一个大型窟,根据窟主各方面的实力,这应是一般在正常情况下绘制窟内壁画所需要的时间。所以说,一旦没有了窟主和施主,工匠们的具体操作也只能是纸上谈兵。

3.3.2 工匠在壁画创作中的作用

在壁画的创作过程中,并不是前面提到的所有工匠都参与到工作中来,只是部分工匠如泥匠、灰匠、塑匠、画匠、纸匠、笔匠等能有用武之地,其余的要在其他方面发挥其特长。

打窟人——莫高窟崖壁上凿岩镌窟之工匠,将洞窟开凿完之后,就开始了壁画的制作程序。敦煌壁画的工艺制作程序大致可以分为两部分,即壁画地仗制作和壁画绘制。

3.3.2.1 工匠与壁画地仗制作

在壁画地仗制作过程中,发挥作用的主要是泥匠、灰匠。

所谓地仗,是一绘画术语,指绘画的敷着体。中国画的地仗有:帛(帛画)、绢(绢画)、纸(纸本画)、木板(板画或壁画)、砖、石(画像石、砖)等。[1]

敦煌壁画的地仗,为敷在冰川断层锈砂岩即酒泉系砾岩层上的草土泥和麻刀泥。冰川断层锈砂岩形成于400万年前,岩石由碎屑物和胶结物组成,质地比较疏松,孔隙率大。碎屑物成分复杂,大部分为岩屑,有少量的矿物碎屑,其成分为石灰岩、花岗岩、石英岩等等。这些岩

---

〔1〕马德:《敦煌莫高窟史研究》,甘肃教育出版社1996年版。

·欧·亚·历·史·文·化·文·库·

石曾是海底床,断层岩石质为粗糙而坚硬的砂石堆集岩层,不能直接雕琢石雕、绘制壁画,所以在壁画的制作过程中就需要专门从事这份工作的工匠。

在制作地仗时,泥匠用黏土和细碎麦秸拌合为草泥,抹于岩壁上数层,以后数层草泥渐稀、渐薄,最后,多以黏土和麻或棉混合成的麻刀泥抹光抹平,使画壁如纸,此即敦煌壁画的地仗。地仗表面可直接绘制壁画。但一般先在地仗表层刷上一层白粉层而后绘制壁画,也有在地仗表层刷其他颜色作底色的。

这里需要说明的一点是,在泥匠上泥皮时,窟顶的泥皮特别难敷抹,称为"上仰泥",这份工作要由技术级别特别高的泥匠即博士级泥匠来操作完成。如前面所说的 8 世纪时僧慈灯所雇氾英振即是泥匠博士。窟前窟檐为土木结构建筑物,其由土块垒筑的墙壁是泥匠的活计,泥匠要在木匠都料的统一规划和指挥下施工。

3.3.2.2　工匠与壁画绘制

在壁画绘制过程中,灰匠、画匠、纸匠、笔匠的作用尤为突出。本部分按壁画绘制的工序分步介绍。

在真正开始绘制壁画之前,还有一件工作要做,那就是确立壁画位置,又称布局、构图等,是画工根据佛经内容和功德主的要求,在创作前的总体构思及安排,或曰依据题材和主题思想的要求,将所要表现的形象、造型等加以适当布置,构成一个完整协调的艺术整体,使画面与立意相统一。这在敦煌艺术中也指石窟建筑、壁画、彩塑个体风格的确立。比如各石窟之间不同的民族,不同的窟主,不同的时间,甚至同一洞窟不同的石窟建筑形式、不同的绘画,其彩塑艺术造型风格也有大小、内容、色彩等的变化;窟内整体结构即画与画之间,画与彩塑之间,画面本身内容、情节的布局,与空间的统一谐调等等,都有很大的讲究。

敦煌壁画的构图大致有:主大宾小的主体式;以故事情节的连续性为重,横向发展的长卷式;叙事向上下延伸的主轴式;经变内容复杂繁多,既要突出大场面主体,又要突出多方内容的主体式;两侧附以立轴式形成一个整体统一的三联式;以多幅长、宽相同的主轴式并列叙事的屏风式等等。[1]

3.3.2.3 壁画的绘制程序

敦煌的壁画绘制程序可以分为以下几步:

第一步,打草稿、画起稿线,就是用炭条先勾出主要人物,依次勾出与主要人物相联系的陪衬人物以及云雾山水、楼台亭阁、飞禽走兽、花草树木……在勾人物时,要严格依据《造像量度经》的要求,严格掌握人体各部位的比例。这道工序大都由经验丰富的画匠、笔匠完成。

敦煌壁画千百年间,形成了很多有别于其他绘画的绘制技巧和程序,起稿的粗细、繁简也是随着时代的发展而变化,或因画匠们画技的熟练而异。如莫高窟第275窟北凉壁画及第257窟北壁说法图,北魏第260窟南壁降魔变(见图3-7)等,因画面色彩脱落露出底

图3-7 降魔变 260窟(北魏)

〔1〕马德:《敦煌石窟营造史导论》,新文丰出版公司(台北)1999年版。

稿,或局部敷彩不全的画面上,存有规正的土红细线的"井"字形网格线框架,其上以土红线勾勒出简单粗犷的圆圈、直线等,以布局动态造型。画匠们待在此起稿线上敷彩后再以高古游丝描或琴弦描,仔细地定形,后以较浓的色泽叠染,而后勾轮廓线。所以此种起稿线不同于较细致的白描起稿线,也有别于宋代的减笔(即写意)画。

起稿线为壁画中所特有的制作程序之一,不能与减笔画同视为独立的画种。另有以较细致的白描起稿线,即有些画匠们在白色的地仗上用细而流畅的赭石或土红线或墨线勾勒出完整的人物、山、树等形象,赋色时据画面的需要有的完全被掩盖,有些却被局部保留下来,使画面随意而生动。如莫高窟西魏第 249、285 窟,隋第 303、305 窟等。唐以后,壁画赋色追吴道子法,流于淡雅、细致、成熟、严谨,因画匠以师传徒,逐渐规范,拘于格式化。以后壁画的起稿线已变为成熟的白描画,到了元代发展成熟。如榆林 3 窟,将高古游丝描、琴弦描、铁线描、兰叶描、行云流水描等多种线描集于一体,略施微染,画风超然脱俗,成为工笔淡彩。所以中唐以后的起稿线已经与定型线没有区别。

还有一部分壁画在起稿制作中使用了粉本画稿复制法,画匠、笔匠们当时这样做的目的是为了有效地提高绘画速度。粉本是绘画施粉上色专供复制用的纸本画稿,多用于壁画。其法有二:一是用针按画稿墨线(轮廓线)密刺小孔,把白垩粉或高岭土粉之类扑打入纸,或者用透墨法印制,使白土粉或墨点透在纸、绢和壁上,然后依粉点或墨点做;二是在画稿反面涂以白垩、高岭土之类,用簪钗、竹针等沿正面造型轮廓线轻划描印于纸、绢或壁上,然后依粉落墨或勾线着色,此法犹如现今常用的复写纸功效。唐吴道子曾于大同殿画嘉陵江三百里风光,一日而毕。玄宗问其状,奏曰:"臣无粉本,并记在心。"魏晋至唐,有不少名画家参与壁画绘制。民间画师在长期创作实践中,师徒代代相传,总结制作方法和经验,形成口诀,利用粉本绘制大幅壁画。由此,粉本以后也引申为对一般画稿的称谓。

用起稿线绘制的作品,一般称为白画,指用墨或者单色描绘物体形象,不施色彩的绘画,即较工细的白描速写或中国画中的素描。其特点是以线造型,略加渲染以强调结构和烘托主体。莫高窟第 276 窟的西壁北侧绘于隋代的维摩诘图,其造型、神态为敦煌壁画中白画之上品。另莫高窟第 249 窟西魏壁画中的虎、猪群与山林白描图,第 9 窟中心佛坛屏风背后晚唐的人物画(见图 3 - 8),藏经洞出土的绢、纸本绘画等也有不少白画精品。由白画派生出白描画,即用墨线或单色线勾勒物体的形象和轮廓,不施色彩,亦有略施淡墨渲染的,也是中国画的一种独立画种。后人将绘制较为仔细的工笔线描轮廓稿也统称为白描或白描稿。[1]

第二步,赋彩。敦煌石窟壁画赋彩技法,从美术专业的角度讲,称之为设色,又称赋彩、着色等,就是在线描的基础上敷颜色。赋色的顺序一般是:第一染天空,多用蓝色,由浅及深,下浅上深。第二染底,多用绿色。第三染云雾。主佛像的头上为云,脚下为雾。云雾多在白色以上用浅蓝或粉绿色沿着云雾纹线由深及浅地晕染开去。第四染主佛像头和背后的佛光。头光圈即华光,其色彩内

图 3 - 8　白描人物　9 窟(晚唐)

〔1〕马德:《敦煌石窟营造史导论》,新文丰出版公司(台北)1999 年版。

·欧·亚·历·史·文·化·文·库·

圈多用石青或橘红色,外圈多用金粉铺,有的还用立体的沥粉线做出花纹。第五染人物衣服的深色部分和其他景物的深色部分。第六染人体的肉色和其他浅色部分。

当然,敦煌石窟壁画历代设色之法有所不同,如隋代以前的十六国、北朝壁画,画匠、笔匠们多以土红色画起稿线并刷底色,后便据造型需要用叠染赋以石青、石绿、朱磦、朱砂、赭石、黑和白等色,形成整体而又古朴的画风。隋代壁画在北朝壁画造型、构图、设色的基础上大量吸收、融合中西绘画的特点,使其形成独特的地域风格,即在古朴、整体叠染平涂设色程序化的基础上使人物艳丽多姿,构图随意多变,设色丰富而金碧辉煌。

设色具体地包括在构图上对色彩布局的设计、上底色、填色、平涂、叠染、晕染、叠晕、贴金、沥粉堆金等。这里重点介绍几种。

单线平涂　又称涂色。轮廓线色彩平涂不分浓淡,赋彩兼顾造型,即画匠用线条来勾勒强调物体的结构与造型,着色行笔随意粗犷,洒脱大方,冷暖对比单纯明快,装饰效果较强,是敦煌壁画北朝时期的主要设色特点之一。

填色　即是在白描画和起稿线的结构内填涂色彩,运笔严谨,使得色线互补。设色既可平涂,又可叠晕染,但不压盖线描。敦煌莫高窟第158、159等中唐洞窟的壁画,皆为此法之上品。

贴金　即画匠们用稀释的桃胶在需用处贴上金箔,压平整后再勾勒出线条,使壁画及彩塑更加富丽堂皇。贴金部位一般在菩萨、天王的首饰上,如莫高窟北朝第263、285等窟,隋代第420、427等窟,西夏第328窟的彩塑佛、菩萨、弟子服装的织锦图案(如图3－9)等,五代、宋、西夏时期的浮塑,团龙团凤藻井,元代壁画的贴金装饰等。

描金　即描金线,为装饰线的一种,即用桃胶或固胶调和的泥金勾勒出的线条。敦煌壁画已历时千余年,唐以前壁画上各种轮廓线,多已退去或被下层色彩氧化变色后掩盖,所以保存完好的不多,至今尚可看到者有莫高窟第427窟菩萨塑像身上的"织金锦",即用金线表示;第172窟中一菩萨衣裙上图案即用此法勾勒出金线织锦纹。

沥粉堆金　此法敦煌壁画中始于唐初,五代、宋与西夏多用之于供养人的首饰上等。因其应用方便,立体感强,所以很受民间画工喜欢。明清时此法在民间多用于画雕塑的图案中,现西北地区的棺木图案中尚极流行。其法分为两步:一是"沥粉"亦即"主粉",一般用较好的石灰、白垩或高岭土,以桃胶或固胶调匀,盛入专制的皮袋中,袋口上接一只细管,用时挤压皮袋,顺事先勾描好的线挤绘出凸出平面的线条或图案;二是在沥粉线上或图案纹样上涂以调配好的泥金,即成沥粉堆金。莫高窟第 57 窟的观音菩萨即用此法。

涂金　多用于山水画和佛教绘画的中国画设色技法之一,也有以涂刷泥金为画幅底色,而在其上勾勒设色。敦煌壁画中以刷涂泥金为佛或菩萨面色、肌肤色,如莫高窟第 427、420 等窟的千佛、菩萨,榆林窟第 2 窟西壁北侧的水月观音的肌肤、面容即是用泥金设色的(见图 3－10)。

色标　是敦煌壁画中特有的标色方法。古时画家、民间画工皆以师带徒,很多绘画技法、

图 3－9　供养人与题记　285 窟(西魏)

·欧·亚·历·史·文·化·文·库·

壁画技法都是代代相传。有些技法是师徒集体合作大型绘画和壁画时得以留传,色标即是这样的课徒技法之一。

第三步,定型线。敦煌壁画的线,除起稿线外,还有定型线。定型线即工笔画中之轮廓线。是在起稿线、赋色之后的一道重要技法程序。此技法主要表现在中唐以前的壁画工笔重彩。中唐以后,壁画的起稿线已臻于完全成熟的白描画,赋色以吴道子画风为范,形成壁画中的工笔淡彩,所以已无定型线、起稿线之分。

第四步,提神线。提神线亦称装饰线,即画匠们在菩萨戴的首饰上、背光上、衣纹飘带上、装饰图案上等,在画好定型线后再勾勒白色线,这在敦煌盛唐以前的壁画中为最多。另外有些唐代壁画人物面部、

图 3-10　水月观音　榆林 2 窟(西夏)

手脚,以及衣纹等均以朱红线勾勒,起到提神装饰的作用,使画面更加生动鲜亮。在技法上,定型线、提神线与起稿线无区别,只是使用场合不同而别称之。[1]

这里以开眉眼为例做一介绍。该步骤是绘制一铺壁画的重要步骤,因为人物传神主要靠面部特别是眉眼,画好了就能生动感人,否则会平板乏味。当然,五官的画法因人、因时期不同而不同,但大体可归纳为以下3种:

佛与菩萨 总的要求是画得端庄慈祥。眉的画法是平和舒缓,先用蓝色勾底,再用墨线勾成新月形。眼睛的画法是上眼边画成弓形、下眼边微向上成弧形,眼神稍向下视。上眼边用墨线勾,下眼边用曙红色勾。眼白铺白粉色,两眼角染红色。眼球中心填蓝色,边缘用墨线勾,瞳孔点墨团。鼻子的画法较为平常。嘴巴微闭、嘴角上翘、嘴唇漆红,唇缝用曙红色勾线。

度母 眼睛的画法呈鱼状;眉毛、鼻子、嘴巴画法及着色方法,均与佛像画法相同。

护法神 各类护法神的表情起伏大,有的横眉立目,有的粗野凶狠,有的杀气腾腾,给人一种凶煞恐怖的感觉,故五官的画法有较大的夸张变化。眉毛短粗而上翘,多在青蓝色、紫红色面孔上以橘黄色来勾画,有若熊熊燃烧的火焰。眼睛的上眼边呈弓形,用墨线勾;下眼边呈椭圆形,用曙红色勾线;整个眼睛为卵形,大而瞠出。眼白着白粉色,眼角先用肉色染,再用曙红色略加橘黄色来晕染。眼球用土黄色填,眼球边缘以墨线勾出,瞳孔点墨团。内眉际紧锁,外眼角旁还用红色勾两三条线,以烘托瞠圆的双目。鼻子画成上耸的朝天鼻,鼻孔暴露;以曙红调橘黄色晕染,再用曙红线勾出鼻子轮廓与鼻孔。鼻子颜色随护法神的脸色不同而变化。嘴的画法有3种:一为紧闭,牙咬下唇,呈怒状;二为微张,呈恐吓状;三为大张,虎牙逞威,舌尖弯卷,口若血盆,为激愤难扼状。

---

〔1〕马德:《敦煌石窟营造史导论》,新文丰出版公司(台北)1999年版。

第五步,打光。打光是用一种特制的笔将画面上用金用银的部位抹平打光,一般是用琥珀做笔头,形状大小如一颗子弹头,用白铜皮或银皮固定在骨制的笔杆上。用这种珍贵的硬笔将用金用银处抹平打光后,标志着整个绘画工序的完成。

第六步,收尾工作。收尾工作为保护壁画,最后还要在完成的壁画上刷以胶和清漆,即用牛胶熬成偏稀的胶水,用软毛刷轻轻刷到壁画上。之后是上清漆。刷的第一道薄胶干后,用鬃刷平罩一道清漆。至此,一铺壁画的全部工序即告结束。

陕西教育学院美术系的麻元彬指出,当代考古学研究显示,敦煌壁画的制作方法由 3 个部分组成:(1)开凿洞窟的砾石层,以石壁作为壁画的支撑结构;(2)在打平的石壁上涂上掺和草和砂的粗泥层,再敷一层较薄而掺和棉、毛或麻的细泥层,以此作为绘制壁画的地仗层;(3)在压平晒干的细泥层上,涂刷一层石灰、石膏之类的白粉,用颜料和黑色绘制。现存的敦煌壁画,由于各泥层之间脱离使得颜料层龟裂,造成粉化脱落,而且,在一定的光照、湿度条件下,颜料会变色而使色彩显得更加沉着。[1]

总之,今天当我们来到莫高窟时,再也听不见创造者们斧凿丁丁,再也看不见艺术家们笔飞色舞的创作激情,更体会不到这些创造者们抑或贫穷、抑或富足的生活……这古老的历史已经音尘渺茫,一去不复返了。但是,历史留给我们的这笔巨大的文化遗产——敦煌壁画艺术,仍以其生动性、真实性和丰富的想象力感染着我们,它也提醒着我们去回味、去揣摩、去学习那些默默无闻、常年劳作、一代接一代进行辛勤探索的创造者们以及他们的崇高精神。

---

〔1〕麻元彬:《中国古代壁画画法管窥》,载《美术观察》2004 年第 8 期。

4　敦煌壁画艺术特色与21世纪中国画形态

　　艺术的特性就在于把客观存在（事物）所显现
的作为真实的东西来了解和表现。

——黑格尔

我之为我，自有我在。

——石涛

　　被誉为艺术明珠的敦煌，保存着从北凉至元千余年的艺术壁画，它反映了中古时代各民族、各阶层的社会生活，是一部世界罕见的自成体系的美术史。[1] 当我们处在21世纪时，对敦煌绘画艺术特色进行一番巡礼式的考察，借鉴其流变规律，对于处在新旧冲突中的中国画确立新世纪的形态，无论是之于创作，抑或是理论探讨，都是有意义的。

　　确立中国画艺术21世纪的新形态，再造新世纪的辉煌，这是中国画创作及其理论研究者的一个梦想。中国画经历了数千年的演变，特别是经历了20世纪以来多文化的撞击与选择，无疑，其未来的指向具有一定的模糊、渐变与多向性。但笔者认为，研究敦煌壁画艺术特色，基于深厚文化沉积与特殊审美心理积淀的中国人所创造的中国画，在跨入一个新世纪时，依然可窥其规律性的设定。

4.1　立足生活的时代风貌

　　当我们不局限于从微观角度来看敦煌壁画艺术时，就会发现一个

─────────

〔1〕段文杰：《敦煌壁画的内容和风格》，载《敦煌》1990年第7期。

·欧·亚·历·史·文·化·文·库·

十分有意义的规律现象:在千余年的艺术长河中,堪称每一时期最高水平的代表作品,都立足于时代的生活,无论以什么题材、何种形式去表现,它的情感内核都是活生生的那个时代的人所特有的情感,恰恰在这一点上,应是"前无古人,后无来者"了。

敦煌在北魏时代,社会动荡不安,这一时代的绘画艺术充分反映了流血、杀戒等内容。这里的"血",不仅仅是萨埵那太子、尸毗王"自我牺牲"的壮举,它还应该是土邻强寇的敦煌民众守土卫国的决心和勇气,这些绘画蕴含着一种撼人心魄的超越时代的悲壮之美。[1]与魏晋形成鲜明对照的是有唐一代中国封建社会达到鼎盛时期,社会安定,生产力得到发展,国内各民族联系得以加强,在国外与许多亚洲国家频繁交往,各种因素促使唐代产生了辉煌的封建文化。反映在敦煌绘画中,则是经变故事增多,制作规模宏大,色彩绚丽,气魄雄浑。这些鸿篇巨制的经变画,描绘的都是幻想中神化了的人的社会现实活动。由于盛唐社会比较安定,人民安居乐业、生活富裕,人物形体健壮丰润,因此,这一时期绘画人物形象一扫魏隋时代秀骨清像、意态潇洒的面貌,转而丰满圆润、健康壮美,现实意味较强的造型跃然壁面。特别明显的变化是,比比皆是的菩萨已完全世俗化、女性化。正如唐人所说:"菩萨如宫娃。"唐代经变画中,漫天雨花、幢盖如林、楼榭耸立、红莲盛开、琴鼓齐鸣、舞伎翩跹、童子戏水,呈现着一派歌舞升平的繁华景象。与其说这是西天佛国极乐世界,不如说这是地上李唐王朝现实生活的细微投影。[2]

敦煌壁画中,反映敦煌世俗现实生活的题材,占有相当地位,而且艺术水准较高,如中唐时期的吐蕃赞普礼佛图,晚唐时期的张议潮统军出行图、宋国河内郡夫人出行图,五代时期的曹议金出行图、回鹘公主出行图等等。上述绘画多为巨制,且与佛教内容无涉。如宋国河内郡夫人出行图全画长 8.5 米,人物逾百,骑舆数十,场面宏大,可谓唐贵族

〔1〕史苇湘:《莫高窟壁画艺术·北魏》,甘肃人民出版社 1986 年版。

〔2〕李振甫:《莫高窟壁画艺术·盛唐》,甘肃人民出版社 1986 年版。

妇女春游风俗画。与此相类的有历代所绘的供养人,实际上是不同历史时代的政治、社会生活的真实写照和现实人物肖像画。如北周敦煌的统治者多为北周的功臣贵戚,最高统治者带头修窟,下层臣民竞相"随喜"。所以北周时代供养人画像激增。有的甚至一窟多达千余供养人像。供养人像在晚期还表现出政治、社会、民族等等方面的世俗化功能。[1] 在唐代,供养人像一反魏、隋时期供养人大小只不过几寸或尺许的状态,出现等身巨像。愈至晚期,对其封号、爵衔、官位书写愈详。五代时于阗国王李圣天与皇后曹氏供养人像,则从人物特征到衣冠服饰一看便知,是少数民族首领及其侍卫的画面。[2] 元代供养人,均身着蒙古品服,头戴红穗笠帽,腰系宝带,持短刀和鼻烟袋,足穿乌靴,具有很强的蒙古民族生活气息。

表现并反映当代生活,这是中国画创作者的历史使命。从敦煌壁画艺术精品中,我们无疑看到了这一规律性的再现。因此,我们认定,立足现实生活,反映当代风貌应是跨世纪中国画形态的品格之一,而中国传统文人画那种超然尘世、雅逸洒脱、冷冷不食人间烟火的近古审美典范性情趣,必然要被表现现实生活审美新追求的各种情趣所取代。因此,反映现代生活,适应 21 世纪现代人审美需要,从哲理角度审视人生,观照宇宙的宏大、整饬、严谨、复杂,是中国画创作的现代审美追求和前瞻性发展趋势,而作为中国画 21 世纪形态构成的重要因素,即对现实生活从客观生活内容,到现代情感体验全方位的反映,囿于传统题材惯性尚多,更广泛题材还有待开掘,更独到情感还有待表现。总之,这个问题并未解决。不少远离真实、远离生活的中国画创作是令人担忧的,中国画界在面临世纪之交时,呼唤大师、呼唤力作,必然是对现实生活深化以后的艺术再现。

4.2　立足创新的传统形式

中国画形成几千年的传统,到底传统是什么? 应当说,没有创新,

---

〔1〕施萍亭:《莫高窟壁画艺术·北周》,甘肃人民出版社 1986 年版。
〔2〕霍照亮:《莫高窟壁画艺术·五代》,甘肃人民出版社 1986 年版。

·欧·亚·历·史·文·化·文·库·

就没有传统,无数创新的浪花构成了传统的长河。今天,我们面对的传统,是前人创新的结果,而今天的创新就是未来的传统。传统的代表者只能是时代的创新者,绝不是因循守旧者。敦煌千年的壁画史充分证明了这一点。纵观敦煌壁画,不同时代的优秀代表作品,无不是从内容到形式都有大创新的作品。

从内容方面看,如自北魏始创的两个新题材,在弥勒说法缘金刚座南侧画婆薮仙,北侧画骷髅仙,而且画得又小又丑,以陪衬"巍巍天人师"(弥勒)之容。敦煌隋代绘画艺术被认为是取得了多方面的创新成就。首先,经变画的布局完全突破北朝模式,开了大型经变画的先河。并改变了以叙事为主的北朝艺术传统,探索了以绘境(如净土环境)与绘人(如维摩诘居士)为主的更丰富的表现内容。[1] 再说敦煌壁画总体上是以人物为主,山水只作为背景,衬托主题,但到盛唐,山水画独立为一方面的内容,较之前代,可谓独创。典型的如 17 窟《画城喻品》,就是代表性的青绿山水佳作:山峦重叠,水流隐现,道路蜿蜒,藤萝环绕,桃李盛开,垂柳浓郁,颇有"山重水复疑无路,柳暗花明又一村"的诗意。[2] 中唐时期,吐蕃占领敦煌,扰乱了本土因循守旧的宗教艺术规范,画了许多耕种、收获、嫁娶、挤奶、博弈、酒肆、学堂等与宗教内容不甚相干的乡土题材,令人耳目一新,其乡土风格构成了中唐鲜明的时代特点。五代时期,敦煌绘画创作了中国佛教胜迹五台山图(高 3.42米,宽 13.45 米),这是一幅气势恢宏之作。全图绘有塔寺建筑物 179处,僧俗人物 428 人,佛与菩萨 20 余身,乘骑马、驼 61 个。这幅作品为研究建筑史、佛教史、社会史提供了珍贵的形象艺术史料。五代时另一幅作品刘萨诃因缘变,以唐《续高僧传》为据,表现了僧人刘萨诃的史迹故事,是河西佛教史的形象资料。五代时敦煌绘画在表现佛教艺术本土化方面,取得了空前的成就。[3] 敦煌莫高窟在蒙元时期有许多精湛的艺术品,其画工史小玉留下的第 3 窟北壁千手千眼观音可谓不朽

〔1〕李其琼:《莫高窟壁画艺术·隋代》,甘肃人民出版社 1986 年版。

〔2〕李振甫:《莫高窟壁画艺术·盛唐》,甘肃人民出版社 1986 年版。

〔3〕霍熙亮:《莫高窟壁画艺术·五代》,甘肃人民出版社 1986 年版。

之作。那千姿百态的手眼、惟妙惟肖的生动形象吸引了无数后代艺术工作者赏析借鉴,令人们流连忘返。[1]

在形式方面,历代敦煌绘画的代表作品的创新手法,至今可鉴,如北周新创的凹字式构图、波浪式构图、"之"字法、"S"式构图等。最值得一提的是,在须达拏本生故事画中,出现了有如今天电影蒙太奇的手法:婆罗门向须达拏要车,画面右上角就出现了须达拏拉车。这种表现方法,主题突出、详而不乱,充分体现了艺术家的独创才能,也反映了北周故事画创新的水平。更有创意的是,北周故事画人物不再穿着传统菩萨装、西域装,而是如供养人的世俗装,北周的飞天还穿上了"时装",这不能不说是非常大胆的创新。[2] 西魏时期,出现了以秀骨清像造型为特征,注重气韵表现的艺术新风。如作为西魏代表洞窟的285窟所绘佛与菩萨身体修长,褒衣薄带,一派南朝士大夫风度。此作与传

图 4-3　雨中耕作图　23 窟(盛唐)

〔1〕孙修身:《莫高窟壁画艺术·元代》,甘肃人民出版社1986年版。
〔2〕施萍亭:《莫高窟壁画艺术·北周》,甘肃人民出版社1986年版。

为顾恺之之《洛神赋图》及南朝墓砖印壁画《竹林七贤图》画风相同[1]，与魏大相径庭。唐代人物的创新与变化，大多以丰肌圆硕为主要特征，并符合人体结构比例。同时，唐代敦煌绘画在构图方面追求对称、均衡的装饰效果，在色彩营造方面，创造以黄为主体色，增强了画面色调的绚烂华丽，并以多种方法叠染，表现出不同色度与体积感，使画面既富于变化，又和谐统一，达到了富丽堂皇的艺术效果。[2]

从敦煌绘画艺术发展沿革中，我们可以看出这样一个带有规律性的艺术现象，即艺术的创新必先突破原来的旧的传统形式，有时甚至以牺牲原有成就为前提。联系到中国画21世纪的选择，笔者认为，不管我们是否情愿，中国画传统技法的全方位拓展，必然以淡化传统笔墨技法为代价，以创新笔墨（传统意义上的技法）为最终确立中国画现代或未来的形态标志。首先，传统笔墨方式，将已经大量出现的晕染、肌理制作和色彩的广泛运用淡化，进而可能被规律性、装饰性，抑或形式趣味全然不同的其他线条所取代。[3] 总之，中国画形式语言体系的重大转折是21世纪中国画现代形态的又一重要因素。如果说，达到很高艺术成就的明清水墨画以小、疏、逸的美学追求，对中国"秦楚超迈，汉唐风范"挑战的话，那么，作为21世纪的今人也应对明清传统水墨画挑战。事实上，无论是评论界的呼号，还是近10年的创作实践，均已对此问题作出回答：当代中国画正趋向大、密、精。作为近年创作的代表性获奖作品，即是这一结论的脚注。[4] 一般说，这些成功之作都具有复杂的构型，满密的空间感，严谨、精致的制作效果，这可以认为是对水墨画小、疏、逸的逆动，或者说是为当代热烈、充实、变化的现实生活表现时代的需求使然。这也是中国画近年重新崛起的工笔画一类精密化作品大量涌现的深刻原因。其实，当我们回首敦煌壁画艺术时，我们惊喜地发现，这种大、密、精的美学风格，正是敦煌壁画艺术基本的品格之

〔1〕关友惠：《莫高窟壁画艺术·西魏》，甘肃人民出版社1986年版。

〔2〕李振甫：《莫高窟壁画艺术·盛唐》，甘肃人民出版社1986年版。

〔3〕周绍华：《惑而后记》，载《中国画研究》1991年第1期。

〔4〕林木：《中国画现代形态的初步确立》，载《美术》1995年第7期。

一。这使我们再一次审视传统,而传统表现了历史的多源性。

当我们确认中国画复杂而精密的制作性作为 21 世纪中国画现代形态的重要因素时,也同时注意到成就的不足,如明显的幼稚感、雷同化,以及个性化的相对缺乏,而制作的规范性、程序性、工艺性,使其画面肌理容易陷入苍白与干瘪,并削弱了情感的表现性。由此对中国画界来说,面临着一个极其严峻的课题——将包括笔墨在内的传统形态表现因素转化为现代性,这是 21 世纪中国画形态真正确立的关键所在。

4.3 立足民族的开放文化

敦煌,作为艺术遗产的一个奇迹,本身即是中西文化碰撞积淀的产物。敦煌壁画艺术无疑是一个开放的系统,不管这种开放是自觉的,还是被动的,这座宝库更是多民族共同创造的艺术奇葩。除汉族政权外,先后作为敦煌统治民族的有中唐时期的吐蕃、西夏时期的党项,以及元代的蒙古族等。他们作为不同时代敦煌的主体民族,对敦煌壁画艺术均做出了贡献。如果说敦煌艺术是开放系统的话,那么她又是立足于民族的开放文化,这也是敦煌之所以成就了灿烂辉煌艺术的奥秘所在。早期的敦煌壁画,如现存北凉时期的壁画即是融入西域文化艺术精华的民族性、本土性的佛教艺术,既有河西汉晋古拙、朴质的艺术风格,又明显受到了西域文化影响。这一时期的菩萨、飞天大都上身全裸,人体轮廓和面部都表现出天竺绘画凹凸法的特点。268 窟西壁龛内两侧画供养菩萨,龛口周沿有西域火焰纹带装饰,而两侧立柱画希腊爱奥尼亚式柱头,明显受到了西来文化影响。[1] 敦煌飞天,数量无计,但自西魏始,出现裸体飞天,这与彼时"波斯使主"治理瓜州有关。莫高窟壁画中共有裸体飞天 15 身,北周时代较多,共 13 身。[2] 由于裸体不合中华民族审美习惯,故一般安排在不显眼的位置。北周后,裸体飞天迅速消失,这一现象表明建立在民族基础上开放文化的相互融合性特点。

---

〔1〕樊锦诗:《莫高窟壁画艺术·北凉》,甘肃人民出版社 1986 年版。
〔2〕施萍亭:《莫高窟壁画艺术·北周》,甘肃人民出版社 1986 年版。

　　立足于民族的开放文化,反映在内容上,必然要使中西文化相互影响、相互融合,进而产生新的内容。如北周在传统佛教故事画中渗入儒家孝道的内容,而西魏时期干脆让中国神仙与佛教神仙同处一室,如249窟所绘的西王母、东王公,285窟所绘的伏羲女娲等,使不可思议的"西方天国世界"进一步中国民族化了。

　　从敦煌壁画艺术中,我们还发现了这样一个无以雄辩的事实:国力强盛、文化发达时,在艺术上,吸收外来因素的能力就愈强。莫高窟盛唐壁画艺术之所以金碧辉煌,发展到鼎盛阶段,是广泛吸收各种艺术有益成分的必然结果。如作为敦煌壁画主要造型手段的线描,莫高窟盛唐壁画既吸收了印度西域铁线描的长处,挺拔刚劲,又创造了兰叶描均匀圆润的风格。再如晕染法,本是来自于西域的人体表现方法,盛唐在晕染方法上,融合创新,不仅有干染、湿染,还用同类色由深至浅依次画出,造成物像的立体效果,创造了叠晕法。[1]

　　多民族性是敦煌壁画的一个显著特征,正是这种多民族艺术的交融,才创造了敦煌不朽艺术的丰碑。如西夏时期敦煌壁画,明显受高昌回鹘佛教艺术影响,特别是当时流行的具强烈时代特征的波状卷云纹边饰、饱满而顶部稍尖的八瓣莲花及藻井中龙的图案与画法,都与新疆柏孜克里克石窟同类纹样非常相似。这反映出西夏时期敦煌与新疆高昌地区文化上的密切关系,也反映出汉族、党项、回鹘等民族艺术的交融。[2] 元代在统治敦煌之初,铁木真即向西藏喇嘛教皈依,而西藏地方势力亦表示向其臣服。所以,元代敦煌壁画大量吸收了藏传佛教的内容与形式,在莫高窟艺术发展史上独树一帜。如著名的465窟全画藏传佛教的内容,以大日如来为中心,四壁画怖畏金刚(俗称欢喜佛)。其布局采用散点式排列,疏密相兼、粗细相间,疏可走马、密不透风,细致一丝不苟、繁缛绮丽,粗则一笔了了、不加润饰。细密且奔放,严谨而粗犷,可谓是吸收外来文化的成功创造。[3]

〔1〕李振甫:《莫高窟壁画艺术·盛唐》,甘肃人民出版社1986年版。

〔2〕周绍华:《惑而后记》,载《中国画研究》1991年第1期。

〔3〕孙修身:《莫高窟壁画艺术·元代》,甘肃人民出版社1986年版。

当我们论及敦煌建立在民族基点上的开放式文化时,开放已构成了我们当代生活的重要因素;但当我们必然可以,而且应该借鉴吸收外来艺术营养时,敦煌壁画艺术的宝贵经验启示我们,任何时候对外来文化的学习和借鉴必须是立足于民族的自主选择与需要。中国画21世纪现代形态的确立,绝不能同西方"现代派"或者"后现代"艺术等与我国民族传统有着体系渊源和现实状态有重大区别的流派简单等同。

然而,在开放文化背景下,借鉴是必然的。对于中国画而言,借鉴外来文化是为了创新旧有的形态,走向未来。首先,中国画可以借鉴现代美术作品诸如开启观者理性,把传统的美育升华成文化参与,弘扬个人使命感和责任感,促起人们的危机感和忧虑意识,警策人们将人文精神贯穿于行为活动之中等观念形态,以使中国画的意义更增其深刻性。其次,在形式上,现代构图观念已经被中国画创作所吸纳,成为中国画现代形态的又一个重要因素。平面构成、色彩构成,比比皆是。这种手法已被一些有实力的中国画家较熟练地运用。例如人物的密集排列,单纯的同一符号的铺天盖地的重复组合、规整的直线造成的绝对对称、冷热色块的刻意配置,块面间的单纯分割与复杂构成等等。[1] 再次,色彩因素也可作为21世纪现代中国画形态构成因素之一。"画道之中,水墨为最"的观念持续千余年,源于禅道的"墨分五彩"的铁的原则终于在21世纪失去往日的霸主地位。随着这种社会情感基础的消减,可以预言,中国画的色彩表现将在吸收西方艺术、民族民间传统的基础上,再一次向敦煌盛唐式的金碧辉煌、色彩绚丽迈进。

敦煌壁画艺术源远流长,她给我们的启迪是深刻而又指向未来的,她给中国画现代形态的确立提供了"化石"般的生成信息。故而,中国画再造21世纪的辉煌,虽任重道远,然期望必成。天行健,君子当自强不息!

---

〔1〕林木:《中国画现代形态的初步确立》,载《美术》1995年第7期。

·欧·亚·历·史·文·化·文·库·

综论编

董珍慧　李映洲　编著

5 瑰丽多彩的早期壁画艺术

艺术美是按照崇高美的概念创造的。

——温克尔曼

敦煌是一个历史悠久的名城,由于它地处东西交通要冲,扼踞两关,雄视丝路,是古代西北地区人民物质文化和精神文化的集散地。在漫长的封建历史时期,由于特殊的地理条件,它很少遭受像中原地区那样频繁的战乱,相对安定的时期较长,就连整个河西四郡在封建社会的历史,比起中原地区也有相对较长的安定,而敦煌由于特殊的地理在四郡中就更突出了。因此,世家豪族的统治延续繁衍,传统文化持久繁荣,而且形成了鲜明的地方风格。也由于这些原因,敦煌接触佛教较早,并且经久不衰。在阶级森严的封建社会,它既维护着统治者的利益,也渗浸着广大劳动人民的心灵。

敦煌是汉武帝建立的河西四郡之一,当时的敦煌郡,"领六县,扼两关",居民近4万人,是一个地处东西交通要冲的繁荣的边陲重镇。张骞两次出使西域之后,发自长安,连于西海,长达7000余公里的丝绸之路上,僧俗交往,商旅如织。敦煌自建郡以后,中原汉文化已根深蒂固,敦煌酒泉一带出土的魏晋墓画中,东王公、西王母、天马、天鹿、青龙、白虎、朱雀、玄武和坞壁、军屯、墓主宴饮、贵族出行等,都是儒家、道家思想的反映。在中西经济文化交流的潮流中,创始于印度的佛教传入了中国,并首先在西域扎根,经过敦煌传入中原。

据武则天圣历元年(698)《李君修佛龛碑》记载,莫高窟创建于前秦建元二年(366),实为前凉张天锡太清四年(367)。纵观当时的历史,十六国时期,作为两关总馆、丝路要冲的敦煌,成为五凉逐鹿、兵家必争之地。许多绿洲郡县先后被分裂为后凉、西秦、南凉、西凉、北凉，割据战争破坏了河西的安宁，带来了死亡、饥馑。在"出门无所见，白骨蔽平原"的苦难深重的年代，善良的人们在因果报应、轮回转世、天堂地狱等宗教神学思想的影响下，"士庶竞造寺庙，相竞出家"，以求得到精神上的慰藉。敦煌石窟就是这样一股历史潮流的产物。

十六国时期，是敦煌艺术的初创时期，本土的汉晋文化和艺术，如儒家的宗法思想和道家的神仙思想熏陶下产生的魏晋墓室壁画是接受佛教思想、创造佛教壁画的基础。然而，已形成体系的西域佛教艺术，沿着丝绸之路不断向东传播，不可避免地要给敦煌石窟以很大的影响。敦煌壁画以其独特的艺术风格而闻名世界，这些鲜明的民族风格随着时代的不同而变化发展着，且始终体现在不同的时代风格和地方特色之中。

敦煌壁画从十六国时期经北魏、西魏、北周、隋、唐、五代、宋、西夏至元历 10 个朝代，其艺术风格可以划分为成长阶段的早期壁画艺术，极盛阶段的中期壁画艺术和衰落阶段的五代至元的晚期壁画艺术。

早期壁画包括十六国、北魏、西魏、北周 4 个时期，由于国内民族之间的矛盾，战争频繁，政权转移很快，加上丝绸之路上的风云变幻，中西文化交流的时畅时阻，壁画的题材内容，表现形式及其统一体中显示出来的艺术风格，也都各不相同。

5.1　古朴的北凉壁画艺术

现存最早的壁画创作于十六国时期的北凉。这一时期的河西政局相对稳定，人口猛增，经济发达，凉州成为北方文化的中心，河西"自张轨后，世信佛教"。国王沮渠蒙逊曾请高僧翻译佛经，开凉州石窟造佛塔。在北凉时期，莫高窟开凿的石窟现存的有 3 个，分别是第 268、275、272 窟。这一时期的敦煌石窟在深厚的民族传统文化的基础上融入了西域文化艺术的精华，产生出新的具有民族特色的敦煌佛教艺术，特别是敦煌壁画艺术更具有代表性。[1]

5.1.1　简练的壁画内容

北凉壁画,是为适应僧侣修禅观像和善男信女们巡礼瞻仰之用,其内容主要为佛教故事画,本生故事画以及说法图。如月光王施头千遍、割肉贸鸽、毗楞竭梨王身钉千钉等,这些艺术显然是在安慰受难的人民,给他们的痛苦蒙上一层思想的色彩,要他们忍耐、顺从,承认由业报所致的今生苦难。这也说明了"宗教是人间苦海的圣光"。

这一时期的供养人画像一般都比较小,形象简练,分行排列,像列整齐,形貌相似,没有大的区别,题记亦很简略,只书有身份和姓名,大都画在窟内壁画下层或中心塔柱的下沿很不醒目的地方。如第275窟南北二壁现存供养人画像33身,高约20余厘米,整齐列行地排列在南北壁画的下层。前面是吹大角号的乐伎,身穿袴褶;后面供养人头系幅巾,交领短袍,腰部束带,白袴乌靴,双手合十,做供养状,人物面目几乎一样。[2]

敦煌壁画中的飞天,在洞窟创建时即已出现。北凉时的飞天多画在窟顶平棋岔角、藻井装饰中,以及佛龛上沿和本生故事主体人的头上。最具北凉风格特点的飞天,是第275窟北壁本生故事画主体人物上方的几身飞天(见图5-1)。这几身飞天,头有圆光,戴印度五珠宝冠,或头束圆髻,上体半裸,身体呈"U"字形,双脚上翘,或分手、或合十,有凌空飞行的姿势。然而这种飞行的姿势显得十分笨拙,有下落之感。"U"字形的身躯也显得直硬,尚不圆润,微弯,还有印度石雕飞天姿态的遗迹。[3]

这一时期的装饰图案有单叶波状忍冬纹、云气纹、鳞纹、锁链忍冬纹、双叶波状忍冬纹、双叶等。

〔1〕樊锦诗:《莫高窟壁画艺术·北凉》,甘肃人民出版社1986年版。
〔2〕谢生保:《敦煌供养人》,甘肃人民出版社1995年版。
〔3〕谢生保:《敦煌飞天》,甘肃人民出版社1995年版。

图 5-1 飞天 275窟(北凉)

5.1.2 粗犷的壁画艺术

5.1.2.1 人物造型古朴健壮

这一时期的人物造型,多是头戴花蔓或宝冠,曲发垂肩,面庞丰圆而略长,直鼻、大眼、竖眉、厚唇、耳轮长垂、嘴角上翘、微含笑意。佛像的服装仅右袒式一种。菩萨像的服装主要有袒上身、披巾、着裙的裙披式。壁画中的飞天体态略显僵硬、笨拙,身体屈折成"U"字形,头有圆光,脸形椭圆,直鼻大眼,大嘴大耳,耳饰环珰,头束圆髻,或戴花蔓,或戴印度五珠宝冠,身材粗短,上体半裸,腰缠长裙,肩披大巾。由于晕染技法变色,成为白鼻梁、白眼珠,与西域龟兹等石窟中的飞天,在造型、面容、姿态、色彩、绘画技术上都十分相似。莫高窟初建时,敦煌地区的画室画工尚不熟悉佛教题材和外来艺术,处于模仿阶段,运笔豪放,着色大胆,显得粗犷朴拙。人物体态粗壮,肩披波斯大巾,胸膛袒露,悬挂着中国式的璎珞,腰裹长裙,足踏莲花,以示自莲花中化生,头后衬托着神的灵光圈。故事画中的主人公多属国王、王子及其家属,造型朴拙,颇有汉画遗风。例如健壮的体态,丰圆的面庞,显示出北方民族人物的强健体魄,憨厚性格。但衣冠服饰却已见西域式的——世俗妇女的服装多为龟兹式;而供养人像,画得较小,一律身着中原汉式大袍或北方民族裤褶,已反映出胡汉杂居的地方特色。形象中出现了仪容端庄、挺然直立、神情肃穆的人物,其淳和壮劲的风采既是佛教的要求,又符合儒家观念;而在西域还相当流行的印度式丰乳细腰大臀的裸体舞女和菩萨,一到敦煌便销声匿迹,代之以非男非女的菩萨、飞天和伎乐形象,这正是"适应儒家审美观又不违背佛教思想的高度想象力的产物"。人物形象均以土红线起稿,赋色后以深墨铁线定形,线描细劲有力,人物的面容、姿态、神采和画面的气氛,充满沉默静寂的神秘色彩。这与北方禅修要求远离尘嚣,讲究沉心静虑、深入禅定的宗教信仰是分不开的[1]。

5.1.2.2 传统技法的继承发展

北凉壁画在表现形式和技法上,继承了汉晋壁画的传统,特别是敦煌和河西魏晋墓画的传统。这一时期的故事画多作横卷式处理,毗楞竭梨王、尸毗王、月光王等都是以人物为主,配上榜题,这种在横幅上使用人大于山、附以树石的构图方法,在汉代画像砖、画像石中比比皆是。例如武梁祠的专诸刺僚、荆轲刺秦等等,都是采取了传统的左图右史之制。壁画的构图起稿、线描、赋彩等,一方面继承了民间壁画的优良传统,同时又吸收了西域的凹凸法,即以画史上所谓的天竺遗法来表现人物的立体感。一般均以奔放的笔触,根据肌理的大面分块,用深浅不同的朱色作圆圈,叠染人体的面部轮廓和眼眶,并以白色涂鼻梁和眼球,

---

〔1〕段文杰:《略论敦煌壁画的风格特点和艺术成就》,载《敦煌研究》1982 年第 2 期。

以表现隆起部分,使人物的面部和肢体,在高低明暗的变化中,体现出立体感,如图5-2[1]。这一时期的壁画,土红涂底,色种较少,形成了单纯、明快、浑厚、朴实的暖色调。多以涂红减笔描法在泥壁上起稿,勾出人物的头面肢体轮廓,然后赋彩,最后描一次浓墨线或棕色线定形完成,丰润而豪放。这种创作方法基本上就是顾恺之《论画》中所说的"做人形,骨成而制衣服幔之"的方法。

敦煌莫高窟北凉壁画艺术存在着粗、简、拙的初创特点,与河西走廊的汉晋文化艺术有着继承

图5-2 晕染 275窟(北凉)

和发展的关系;同时由于敦煌是"华戎所交"的都会,与西域交往频繁,壁画又具有明显的西域艺术的特点。虽然在北凉时期外来的影响存在而且较为明显,但是外来艺术在具有深厚传统的民族艺术强大的融合作用下,毕竟要统一于民族艺术风格之中,形成自己民族艺术体系的敦煌佛教艺术,因此其影响呈递减趋势。这一时期的壁画是在汉晋文化和绘画传统基础上,直接接受了西域佛教壁画的题材和技法,并加以融合和发展,形成了具有敦煌特色的风格。[2]

5.2 逐渐地方化的北魏壁画艺术

北魏于太延五年(439)灭北凉,但其后北凉残部沮渠无讳仍控制河西西部,他们在酒泉、敦煌一带与拓跋王朝反复争夺,直至太平真君

---

〔1〕图片引自《中国石窟·敦煌莫高窟》(一),文物出版社1981年版。
〔2〕樊锦诗:《莫高窟壁画艺术·北凉》,甘肃人民出版社1986年版。

五年(444)北魏王朝逐走沮渠氏建立敦煌镇,才开始对敦煌进行有效的统治。[1] 北魏时期,敦煌地处魏境西极,在柔然与吐谷浑的包围中,经常受到侵扰,但敦煌的佛教却比过去更为繁荣。《魏书·释老志》上说:"敦煌地接西域,道俗交得,其旧式村坞,相属多为塔寺……"可见5世纪时佛教在敦煌有了长足的发展,已经不止于几座寺院、几座石窟,就连汉晋时期所形成的旧式坞壁也多有塔寺,这正是佛教已经深入敦煌民间的反映。

5.2.1　不断丰富充实的壁画内容

北魏时代,壁画内容较以前更为丰富,以故事画为主题,有悲剧型的萨埵那饲虎、尸毗王贸鸽、沙弥守戒自杀,有寓言型的九色鹿救人,有戏剧型的菩萨降魔,还有情节型的说法场面等。北魏后期出现了连环画式故事画,是单幅画式和组合画式的发展。不过此时的连环画式故事画是初创,尚不成熟,仍然保留单幅画式和组合画式的表现遗风。北魏第257窟西壁的九色鹿王本生是莫高窟最完美的本生故事画。[2]

艺术的想象产生于生活,目的是要把生活形象理想化。宗教的想象力同样也只能来源于生活,只是它歪曲了现实,把人类和社会自我异化,把此岸的生活升华为彼岸的幻想,要现实生活中苦难的人民在抽象、虚幻的宗教教义中自我麻醉,企图使人们在信仰中得到安慰和补偿。佛教艺术用此岸世界的形象表现彼岸世界的生活时,充分地利用了艺术的写实手段和想象力,假若没有现实生活的依据,佛教艺术就无从创作出"佛国世界"。因此,这种折光反映、自我异化的艺术无论其素材或表达方式如何,都只能来源于各个历史时期的现实生活。北魏时期的艺术正是当时社会生活的写照。如萨埵那饲虎这幅画宣扬的就是舍己救众生的思想。佛教把人和虫鸟兽同等看待,抹煞人在阶级社会中的社会属性,要人们去忍受无止境的屈辱和牺牲。沙弥守戒在257、285窟中都出现了,其主题思想是宣扬宗教禁

〔1〕史苇湘:《莫高窟壁画艺术·北魏》,甘肃人民出版社1986年版。
〔2〕谢生保:《敦煌故事画》,甘肃人民美术出版社1998年版。

·欧·亚·历·史·文·化·文·库·

欲主义,是僧侣修不净观的教材(见彩图 5 - 3),但它在北朝石窟中一度出现,绝非偶然现象。以北方而言,僧尼多不守清规戒律,名僧鸠摩罗什与龟兹王女同居密室,饮酒作乐,后来在长安不住僧房,"别立廨舍",公开养着 10 个妓女。北魏时期僧尼更加淫滥,洛阳城中,"妃主昼入僧房,子弟夜宿尼室"。当时洛阳有两句民谣:"洛阳男儿急束髻,瑶光寺尼争作婿。"所以刘画指出"损胎杀子,其状难言",这就是沙弥守戒自杀壁画一再出现的社会原因。北魏时代社会动荡不安,战争要人民付出巨大的牺牲,人民为这片绿洲,除了用血汗灌溉它,还要用生命保卫它。壁画里表现的流血,不仅仅是萨埵那太子、尸毗王自我牺牲的壮举,联系到产生这些壁画的时代,它还应该是面临强寇的敦煌民众守土卫国的决心和勇气的表现,蕴含着撼人心魄的悲壮之美。艺术的意识形态,假若不和人民群众连接在一起,就会失去它存在的条件。在那战火与饥馑交织的年代,佛教艺术当然要描绘最能牵动群众心情和最能作用于时代的题材,像尸毗王割肉贸鸽、萨埵那舍身饲虎等作为形象化了的宗教语言,在特定的历史条件下,装进了与社会有关的内容。今天,在这些古老的壁画中看到历史的脚印是不足为奇的。

从北魏开始,莫高窟的说法龛里出现了 2 个新的题材,在弥勒说法像金刚座的南侧画婆薮仙,北侧画鹿头梵志,表现的是与释迦布道同时的 96 种教别中的 2 种。这 96 种教都是佛教的敌对者,后来都失败了,有的皈依了佛教。这两个异教人物都画得又小又丑,是为了陪衬说法的"巍巍天人物"(弥勒)之容的。

北魏时期的飞天所画范围也扩大了。不仅画在窟顶平棋、窟顶藻井、故事画、佛龛上面,还画在说法图、佛龛内两侧。北魏的飞天形象,有的洞窟大体上还保留着西域式飞天的特点,但有一些洞窟里的飞天形象,已发生了明显的变化,逐步向中国化转变。飞天的脸形已由丰圆变得修长,眉清目秀,鼻丰嘴小,五官匀称协调;头有圆光,或戴五珠宝冠,或束圆髻;身材比例逐渐修长,有的腿部相当于腰身的两倍。飞天姿态也多种多样了,有的横游太空,有的振臂腾飞,有的合手下飞,气度豪迈大方,势如翔云飞鹤。飞天起落处,朵朵香花飘落,颇有"天花乱坠满虚空"的诗意。[1] 最具有北魏风格的飞天,是画在第254窟北壁的尸毗王本生故事画上方的两身飞天和第260窟北壁后部说法图上方的两身飞天(见图5-4)。

这一时期边饰纹样的种类较之以前增多了,而且出现了龟背忍冬纹、双叶桃形连圆忍冬纹、叶形通向回卷的藤蔓分枝单叶忍冬纹、藤蔓分枝双叶忍冬纹、棱形几何纹、散点花叶纹等新纹样(见图5-5)。

图5-4 飞天 260窟(北魏)

〔1〕谢生保:《敦煌飞天》,甘肃人民出版社,1995年9月。

龟背忍冬纹

双叶桃形连圆忍冬纹

藤蔓分枝双叶忍冬纹

藤蔓分枝双叶忍冬纹

散点花叶纹

散点花叶纹

图5-5　图案纹样(北魏)

5.2.2 富于平面装饰美的壁画艺术

5.2.2.1 人物造型本土化

北魏时期的壁画出现了新的特点,在造型上,人体比例逐渐加长,身长有的为6头、7头,甚至更多;有的飞天双腿的长度相当于躯干的两倍。由于肢体修长,人物动态也逐渐灵活而富有情致。人物面相的变化更为显著,脸型已由原来的椭圆形变得略显条长,与敦煌和嘉峪关一带魏晋墓画壁画人物的脸型相近,与顾恺之《女史箴图》中的人物脸型大体属同一类型。这说明佛教人物造型,已与本土传统艺术造型进一步结合起来了。

5.2.2.2 线描秀劲、圆润

北魏的铁线,以浓墨勾勒,铁线描更加秀劲莹润,如春蚕吐丝,如行云流水,技巧之纯熟已达到炉火纯青的境地。中国艺术曾受到印度的影响,而印度艺术又与希腊艺术有着联系。希腊亚历山大皇帝曾把艺术带入印度,印度就有了"印度希腊式"的艺术作品,而我国北朝壁画的犍陀罗风格就是具有希腊印度风格又掺和了中华民族的成分而表现的方法。画家曹仲达所作的《曹衣出水图》[1],其人物身披薄绸和袈裟,但仍可从紧密的衣褶下看出肉体,这就是犍陀罗风格。这种风格的特点就是用人体细微的线条表示着一种连贯生动的运动,如六朝顾恺之绘画中的春蚕吐丝,线条形象、生动活泼(见图5-6)[2]。

图5-6 曹衣出水 北魏

---

〔1〕"曹之笔,其体稠叠,而衣服紧窄",故又称"曹衣出水",传说为曹不兴或曹仲达所创。
〔2〕图片引自《中国石窟·敦煌莫高窟》(一),文物出版社1981年版。

·欧·亚·历·史·文·化·文·库·

5.2.2.3 色彩浓烈、和谐

北魏的石窟艺术以它浓郁的宗教色彩、独特的表现手法和强烈的色彩艺术氛围吸引着无数观光者。其采用浓烈而又和谐的色彩对比，深沉而又明亮的色彩调子和丰富而统一的色彩效果，具有强烈的艺术感染力。257 窟是具有北魏时期壁画特征的典型洞窟，具有早期敦煌艺术壁画的共同特征。其中最突出的是它的色彩特征。该窟以其生动而稚拙的造型，浓烈而沉着的色调，对比强烈的色彩，构成一派和谐温馨的色彩氛围，给观者留下了深刻的影响。整个佛窟以鲜明的石青石绿构成了冷色调，营造出绚烂而神秘的色彩氛围。北魏时期壁画在用色上有 3 个基本特点：用色单纯、朴实，色彩对比鲜明，色调和谐统一。由于鲜明色种用得少，黑灰色种用得多，鲜明色的对比为壁画起着色调个性的决定作用。这也是早期敦煌壁画色彩之所以获得高度评价的基本原因（如彩图 5－7、5－8）。[1]

5.2.2.4 晕染合理、细腻柔和

人物的晕染逐步与面部肌肉的起伏相结合，由形式感较强、运笔粗犷豪放的圆圈晕染，变为合理而细腻柔和的晕染，西域式晕染在逐步地改进，更好地表现出了人物面部的高低起伏，增强了形象的真实感，如图 5－9[2]。这一时期故事画中的妇女形象偶尔也用我国传统的染色法，在人物面部染两团红色。[3] 到北魏晚期，无论男女、僧俗像都以朱红或胭脂染两颊和上眼睑，以表现面部色彩的变化，这种色彩体现了物质的固有色，并表现了面部固有色彩，体现主体感。在土红色的衬托下，人物形象呈现出浓丽淳厚的色调和朴实的装饰美。在色彩方面大抵以青绿红构成对比的基调，给人以热烈而沉着的感觉，这一切都是北魏时代艺术的一般的表征。

5.2.2.5 构图主题鲜明，意蕴深厚

这一时期在构图上也有很大的发展。壁画善于把不同时间、不同

---

〔1〕周大正：《敦煌壁画与中国画色彩》，人民美术出版社 2000 年版。

〔2〕图片引自《中国石窟·敦煌莫高窟》（一），文物出版社 1981 年版。

〔3〕万庚育：《敦煌壁画中的技法之一——晕染》，载《敦煌研究》1988 年第 2 期。

地点的不同情节,巧妙地组合在一个统一的画面上,并在背景上穿插着山林动物,以表现人物活动的环境。这种在汉画中已经流行的异时同图的结构法,在北魏时有了新的发展。它打破了时空界限,把曲折而复杂的情节,巧妙地组合在同一画面上,以不同榜题示其内容。[1] 这一时期更为重要的是汉代横卷式连环故事画的出现,这是汉晋儒家思想故事画形式在佛教壁画上的新发展。全图按故事画的缘起、发展、结束等过程绘制多幅画面,前后衔接、首尾完整;每一情节标以榜题,构成完整的汉式画像带。过去情节简单的画

图5-9 晕染 251窟(北魏)

面,已为复杂的连续画面所代替。同时出现的汉式深衣大袍的人物,都说明了佛教壁画从内容到形式都在不断地走向中原汉化。

莫高窟现存的8个北魏石窟,是美术史上的重要遗迹,其艺术情调古老、朴拙、真率,赭红色底壁上人大于山的本生故事,色调明快,悦目清新;婉丽多姿的天宫伎乐,楚楚动人。壁画的描绘技巧娴熟,人物造型色彩遒劲,有的精描绘,有的大笔挥挥,潇洒勾勒。总之,这一时期的绘画由于继承和发展了汉晋壁画传统,西域影响逐渐减少,本土特色日益浓厚,一种造型灵活、色调淳厚、富于平面性装饰美的风格逐渐形成了。

5.3 中原秀骨清像的西魏壁画艺术

大统元年(535),元宝炬称帝,敦煌进入了西魏时期。北魏孝昌年

---

〔1〕周维平:《试论敦煌壁画的空间结构》,载《敦煌学辑刊》1998年第2期。

间(525—527)东阳王元荣出任瓜州刺史,带来了中原的佛教艺术。西魏时代,东阳王继续统治瓜州,元戎一家统治敦煌的时间,从北魏孝昌九年至西魏大统十一年(525—545)前后约 20 年,这一时期敦煌受秀骨清像风格所形成的中原艺术风格的影响甚大。

所谓的中原风格,指的是北魏后期太和改制以后,由于北方民族的大融合和南北文化的交流,南朝的秀骨清像一派画风传入北方,在我国北方石窟出现了清丽典雅、潇洒飘逸的造像。这种风格在北魏后期随着东阳王统治瓜州而进入敦煌。中原风格起源于东晋的顾恺之、戴逵,成熟于南朝宋陆探微的秀骨清像一派的画风。这种画风产生于一定的社会基础。魏晋南北朝实行门阀制度,在这种制度下,门阀士族和文人雅士在政治、经济和上层社会中享有优越的地位。他们世代身具高官厚禄,拥有大量的土地、田园、山泽和大量的奴婢、佃客、部曲。他们从上到下,以皇帝为首,依靠剥削过着荒淫放纵、穷奢极欲的寄生生活。他们平日里讲究漂亮的容貌和衣着,挥霍谈玄、坐而论道,并以此为高逸。这种清谈之风弥漫上层社会。魏晋南北朝门阀士族和文人雅士的这种盛会情趣和风姿仪表,史书多有记载。这种秀骨清像风格最早见于东晋中叶顾恺之的《女史箴图》和《洛神赋图》中,透过这些作品,尚能见到六朝秀骨清像一派画风的萌芽和褒衣博带的衣冠服饰,也有助于了解南北朝的人物服饰和形象刻画以及绘画的历史渊源。

"秀骨清像"是指人物面相清瘦,额广、颐窄、尖下巴、鬓髻飘飘、鬟发长垂、眉目疏朗、头顶花冠、脚登方头屐、衣裙飘举飞扬的形象。秀骨清像一派风格,在莫高窟最早出现于北魏晚期的 248 窟,集中在西魏的 285 窟,逐渐消失于北周诸窟,前后延续了半个世纪。

5.3.1 佛、儒、道相融合的壁画内容

西魏时期,壁画出现了新的内容和形式,洞窟造像中出现了受中原艺术传统影响的新题材和新的表现形式。如 249 和 285 窟覆斗藻井中的伏羲、女娲、东王公、西王母等清瘦形象,是中原汉族道家神仙思想的传统神话题材,反映了佛道在艺术上结合的新思潮。这一时期,在题材布置和形象服饰上都可以看到与中原龙门石窟有不少相似之处:人体

修长,面瘦颈长,眉目疏朗,嫣然含笑,身着褒衣博带的汉式衣冠服饰。身材俊秀,宛如南朝名士的形象,形成了与原有的"凉州模式"迥然不同的中原化的佛教形象。[1] 由于传统神话题材的出现,洞窟顶部从象征性天井变成了描写整个天空,画面仙灵飞腾、云气缥缈,充满了动感(见彩图5－10)。

在供养人的行列中,僧侣必居其首,从而显示宗教地位的崇高。王公贵族像用显著的地位和笔墨加以突出。第288窟两幅供养人像是这一类人像的典型例子。男像头戴笼冠,身穿大袖长袍,足蹬笏头屦,后有侍者张伞盖,僮仆簇拥。女像头束高髻,穿大袖襦,间色长裙,前有侍婢捧持鲜花,后有侍婢张伞以蔽风日。这两身画像的榜题均已消失,但从画面来看便知其为豪门贵族(见图5－11)。第285窟有许多少数民族形象,戴毡帽,穿裤褶,腰束蹀躞带,挂水壶、小刀等生活用品,形象虽

图5－11　供养人　288窟(西魏)

───────────

〔1〕李文生:《中原风格及其西传》,载《敦煌研究》1988年第2期。

·欧·亚·历·史·文·化·文·库·

小,表情动态却饶有风趣,大约多为北方少数民族人物。脑后垂小辫者,则为鲜卑族,史称索头鲜卑(见图5－12)。

图5－12　少数民族供养像　285窟(西魏)

莫高窟西魏时的飞天,所画的位置大体与北魏时相同。只是西魏时出现了两种不同风格特点的飞天,一种是西域式飞天,一种是中原式飞天。[1] 西域式飞天继承北魏飞天的造型和绘画风格,其中最大的变化是:作为香音神的乾闼婆,散花飞天,抱起了各种器乐在空中飞翔;作为歌舞神的紧那罗,天宫伎乐,冲出了天空围栏,亦飞翔于天空。两位天神合为一体,成了后来的飞天,亦叫散花飞天和伎乐飞天,其代表作品为249窟西壁佛龛上方的4身伎乐飞天(见图5－13)。

中原式飞天,是东阳王元荣出任瓜州刺史期间,从洛阳带来的中原艺术画风在莫高窟里新创的一种飞天。这种飞天是中国道教飞仙和印度佛教飞天相融合的飞天:中国的道教飞仙失去了羽翅,裸露上体,脖饰项链,腰系长裙,肩披彩带;印度的佛教飞天失去了头上的圆光和印

---

〔1〕谢生保:《敦煌飞天》,甘肃人民出版社1995年版。

度宝冠,束起了发髻,戴上了道冠。人物形象完全是中原秀骨清像形,身材修长,面瘦颈长,额宽颐窄,直鼻秀眼,眉细疏朗,嘴角上翘,微含笑意。最具代表性的是第285窟南壁上层的12身飞天。这12身飞天,头束双髻,上体裸露,腰系长裙,肩披彩带,身材修长,成大开口横弓字形,逆风飞翔,分别演奏腰鼓、拍板、长笛、横箫、芦笙、琵琶、阮弦、箜篌等乐器。四周天花旋转,云气漂流,衬托着飞天迎风飞翔,身轻如燕,互相照应,自由欢乐,漫游太空。敦煌莫高窟西魏时期第285窟可谓飞天

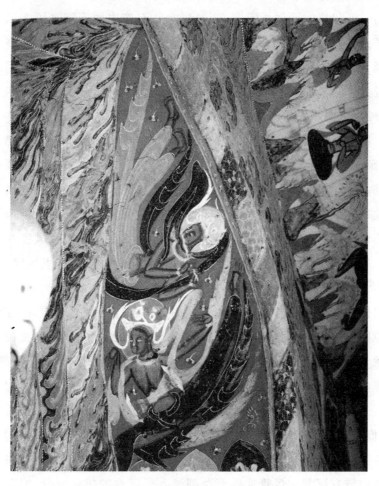

图5-13　西壁龛顶北侧飞天　249窟(西魏)

·欧·亚·历·史·文·化·文·库·

艺术的代表,众多的飞天聚集在一窟,其壮观场面不难想象。[1]

5.3.2 交错杂糅的壁画艺术

西魏时代,敦煌壁画有两种风格,一种是受汉画影响而形成的古拙朴质的风格,具有浓厚的民间艺术的稚拙美;另一种造型真实生动,神情爽朗豪放,保留着明显的印度风情。大统四五年完成的285窟便是典型的一例。此窟西壁人物造型、表现手法、赋彩晕染,都是北魏时期本土化的西域风格的继续,其他3壁则完全是传自中原的南朝秀骨清像的一派风格。两派画家同在一窟作画,看来内地寺院赛画之风也传到了敦煌。285窟顶部天体则属于两种表现手法并用、两种风格交错杂糅,而这两派画家的技艺修养,都达到了炉火纯青的境地,他们的艺术成就"莫能高下",而且"各极其妙"。

5.3.2.1 人物秀骨清像

西魏时期的人物身材修长、人高七头、相貌清瘦,眉目疏朗,嘴角上翘,嫣然含笑;神情潇洒的菩萨,多穿上了汉式方领深衣大袍,腰束络带,脚登高头屐;半裸者也以披巾严身,俨若南朝士大夫面貌;与南京善桥发现的《竹林七贤图》和丹阳胡桥墓画《铠马骑士图》,以及河南邓县的彩色画像砖墓壁画《孝子图》中的人物造型、服饰、仪容风度几乎相同。这类中原人物像,在北魏晚期、西魏和北周时代洞窟里风靡一时,它与北魏时期带有西域影响的形象迥然不同。

西魏壁画在相当程度上体现了中国古代绘画的最高要求"传神"的原则,以表现人物的神情意志。在宗教人物形象上,不同类型的人物被赋予不同的性格和神情。如菩萨的温婉庄静,天王力士的威武雄壮,供养人的虔诚恭敬,飞天乐伎的自由活泼等等。在同一类型人物中也不是千篇一律,而是各有特点。如249窟一身菩萨,身材修长,姿态婀娜,低头,双手均作摘花式,在默默沉思中露出温柔妩媚的情态。285窟一身侧面菩萨则与此相反,身躯矮而壮,弓着腰,嫣然含笑,在愉悦的情绪中带有沉静。尽管这些形象都渗入了宗教的想象成分,但在人物

---

〔1〕易存国:《敦煌艺术美学——以壁画艺术为中心》,上海人民出版社2005年版。

共同的柔情绰态中，又展现了不同的心理状态。传神不仅在于人物的面部和眼睛，它与人物形象的整体结构也有密切的关系。敦煌壁画中人物的整体结构很严谨，西魏285窟的菩萨，面貌清瘦，宝冠巍峨，鬓发长垂，褒衣博带，高屐承裙，披巾飘举，加上身旁天花的飘举旋转，风神潇洒的南朝大夫宛然在目。[1] 不仅人物，在动物画中也有许多栩栩如生的形象。如249窟顶部那只双膝跪地的吃力地把头伸向水池的饥渴的黄羊，285窟南顶那只站在土坡上，竖起双耳，回首张望，好像发现猎人似的惊悸的麋鹿，都表现了动物在某种特殊环境中的生动神态。总而言之，壁画中的人物、动物、一花、一草、一木都有生气，充分体现了以形写神和气韵生动的审美理想。

5.3.2.2 线描工致匀称，外柔逸而内刚劲

西魏壁画为了适应新的内容，起稿的土红色、淡墨线运笔疾驰如风、遒劲飘举，定型的铁线描更加秀劲潇洒。线描除了铁线描外，还运用了高古游丝描。[2] 如第249窟窟顶白描画群猪图（见图5–14）[3]，第285窟东、北二壁的秀骨清像人物造型，其人物褒衣博带，线描周密，设色敷染容貌，以浓色微加点缀，不求晕饰，更使其显得飘飘如仙，皆存顾恺之《洛神赋图》之遗风。壁画底色亦由土红而逐渐变为粉白、朱、紫、青、绿交织在纯洁的粉壁上，色彩日益丰富起来。正如《淮南子》所说"白立而五色成矣"，确实显得格外清新爽朗和绚

图5–14　窟顶北披野猪　249窟（西魏）

〔1〕关友惠：《敦煌北朝石窟中的南朝艺术之风》，载《敦煌研究》1988年第2期。

〔2〕吴荣鉴：《敦煌壁画中的线描》，载《敦煌研究》2004年第1期。

〔3〕图引自关友惠：《莫高窟壁画艺术·西魏》，甘肃人民出版社1986年版。

丽。为了表现动的境界,加强了笔的压力和速度,使线描更加飘逸潇洒、遒劲有力。这对表现潇洒、飘逸的士大夫形象和开朗空灵的宇宙境界,非常温和,不仅本身体现了时代风格,而且发扬了民族绘画的优良传统。在色彩上一改由土红涂底而造成的浓重色调和静穆的意境,中原传统绘画的染色法代替了西域式的晕染,人物面部多晕染两团红色,既表现面部红润的色泽,也有一定的立体感。这与北凉北魏时期传自西域的凹凸晕染在部位上和效果上恰恰相反。这两种不同的晕染法同时并存了六七十年之久。这些新的变化使得这一时期的壁画呈现出爽朗明快的画面和生机蓬勃的运动感。

5.3.2.3 空间布局富有三维立体感

西魏的壁画在空间结构上也很有特色。这一时期的壁画中有许多描绘佛陀说法的场面和部分道家神仙与佛教天人相结合的天界。天界描绘多在洞窟顶部,围绕天盖(藻井)连接4个斜面,造成一个具有空间感的广阔高原的天际。如249窟描绘的狩猎图,山峦绵延,树木林茂,野兽穿行,猎人张弓,画面充满一派生机(见彩图5-15)[1]。285窟南壁五百强盗成佛图描绘的作战场面,反映了古代战争的情况(见图5-16)。285窟东披中为两力士捧摩尼宝珠,宝珠两侧画伏羲、女娲;力士北侧为飞廉、开明,南侧为乌获、飞天;下部为山林,其间有坐禅僧人及狩猎场面。南披中画摩尼宝珠,南北有飞天相对扶持,其下有飞廉、飞天、朱雀、乌获、开明、持节羽人等,天神飞舞、天花飘旋、满壁飞动。西披中为大莲花,上有二飞天相对而飞,其后有两个转“连鼓”之雷神,下为二位飞廉,再下为二飞天集朱雀玉乘鸾仙女。画面布局于过程中求变化,运动中求稳定。如此以东王公、西王母等虚幻人物为主体,表现鸾凤祥鸣、龙腾虎跃、旌旗飘扬、云气弥漫的天界幻境,实际上采用了浪漫主义的表现手法,让各个形象无序地浮游于空中。这里的空间结构不用穿插大小,而是勇敢地用位置来追求象征性的三维空间,

---

〔1〕宁强:《东西方艺术交流的结晶——莫高窟第249窟艺术特征简析》,载《敦煌石窟鉴赏丛书》第2辑第3分册,甘肃人民美术出版社1992年版。

所以我们仍能感觉到这一庞杂的结构,主题鲜明、境界辽阔、空旷高朗、浩渺深远,打破了西域式"一线天"的构思,创造了具有立体感的天空境界。[1]

西魏时期,随着中原绘画新风进入莫高窟,持续百年的具有浓厚西域风格的北魏艺术发生了根本的变化。这一时期的壁画,在表现技法、衣冠服饰,特别是人物造型特征所显示出来的内在气质及所追求的意境方面,都与北凉、北魏不同,表现了中原风格。新的中原绘画技法丰富了石窟艺术形象,色调清新、线条流畅,人物秀姿潇洒、风骨飘逸,不可思议的佛及菩萨变得可近可及,富于人情味。西魏莫高窟艺术进一步中国化了。[2]

5.4　中西合璧的北周壁画艺术

西魏恭帝四年(557),宇文觉建立了北周政权,采取了一系列政策措施,经济上实行均田制,军事上创立并不断健全府兵制,政治上建六官、组织关陇集团,对外关系上"定四表以武功,安三边以权道"。这些措施的贯彻,使北周社会基础得到稳固和加强。这一时期的敦煌,应该说是比较安定的。它的北面是突厥,这一时期的突厥,与西魏北周结亲,基本上兴安务实。敦煌南面的吐谷浑先后4次向北周"献方物",谈不上对北周有什么威胁,敦煌也就相对安宁。敦煌西边的西域,北周采取的是"通好于西戎"的政策,因而丝绸之路畅通无阻。[3] 丝绸之路上的重镇敦煌,其繁荣景象是可想而知的。北周时期,敦煌的统治者多为显赫人物,敦煌大族令狐延保大统末年被宇文泰"立为瓜州义首"(镇压起义有功)。他与北周宗室"义等骨肉","宗人二百余户,并列属籍"。天合六年(571)进位大将军。[4] 令狐整的弟弟令狐修,北周时为

〔1〕周维平:《试论敦煌壁画的空间结构》,载《敦煌学辑刊》1998 年第 2 期。
〔2〕关友惠:《莫高窟敦煌艺术·西魏》,甘肃人民出版社 1986 年版。
〔3〕施萍亭:《莫高窟敦煌艺术·北周》,甘肃人民出版社 1986 年版。
〔4〕《周书·令狐整传》。

敦煌郡守,"在郡十余年,甚有政绩"。京兆望族韦瑱,是北周开国功臣之一,北周初年"除瓜州诸军事,瓜州刺史","州通西域……胡人畏威,不敢为寇。公私安静,夷夏怀之"。陇右大姓李贤,也是宇文泰的创业功臣之一。武帝宇文邕,小时候寄养在李贤家,长达6年。保定二年(562),武帝授李贤为使持节、骠骑大将军、开府仪同三司、大都督、瓜州诸军事、瓜州刺史。保定三年七月,武帝派中侍上士尉迟恺到敦煌,赐给李贤"金装鞍勒"的御马和金线绸缎,且恩及李贤的门生、奴婢。这在敦煌的历史上是空前。建平公于义,是"三老"于谨的儿子,他家一门显赫,"大将军以上十余人"。于义在保定五年以后出任瓜州刺史。[1] 他是继东阳王元荣后又一位在敦煌莫高窟中留有遗迹且对莫高窟石窟建造影响极大的刺史。他们二人在敦煌弘扬佛教不遗余力,这就是唐武周圣历元年(698)《李君莫高窟修佛龛碑》上所谓的"建平东阳弘其迹"。莫高窟现存的北周石窟有14个,编号为第461、438、439、440、441、428、430、290、442、294、296、297、299、301。这些洞窟正处在面对三危山的最佳位置上。洞窟数量虽然不多,但经变画、故事画在壁画艺术中是较引人入胜的,有一定的历史位置和艺术价值。

5.4.1 题材不断丰富扩大的壁画内容

北周时期的莫高窟艺术,随着北方民族大融合和南北文化交流,两种不同的艺术风格并存而融合。在题材上,千佛和佛传故事画的比重有所增加,如须达拏本生、微妙比丘尼因缘、善事太子入海因缘、福田经变、须阇提本生、炎子本生、涅槃变等。千佛除画在四壁中段外,有时也画在窟顶。千佛皆通肩袈裟,背光四色一组,其中绿色所使用的是一种不同于石绿的颜料,同时底色的土红也略偏黄。洞窟内的整个色调亦较前期有所变化。故事画的题材和数量有显著增加。布施和杂糅了儒家孝养思想的本生、因缘故事画,以及幅面巨大的佛传故事画也是北周壁画的新内容。这与当时北周始祖宇文泰的政策有很大的关系。当时宇文泰曾制定过6条诏书让百官背诵,不通晓者,不得为官。6条诏书

---

〔1〕施萍亭:《建平公与莫高窟》,载《敦煌研究文集》,甘肃人民出版社1982年版。

归纳起来是儒术二字,"儒以孝为先"。在统治者的大力提倡下,佛家热衷于挑选孝子故事绘制于壁上,也是十分自然的事。[1]

在莫高窟,从十六国到北朝结束,是故事画盛行的时期。第296窟是北周时期的典型洞窟,它的平面面积只有12.2平方米,却画了4幅首尾完整的故事画、1种经变画,其中的须阇提本生和微妙比丘尼因缘,都是莫高窟独一无二的珍品。第290窟佛传故事画,用了86个画面,生动、具体、完整地描绘了佛的一生,这是北朝画面最大、情节最多的佛传故事画(见彩图5-17)。北周时期出现了阿难、迦叶像。阿难均为汉族形象,面相丰圆,少年聪俊;迦叶多为胡貌,高鼻深目,大眼宽腮——有的肌肉松弛,老态龙钟;有的满面笑容,胆小中带有苦涩的味道,真实地刻画了迦叶饱经风霜的经历。

北周时期,供养人数量大大增加,且较之前代更为丰富多样。这一现象的出现,和当时敦煌统治者多为北周功臣、贵戚有关。如令狐整,"宗人二百户,并列属籍"。如果他带头修窟,这200户自然"随喜"而进入供养人的行列。[2]又如瓜州刺史李贤,武帝慰劳他,连子侄、外甥、门生、奴婢都跟着受赐,他营造佛窟,很多人也会趋附上来。如北周第428窟四壁壁画下层和中心塔柱四周佛龛下沿,分上、中、下3层,共画20余厘米的供养人多达1186身,是敦煌所有石窟中供养人最多的一窟。此窟平面面积145.52平方米,是莫高窟大型洞窟之一。第297窟里出现的舞乐图,画一群人在树荫下弹琴歌舞,乐器有琵琶、箜篌、笙,舞伎二人腾踏舞蹈。从乐器到舞姿都可以看出这是流行于河西的胡乐。这些歌舞伎自然不能属于供养人行列,而只是施主媚佛的"供品"。北周第290窟的胡人驯马像,所绘胡人高鼻大耳,一手持缰、一手扬鞭,两眼盯着所驯的骏马。这匹马虽然桀骜,但是在这位富有经验的驭者面前,却显出了畏惧退缩的神态。胡人的沉着勇敢,在对比之中跃然壁上(见彩图5-18)。

---

〔1〕施萍亭:《莫高窟敦煌艺术·北周》,甘肃人民出版社1986年版。

〔2〕施萍亭:《莫高窟敦煌艺术·北周》,甘肃人民出版社1986年版。

北周是鲜卑族在大西北建立的一个少数民族政权,虽统治时间较短,但在莫高窟营建了许多洞窟。鲜卑族统治者崇信佛教,且通好西域,因而莫高窟又出现了西域式飞天。这种新出现的飞天具有龟兹、克孜尔等石窟飞天的风格,脸圆、体壮、腿短、头有圆光,戴印度宝冠。上体裸露,丰乳圆脐;腰系长裙,肩绕巾带,这是典型的裸体飞天形象。裸体飞天是从西魏大统十二年(546)左右开始出现的。由于瓜州曾由"波斯使主张道义行州事",即"波斯使主"治理瓜州,于是敦煌便出现了西来的裸体形象。但是,裸体与中华民族自古以来的审美习惯不相符,裸体飞天只好安排在人们不很注意的位置上,且数量寥寥。莫高窟壁画中现存裸体飞天 15 身,北周就占了 13 身,北周以后裸体飞天就迅速地消失了。这些飞天最突出的是面部和躯体采用了凹凸晕染法,出现了 5 白:白棱、白鼻梁、白眼框、白嘴唇、白下巴;飞天的姿态呈敞口"U"字形,身躯短壮,动态朴拙,几乎又回到了莫高窟北凉时期飞天的绘画风格特点,但形象比北凉时期丰富得多,出现了不少伎乐飞天。最具北周风格的飞天,是第 290 窟和第 428 窟中的飞天。第 428 窟中的伎乐飞天造型丰富,或弹琵琶、或吹横笛、或击腰鼓,形象生动,姿态优美。尤其是南壁西侧的一身飞天,双手持竖笛,双脚倒踢紫金冠,长带从身下飘飞,四周天花飘落,其飞行姿态,像一只轻捷的燕子俯冲而下。[1]

这一时期的天宫伎乐,除个别洞窟仍保存着天宫的形式外,大多已不画天宫,只画出方形花砖构成的凹凸平台,中原汉式装束的伎乐天在上方凌空飞翔。

图案纹样也趋于简化。第 428 窟较多地沿用前期的旧式纹样,其他各窟纹样主要是前期不见或少见的四出忍冬纹、叶纹自由舒卷的藤蔓分枝单叶忍冬和藤蔓分枝双叶忍冬纹、缠枝花纹等(见图 5-19)。[2]

〔1〕谢生保:《敦煌飞天》,甘肃人民出版社 1995 年版。
〔2〕图片引自《中国石窟·敦煌莫高窟》(一),文物出版社 1981 年版。

5.4.2 不断创新的壁画艺术

早期的壁画在塑造人物形象时,不仅注意面型的准确性,同时还注意人物姿态动作的丰富性,注意男女老少外貌的不同和内心的变化,在长期创作实践中逐渐形成了一套表现喜、怒、哀、乐等不同情绪的程式。对于寓形寄意的汉代绘画来说,程式化是一个进步,它使人物形象不断地丰富和深化。同时,普遍使用晕染法以表现人物的立体感。线描主要是铁线描,一般落笔稳、压力大、速度快,干净利落,秀劲圆润。但在自由奔放的土红线和白粉线中已经孕

四出忍冬纹

藤蔓分枝单叶忍冬纹

藤蔓分枝单叶忍冬纹

藤蔓分枝双叶忍冬纹

图 5-19　图案纹样　北周

育着隋唐时代健壮活泼的兰叶描,同时还给柔软秀丽如春蚕吐丝的线描赋予了强健的、动的生命力。早期壁画的色彩呈现出一片和谐、温馨的印象,颜色温文尔雅,不火不俗,色调变化神奇莫测,用色单纯之中求丰富,色彩浓烈而沉着,鲜明而和谐,呈现出一派色彩美的高级阶段的繁荣景象。早期壁画布局深受汉晋绘画影响,运用传统的鸟瞰式和散点透视法,在意境设计上往往以大观小,如人观假山,使景物的四面八方尽在眼底,画山川越远越高,画房屋不画前墙,可以看见"中庭及后巷中事",把人们主观上认为应该看到的都画出来了。这一时期以人物为画面的主题,在构图上平列人物,使画面稳定均衡。整个画面充分体现了"满"和"全"的特点。

5.4.2.1 人物形象进一步中原汉化

这一时期的人物造型中原式与原来的西域式互相融合,形成了

109

"面短而艳"的新形象[1]，如故事画中的世俗人物和供养人画像。北周时代最引人注意的是突然出现的新的西域式佛画像，菩萨造型，面相丰圆，体态短壮，上身半裸或着僧只支，腰裹重裙，肩披大巾。面部晕染尤为特殊，出现了白鼻、白眼、白连眉、白齿、白下巴的5白形象。有的两颧、额际、腹部鼓起处均画以浓重的白粉，以示高光，从而体现了人物肉体圆润的立体感。它是来源于西域龟兹壁画，与克孜尔早期壁画的人物造像和晕染基本相似。这种旧形式的重新出现，主要是因为周武帝通好西戎，结姻北狄，聘娶突厥公主阿史那氏为后。西域的音乐、舞蹈以及美术，不断地经过河西传入中原，中原的文化特别是精美的丝绸也大量地运往西域。在频繁的经济文化交往中，正值建平公于义大倡兴建石窟，克孜尔早期的壁画形式再次传入敦煌就是情理中事了。但是这种风格和北周王朝的政治命运一样，只不过是短暂的昙花一现而已。

在衣冠服饰上，一反常规，故事画中的人物不再是菩萨装、西域装，而是如供养人般身着世俗装、时装的男女进入了佛国，甚至飞天的发髻、服饰都和现实社会的供养人一样（见图5-20）。这一时期的壁画，弟子服装有襦服，还有对襟式。飞天的种类增多，除菩萨形外，还有力士形和裸体飞天。飞天的服装出现了两种新的式样，一种是头上束球形大首髻，很长的裙腰翻折下垂如短裙，长裙裹腿，足微外露，披巾于肩后成大圆环上扬；另一种是在袒裸的上身加穿僧只支。男供养人像的服装，一种是头裹折檐巾帻，发髻上插导簪，着红色裤褶；另一种是头戴高冠，身着披巾、深衣袍，或戴卷檐高冠，着深衣袍。女供养人有的内穿襦裙，外罩圆领长袖大衣；有的是裙襦外加搭披帛；还有的上穿窄袖小衫，肩搭披巾，下系曳地长裙，束蔽膝。最为衬景的山水树石，虽然还没有完全摆脱人大于山的格局，但树木已不再"伸臂布指"，而是图案化的装饰性很强的"郁郁葱葱"了。即使是一片忍冬，也不再是纤巧清秀，而是浑圆、饱满，生机勃勃。总的说来，人物、服装，以及房屋、树木、

〔1〕段文杰：《敦煌早期壁画的风格特点和艺术成就》，载《中国美术全集·绘画编14·敦煌壁画（上）》，上海人民美术出版社1985年版。

图 5-20　供养人　428 窟(北周)

山石等形象,都进一步中原汉化了。

5.4.2.2　线描自由奔放

在中国的绘画中,线应是第一位的,是表现一切的。艺术家们心中的渴望与追求,终于在北周时期的艺术中得到了实现,让线的表现真正站到了第一位。特别是北周第 290、296 等窟的绘画,作者仍采用土红线造型,但大胆地舍去了许多形体上的色彩,留出了线的表现。这些线起笔时藏锋稳健,行笔中锋钝厚有力,收笔回势明显,线条肥壮,首尾粗细统一。线在这里的表现是卓越的,不仅完成了对形体的塑造,而且体现了线本身的情感表现。为了体现线,留出大量的形体"空白"不设色,即使设色也是根据画面需要来铺置。为了线的表现,这些形体上的色块几乎都画成了抽象的色彩符号,而连接这些符号的就是线。这样,宁静的色块与有运动方向和情感的线形成了对比。所以,尽管这里面色块如此艳丽浓重,仍不失线造型的主导地位。由于色块的减少,线条肩负起了表现形体体积和空间的任务。可以看到,形体由于线的张力充分地显现出了它的重量感。同时,线又在这里表现了塑造色块的能力,如 290 窟佛传故事中的 3 身菩萨,脸上、身上及四肢的肤色用笔都是由线的符号组成。这不仅完成了这个色块的塑造,而且又表现出了体积的厚度。为了用线来表现空间,画者在勾完第一遍土红线后,刷上一层白底色,然后又在上面用土红线重勾画。刷过白粉底色的土红线与后勾的土红线自然形成了浓淡两个层次,从而巧妙地塑造了体积空间,这种用线加线的方法来表现空间实在令人叫绝。特别是这种方法表现的树木丛林,线条远近交错有致,使人感到空间层次的无限。线在这里演奏着"二重唱"。北周 290、296 窟出现了中国画史上少有的艺术"减法",这为以线造型的中国绘画开辟了新的表现方法。为了突出人物或动作,或由于线条过密等阻碍了视觉的整体,画者用白粉大胆地对许多线条做了删除或减弱的处理。如佛传故事画中披着大袍的骑者,由于大袍袖管同时出现了 4 条平行的线,显得呆板无生气,所以画者用白粉将 4 条线作了减弱处理,使之成为一个整体块面。这些"减法"都是为了更突出线在其中的表现。

5.4.2.3 晕染中西结合

这一时期的面部晕染方法,出现了两种新形式:一种是在两腮处将颜色涂成小圆环状,另一种是在鼻、眼以及眉骨、下颌处涂白色。二者分别是中原式和西域式两种画法的演进。

5.4.2.4 构图严谨且变化多样

画面的构图,除横卷式的连环画之外,还有上下横卷数段并列,情节发展呈"S"形连续;有的两段横卷上下并列,情节上下交错发展。新出现了"凹"字形构图、波浪形构图、"之"字形构图、"S"形构图等。构图的变化,既有利于故事的连续性,又不平铺直叙,而是有曲折、有变化,合理使用空间。故事内容的表现较前更为细致、充分。说法图一般画在两侧壁的中央,唯第 428、461 窟情况稍特殊。第 428 窟的侧壁和后壁,除 3 幅佛传、1 幅卢舍那佛立像和 1 幅释迦多宝对坐说法像外,其余 10 幅都是正中 1 佛、两侧数身胁侍的说法图。第 461 窟未开龛,亦无塑像,只在后壁影作佛龛,龛内画释迦多宝对坐说法像,是全窟的主尊。在故事情节的铺陈上,由于人物较小,面部表情难以描绘,但通过环境、动态,还是使人一看便知,如微妙在丈夫被毒蛇咬死之后,她两手举向天空,一看便知是在"呼天号地"。这里,画师在人物动态设计上,使人物心理变化与外部动作一致的原则得到了充分的发挥。最值得一提的是,须达拏本生中婆罗门向须达拏要车,画面的右上角就画了一个婆罗门拉车。这种表现手法,主题突出、主次分明、叙述详尽,繁而不乱、详而不碎,充分体现了艺术家的创作才能,也反映了北周时期故事画创作的新水平。

总之,北周时期的洞窟,诸如洞窟形制,塑像结合,人物的比例、面相、服装、衣纹和面部晕染,以及图案纹样、色彩等方面,都出现了新的形式。"故事情节更为丰富曲折,造型健壮,结构严谨,线描豪放,色调清新,生活气息浓厚。"[1]北周艺术的新成就,是莫高窟艺术的一簇新葩。

综上所述,敦煌早期壁画是我国各族匠师以当时的现实生活为源,以传统的艺术技巧为流,又汇集了若干外来的支流而形成的一条艺术长河。敦煌早期壁画在民族形式和风格上还没有走到高峰和真正统一的阶段,就其风格与本质来说,只能是现实主义与非现实主义交织在一起,而现实主义艺术处于变革和成长的新生阶段。早期壁画,受到西域印度等地的外来佛教艺术的影响,也受到了中国民族传统文化的影响,先是受产生艺术的沃土——凉州文化——深厚的汉晋文化传统的影响,后来受强大的北魏后期的中原艺术的阳光雨露的滋润,经过糅和、吸收呈现出敦煌早期艺术瑰丽多彩的风格。[2]

---

〔1〕段文杰:《略论敦煌壁画的风格特点和艺术成就》,载《敦煌研究》试刊第 2 期。
〔2〕李文生:《中原风格及其西传》,载《敦煌研究》1988 年第 2 期。

6 辉煌灿烂的中期壁画艺术

艺术是一种抒情的直觉。

——贝奈戴托·克罗齐

6.1 承前启后的隋代壁画艺术

公元581年,隋文帝杨坚取代北周政权,"削平天下,统一海宇",结束了近300年南北分裂的局面,建立了统一的隋王朝。由于隋文帝采取了一系列改革措施,实行均田、薄赋,减轻了长年战乱带给人民的苦难,使人民得到了休养生息的机会,因此很快出现了"人物殷阜,朝野欢娱"的新局面。[1] 当隋文帝平定了南方的陈朝后,立即进军西北,抗击突厥,打通丝路,经营西域。这不仅解除了来自西北的一大威胁,还打开了中西通道,发展了国际贸易。大业三年(607),隋炀帝杨广曾派黄门侍郎裴矩到敦煌招徕西域商人。大业五年又派裴矩到张掖筹办27国交易会。隋炀帝亲自出巡河西,各国使者"皆令佩金玉,被锦厨,焚香奏乐,歌舞喧噪"[2],张掖一带百姓"盛饰纵观",人马队伍"周亘数十里",展现了河西经济的繁荣景象。[3] 繁荣的河西经济正是隋代敦煌文化发展的基础。

隋文帝和隋炀帝都倡佛崇法。在尼寺里长大的隋文帝,自幼深受佛教思想的熏陶。他曾云"我兴由佛故",因此继位后大力提倡佛教,如开皇十三年(593)令"于诸州名山之下各置僧寺一所,并赐庄田"等

---

〔1〕胡同庆:《试析敦煌隋初壁画的艺术特色》,载《敦煌学辑刊》1998年第2期。

〔2〕《隋书·裴矩传》。

〔3〕《隋书·裴矩传》。

事迹,说明隋朝对佛教的大肆崇仰。

隋朝平定中原以后,很快控制了河西敦煌。开皇三年(583)就罢永兴郡置瓜州,并将上大将军史万岁痛贬敦煌充戍卒。仁寿元年(601),隋文帝诏令天下造灵塔,并派僧智颖送舍利到"瓜州于崇教寺起塔",而崇教寺即莫高窟。[1] 由此可见,远在边陲的敦煌,也得到了隋王朝的直接扶持。莫高窟尚存隋代洞窟多达七八十个,比现存早期200余年间所开洞窟的总数还多一倍,一个短短 37 年的朝代,竟在敦煌留下了这么多的洞窟,实在是令人惊叹,这显然和统治者的悉力倡导有密切关系。

国家的统一,经济的繁荣,中西交往的频繁,加上统治者的倡导,不仅促进了莫高窟隋代石窟艺术在量上的发展,同时也促进了其质的改革与创新。由于隋代统治者推崇大乘教,所以敦煌石窟出现了大量以大乘经变为依据的经变画。这种经变画的流行,标志着敦煌佛教思想的演变已经突破了早期北方佛教的局限,从而具备了统一时期的隋代佛教的特征。这样的演变,促使隋代佛教艺术以它题材广泛的新内容和对于艺术形式的新探索,大大丰富了敦煌石窟艺术宝库。在大胆探索的过程中,逐渐形成了统一的时代风格。在莫高窟艺术史上,"隋代石窟处于石窟寺由产生向成熟时期发展的过渡阶段"[2],"是承上启下,包前孕后的过渡时期"[3]。隋代是我国佛教思想转向大乘教一统天下的过渡时期,是佛教人物形象典型化的探索时期,也是统一的民族风格的形成时期,因而石窟形制、壁画风格、形象塑造、色彩调子都有明显的特点,显示出一种蓬勃向上的生机,是一个富有活力的历史时代。[4] 画风细密精致,色彩雄浑、华丽、浓烈而又不失和谐。隋代的艺术无论在人物造型,构图设计,色彩配置,绘画技法,渲染技术等方面都显示出一种向上发展的创新精神。

〔1〕武周圣历元年《李克让修莫高窟佛龛碑》。

〔2〕樊锦诗、关友惠、刘玉权:《莫高窟隋代石窟分期》,载《中国石窟·敦煌莫高窟》(二),文物出版社 1984 年版。

〔3〕李其琼:《莫高窟壁画艺术·隋代》,甘肃人民出版社 1986 年版。

〔4〕段文杰:《敦煌艺术论文集》,甘肃人民出版社 1994 年版。

6.1.1　丰富多彩的壁画内容

由于石窟性质和佛教思想内容的变化,隋代壁画布局与早期壁画略有不同。一般正龛内及龛外两侧画佛弟子及诸天王,四壁上沿画伎乐飞天,中部主要画千佛、说法图或经变,下部画供养人及药叉,窟顶则除平棋、藻井之外亦有千佛和经变。壁画内容大体分为佛缘画、故事画、经变画、供养人、飞天画和图案装饰 5 类。

6.1.1.1　佛像画

基本继承早期题材,主要为以佛为主体的说法图,如三世佛、三身佛、七世佛、贤劫千佛,以及佛在不同时期的说法像。虽然隋代出现了单身的菩萨像,但仍然多寄身于说法场面中。此外还出现了新的内容,如第 405、390 窟以观世音为主体的说法像以及第 305 窟的降服火龙等(见彩图 6-1)。隋代说法图的数量比早期大大增加,同一窟内从几幅增加到十几幅甚至百余幅,如第 244、390 等窟四壁分上中下 3 段,栉比铺列,多达 27—115 幅不等。画幅亦相应增大,出现了通壁巨构,同时还出现了等身大的佛、菩萨像。第 204、276 和 427 窟的说法图中,有的以阿弥陀佛为主尊,观音、大势至为胁侍,图下部还画出了微波荡漾的水池,水面上还有鸳鸯、仙鹤和花生童子。第 244 窟的个别说法图中又有双龙缠身相交于头顶做二龙戏珠相的菩萨和象头武士,这些可能就是后来经变画中天龙八部形象的萌芽。这些迹象表明,北朝晚期出现的净土变雏形,在隋代已有了进一步的发展。

窟内佛像组合的规模,首推塑绘结合的正面佛龛。龛内除了佛、佛弟子、菩萨等主像为彩塑以外,其余侍从人物均用壁画来表现,其中有十大弟子、四大天王、金刚力士和诸菩萨。有的还在龛侧或佛座下面画出婆薮仙、鹿头梵志等形象作为衬托,以显示佛教与外道斗争的胜利。佛像画中,乾闼婆、紧那罗(伎乐飞天)是最富有生气的形象,除画在佛龛顶部外,主要画在四壁上部,绕窟飞翔。乾闼婆与紧那罗汇合在一起,形成了自由的飞天群和绕窟一周的飞天行列。他们千姿百态,自由活泼,有的击鼓、有的吹笛、有的反弹箜篌、有的挥巾起舞、有的托盘鲜花,千姿百态,变化多端。敦煌变文中咏颂飞天道"无限乾闼婆,争捻乐器行。琵琶弦上急,揭鼓仗头忙。竞奏箫兼笛,齐吹笙与篁"。诗歌和绘画比照辉映,更增添了洞窟的欢乐气氛和艺术感染力。

6.1.1.2 故事画

隋代的故事画有 3 类:佛传故事、本生故事、因缘故事。隋代的故事画主要集中在第 302、419、423、427 等洞窟中,其位置大都在窟顶。主要内容有须达拏施象、流水长者救鱼、尸毗王割肉贸鸽、月光王以头施人等本生故事和因缘故事,共 10 余种近 20 幅。还有乘象入胎,逾城出家等佛传故事的片断。这些故事画有的为单幅画和组画形式,有的为横卷式连环画。

敦煌壁画中的故事画发展到隋代已逐渐失去早期作为主体画的地位,尽管技巧纯熟、功力深厚,但在结构形式和突出主题方面,已不如早期的生动活泼、变化丰富。故事画的衰落,正是强调苦谛的小乘经教派走向衰落的反映。[1] 总体而言,隋代故事画已随着大乘佛教净土思想的发展而逐渐消失,但故事画在洞窟的位置,故事画内容的发展、细节的描写、主题思想的体现、意境的深化,以及人物与大自然的结合等,都大大超过了早期。

6.1.1.3 经变画

经变画是随着大乘佛教思想的兴起而出现的新题材,敦煌经变多自隋代开始出现。在隋代,作为佛经变相的经变画,内容开始丰富起来,结构也趋于宏伟,除去图解抽象的教义,还包含着一些故事情节的描绘,画面结构上也适应新的内容创造出新的形式。这类经变画到唐代发展演变为中国式的大型经变。

敦煌时期的经变画晚出于中原。在隋代的洞窟里基本上还处在探索的阶段,东晋末年顾恺之创作了著名的维摩诘画像后,南朝的艺术作品曾不断地表现这个题材。在北方,西秦时期炳灵寺才出现了原始形式的维摩示疾图,与文殊变画在一壁。到北魏晚期,在云冈、龙门、麦积山等石窟里都有了形式不同的维摩变。特别是麦积山石窟的维摩变,

---

〔1〕李其琼:《莫高窟壁画艺术·隋代》,甘肃人民出版社 1986 年版。

·欧·亚·历·史·文·化·文·库·

已发展成场面大、人物众多的通壁结构。这说明北魏晚期以后,尤其隋唐时代,中原地区的佛教艺术加强了对西北地区的影响。

隋代的经变画有西方净土变、弥勒经变、药师经变、法华经变、维摩诘经变、阿弥陀经变以及昙花一现的福田经变,表现形式不拘一格。一般南北壁画大幅一佛二弟子诸菩萨说法图,与龛内塑像形成三铺说法图组合之布局。隋代经变画尚处在初创阶段,没有固定的格式,富于探索创新精神,大部分画在窟顶。

总之这一时期的经变画处于初创阶段,是形成敦煌佛教艺术体系的重要时期。佛经故事画有源可探,而经变画则没有前踪可鉴,纯属我国古代画师呕心沥血的创作,在壁画里营构了一个人们追求幸福生活的幻想世界。

6.1.1.4 供养人、飞天画像

隋代供养人画像继承北周传统,保持着装饰效果和程式化手法,都画于石窟下部。画像多以发愿文为中心,男女供养人分别排列两侧,一家一族成为一组;一窟之内,少则一组,多则三五组或七八组;有的绕窟一周,多达百余身。

隋代供养人画像,表现出两大特点:一是人物形象更加典型化、艺术化、自由化。如人物比例适度,面相丰腴,男供养人幞头靴袍,或襦裙大裘;女供养人头饰盘髻,削肩着小袖襦、长裙,形成与前代不同的风格。二是供养人场面更加世俗化、丰富化。供养人行列中往往出现一些比较活泼的场面,画出一些车辆、牛马和奴婢随从,有的则描绘成组的伎乐。这些形象大都不是工细之作,表现上比较自由,内容也更接近现实生活,因而有利于画师们抒发自己对生活的感受。如第62、390窟。隋代洞窟注重装饰性效果,这不仅表现在四壁的千佛画。四壁千佛像下方的供养人行列,体形身姿俊美匀称,服饰式样丰富整齐,线条简洁飘逸,色彩清晰明快,具有强烈的装饰意味。画工在描绘供养人形象时,选择了3/4侧面的角度,以利于表现体态动作和最能反映人物特征的双腿及颧颊部位的轮廓,加上男女供养人手中所持的莲花等物,既增强了礼佛行列缓缓前进的节奏感和方向感,同时使供养人行列显得更

加整齐统一,产生出更多的装饰性效果,如 305、303 窟(见图 6 -
2)。[1]

隋代是莫高窟绘画飞天最多的一个时代,也是莫高窟飞天种类最
多、姿态最丰富的一个时代。隋窟里的飞天是敦煌飞天群中的佼佼者。
隋代的飞天主要画在窟顶藻井四周、窟内上层四周和西壁佛龛内外两
侧,多以群体出现。她们或者成群翩舞于龛顶,或者结队绕窟旋舞,身
姿轻盈、衣带飘扬,恰似无数仙女长空舒袖。她们当中有的奏乐,有的
散花……善男信女身临其境,会感到似乎从天空传来优雅的乐声、飘落
下五彩缤纷的鲜花,将有神灵来迎接他们飞升理想的天国。这是古代
艺术家糅合中国传统的神仙思想与佛教的净土思想而创作的一种艺术
典型。

图 6 - 2　供养人　305 窟(隋代)

[1]谢生保:《敦煌供养人》,甘肃人民出版社 1995 年版。

·欧·亚·历·史·文·化·文·库·

在隋代的洞窟里,既有西域式飞天,也有中原式飞天,更多的是中西合璧式飞天。其脸型有丰圆型,也有清秀型;身材有健壮型,也有修长型,但大多数身材修长,比例适度,腰肌柔细,卓越多姿。衣冠服饰方面的特点是:有上身半裸的,也有着僧只支的;有穿无袖短裙的,也有穿长袖长裙的;有头戴宝冠的,也有头束发髻的,还有秃发僧人式的飞天。同样,飞行姿势也各种各样:有上飞的,有下飞的;有顺风横飞的,也有逆风横飞的;有单飞的,也有群飞的。但飞行的姿态已不成"U"字形,身体比较自由舒展。最具隋代风格的飞天是第 427、402 窟的飞天(见彩图 6-3)。

从隋代的飞天壁画中可以看出,飞天的职能已由为佛陀张伞、抬花环、捧天盖的侍从变成天国中的欢乐使者,同时又从天国降入人间,进入宫廷侍奉帝王。[1] 大业十一年(617)春,隋炀帝"于观文殿前为书室十四间、窗户床褥厨幔,咸极真丽,每三间开方户,垂锦幔,上设二飞仙,户外地中施机发,帝幸书室,有宫人执香炉,前行践机,则飞仙下,收幔而上,户扉及厨扉皆自启,帝出,则垂闭复故。"由此看出,飞天的神性冲淡,增添了生活的情趣。从总体上说,隋代飞天是处在交流、融合、探索、创新的时期,总的趋势是向着中国化的方向发展,为唐代飞天的完全中国化奠定了基础。[2]

6.1.1.5 图案装饰

隋代的图案装饰在北朝图案旧底上,进一步吸取中原汉传统文化与新来的西亚风格艺术,绘制出崭新图案。内容丰富,形式多样,制作精美,形象纤细秀丽,性格自由活泼,各窟图案不见依样仿制抄袭,很有生气。[3] 装饰纹样主要有莲荷纹、忍冬纹、云气纹、火焰纹、水波纹、兽面纹、联珠纹、三兔纹、狮凤纹、飞马纹、狩猎纹以及化生童子、飞天伎乐等,内容别开生面,风格俊逸飘洒,绚丽夺目。例如 427 窟菩萨身上的棱格狮凤纹织锦图案,纹样富丽典雅,既有西亚的风格,也有中国传统

---

〔1〕段文杰:《敦煌艺术论文集》,甘肃人民出版社 1994 年版。

〔2〕谢生保:《敦煌飞天》,甘肃人民出版社 1995 年版。

〔3〕关友惠:《敦煌图案》,甘肃人民美术出版社 1996 年版。

的特点,是丝绸之路上的丝绸交易在敦煌艺术上的反映。

三兔纹是隋代藻井图案的新纹样。如第407窟,画工巧妙地利用三只兔耳组成的三角形,画出莲花中三兔盘旋追逐的图案。忍冬纹已从早期苗壮、质朴的形态,逐渐变得飘逸秀美。[1] 如第407窟主尊背光上用线描组成的自由忍冬兽头纹,是隋代引进外来式样的创新之作,它以鼠、兔的头作为图案的中心,身躯化为忍冬,大胆地把动物和植物的形象融合在一起(见图6-4)。

服饰图案也是隋代新开拓的装饰艺术领域。早期塑像和画像的衣饰花纹极为简略,隋代则日益丰富华丽。如第427等窟的佛、菩萨造像所着菱形联珠狮凤纹锦的僧只支和菱格织金锦裙,皆描画精细。还有420窟菩萨所着的圆环联珠狩猎纹锦裙(见图6-5)[2]。这一类波斯绫锦装饰花纹的出现,与隋王朝经营西域,打通丝绸之路,开展中西文

图6-4 主尊背光 407窟(隋代)

〔1〕欧阳琳:《莫高窟壁画图案》,甘肃人民出版社1986年版。
〔2〕图引自《中国石窟·敦煌莫高窟》(二),文物出版社1984年版。

图 6－5　圆形联珠狩猎纹　420 窟（隋代）

化交流有密切的关系。

　　总的说来，隋代壁画内容丰富，形式新颖，已经进入了一个生机勃勃的融合中西的新阶段。隋代匠师已经善于在中国民族遗产的基础上，融合外国的新机，使图案纹饰新颖、结构严谨、线描潇洒、色彩绚烂、别开生面，成为敦煌图案艺术发展中一个重要的历史阶段。

6.1.2　具有敦煌特色和民族风格的隋代壁画

　　隋代壁画在北周壁画融汇中西的基础上又有新的发展，既接受了中原艺术的题材和风格，又接受了西方艺术的新影响，特别是波斯纹样。在中国壁画的创作方法和表现技法基础上，还吸收了从西域传来的技法，融合中西于一炉，逐步形成了具有敦煌特色和民族风格的隋代壁画。

　　在隋代有两种不同的画风：一种自北周逐渐演变而来，"笔才一二，像已应焉"，造型简练，线描精炼，赋彩单纯，晕染浅淡，人物神情庄静娴雅,这就是张远彦所谓的"迹简意淡而雅正"的疏体,从开皇到大业一脉相承,形成了隋代壁画的一种特色。疏体作画时先作整体设计,安排各种画的部位,然后以土红在粉壁上弹线起稿,如说法图,定好主尊的位置后即用土红弹出纵横交错的定位线,特别是主尊的中轴线,以便画出庄严肃穆的正面形象,然后以较粗壮的土红线起稿,画稿的造型很准确。有的在土红线外沿描一道浓墨线定型,使土红线有一定晕染的效果,墨线与粉壁之间多一道赭红中间色,以增强画面的和谐感。有的起稿线也是定型线,大业时期267窟的维摩诘和文殊师利均以土红线一次完成,简练概括。人物造型"笔才一二,像已应焉",造型的准确性,传神的深刻性,以及赋彩的简单、明快和淳朴,都继承和发扬了早期北方壁画朴实浑厚的风格。疏体的画法以简练豪放著称,以第302、276等窟为代表,先用赭红线描造型,然后赋色,笔力畅达、线条流利、色彩淳厚、质朴高雅。特别是人物脸部,薄施渲染,或留素面,由于赋彩比较单纯,至今未变颜色(见彩图6-6)。

另一种画风,人物造型和衬托人物活动的环境如楼阁院落、山峦树木、流泉动物等等,都刻画得细腻真实,色彩鲜丽,晕染层次多而浓重,这就是张远彦所谓的"细密精制而臻密"的密体,是当时的名画家展子虔、郑法士一派的风格。这种画风,在开皇后期便出现在427、419、420等故事画中。如须达挐本生,情节丰富、人物众多、布局紧密,以殿堂、宅院、楼阁、回廊等建筑物为画面的主体,穿插着山林树木、流泉塘池、飞禽走兽,形成了一片辽阔而幽深的自然环境。人物就活动在这个特定的环境中,满壁人与山泉、柳树、狮、虎、麋鹿同在一起,形成了佛教所追求的众生和谐的境界。如第419窟顶部的法华经变,场面十分宏伟,图中楼阁耸峙、曲廊蜿蜒、殿宇相接,更有山峦起伏、树木掩映、细流潺潺,人物鸟兽活动于期间,演出一幕幕饱含寓意的场景。第419窟绘萨埵饲虎图,山林峡谷间的景色描绘独具匠心,萨埵兄弟射靶、驰马和野兽逃逸的情景细致生动。画面虽已变色,但神采犹在。密体以精密细致见长,它对佛、菩萨等神灵形象的描绘,造型真实、线描精细、装饰繁复、色彩绚丽。菩萨的宝冠,环钏多以金饰;身披波斯天衣,精致富丽,与疏体形成两种不同的审美情趣(见彩图6-7)。

总而言之,无论是疏体还是密体,都受到中原画风的影响。这两派风格至唐初融合为一,是唐代壁画发展的基础。总的说来,隋代艺术在人物造型和技法上有不同于前代的艺术特色。

6.1.2.1　人物造型逐步世俗化

隋代壁画不断地提高了现实与想象相结合的创作方法,在人物造型上向写实迈进了一大步。人体比例接近真人,但这不是形式上的比例匀称,而是对人体构造、生理规律的理解和艺术掌握,如人物面相的中国化、肌肉内在的坚实感、关节转动的自然感、手指纤巧灵活的真实感,为人体美的表现注入了内在的生命力,已经达到了中原画家"动笔形似,画外有情"的境地。例如北周时代出现的头大、腿短、比例不对称的现象,到隋末逐渐消失。人物造型多种多样,菩萨的脸型有方形,有长条形,有广额秀颐型;罗汉头型有扁有圆,并有汉像梵像之分。菩萨的姿态亦从呆板的双腿并立逐渐过渡到一腿微曲,把重心放在另一腿上的自然倾斜的姿态。这种优美的姿态已从早期较多地使用夸张和想象手法而逐渐趋于写实。

隋代画师已经开始典型的探索。宗教人物多属想象形象,富于异域风采,但隋代已逐步变化,佛、菩萨的庄严慈祥、温柔敦厚的共同特征,多属东方型的中国人面容和表情,而衣冠则多属外来式。隋代的菩萨,多半袒露右肩,着僧只支,腰束锦裙,衣裙上遍饰各种波斯织锦花纹,身姿微倾,呈"S"形。这里明显地保留着印度、波斯菩萨造型的影响,但是在恬静的神态中,女性化程度日益明显,中国式菩萨的模式已经逐渐形成隋代菩萨像特有的风姿。这与隋王朝经营丝路,在张掖举办27国交易会,大力促进中西文化交流是分不开的。中国式佛教人物的典型形象,大多在隋代酝酿形成。

隋代壁画无论是宗教人物还是世俗人物,都在类型性格基础上表现了个性,展示了人物的内心情思。如276窟的观音菩萨,一手持柳枝,一手提净瓶,目光下视,庄严肃穆,女性的温静中又颇有男子气概。同窟另一观音,一手提瓶,一手托钵,眼前视,嘴紧闭,含蓄地透露出内心的愉悦之情和女性的妩媚之态。同窟的迦叶,眼微闭,嘴微张,面带笑容,开朗而憨厚;244窟的迦叶则蹙眉张目,定睛注视,庄严肃穆。267窟的维摩居士,纶巾羽扇,满面笑容,"如说之唇"似乎发出铿锵的语音,风神爽朗;而420窟的维摩居士,瘦骨嶙峋,沉着镇静,手挥鹿尾,伏案倾听。从上述数例看,同一人物在不同的画师笔下各有不同形貌和神情风采。正如北魏人所记黄花寺壁画中所说:"形本是画,画似象真,真之所云,即乃有神。"虽然这是画史上描画通神的神话,但它却说明通过真实的艺术形象,才能表现人物的生命和灵魂。所以,传神是中国古代艺术审美的最高境界。

隋代壁画继承了重形似、重想象、重神似的传统和一系列民族绘画的表现技法,使壁画具有了鲜明的民族风格。但它不是汉晋传统简单的继承,而是吸取其精华,结合现实的大胆创造,更重要的是它融合了西域民族佛教艺术和中亚、南亚、西亚,特别是波斯艺术的营养,在"统一"这个时代精神和审美时潮中,融铸而成的新的民族风格。

6.1.2.2 线描交替多样

隋代的线描,既有劲健而精细的铁线描,也孕育着豪放自由的兰叶描。土红线不仅用于起稿,也用于定型,增强了形象的色彩感。线的运用,更为简练,粗壮、遒劲而豪放。有的等身巨像,以粗壮的土红线起稿,一次定型;有的以浓墨线描眉画眼,使人物形象神采奕奕。起稿的土红线,有粗有细,有长有短,有主有辅,有虚有实,巧妙地组合成各种不同的形象。线的形态也在变化,衣纹的长线中孕育着圆润飘逸而富有变化的兰叶描。许多装饰图案,以白粉线描花纹,有的描线后再点色,土红线和白粉线在画面上发挥了不同的造型功能和审美情趣。总之,隋代壁画的线描,继承和发展了魏晋南北朝时期的线描特征,为唐代绘画和线描的变革打下了良好的基础。[1]

6.1.2.3 色彩雄浑华丽

隋代壁画在色彩上有两派:一派富丽,一派简淡。富丽者,以青绿

---

〔1〕吴荣鉴:《敦煌壁画中的线描》,载《敦煌研究》2004第1期。

·欧·亚·历·史·文·化·文库·

为主调,土红涂底,贴金晕彩,辉煌灿烂,展现了新的绚丽之美;简淡者,以土红为主调,棕绿为辅,表现了朴质浑厚之美,二者各有千秋。隋代壁画拓宽了色彩的适用范围,增加了色彩的多样性,是壁画色彩由原来的单纯化向复杂化的渐变。这种转变,使隋代壁画在色调的多样性与色彩的丰富性与和谐性方面都超过了北魏时期。这些改变是因为隋代调色法的改进,使壁画中出现了以前不曾用过的颜色,如草绿、灰绿、暗绿、金黄、粉橙、青莲、橙红,以及各种不同的灰色和复色,因为原色中并无这些颜料,必须通过几种颜料的调配才能调出该色。调色法的改进、鲜艳色种的增加、色彩领域的拓宽,是壁画色彩的发展条件。敦煌壁画自开创到隋代所画的壁画,都能保持和谐的效果,其根本原因就在黑、灰、白的作用上。善于使用调和色并充分发挥黑、灰、白的调和作用,是壁画色彩成功的基本原因。总之,这一时期的色彩由质朴趋于华丽。

6.1.2.4 晕染不断丰富创新

晕染法是表现人物形象的形体和色彩的重要方法。早期的壁画已有两种不同的晕染法。一是西域式,即以明暗法表现立体感。此法根据形体的起伏,由浅入深,层层叠染两三次,形体最突出的部分如鼻梁、眉棱、下巴、手臂图以白粉以示高光,又称凹凸法。另一种是传自中原的晕染法,主要是在形体突出部分如眼睑、鼻梁和两颊渲染以胭脂或赭红,着重表现肌肤的色泽,简单明快,既有色感,亦有立体感,这就是展子虔的色晕法。隋代逐渐将两者融为一炉,不断探索新的晕染形式。如第303、304、305窟的菩萨与供养人,即晕染了额、鼻、眼等部分,又以两竖形色块晕染脸的两颊,也就是沿用西域凹凸法晕染并结合中原传统染色法(见图6-8)[1]。这时的人物面部晕染,除千佛图像还保持北朝的小字脸形式外,一般已不用白粉点染两眼和鼻梁的高光,而这种晕染法又是天竺遗法的继续,即以肉红涂底,朱红圆圈叠染,最后以白粉涂鼻梁和眼球,变色后为黑脸白鼻梁,白眼睑,呈小字脸型。这类晕染已不多见。隋这几个洞窟中的千佛图像,面部和手部都是灰色底,淡

---

〔1〕图引自《中国石窟·敦煌莫高窟》(二),文物出版社1984年版。

墨粗线勾描眉目轮廓,白粉点高光,手是淡墨竖点三笔示意。隋代壁画中还有一种为中国式素面,即白粉涂底,不施晕染,如267窟的菩萨。总之,隋代画师将西域式晕染法融合于民族晕染之中,使得人物面部的红润色泽与阴阳明暗结合得更为自然,同时又创造了新的立体感表现手法。

6.1.2.5 构图自由和谐

隋代壁画题材新出现了经变画,如维摩诘经变、法华经变、涅槃变、药师经变、弥勒经变等新形式。这些经变的构图及表现形式各不相同:维摩诘经变突出文殊师利与维摩诘双方的辩论;涅槃变以佛的入灭为中心,铺排各种人物

图6－8　晕染　304窟(隋代)

悲恸的情状;东方药师经变、弥勒经变、阿弥陀经变等,以中央说法的主尊及其左右大菩萨为主展开画面。构图上,有的虽与北朝说法图较接近,但已从说法图脱颖而出,表现了几种经变的简单内容。以横卷式连环画形式表现的法华经变,已不像北周和隋代初期那样拘泥于情节的连接,而是有选择地突出了重点,画面构图比较自由。壁画的布局,隋代早期承袭北朝的上中下三段式,即上段画飞天和凹凸平台,中段画千佛,下段画供养人、药叉及三角形垂帐纹,或画供养菩萨,故事画和经变画均作横卷式连环画。发展到后来,壁画的布局多做上、下两段安排。经变、说法、菩萨、天王等各项内容,都安排在上段,下段画供养人和药叉,壁画上段画飞天和凹凸平台的洞窟已经很少。窟顶多画千佛,有的

·欧·亚·历·史·文·化·文·库·

则在覆斗顶四披象征性地绘几个大的千佛,还有的在覆斗顶藻井四周绘飞天,经变画已经很少绘于窟顶。总之,窟顶绘千佛,壁面分上下两段,其中占大部分壁面的上段画整铺大说法图,正龛两侧画单身菩萨,这样的布局与初唐已相当接近。

隋代壁画不仅注意装饰性,同时还尽可能避免单调和重复。如303窟中心塔柱东、南、北向龛的龛楣显然是莲花图案,但在造型上均有所变化,而西向龛龛楣又改以火焰纹饰之。纵观四龛龛楣中的莲花或火焰纹图案,在造型和色彩上都具有对称中求不对称的特征,可见,他们在尽力避免单调的重复,刻意追求一种活泼、开放的情调。总之,隋代经变画的构图及其表现的内容,已初具唐代经变画的基本特征。

隋代的壁画无论在内容上还是表现技法上,都有大规模的变革和创新,这些有益的探索,无疑为灿烂唐画的形成,奠定了坚实的基础。[1] 显然,在莫高窟艺术历史上,隋代是变革的活跃时期。国家的统一、经济的发展、中西交往的频繁等有利条件,使眼界大开的莫高窟隋代艺术充满活力。从题材内容到艺术表现,隋代敦煌艺术虽然历时短暂,但却给人一种生气勃勃的感觉,尤其是那些可贵的探索,如经变画新题材的引进,经变画形式创新的尝试,晕染技法的发展,扩大装饰图案的使用范围,使彩塑、壁画有所增色。当然,这是与隋王朝处于封建社会上升时期,封建经济实力空前雄厚,最高统治集团"慨然慕秦皇汉武之功,甘心将通西域"的勃勃雄心相适应的。具体表现就是它走出了北朝时期以故事画为主题的"悲惨世界",渐入唐代以大幅经变画为主题的虚幻佛国;它终结了北朝时期那种神秘而又夸张的格调,开创了唐代朴达而又写实的新风格的先声;它吸收了外来影响的各种因素,引导到唐代完全中国化的新时期。总之,它在敦煌艺术发展的1000多年的历史长河中,完成了承前启后、继往开来的历史使命。

---

〔1〕胡同庆:《试析敦煌隋初壁画的艺术特色》,载《敦煌学辑刊》1998年第2期。

6.2 极盛阶段的唐代壁画艺术

公元618年隋炀帝被杀,李渊自立为帝,国号唐,重新统一了中国。公元627年唐太宗李世民即位后,鉴于隋朝由于暴政引起农民大起义而导致急骤灭亡的教训,不得不在政治、经济、军事和文化等方面进行改革,使阶级矛盾渐趋缓和,社会生产力得以恢复和发展,同时在国内加强与各民族的联系,在国外与许多国家频繁交往,各种因素促使唐代产生了灿烂辉煌的封建文化,佛教艺术也是其中的一个部分。[1]

由于隋帝杨坚、杨广极力弘扬佛教,全国诸州佛事活动十分兴盛。到了唐代,尽管武德年间太史令傅奕坚决反佛,高祖下诏沙汰僧道,然而自贞观至长安的70余年中,太宗造寺为皇太子、诸王、皇后、六宫妃主受戒,两次下诏全国广度僧尼。武则天时沙门薛怀义与法明等10人进《大云经》说武则天是弥勒下生,于是武则天下令天下各州置大云寺,广度僧尼,寺院浮屠遍及各地。当时佛教中具有不同特点的各个宗派相继形成,大乘思想极盛一时,特别是净土宗沙门到达长安以后,造《阿弥陀经》10万余卷,画净土变相300余壁,"满长安中并受其化",可见佛教艺术十分兴盛。随着唐王朝进军西域,东西交通畅通,位于要道的佛教圣地敦煌必然会引进佛教艺术新题材和出现新风格。

唐代壁画在内容上有了很大的变化,人们的思想从早期修六度为主的无谓的舍身,转变为将希望寄托在下一世之上,虽然这仍是逃避现实的出世思想,但较之舍身饲虎、割肉贸鸽的苦行则大有不同了。唐朝的壁画大约有80%表现了以净土宗为内容的主题,如大壁画净土变即取材于《西方净土阿弥陀经》。这是一幅大的构图,表现佛在讲经,佛前有供台,下为听众,有乐队,有舞蹈,两旁即为经中所讲的故事;在佛讲经时配有伎乐、供养、花果、乐器并因而形成了所谓天花乱坠的伟大画面。类似这样的净土变的壁画,充满了唐代的艺术。所谓"变相",

---

〔1〕万庚育:《莫高窟敦煌艺术·初唐》,甘肃人民出版社1986年版。

·欧·亚·历·史·文·化·文·库·

就是以图画来解释佛经,把佛经通俗化,除"图变"外,唐代还有"文变",亦称"变文"。把佛经变为能说能唱的五言偈语,是佛经通俗化的另一办法,据说这就是中国说唱文学的起源。不论是否为事实,从唐朝起绘画向雕塑发展,变文向说唱发展,是可以看出来的。唐朝的伟大不仅因为那些艺术家们创造了艺术,而且在创作主题上由绝对消极转变为比较积极,给人以若干希望,这在封建社会的时代里,不能不算是一个进步。如七宝池中的莲花这一类的画面,在莲花中绘有一个小孩,这表明了人们"往生灵魂"的超度,不像早期和隋代的壁画那样叫人作无谓的牺牲。

表现在艺术上,唐代的敦煌壁画,极其明显地显示了绚丽灿烂、生气勃勃的光辉气氛。就佛、菩萨、天王、力士这些神祇来说,虽然某些服饰披戴仍是外来的,但形象情调全为之中国化了。[1] 造型上人体比例适度,凝练健康。菩萨的面相有方额广颐型、条长丰满型,头束高髻,戴宝冠,"素面如玉","长眉如鬓",均有丰腴莹润的风貌。菩萨的姿态亦有多种:一种肢体修长亭亭玉立;另一种身姿扭曲一波三折如"S"形;在开元天宝时期,还出现了"丰腴腻体"、"曲眉丰颊"的杨贵妃型,这在供养人画像中表现得更为突出。唐代的菩萨已进一步女性化,尽管嘴唇上还画着蝌蚪式小胡子,但动态神情已并非"挺然丈夫之像",形成了菩萨的典型形象。[2] 佛弟子也由梵僧而变为汉僧形象,从面貌、姿态、衣饰和神情等方面,都比较成熟地塑造出年龄、经历、性格各不相同的典型。[3] 佛虽然仍有胡须,但却带有中国女性庄严慈祥之态。阿难、迦叶两大弟子也是中国青年与老人的形象。天王力士更是中国武士写真,而且这些人物都是有典型性格的。

唐代敦煌壁画,线描造型疏密有致、柔中有刚,落笔、行笔、收笔都有粗细的变化,绘画气势宏大、构思巧妙,运用高染低晕的设色技法,造成形象和情感内外结合的艺术特点,将外来艺术兼收并蓄,呈现出中国

---

〔1〕李浴:《简谈敦煌壁画的艺术本质及其现实意义》,载《美苑》1983 年第 3 期。

〔2〕谢生保、马玉华:《敦煌菩萨》,甘肃人民美术出版社 1996 年版。

〔3〕段文杰:《略论敦煌壁画的风格特点和艺术成就》,载《敦煌研究》1982 年第 2 期。

画及敦煌壁画线描发展变革的时代特征。[1] 由于塑造人物的艺术语言——色与线的运用越来越纯熟和精炼,在人物造型上极尽"穷神尽变"之能事,突破了类型性格的程式,逐渐注意到在人物的行、住、坐、卧、举止言谈中展示人的心灵境界,从面部、眼神、姿态、人物之间的相互关系、人物与环境的关系、局部情节与主体人物的关系等种种方面,表现人物发自心灵的神采风情,塑造了大量富有艺术生命的人物形象和引人入胜的艺术境界,创造了中国式的写实风格。在主体画上是各种经变及佛教史迹等故事都已出现,从而也将当时所见各种自然景物如山林苑囿、宫殿城池,各式各样、各行各业的社会生活等等都大量描绘了出来,而且手法之写实、自由、纯熟之程度,都达到了前所未有的高度,其中华情调与圆润生气全脱过去异域生硬、阴暗之趣。赋色以浓丽渲染,平静之中有立体感,这种染法已不同于过去浓淡色条并列的凹凸法。在线描上,已形成了兰叶描。诸如起稿线、定型线、提神线等,笔力雄健,富有生气,并随着人物形象的不同而随机应变;还注意了用线的主辅、疏密、虚实、浓淡关系,以及运笔中抑扬顿挫的节奏和韵律。加上金碧辉煌、绚丽夺目的色彩,特别是富有立体感的新的晕染法,使菩萨、天王、佛弟子等形象,具有圆浑、真实的立体感。整个构图不断创新,打破了人大于山、水不容泛的格局,严谨统一,远近分明,衬景也极生动有致,形成了一个主次分明完整的画面,并以鸟瞰式或散点式的透视,营构了多种多样气势磅礴的巨型经变,开拓了意境创造的新领域。[2]

　　根据各个时代艺术风格的差异以及敦煌在唐代历史上的特殊情况,把敦煌唐代艺术分为初唐、盛唐、中唐、晚唐 4 个时期。在唐代近 300 年的敦煌画上,有初唐的伟昂、盛唐的典雅、中唐的壮穆、晚唐的纤丽之区别,但总的说来还是富丽堂皇。下面就各个时期不同的艺术风格论述唐代敦煌壁画艺术。

6.2.1　雄伟壮丽的初唐壁画艺术

　　618—704 年(长安四年),是莫高窟佛教艺术的初唐时期,现存洞

〔1〕吴荣鉴:《敦煌壁画中的线描》,载《敦煌研究》2004 第 1 期。

〔2〕段文杰:《略论敦煌壁画的风格特点和艺术成就》,载《敦煌研究》1982 年第 2 期。

窟 44 个。历时近 300 年的唐王朝,初唐 86 年时间是最富有生命力的上升时期。胸怀雄心壮志的唐太宗李世民,吸取了隋朝灭亡的历史教训,考虑到人民疾苦而励精图治,采取了一系列的改革措施:轻徭役、薄赋税、行均田、勤农桑;选用廉吏,广开言路;破除"贵中华,贱夷狄"的民族政策,吸收各族首领及有战功者入仕长安。据历史记载,当时不列朝廷的各民族官员,"五品以上百余人"。正月初一朝贺皇帝者"常数百千人",因而取得了"四海宁一"的大好局面。同时,重新打开了西域通道,丝绸之路上"伊吾之右,波斯以东,商旅相继,职贡不绝",大大促进了中西文化交流,从而使唐王朝走上了繁荣富强之路。由于贞观之治,一个统一的多民族的封建帝国崛起于东方,为整个唐王朝奠定了坚实的基础,这就是唐代敦煌石窟艺术昌盛繁荣的内在基因。

6.2.1.1 充满希望的壁画内容

敦煌艺术进入唐代,壁画内容发生了很大的变化,从早期的修六度为主的无谓的舍身转向将希望寄托于下一代身上。初唐壁画以 6 类不同题材的壁画组成一个个立体的佛国世界,内容非常丰富。

6.2.1.1.1 故事画

随着大乘佛教在全国流行,歌颂释迦牟尼前生善行,宣扬累世修行才能成佛的本生故事和度化众生的因缘故事的独立画面逐渐消失,只剩下描写释迦牟尼事迹的佛传故事画中最具有代表性的两个场面——乘象入胎和夜半逾城。这一题材,从北魏一直流传到初唐。乘象入胎表现护明菩萨乘六牙白象自兜率天宫下降人间。上有天女散花,身后有天人奏乐,下有天人承托莲花,飞翔空中。白象的长牙上立着汉装舞女,轻歌曼舞,悠然自得。夜半逾城描写悉达多太子逃宫出家,太子头戴印度式三珠宝冠,身着汉式大袖长袍,乘白马夜半逾城。四天人捧马脚,飞腾出宫,侍从车匿亦着汉装,随侍马后。这一题材,从印度经西域传入敦煌,一开始即为一对独立画面,画于帐门两侧,历代相承。人物形象和画面结构,随时代而变化,至初唐出现了将分离的画面汇合在一起的统一的结构。未入胎的菩萨,已与出生的太子,同在一个空间。天乐自鸣,天女歌舞,天花乱坠,彩云飞扬,一片迷迷茫茫无穷无尽的太空,幻现了一种神秘而又欢乐的境界。

6.2.1.1.2 尊像画

尊像画主要表现佛陀说法场面。各窟正龛都有塑绘结合的说法相,除佛陀外,还有弟子、菩萨、天王、力士、乐神、歌神等八部圣众,这就是控制全窟或者控制佛国世界的统治层的象征。在说法像的两侧,鹿头梵志手托骷髅,表示其能敲鼓测病;婆薮仙手执一鸟,表示其主张杀生啖肉。他们都是佛陀辩论中的手下败将,他们的尴尬神态正好衬托出佛陀胜利时的庄严得意。

这一时期的佛像有释迦牟尼、弥勒佛、药师佛、释迦多宝并坐像以及三佛、七佛、十方诸佛、千佛等多种形象,是佛教最高的神。行住坐卧"四威仪",多有固定格式。因此多模仿西域形制,正襟危坐,庄严肃穆。佛像的外貌特征、内在精神则随国家民族和时代而变化。北朝佛像多面带微笑,超然出世,而初唐的佛像已成为关心世事的庄严帝王之像。菩萨,早期多在法会的群体中存在,唐初独立的菩萨像开始出现,常见的有观音、势至、文殊、普贤等,形象生动,富于人情味。佛菩萨像多为修功德而作,《法华经》里说:"彩画作佛像,百福庄严相,自作使人作,皆以成佛道。"

6.2.1.1.3 经变画

初唐壁画以经变画为主题,经变画又以描写极乐世界为重点,在不断深入的探索中创造了容纳佛经中繁复内容的新结构、新形式,发展了中原大乘经变的创造精神。唐初流行的经变画主要有:阿弥陀经变、维摩诘经变、弥勒经变、观无量寿经变、法华经变、涅槃经变、宝雨经变、地狱变等,是古代匠师们以佛经为依据各骋奇思而绘制的通壁巨制,是中国佛教艺术新的创造,而且在创作中逐渐完善了经变画的模式,对邻国的佛教艺术产生了很大的影响。

阿弥陀经变描绘想象中的极乐世界,这个世界里有"七宝池、八功德水","池底纯以金沙布地,四边阶道,金、银、琉璃、玻璃合成。上有楼阁,金、银、琉璃、玻璃、砗磲、赤珠、玛瑙而严饰之"。根据这个抽象的蓝图,画师们精心营构,以平台雕栏天空水池为活动环境,以阿弥佛陀为中心,两侧为观音、势至二菩萨,四周围绕着诸天圣众,正如变文中所说:"左右天人八部众,东西侍卫四方神。"大大小小的菩萨,三五成群,按照对称、均衡而不死板的审美原则,巧妙地将145人的巨型画面,组成向心式构图。整个画面像一座露天大舞台,佛国世界的种种欢乐景象生动地展现在观众面前。[1]

维摩诘是一个富有戏剧性的题材,从东晋顾恺之首创维摩诘像起,发展至贞观年间时已趋于成熟,形成了一定的格式。总观画面情节,维摩诘以大乘哲理和神通变化,折服了佛弟子,塑造了一个既有妻子儿女,又有田园奴婢,辩才无碍、神通广大的居士形象。画中情节神奇莫测,辩论中带有幽默诙谐嘲笑风趣,而且故事的结局往往是皆大欢喜。维摩诘经变展现了具有哲理性和含蓄性的戏剧类题材(见彩图6 - 9、6 - 10)。

弥勒变描写未来的极乐世界。初唐有两种形式:一种为弥勒上生经变,出现于隋末唐初,多画在龛顶,于一朵云彩中幻现天宫楼阁;另一种为弥勒上生下生合变,多为通壁巨制,如329窟北壁的弥勒变(见图6 - 11)。

法华经变是大乘教为善男信女广开方便之门的经变。如初唐331窟东壁的法华经变,内容较多,以宝塔为中心,巧妙地组合了序品、妙音菩萨品、提婆达多品的一些情节,虽没有形成内容完整的经变,却是探索中的新形式。特别是以泥壁为底色,衬托出简练生动的人物形象和明快莹洁的色调,清新绚丽而又生气勃勃的风格。

宝玉经变是武则天时期在敦煌发现的唯一一幅以伽耶山为主峰、崇山峻岭为背景的巨型经变,中心以佛陀为主,两侧侍立着阿修罗、龙天、弥勒、普贤等圣众,坐下有菩萨请教,还有东方月光天子、国王大臣,组成一个众星捧月式的向心结构。佛陀上空,漫天珠宝纷纷降落,这是宝玉经变的鲜明特征。两侧描绘了大量生动的画面,有收割、盖房、狩

---

〔1〕段文杰:《唐代前期的莫高窟艺术》,载《中国石窟·敦煌莫高窟》(三),文物出版社1984年版。

图6-11　弥勒经变　329窟（初唐）

猎等行会场面,也有山峦、河流、长城、关隘、城市商旅及丝绸贸易等西北风光,还有火烧、跳水、毒蛇猛兽等人间苦难,以及阎罗王、罪人等地狱景象。总之,这幅壁画表现了人间生活和佛国世界,还有地狱的恐怖,是一幅内容丰富、结构严谨的佛教宣传解脱之路的作品。

涅槃变是"涅槃为乐"的形象表现。332窟主要表现了哀悼场面,结构自由,穿插巧妙。佛母下天的一缕云彩、送殡队伍的浩浩荡荡、山水之间的古战场,生动而又变化,没有固定的格式。特别是棺上站雄鸡,体现了乡土风俗。不守戒律的比丘手舞足蹈,以对立面作反衬,使画面平添了生活情趣,大大突破了佛经束缚。

此外还有地狱变、观无量寿变等大型经变,在此就不作一一赘述了。

6.2.1.1.4 佛教史迹画

这是中国自创的新题材,集中在 323 窟,包括佛教史迹故事、感应故事和戒律故事,主要有张骞出使西域、隋文帝迎昙延、阿陀晒衣石等等。这些史迹画中,每一组画都把历史人物,特别是帝王和一些历史事实与虚构的佛教神话传说结合在一起。作为历史画,虚构的情节不能代表历史,但是可以提高佛教的地位,也可使善男信女感到亲切而易于接受(见彩图 6 - 12)。

6.2.1.1.5 供养人、飞天

唐王朝政治、经济、文化的繁荣昌盛,使得唐代的文化艺术也达到了极盛时期。这一时期敦煌石窟艺术受到中原文化艺术的直接影响,艺术水平也达到了顶峰。初唐供养人画像现存 378 身,其中有帝王、官吏、贵族、僧侣、妇女、奴婢和少数民族等。画像多为组像,一仆一主,三五成群。主人在前,形象较大;奴婢在后,形象较小。

初唐供养人画像随题材的扩大和大型经变画构思的发展,发生了很大的变化。首先是人物体型比隋代的供养人画像大,位置画在了两侧或东壁门两侧很醒目的地方。其次就是人物形象造型生动、丰富、优美,体态健壮、曲眉丰颊,服饰艳丽,雍容华贵,神情高雅。这从一方面体现了唐朝以丰肌肥体为美的审美习尚,另一方面反映了唐代经济繁荣,人民生活的富裕。再次就是供养人画面宏伟,比前代更富于生活气息。每幅壁面中的人物容貌神情富有个性,表明了不同地位、不同身份的人物形象。[1] 329 窟中的供养人最能代表初唐的风貌。此窟中的供养人画大部分已残缺不清,东壁南侧的一身女供养人保存尚好。她头梳椎髻,面着素粉,曲眉丰颊,身穿露胸的圆领窄袖长裙,肩披罗巾,长裙没足,双膝跪坐,两手合十持莲花,自然地放在双膝上,眼睛凝视前方,一副虔诚而恬静的神情。体态优美,形象传神。可以看出唐代画师们在人物造型和艺术构思上所表现出来的求美求真的风格和成熟高超的艺术水平(见图 6 - 13)。

---

〔1〕谢生保:《敦煌供养人》,甘肃人民出版社 1995 年版。

敦煌飞天是在本民族传统文化艺术的基础上，不断吸收印度飞天的成分，融合西域、中原飞天成就发展创造出来的。从十六国起，历经北凉、北魏、西魏、北周、隋代5个时期，仅300年的时间，就完成了敦煌飞天中外、东西、南北的互相交流、吸收、融合，完成了中国化历程。到了唐代，敦煌飞天进入成熟时期，艺术形象达到了最完美的阶段。这一时期的敦煌飞天已少有印度、西域飞天的风貌，是完全中国化

图6-13　供养人　329窟（初唐）

的飞天。[1] 初唐政治的开明、经济的繁荣、文化的丰富以及国家政策的开放，表现在飞天就是具有奋发进取、豪迈有力、自由奔放、奇姿异态、变化无穷的飞动美。最能代表初唐风格特点的飞天是第321窟的双飞天。这两身飞天，飞翔姿态十分优美。尽管飞天面容、肉体已经变成绛黑色，但眉目轮廓、肉体姿态、衣裙彩带的线条仍十分清晰：身材修长，昂首挺胸，双腿上扬，双手散花，衣裙巾带随风舒展，由上而下，徐徐飘落，像两只空中飞游的燕子，表现出了潇洒轻盈的飞行之美（见彩图9-15）。

〔1〕谢生保：《敦煌飞天》，甘肃人民出版社1995年版。

6.2.1.1.6 图案

唐代是敦煌图案发展的成熟期,内容之丰富、艺术之精致都超越了前代。初唐时期主要的图案是藻井和边饰。藻井有两种:一种是大莲花藻井,井心画一朵大莲花;井内大莲花多以桃形莲瓣纹与云头纹、叶形纹组合而成,花形呈放射状;井外边饰层次较少,纹样以卷草纹、半团花为主;多数藻井没有垂幔,形象比较单纯,重点在于对井心莲花的表现。另一种是井心画石榴葡萄纹,纹样为十字或米字形与圆环套叠格式,是初唐出现的一种新纹样藻井。[1]

从唐代起,装饰纹样的图案性增加,装饰图案与主题画之间的风格差距日益明显,装饰已从建筑发展到生活用具,如伞盖、莲座、经幢、地毯、桌围、服饰、器物等等。早期的火焰纹、忍冬纹、神怪纹、鸟兽组合纹、动植物组合纹等,均已随着时代的前进而消失,代之而起的是变形的植物纹,如莲花、葡萄、石榴及臆造的百花卷草、宝相花和团花等;规矩纹,如棱格纹、方格纹、垂角纹、圆环连珠纹等;还有织金锦纹、垂帐纹、三兔纹、云彩和飞天等组成各种装饰。图案结构严密,装饰繁复。藻井边饰的层次越来越多,花纹变形已经脱离自然形态而锐意雕琢。如莲花瓣里饰云头纹、宝相花纹,宝相花里又有莲瓣纹。这一时期图案画装饰高度发展,如123窟的藻井,繁复严密、浓丽典雅,俨然一顶人间织锦华盖。又如三兔藻井,以3只兔子组成巡回追逐的图案,并以3只耳朵连成三角形,看起来每只兔子都有2只耳朵。结构简练而自然,引人注目,耐人寻味。

初唐装饰图案,色彩丰富,变化无穷。一瓣莲花,可以叠晕30多层之多,工致厚重,富丽堂皇的风格已经形成,增强了装饰图案的个性——形式美。逐步与主体性、情节性壁画分道扬镳,按自身的规律,不断完善中国佛教装饰艺术的体系。

6.2.1.2 开拓创新的壁画艺术

初唐是一个伟大的变革时代,反映在壁画艺术上也是欣欣向荣、开

---

〔1〕关友惠:《敦煌图案》,甘肃人民美术出版社1996年版。

拓创新。唐初敦煌壁画从题材内容到表现形式，都超越了前代，主要表现在人物的写实性与线条的变化性方面。

6.2.1.2.1　人物的写实性

初唐人物画在构图上不断创新，打破了中国传统绘画那种人大于山、水不容泛[1]的格局，以散点透视画法营造了气势磅礴、题材多样的经变画，寓装饰性于空间感之中，画面内容丰富、结构复杂，人与景物的关系也逐步合理，开拓了佛教人物画创作的新领域。在人物造型上，写实性不断提高，要求"动笔形似"、比例适度、动态自然。人物面相由清秀逐渐趋向丰腴、结实，颌下加三级，体魄健壮，神情庄静。无论是佛、菩萨、梵天、天王、力士，还是比丘、仆役、平民、胡商、婆罗门等，从衣着服饰到行坐举止的刻画，无不以现实人物的形、神为蓝本，有的在面部五官上表现人物的个性，有的在动作、姿态之间彼此互相呼应以传神，因此人物造型具有现实生活中人物的真实感和世俗化的特点。[2]　特别明显的变化是壁画中比比皆是的菩萨已完全女性化了。菩萨是壁画中最广泛的题材，但神是人的升华，在塑造菩萨形象时，往往赋予超人的特征，如双手过膝，两耳垂肩，眉间白毫，胸前万字，手有幔网等所谓三十二相、八十种好。菩萨冠发衣饰多为外来式，如曲发披肩，上身半裸，头戴三珠冠或日月冠，斜挎天衣，肩披大巾，腰束罗裙，璎珞环钏，锦绣严身。菩萨的女性化在不断地加强，尽管有些菩萨嘴角上画着蝌蚪式的小胡子，但其面貌、姿态、衣饰、神情多属女性，赋予菩萨女性美，使其具有温柔敦厚娴雅婉丽的容貌和性格。

中国绘画两千多年的历史，都以传神为创作、欣赏和评价作品的最高标准。唐代则更强调以形写神、形神兼备。画史上对初唐画家有许多评论和赞誉如"风采不凡"、"深有气韵"、"神采如生"等等，可见气韵精神，既是唐代绘画也是敦煌壁画追求的最高审美要求。敦煌壁画

---

〔1〕〔唐〕张彦远：《历代名画记》，人民美术出版社 1963 年版。

〔2〕段文杰：《唐代前期的莫高窟艺术》，载《中国石窟·敦煌莫高窟》(三)，文物出版社 1984 年版。

·欧·亚·历·史·文·化·文·库·

以人物为主体,主要塑造神灵形象,经过隋代[1]多年探索,各种神灵的形貌动态、个性神情,均已逐渐典型化。不同的神有不同的身份地位和神情风貌。按佛经讲:佛、菩萨心怀仁慈,普济众生,因而在外貌形态、内心情思的表现上,都应体现肃穆、庄静、慈爱、温婉;天王力士,护法之神,则应身材魁梧,威武有力。表现手法上,也随典型化而出现各种程式,但程式化不是公式化,而是把美的形象凝固下来,并在显示内心性格中表现微妙的特征和变化。如菩萨多表现在沉静中的思维,即禅思一心、禅悦为乐的寂静心境。但由于画师们匠心营构,出现了多种多样的思维形象。

6.2.1.2.2 线描的变化性

初唐时期的线描已经由隋代比较粗壮自由的铁线描逐渐形成兰叶线描,主要用于衣纹、飘带,配合色的晕染,更能体现丝织品的质感。初唐线描变化多样,从线的功能上说,有起稿线、定型线、提神线和装饰线。武德初年继承隋代传统,以土红线起稿,但画稿已是一幅完整的白画。线描自由奔放,富于动感。赋彩后再以深墨线定型,赋予人物形象以艺术生命。贞观以来多用淡墨线起稿,上色后以深墨线定型。关键部位如眼睑、眸子、嘴唇合缝及嘴角,用浓墨传神。最后,在衣裙飘带转折边缘描一道白粉线,使衣裙层次和转折关系合乎规律。有的在人物面部或衣裙的褶纹上加描一次朱线,使色彩在互相辉映中增强魅力。用多种线描塑造人物形象,从总体效果上讲会增强审美感,使壁画显得丰富、厚重和富于变化。

就线的形态讲,主要有兰叶描和铁线描。人物定型多用变化中的铁线描,它既不是刚劲如曲铁盘丝,也不是柔软如行云流水,而是有起承转合韵律和浓淡粗细变化的铁线,实际上铁线中已孕育着兰叶描的胚胎。贞观中兰叶描逐渐成熟,描线精壮、丰满、圆润、流畅而有节奏感。描线和写字一样,"贵在笔力,在乎柔中生刚",初唐线描即体现了这一美学思想。

---

〔1〕万庚育:《莫高窟壁画艺术·初唐》,甘肃人民出版社1986年版。

形自线出,线与人物形象血肉相关,是否能准确地表现人物的外貌特征和内心情思,关键在线,特别是定型线。敦煌画师们深究此理,因而一线之落笔、收笔、运笔、运力、抑扬顿挫、轻重疾徐,都与画师对所表现的事物的认识与把握及其所倾注的感情和精力分不开。一句话,线描实际是艺术修养和表现技巧的高度统一。线描一般要压力大,速度快,方能流畅有利。当时的名画家范长寿作画"掣打提笔,落纸如飞",道理即在于此。220窟《帝王图》中一位大臣的面部轮廓线和规律的停顿转折,不仅画出肌肉里面看不见的头颅,而且表现了人物的年龄和精神。又如描菩萨的额眉,落笔轻而快,中部压力大而运笔慢,收笔速而虚,这样才能画出长眉如鬓的轻快感。所谓眉间传情,全在于线描的微妙变化。净土变中横线构成的雕栏,直线构成的列柱,纵横交错,形成坚实的稳定感。宝池中平行的水纹,使人感到安静和广阔。人物和衣饰上的曲线、圆弧线,对于表现沉静、和谐、愉快的情绪和意境起了统一协调的作用(见图 6 – 14)[1]。

壁画的线描,由于创作过程中不断修改、完善,往往起稿线、定型线、提神线层层重叠,有的不相吻合,因而色盖线、线压色,自然形成线与色的深浅浓淡、轻重隐显、错综交织的关系,使壁画呈现朦胧、浑厚、丰富、幽深等多种情趣,可以说是一曲线的赞歌和线与色的交响乐。

6.2.1.2.3 色彩的丰富性

敦煌壁画进入唐代后,从绘画技术到色彩技法均已进入鼎盛时期。初唐时期的许多精美壁画,充分显示了我国传统绘画自开创时期的稚拙状态发展到鼎盛时期的成熟状态。唐代壁画色彩明显丰富,出现了许多新的颜色如石黄、丹黄、藤黄、靛青、朱砂、朱䏭、银朱、金箔、蛤粉等10 余种,为壁画的色彩丰富性提供了物质基础。色彩结构中丰富感的产生是有一定的条件的:色调的和谐统一,靠色种本身的色阶层次变化和冷暖差异,靠调和色的结合与搭配,靠各种复色的混合配置。这些是色彩丰富感产生的方法和法则,初唐壁画正是在这样的色彩条件下创

〔1〕图引自《中国石窟·敦煌莫高窟》(三),文物出版社 1987 年版。

图 6 – 14　帝王图　220 窟（初唐）

造出了富丽堂皇的壁画艺术。[1]

　　初唐壁画在处理主次关系时,在用色上采用了诸多对比手法,如色块的大小对比、聚散对比、强弱对比、浓淡对比、实虚对比、冷暖对比、疏密对比、整与碎的对比等等,这无疑是为了突出画面的整体视觉效果。例如唐代壁画大多采用白墙作底色(区别于北魏与隋代的一个明显特征),就是为了使壁画色彩的视觉明显度与颜色的深浅浓淡成正比:颜色越深越浓,越重越纯,则明显度越高;颜色越浅越淡,越轻越薄则明显度越低,视觉上产生虚幻和推后的感觉。浓重色与浅淡色的对比可以造成壁画的前后视觉空间,这种用色观念使画师们在复杂的色彩矛盾中处于主动地位,便于驾驭繁杂的构图与复杂的色彩,以保持壁画的整体效果,初唐壁画大都以这种格式来处理壁画的整体效果,如 335 窟北壁的维摩诘经变。底色对于壁画的色调统一感起着决定性的重要作

――――――――――

〔1〕周大正:《敦煌壁画与中国画色彩》,人民美术出版社 2000 年版。

用。初唐改变了以往以土红涂底的传统,多以石灰墙本色为底,或者在画前先用透明的茶叶汁水或黄褐色透明颜料刷底色,其色感与泥壁本色相近似。在底色上运用不同颜色,是造成色调多样化的主要因素。

此外,在勾线上也突破了黑线与淡墨线的局限,开始使用色彩线和明线,在衣服和装饰物上可以勾白线、金线和明线。勾线用色的灵活多变给壁画带来了精细而丰富的表现力,增添了金碧辉煌的色彩感。线描的色彩感加上带有色彩冷暖的渲染效果,显示出工笔重彩绘画技术的飞跃与成熟。

6.2.1.2.4　赋彩的多样性

由于大型经变的出现,壁画多变隋代的土红底色为白底色,色中出现石黄、黄丹色。赋彩的特点是:首先是传统的涂色、渲染与西域的叠晕法相结合。如平涂蔚蓝的天空、碧绿的宝池、朱色的梁柱玉栏楯、青色的屋顶;渲染人物眼睑、两颊、额纹、眼角纹、肌肉筋骨凹陷处、手脚指关节和服饰衣纹;叠晕各种装饰图案,如藻井、边饰、圆光、华盖、莲座、花砖、地毯、栏板、璎珞等。[1] 其次,对比色与调和色相结合,如人物服饰用各种对比色平涂,衣纹以同类色调渲染。最后,就是厚色与薄色相结合,如菩萨的纱裙、纱巾,或是先涂染躯体,表层以薄色敷染衣裙,点缀小花;或在重色衣裙表层轻拂一层薄色画巾带,使其呈现轻纱透体的效果。赋色方法多种多样,人物与环境有机地结合成一个整体,既有立体感、真实感,又富有装饰性。[2]

6.2.1.2.5　构图的装饰性

初唐壁画,从内容到形式都有了划时代的变化和发展,无论是洞窟形制还是彩塑壁画,大多都有周密的整体设计,突破了旧的格式,出现了新的意境。由于社会经济力量的发展,政治力量空前强大,促使敦煌艺术形成雄伟、壮丽的时代风貌。巨型佛像的出现把敦煌艺术的规模和气派推向了繁华的全盛时期,与巨型大像相配的壁画也必然从内容

---

〔1〕万庚育:《敦煌壁画中的技法之一——晕染》,载《敦煌研究》1988 年第 2 期。
〔2〕万庚育:《莫高窟壁画艺术·初唐》,甘肃人民出版社 1986 年版。

·欧·亚·历·史·文·化·文库·

和形式上与其宏大规模相匹配。密体画构图形式正是配合巨像与群塑组合成宏伟壮观佛教艺术的一种壁画形式,将大量的佛经内容与众多的教派人物、繁杂的故事情节,通过大面积的壁画表现出来。220窟的维摩诘经变就是初唐巨型壁画的代表作。另外,初唐壁画在构图上除承袭隋代的主体式(说法图、药师变、阿弥陀变)、对称式(维摩诘变、乘象入胎、夜半逾城、帝释天与帝释天妃)、叙述式(本生故事)外,又出现了主体式与叙述式相混合的构图形式,如321窟的宝雨经变。宝雨经变是以佛在伽耶山说法为主体,形体较大,周围圣众较小,伽耶山两侧及下部为佛说的各种比喻,以山水为背景,有各类人物、动物、寺塔、房舍、城阙、长城等,形象更小,衬托的主体人物更为突出。初唐大型经变的构图特点是:画面人物和景物配置丰满,既注意突出主体,又注意周围相互间的对称、均衡、疏密、远近等关系,因此富有装饰性;运用散点透视与鸟瞰相结合来处理人物和景物的关系,使画面构图丰满有舒适的空间感,适宜远观和近看——远看气魄雄浑,开朗深邃,富丽堂皇;近看绘工精细,引人入胜。

唐初形成的涵盖天下的时代风格中又有多种群体风格,如疏简朴质的前期风格,同时并存的精雕细刻、灿烂辉煌的风格和笔简形具赋色清淡的风格,以及结合中西晕染而创造的新风格。由于敦煌画师的大胆吸收、精心融合,既继承了优良的民族传统,又突破了某些陈规陋习,创造了辉煌灿烂的以大唐文化为核心的民族风格,有人称为"大漠唐风",基本上概括地道出了初唐壁画雄浑的气魄、朗丽的风采和创新精神。总之,初唐在莫高窟整个佛教艺术的历史过程中是一个飞跃时期,不论雕塑、壁画还是装饰图案,都很有成就,尽管画的是"净土世界",实际上折光地或直接地反映着初唐这个上升的封建时代。莫高窟现存的44个初唐石窟,继承、发展了隋代传统技法,也融合了外来佛教艺术的精华,创造了具有民族特点的中国佛教艺术,为金碧辉煌的盛唐壁画奠定了坚实的基础。[1]

---

〔1〕万庚育:《莫高窟敦煌艺术·初唐》,甘肃人民出版社1986年版。

6.2.2 金碧辉煌的盛唐壁画艺术

李渊、李世民建立的大唐王朝,采取了一系列促进生产的措施,废苛政、减赋税、倡均田,大大刺激了农业、手工业和商业的发展和繁荣,中国封建社会的政治经济进入了鼎盛时期。这就是大诗人杜甫所歌颂的"稻米流脂粟米白,公私仓廪俱丰实;九州道路无豺虎,远行不劳吉日出"的"开元天宝盛世"。[1] 政治经济上的昌盛,带来了文化艺术的繁荣。盛唐是李唐王朝在文化上最有成就的时代,在诗歌、文学、音乐、舞蹈、书法、绘画、雕塑等方面,都出现了一派超越前代的表现。

在敦煌,这个盛世时代从神龙到建中初年(705—781)延续近80年。由于海陆交通畅通,东西交往频繁,社会风气较为开放,在中国已经发展了5个世纪的佛教,从内容到形式、从制度到义理,都形成了自己成熟的面貌。盛唐正是佛教发展的盛期,天下寺院无不重楼丽阁、宝塔林立、峻宇复殿、幻若神宫。人间的巨额财富掌握在寺院手里,已经形成能够左右社会、影响政治的一股势力。为了诱俗传教、广罗布施,艺术手段成为佛教传播的重要方式。当时的寺院已成为书法、壁画、雕塑、舞蹈、梵呗、俗讲、音乐、戏曲等各类艺术家的表演场所,也成为人民群众进行各类社会活动的集散地,宗教文化广泛深入地影响着人民的生活。远在西北、处于荒漠深处的莫高窟也深受中原文化艺术的影响,大造佛龛。这一时期现存的洞窟有81个,若以每窟东、西、南、北、顶5个壁面计算,大约保留了盛唐丹青近400壁,约占莫高窟壁画总数的1/6。其壁画内容的丰富,技法的纯熟,色彩的富丽,境界的宏大都超过了以前的各个时代,达到了艺术的顶峰。

6.2.2.1 丰富多样的壁画内容

盛唐壁画在内容上与初唐相比没什么大的变化。

6.2.2.1.1 佛像画

此类壁画除了同塑像结合构成窟室的主体而外,还有各种的说法图。大大小小的说法图中有佛、弟子、菩萨、天王、龙王、阿修罗王、乾闼

〔1〕李振甫:《莫高窟敦煌艺术·盛唐》,甘肃人民出版社1986年版。

婆等诸天圣众及金刚力士。唐代单身的佛、菩萨像日渐增多,观音、大势至从经变画中独立出来。在净土思想弥漫全国的形势下,观音、势至地位渐渐显赫。正如唐文经变所咏:"念观音,求势至,极乐门开随取意。一弹指顷到西方,大圣弥陀见欢喜。"观世音菩萨已成为人们在现实苦难中寻求解脱并寄托美好愿望的尊神。菩萨像中,还有新出现的文殊、普贤左右对称的画像,多绘于四壁龛外帐门两侧。第331窟中,文殊跨青狮、普贤骑白象,乘骑之下都有飞天托足、天人奏乐,自碧空飘荡而下。第172窟的文殊、普贤则腾云驾雾,飞行于江海之上,构图上已逐渐形成了以文殊、普贤为主体的天人簇拥的行进行列(见彩图6-15)。

6.2.2.1.2 经变画

经变画发展到盛唐,一个重要方面是大幅经变占据了主要壁面,其中可看到阿弥陀经变里的楼台水榭,佛在千姿百态的菩萨围绕中说法,飞天散着花,乐队琴鼓笙箫齐鸣,舞姿翩翩,池中红莲盛开、碧漪荡漾。观无量寿经变里的太子杀父王的未生怨故事,弥勒经变里的农民耕获、帝后落发出家、贵族婚礼,法华经变里的诵经、拜塔、斋僧、行医、旅行,药师经变里的受诛、火焚、水溺,观音经变里的监狱、遇劫,报恩经变里的舟楫渡海,涅槃经变里的举哀、出殡、火葬,维摩诘经变里的帝王群臣、各国各族王子,佛教史迹画里的历史人物张骞、石虎、杨坚,著名高僧佛图澄、康僧会、昙延,供养人里的晋昌郡太守兼墨离军使乐庭环和夫人太原王氏等等的肖像画。各类人物穿着不同的服饰,活动在城阁、楼殿、宅舍、庭院、塔庙等建筑和自然景物的山山水水之间,所有形象无不具体化、世俗化。

6.2.2.1.3 供养人、飞天

盛唐时期的供养人画像,艺术表现逐渐打破了千人一面的模式,愈来愈多地刻画出不同人物的特点和个性。供养人的形象,已不仅仅表达对宗教的恭敬与虔诚,还用以显示氏族门庭以及宗族的谱系。盛唐时,开始把供养人画到甬道的两侧,形象愈画愈大,都面向主室内正壁所塑主尊,手捧鲜花,虔敬供养,同时出现了与真人等大的供养人巨像。

如第130窟的都督夫人太原王氏供养人像,它是莫高窟唐代供养人画像中艺术水平最高、规模最大的一幅。这幅供养人画群像,造型真实,富于生活气息,无论是主人还是奴婢,都是峨眉丰颊,丰肌肥体的健美特征。每个人的面容神采各不相同:主人们雍容华贵,手捧香炉,或捧鲜花,合掌敬礼,流露出恭敬虔诚的心情;奴婢们有的捧琴、有的持扇、有的端净瓶、有的捧花盘,悠然自得,回头顾盼,窃窃私语,漫不经心,与主人的心情颇不相同,深刻地表现了生活的真实。整幅画像给人以健美的感受,可与唐代名画家张萱的《捣练图》和周昉的《簪花仕女图》相媲美,实是一幅形象生动、性格鲜明、生机蓬勃的唐代美人图(见图6-16)。[1]

由于大唐王朝开明的政治、强大的国力、繁荣的经济、丰富的文化、开放的国策及奋发进取的时代精神,盛唐飞天具有奋发进取、豪迈有力、自由奔放、奇姿异态、变化无穷的飞动之美。[2] 如第320窟的4身飞天画在南壁西方净土变中阿弥陀佛头顶华盖的上方。每侧2身,以对称的形式,围绕华盖,互相追逐:一个在前,扬手散花,反身回顾;一个在后,举臂紧追,前呼后应,表现出一种既奋发进取,又自由轻松的精神境界和飞行之美。飞天四周,彩云飘浮、香花纷落,既表现飞天向佛陀作供养,又表现佛国天堂的自由欢乐。飞天的肉体虽然已变黑,面容不清,但整体形象清晰,身材修长,姿态轻盈,人体比例准确,线描流畅有力,色彩艳丽丰富,是唐代飞天代表作之一。

6.2.2.1.4　装饰图案

随着洞窟形制的变化,唐代的装饰图案与石窟之间的关系,已不如前代密切。在殿堂式洞窟内,最主要的装饰是覆斗顶上的藻井,其次是边饰,同时还增加了许多与建筑无关的新的装饰,诸如华盖、莲座、幡幢、地毯和服饰花纹等。其图案纹样从前代以仙灵神异为主,演变为以植物纹样和几何纹为主,例如莲荷纹、葡萄纹、石榴纹、茶花纹、卷草纹、

---

〔1〕谢生保:《敦煌供养人》,甘肃人民出版社1995年版。
〔2〕谢生保:《敦煌飞天》,甘肃人民出版社1995年版。

图 6 - 16　都督夫人礼佛图　130 窟（盛唐）

宝相花纹、团花纹、垂角纹、化生飞天纹以及绫锦花纹等。盛唐时期，纹样的组合发展到了一个新的高峰。藻井作为窟顶部的华盖形式，其结构格式已基本定型，即由井心莲花、井外边饰和垂幔3个部分组成。井心莲花层次繁缛华丽，富有富贵宝相气。井外边饰纹样以卷草、团花为主，垂幔纹样简略。卷草纹变为多茎多叶，花叶首尾相连，叶纹翻转卷曲，日渐华丽。团花纹层次增多，形象丰富，有桃形莲瓣团花、多裂叶形团花、圆叶形团花以及3种花形混合组成的团花，这一时期是团花最为丰富的时期。发展到后期，藻井的风格发生了变化，从生动活泼、爽朗明快，转为庄重严整、浓艳富丽。第320窟的藻井，是开元、天宝年间的代表作，井心画团花，层层边饰疏密有致，严整而又有变化，色调热烈、艳丽,显示了辉煌灿烂的盛唐风格,给人以庄重、稳定、严谨的感觉。[1]

6.2.2.2　精美艳丽的壁画艺术

敦煌壁画在盛唐时已经到了艺术的顶峰,体现了大唐王朝歌舞升平的社会景象。

6.2.2.2.1　人物形象现实味浓厚

由于盛唐社会比较安定,人民安居乐业、生活富裕,人物形体健壮丰润,因此这一时期壁画上的人物形象,无论是佛、菩萨还是伎乐等,一扫魏隋时代的秀骨清像、仪态潇洒的面貌,变得丰满圆润、健康壮美,现实意味较强的造型跃然于壁画上(如彩图6-17)。正如唐人所说:"菩萨如宫娃。"经变画中,漫天雨花、伞盖如林、楼榭耸立、红莲盛开、琴鼓齐鸣、舞伎翩翩、童子嬉水,呈现出一派歌舞升平的繁华景象,与其说是天上理想的佛国世界,不如说是地上李唐王朝具体而细微的投影。供养人是敦煌壁画的重要内容之一,各阶层善男信女们出钱开凿洞窟,既为了永垂他们的功德,也要把自己的像画在洞子里。魏隋时代供养人的大小只不过几寸或尺许,而到了盛唐却出现了等身的巨像,甚至有比真身还要大的供养人群像。[2]

这一时期的人物造型不但达到适合人体结构的正确比例,而且体型健康丰润,体现了繁荣昌盛的时代精神。特别是刻画不同阶级、阶层的人物,由各自不同本质构成的风度、姿态、动作、神情都达到了以形写神、逼真纤俏的高度写实地步。如维摩诘经变中的帝王图、群臣图,弥勒经变中的剃度图(见图6-18),观音经变中的遇盗图,佛教史迹画里的各种人物以及大批的供养人像等,都是依据现实的人物形象、衣冠制度、风俗习惯、审美观念,糅合了西域佛教绘画艺术的技法,刻画了不同阶级、阶层的人物以及他们各自不同的仪容风度和姿态。其神情刻画既依据现实又有理想的成分,既有时代风貌又含佛教精神。

由于塑造人物的艺术语言——色与线的运用越来越纯熟和精炼,

〔1〕关友惠:《敦煌图案》,甘肃人民美术出版社1996年版。
〔2〕李振甫:《莫高窟壁画艺术·盛唐》,甘肃人民出版社1986年版。

·欧·亚·历·史·文·化·文·库·

图 6 – 18　剃度　445 窟（盛唐）

在人物造型上极尽"穷神尽变"之能事，突破类型性格的程式，逐渐注意到在人物的行、住、坐、卧、举止言谈中展示人的心灵境界，从面部、眼神、姿态，从人物之间的相互关系、人物与环境的关系、局部情节与主体人物的关系等种种方面，表现人物发自心灵的神采风情，塑造了大量富有艺术生命的人物形象和引人入胜的艺术境界，创造了中国式的写实风格。匠师们在当时艺术表现程式化和人物性格类型化的基础上，大胆突破和创新，注意表现人物的个性，并往往在人物的行住坐卧和言谈举止中揭示其内心活动。盛唐壁画还特别注意人物之间的关系，使他们互相烘托、彼此呼应，整个画面成为有机的统一体。第 130 窟甬道南壁都督夫人礼佛图中，奴婢们较为活跃的姿态和各种不同的表情，对比都督夫人的肃穆、虔诚和一心供养，突出了主题。

6.2.2.2.2　线描笔力雄健

莫高窟盛唐的佛画线描，吸收了西域铁线描的长处，变得粗细相当、自如流畅。均匀细柔的佛画线描，既有兰叶描的均匀圆润，又有铁线描的挺拔刚劲,无论是人物的外形、五官须眉、衣纹皱褶,还是山林的崇山叠峰,河池中的波澜涟漪,或是装饰图案中的藤枝蔓叶和花朵,或是建筑上"画界"的梁柱斗拱等。隋代产生的自由奔放的兰叶描至唐代大盛,45窟南壁的观音变,即是兰叶描的典型代表。在线描上,诸如起稿线、定形线和提神线等,笔力雄健、富有生气,并随着人物形象的不同而随机变化。同时还注意了用线的主辅、粗细、疏密、虚实、浓淡、轻重关系,以及运笔中的抑扬顿挫的节奏和韵律,完全根据物象的性格种类变化使用(如图6-19)。第217窟龛内的佛弟子像,不仅用粗壮劲挺的轮廓线刻画了生动的面容,而且还表现了隐藏在衣服下面的躯体。骨法用笔在盛唐又有了新的发展。总之,盛唐线描用笔均匀、一丝不苟,来龙去脉清清楚楚,显得流畅自如、雄浑匀润,有着概括性强和工整细腻等各得其妙的效果。

6.2.2.2.3　色彩绚烂华丽

盛唐壁画色彩的布局也和结构一样,采用对称的手法求得画面的

图6-19　观音经变(部分)　45窟(盛唐)

·欧·亚·历·史·文·化·文·库·

平衡。从色种上来看,除沿用隋、初唐原有的朱、赭、青、绿、黑、白、金色外,特别是黄色在这一时期大量使用,无疑增添了画面色调的绚烂华丽。多种方法的层层叠染,表现出多种的色度和体积感,也使画面既富于变化又和谐统一,还有富丽堂皇的艺术效果。第172窟是盛唐众多杰出壁画的代表,其南壁观无量寿经变图保存得完好无损。该图构图章法之周密、人物主次安排之贴切、亭台楼阁设置之合理、山水景物陪衬之巧妙、建筑透视之严谨等等,均已达到了尽善尽美的高超水平。此幅壁画以它清新淡雅的色调和柔和丰富的色彩,令观者赏心悦目。壁画用色淡雅但并不淡薄、清秀并不轻浮、单纯并不单调,主要在于墨色渲染的重要作用。墨色不仅是色彩和谐的重要因素,同时也是表现人物与景物的主要颜色。墨色渲染以它丰富的深浅层次来突出人物的主宾关系,以引起观众的首先注目;次要的陪衬人物群则隐现于浅淡的虚幻之众,表现出众多人物的丰富性与模糊感。对众多的次要陪衬人物赋以浅淡的墨色渲染,这种"轻描淡写"的用色作风,正是唐代文人画风的拿手好戏。[1]

6.2.2.2.4 晕染变化多样

这一时期的晕染除承袭初唐的艺术技法外,同时还出现了一些新的方法。一是依据形体结构深色和淡色同时晕染,在壁画地仗水分未干时一气呵成,使色彩连接自然柔和。二是先用重色按结构由浓到淡地染出体积,再在上面罩层肉色。这种方法在以后各时代普遍沿用。三是盛唐时期在画梁柱斗拱、图案及装饰品时,为了表现色彩带的层次感,显示富丽,用一种同类色由深到浅分出不同的色阶,依次画出,造成物象的立体深度感。正是这些不同的染法,使敦煌壁画由魏隋时代的朴素单纯逐渐丰富多彩起来。[2]

6.2.2.2.5 构图均衡对称

盛唐时期经变画的形式发展成熟,构图上的特点主要是满。各铺

---

〔1〕周大正:《敦煌壁画与中国画色彩》,人民美术出版社2000年版。

〔2〕李振甫:《莫高窟壁画艺术·盛唐》,甘肃人民出版社1986年版。

经变都是内容丰富、人物众多,经文所述主要场景几乎包罗已尽,这样的经变画遍布四壁以至全窟,颇给人以满目缤纷、目不暇接之感。但由于构图上的均衡与稳定,却又显得井然有序,并不使人眼花缭乱。画面上的人物和场景布局与配置,不是早期简单平列的形式,而是主、次、疏、密、聚、散变化自如,条理清晰、节奏分明。多彩多姿的佛国世界图景使观者感觉身临其境。同时,这种构图还具有强烈的装饰意味。构图上不断创新,打破了人大于山、水不容泛的格局,以鸟瞰式或散点式的透视,营构了多种多样气势磅礴的巨型经变,开拓了意境创造的新领域。

唐代是我国封建社会的鼎盛时期,随着政治、经济、文化的繁荣,丝路要道上的敦煌艺术,在风格和技法上不得不受中原文化的影响,同时又不能不受到西域和印度等地艺术的影响。事实证明,国力越强盛,经济基础越雄厚、文化越发达,在艺术上吸收外来艺术的能力就越强。莫高窟盛唐艺术之所以能发展到一个崭新的阶段,是因为吸收融合了多种艺术的有益成分。总之,盛唐时期的莫高窟壁画艺术的成就是卓越的,在莫高窟壁画史上是黄金时代。[1]

6.2.3　俊爽雅逸的中唐壁画艺术

中唐时期,是敦煌从建中二年(781)被吐蕃占领开始,到大中二年(848)张议潮起义归唐止,共68年。吐蕃统治敦煌是划分唐代河西历史的明显界限,也是唐代艺术由盛而衰的转变时期。天宝十四载(755)安史之乱,唐朝政府被迫调动河、陇的精锐部队南向以定中原。河西守备空虚,吐蕃乃乘虚而入。沙洲守军虽奋力抗战,在坚守11年后,终因寡不敌众,河西走廊全部为吐蕃所占领。吐蕃占领敦煌后,实行罢黜异端、独崇佛教的政策,所以这一时期,敦煌佛教不但没有受到打击,反而得到了支持和发展。在吐蕃王朝崇佛之风的影响下,敦煌和吐蕃本土都与中原佛教保持着一定的关系。但是这时的敦煌社会,由于长期战争的创伤和吐蕃落后统治的干扰,不能不从唐王朝盛世的最

---

〔1〕李振甫:《莫高窟壁画艺术·盛唐》,甘肃人民出版社1986年版。

·欧·亚·历·史·文·化·文·库·

高点渐降而下,莫高窟艺术也随之失去了鼎盛时期的五光十色,步上唐代后期艺术的起点。[1] 吐蕃占领敦煌之前,河西走廊战争频繁,所以天宝、开元时期有一批洞窟"开凿诱人,图素未就"[2],成窟之后,只塑成一龛,或画成一顶,这类洞窟就有 18 个。吐蕃占领敦煌之后,社会生活相对安定,这些洞窟的壁画和塑像才逐步完成。至于吐蕃时期开建的洞窟,现存约 48 个。两类洞窟总计 66 个。吐蕃统治敦煌之后,随着政治形势的变化,石窟的形制、艺术的内容和形式,都开始出现了新的特色。

6.2.3.1 情节丰富、经变多样的壁画内容

吐蕃时期的壁画内容,与前期略同,主要有佛像画、经变画、瑞像画、供养人与飞天、装饰图案等几类。

6.2.3.1.1 佛像画

这一时期单身尊像减少,密教神像大量增加。所见题材除药师佛、四方佛、观世音、大势至、地藏菩萨等外,多为不空罥索观音、如意轮观音、千手千眼观音、千手千钵文殊等密宗图像,其造型都刻板地依照着佛经。例如,如意轮观音,戴大宝冠,六臂两足,持莲花、如意轮、念珠等等,与不空译《摄无碍经》的描写完全一致。在这些密宗图像中,出现了两种日月神。一种为画面上放两角相对作大圆轮,画天人乘五马或坐莲花,这是西方的日天、月天(见图 6-20)。另一种为须弥山下的龙王手托小圆轮,轮中画玉兔、金乌,这是我国传统的日月神。这种现象,说明了唐代佛教艺术题材在表现上仍然存在着这种中西合璧的现象。[3]

6.2.3.1.2 经变画

吐蕃占领初期,主要是补画完成图素未就的盛唐洞窟,一般仍按盛唐 1 壁 1 铺经变的格局。吐蕃中期,新的经变题材不断出现,从 1 壁 1

---

〔1〕李其琼:《莫高窟壁画艺术·中唐》,甘肃人民出版社 1986 年版。

〔2〕第 201 窟发愿文。

〔3〕段文杰:《唐代后期的莫高窟艺术》,载《中国石窟·敦煌莫高窟》(四)文物出版社 1987 年版。

铺增加到 1 壁 3—4 铺。中唐经变画的内容比初唐多 1 倍，比盛唐也多 1/3。常见的经变内容有阿弥陀经变、观无量寿经变、弥勒经变、东方药师变、报恩经变、法华经变、华严经变、天请问经变、金刚经变、文殊变、普贤变和以观音、文殊为主的各种密宗图像等。其中最流行的阿弥陀经变、观无量寿经变、弥勒经变是初唐、盛唐、中唐壁画的主要内容，中唐共有 66 幅，比初、盛唐百余年绘成的总数还多 6 幅；东方药师

图 6-20 日天 384 窟（中唐）

变初、盛唐只 4 幅，中唐有 22 幅。各种密宗图像，初、盛唐仅 9 幅，中唐有 33 幅，说明莫高窟中唐时期盛行密宗图像，同中原此时密宗盛行相一致。[1] 中唐时期出现了一些新题材的经变，如天请问经变、金刚经变、报恩经变、华严经变、楞伽经变等。多种多样的经变题材，是天台宗判教后宗派林立的反应，它们适应了善男信女们不同的思想和要求，也丰富了石窟艺术的内容。

新出现的经变中，报恩经变的内容最丰富，除了居中的序品佛说法场面和下部中间婆罗门子母乞食之外，一般都在经变四角布置恶友品、

〔1〕李其琼：《莫高窟壁画艺术·中唐》，甘肃人民出版社 1986 年版。

孝养品、议论品、亲近品的 4 个主要故事。画面上的宫室、衣冠等都是中国的式样。

金光明经变也是吐蕃时期出现的新内容之一,其结构形式与观无量寿经变相同,中为佛国法会,两侧纵列故事画。《金光明经》共有 19品,其主要故事一为舍身品,内容与早期的萨埵太子本生无异;一为长者子流水品,所述流水长者子救鱼故事,在北周末隋初曾以独立的故事画形式出现于窟顶,现在这两品均以竖构图条幅形式分列经变的两侧。

《华严经》是唐代兴起的华严宗所奉持的主要经典。华严经变在吐蕃时期开始出现,经中有 7 处 9 会,计有:寂灭道场会、普光法堂会、忉利天会、夜摩天会、兜率天会、他化天会、普光法堂重会、普光法堂三会、逝多林会。这 9 会在画面上整齐排列成 3 行,都是说法场面。最下面画大海,名香水海,也就是"莲花庄严世界海"。海中一朵大莲花,海的四周云彩围绕,并有各种各样小车轮、房屋、山峦、乐器、工具等形象。总之,华严经变与天请问经变、楞伽经变等一样,多属抽象的哲学和神学概念,缺少具体的故事情节和生动的形象,因而在艺术表现上显得贫乏、形式单调。

维摩诘经变在这个时期也有所发展,除了在屏风画内增加了弟子品、方便品诸内容外,最明显的特点是维摩诘帐下的各国王子群像,画成了吐蕃赞普礼佛图。赞普戴红毡高冠,穿左衽长靿乌靴,束腰带,佩长剑。侍者张曲柄伞盖,前有奴婢燃香,后有武士随从,俨然君主。各族王子则退居次要位置,成为赞普的陪衬。这一组人物与壁画另一侧文殊座下的帝王图,形成了分庭抗礼的形式。这种形式至张议潮收复河西后消失。这种变化,正是当时河西地区的社会政治局面在宗教艺术上的直接反映。

6.2.3.1.3 瑞像图

这是中唐晚期出现的崭新题材。洞窟内正盝顶形顶的四披,原来图绘药师佛像,至开成四年(839)阴嘉政建造第 231 窟及第 237 窟时,代之以瑞像,共计 37 图。瑞像图的排列是有整体设计的,其中大部分来自天竺、泥婆罗、犍陀罗等外国的佛教传说。这些画像也有不少来自于阗、张掖、酒泉等地。外国的,如鹿野苑瑞像,画佛像结跏趺坐,着通肩大衣,座下有轮形莲花,花中有佛足迹,双足均有轮相,墨书榜题"中天竺波罗奈国鹿野苑中瑞像"。天竺瑞像,画一跏坐白象,榜题为"天竺国白银弥勒像"。中天竺瑞像,为重头菩萨坐像,座前现二半身菩萨像,榜题为"中天竺摩伽陀放光瑞像"。弥勒像,画菩萨五臂,上举二臂捧日月,中二手持矩,榜题"弥勒菩萨随释迦来瑶池□"。指日月像,画一正面立佛像,右手上举,手上有日轮,中画三足鸟;左手下垂,手下有月轮,中有桂树玉兔,榜题"指日月像"(见图6-21)[1]。

有关于阗的瑞像有:于阗媲摩城中雕檀瑞像、于阗海眼寺释迦圣容、于阗坎城瑞像、于阗国舍利弗毗沙门天王决海[2],后者画一水面,两岸有舍利弗、毗沙门各以锡杖、长枪刺海。海上莲花盛开,佛像坐莲花上浮游。上部画一城,一侧画小塔,表现佛命二弟子决海变陆于此立国、建城、造塔寺的故事。在庙会上具有连环画的情节性表现特点。有关河西的瑞像有:张掖郡佛影像、酒泉郡释迦牟尼像、番禾县圣容像等,后者即北魏高僧刘萨诃神异事迹。这种佛教瑞像形式,首先是由外国传入,与我国传统的瑞像不免有某种程度上的结

图6-21　指日月像
237窟(中唐)

---

〔1〕图引自《中国石窟·敦煌莫高窟》(四),文物出版社1987年版
〔2〕孙修身:《莫高窟的佛教史迹故事画》,载《中国石窟·敦煌莫高窟》(四),文物出版社1987年版。

157

合,所宣传的佛教感应思想在我国广为流传。与此同时,也创造了不少中国本土的佛教瑞像,这亦是佛教从各个方面不断中国化的表现。

6.2.3.1.4 供养人、飞天

吐蕃占领初期,供养人像极少,中期逐渐增多,出现了巨大的高僧像,如158窟门侧,有高近两米的僧侣像4身,榜题"大蕃管内三学法师持钵僧宜"。僧侣画像的增大,可能与吐蕃僧侣参政、僧侣地位提高有关。晚期供养人超过盛唐,且常将窟主画像置于东壁门上,面向正龛主尊遥相礼敬,并显示窟主的特殊身份。

这一时期的供养人画像,衣冠服饰继承了盛唐风格,但已无盛唐供养人画像动人的风采。例如第159窟中的女供养人,面形椭圆,弯眉细眼,首饰简单,服饰朴素,体态已不像盛唐那样丰肌健美,光彩夺目了。吐蕃统治敦煌时期,供养人画像中出现了大量的吐蕃王公、官吏的画像。如159窟维摩诘经变中的吐蕃赞普听法供养图,吐蕃赞普戴红毡高冠,穿交领内衣,外套翻领长袖大衫,腰系革带,佩挂短刀,一手持香炉供养,形体丰腴健壮。赞普身后一侍从高挑伞盖相随,后面3人似为臣属,各持鲜花缓步而行。这些供养人画像都表现出吐蕃时期壁画的艺术特点(见彩图6-22)。[1]

唐代后期的飞天,在动势和姿态上已没有前期那种奋发进取的精神和自由欢乐的情绪。在艺术造型上,衣饰已由艳丽丰厚转为淡雅轻薄,人体已由丰满娇媚变为清瘦朴实,神态已由激愤欢乐变为平静忧思。[2] 其中,最具有代表性的是画在158窟西壁大型涅槃经变图上方的几身飞天。这几身飞天围绕涅槃经变图上层的菩提树宝盖飞翔,有的捧着花盘,有的捧着璎珞,有的手擎香炉,有的吹奏羌笛,有的扬手散花,向佛陀作供养。但神情平静,并无欢乐之感,在庄严静穆的表情中透露出忧伤悲哀的神情,体现出一种天人共悲的宗教境界;同时,也反映出唐代后期国力衰败、国人忧思和当时吐蕃统治敦煌时官民向神佛

---

〔1〕谢生保:《敦煌供养人》,甘肃人民出版社1995年版。

〔2〕谢生保:《敦煌飞天》,甘肃人民出版社1995年版。

祈愿回归大唐的情绪。

6.2.3.1.5 装饰图案

吐蕃时期,是继盛唐图案之后向前发展的又一高峰。在经变画大量增加的情况下,洞窟内部的整体布局愈显重要,逐步形成了以边饰组成窟内的框架结构,并镶饰各铺经变,使其排列有序的做法,其整体效果具有均衡齐整、统一和谐的美。洞窟内装饰的中心仍是藻井,其次是背光和龛顶平棋等。在龛内出现屏风画以后,塑像的背光、头光便逐渐消失。

装饰纹样与前期略有不同,主要有:莲荷纹、回纹、菱纹、方胜纹、云头纹、垂角纹、圆环连珠纹等等。特别是衣饰上的各种丝织纹和缬染纹,丰富多彩,绘染精湛,为唐代后期的装饰图案增添了新的光彩。唐代后期藻井结构严谨,各种边饰多达10余层。方井中多置有如旋转着的卷瓣莲花,画中出蹲狮,大约为"优昙现狮"之意。四角有鹦鹉、孔雀和鸽子飞翔歌舞,边饰中有富于立体感的绿色回纹,打破了华盖的平面感。边饰纹样中以石榴卷草纹最为突出,其自然延展,有时长达数丈,甚至绕窟一周。它以不甚规则的单位,反复变化,组成波状起伏的运动。石榴树变形成卷草,以象征手法将石榴籽显露在皮外,叶片的舒卷像激流中的旋涡,也像天空中变幻莫测的云彩。色调清淡、淳厚、温馨,给人以抒情诗一般的美感。[1]

6.2.3.2 细密精致而秀丽的壁画艺术

吐蕃时期的敦煌艺术在造型、线描、赋色、构图、传神等方面有所继承又有所发展,留下了一批技艺精湛的作品。总的看来,这一时期的艺术具有鲜明的时代特色。

6.2.3.2.1 人物刻画深刻细腻

在人物刻画方面已充分掌握了骨法用笔的奥秘,注意了骨与肉的有机结合。人物面相多为统一的条丰型,菩萨已屏除了扭捏的体态,出

---

〔1〕段文杰:《唐代后期的莫高窟艺术》,载《中国石窟·敦煌莫高窟》(四),文物出版社1987年版。

现了双腿直立,腰部微扭,自然和谐的姿态,创造了丰润而娟秀的形象。人物造型之最精美者,可以说是"穷情写物"[1]、"动必依真"[2]。如158窟的涅槃变,笔力雄健、神采飞扬,突破了前期的规范,取得了新的成就。所以人物形象的风采颇有"襟怀旷达"、"神思飞扬"之感。[3]

在人物精神面貌的刻画上,某些方面也有新的发展。如第159窟西壁文殊变中的伎乐天,1组3人,拍板、弹琵琶、吹笙,各具情态。特别是吹笙的伎乐,双手捧笙,聚精会神地吹奏着,两颊鼓气的力感,刻画入微。最妙的是在长裙下翘起的脚趾头,似乎在暗中为自己的演奏踏节拍,全身都沉浸在音乐的节奏中。第159窟中维摩诘经变中弟子品"阿难乞乳",也极传神。庄门外,一位少女正在挤奶,驯良的乳牛伫立不动,翘着鼻子呼唤它的犊儿。急躁的犊儿挣扎着要去吃奶,墙根下一位少年用力制止小牛不让前去。这一场面,在矛盾冲突中深刻地揭示了乳牛和犊儿之间的亲子之情。

6.2.3.2.2　线描精细柔丽

前期气势磅礴的兰叶描,逐渐转向精细柔丽。一般先用淡墨线起稿,再赋彩,最后以浓墨线或土红线定形。运笔婉转自如,潇洒流畅。无论面庞的莹润、肌肤的细腻还是飘带的柔软,都凭借描绘物体质感的纯熟技艺而得到了充分的表现。线描造型的表现力大大提高。兰叶描勾勒的形态,粗壮者挺拔有力,精细者委婉柔丽,各极其妙。土红线作为人物的定型线已经成为吐蕃时期线描的特点。线描造型的优秀传统也得到了进一步发展,不仅保持了豪迈潇洒的兰叶描,塑造了大型的人和神的形象,而且给这类线描赋予了劲秀圆润的形态,把线描技巧推进到炉火纯青的境地。在159窟的文殊变中,在维摩诘变中的吐蕃赞普礼佛图上,都充分发挥了线描造型的功能。

6.2.3.2.3　色彩明快清雅

吐蕃统治敦煌时期,壁画在色彩上也有变化,改变了盛唐浓艳厚

---

〔1〕〔梁〕钟嵘:《诗品》。

〔2〕〔南朝〕姚最:《续间品并序》。

〔3〕张敏:《唐代佛教人物画创作研究》,淮北师范大学硕士学位论文,2010年。

重、富丽堂皇的色调,逐渐形成明快清雅的风格。色彩不如前期丰富,但有两种不同情趣的色调:一种以白壁为底,青、绿为主,色调清新淡雅;另一种以土色为底,朱稍重,色调浑厚温润。天宝年间一批未完成的洞窟,都是中唐之初完成的,大面积使用土红,或土红加黄加黑而配成不同的红色,色彩单调贫乏。后来色彩才逐渐丰富起来。在第112、159、158、154等窟,色调已是鲜丽、明快、清雅(如彩图6-23)。

6.2.3.2.4 构图严密紧凑

吐蕃占领时期,莫高窟开凿的洞窟要容纳数量猛增的经变画,必须要有一番新的安排。因此,产生了一壁分成上下两部分,上部绘经变画2—3幅,下部再分割成若干小块并列屏风画。这种布局大大容纳了经变画的内容,失去了初、盛唐时期经变画的雄浑气势,而转向工整细致,形成了结构严谨、删削繁缛晕饰的中唐艺术风格。这时无论是大至等身的巨像还是小至寸马豆人,均先在白底上用赭黑二色描绘成眉目清晰的白描画,再在线内填青、绿、黄、赭各色。有时仅填青绿,或青、绿、黄三色;有时在青绿色中加强赭色,间杂棕黑,使色调柔和。又淡染肌肤,或不加渲染,以底色代肉色在中唐壁画中日趋普遍,形成中唐壁画严谨、填色简淡的俊爽雅逸的格调。

总的说来,中唐艺术总的趋势是江河日下,已失去初、盛唐时期金碧呈辉的锐气,但在沿用日趋定形的经变布局的基础上,创新填色法,删削盛唐赋彩的繁缛作法。中唐壁画呈现出简洁、淡雅、柔和的时代风格,发扬了屏风画装饰性、灵活性的长处,增强了石窟内部的装饰效果,使敦煌艺术向世俗化、乡土化方向更迈进了一步。这些方面表明,中唐时期的莫高窟壁画在艺术成就上较之初、盛唐时期又有新的进展。从政治上讲,吐蕃占领敦煌,给敦煌社会带来了新的刺激。它一方面扰乱了敦煌地区因循旧路的步伐,另一方面在唐蕃不同的艺术规范对比中,对敦煌地方特色和乡土传统有了新的理解、新的发现、新的创造和新的成就。应该说,这是汉蕃两个兄弟民族在政治文化交流过程中共同培

·欧·亚·历·史·文·化·文库·

育出来的艺术鲜花。[1]

6.2.4　纤细秀丽的晚唐壁画艺术

自张议潮起义到李唐最后一年60几年间(大中二年至天祐四年,即848—906)就是我们所说的晚唐时期。吐蕃统治敦煌时期,由于吐蕃奴隶主的残暴统治,给各族人民带来了深重的灾难。沙洲的百姓曾多次举行过反抗斗争。大中二年(848),张议潮趁吐蕃政治集团内讧,带领沙洲人民起义,赶走了吐蕃统治者。随后,相继收复了河西及伊西等地区,沦于吐蕃的河西大片土地和居民重归唐朝,多年受阻的丝路再度畅通。张议潮统治河西,维护国家统一,沟通中西交谈,发展农业生产。咸通七年(866)张议潮赴长安入朝,其侄张淮深继守河西,政绩也很突出。前后40年间,已接近恢复了唐代前期的繁荣局面。然而好景不长,不久即出现了这一家族内部的权力争夺。大顺元年(890),张议潮女婿索勋杀张淮深一家;乾宁元年(894),张议潮之十四女引军灭了索勋,立张议潮孙子张承奉为节度使。张承奉之时,甘州回鹘强盛,东路受阻,唐朝逐渐衰微,难于四顾。张承奉遂拥兵自重敕立金山国,号称白衣天子。张承奉为恢复昔日权势,曾屡向甘州回鹘用兵,但由于政治失策,军事失措,终败于回鹘,被迫与甘州回鹘屈结父子之国。不久,贞明五六年(919—920),张承奉卒,政权乃转向曹氏家族手中。敦煌地区的佛教,自十六国以来的数百年间,深得达官显贵的支持和各阶层的信仰。张议潮时期,张氏家族笃信佛教,尊礼名僧。汉僧慧菀、吐蕃僧法成等,都受到了优待。这一家族不仅控制了政权,同时也控制了神权。因此,晚唐短短数十年间,莫高窟建窟也多达60余窟。[2]

6.2.4.1　富于生活气息的壁画内容

张议潮时期的壁画主要有以下几类:经变画、密宗图像、瑞像图、装饰图案、供养人画像和故事画,仍以经变画为主。

---

〔1〕李其琼:《莫高窟壁画艺术·中唐》,甘肃人民出版社1986年版。
〔2〕李永宁:《莫高窟壁画艺术·晚唐》,甘肃人民出版社1986年版。

6.2.4.1.1 经变画

除继承吐蕃时期的经变外,晚唐又出现了一些新的内容,像报父母恩重经变、劳度叉斗圣变、降魔变、楞严经变、密严经变等。经变画题材日益丰富,一窟之内竟有十六七种之多。[1] 例如咸通六年(865)完成的第156窟,是张淮深为其叔父歌颂功德而建造的,在晚唐窟中具有代表性。此窟前室顶部已残,现存降魔变和报父母恩重经变,主室覆斗顶四披分别为楞伽经变、法华经变、弥勒经变、华严经变,西披帐门两侧为文殊变、普贤变,南壁为金刚经变、阿弥陀经变、思益梵天问经变,北壁为天请问经变、东方药师经变、报恩经变;东壁为金光明经变、维摩诘经变。

晚唐出现的新经变中,以劳度叉斗圣变最富有时代特点。[2] 劳度叉斗圣变经变画是始于初唐、盛行于晚唐及其以后的重要经变画之一(见图6-24)。这一经变是以《贤愚经》卷10《须达起精舍品》为依据的,以第196窟和第9窟的两幅最为完整。它是表现外道劳度叉与佛弟子舍利弗斗法的一幅故事画。画面均是同壁横幅,劳度叉与舍利弗两相对峙,分别坐在高台上,各显神通,展开斗法。劳度叉先化成一花树,舍利弗以神力作旋风,吹拔树根,倒弃于地;劳度叉又化作一巨龙,被金翅鸟啄败;再化一壮牛奔突来斗,又被一狮子王分裂食……最后劳度叉失败,五体投地,率众徒皈依佛法。这种以正(佛)压邪(外道)为内容的经变画流行于这一时期,应该说是和张议潮驱蕃归唐所引起的弃蕃拥唐社会思想相关的。

楞伽经变是以《大乘入楞伽经》为依据的,虽然经变主要讲的是哲学、神学,但在譬喻中却也有一些生动的画面。在壁画上,中心为楞伽佛会,四周围绕60多个场面。如画一屠夫,掌案卖肉,案下有狗啮骨头,以说明《断肉食品》中"将犬马人牛等肉,为求利故而鬻之,如是杂秽,云何食之"。又如画一人戴幞头着赭袍于镜前照视,以说明《集一

〔1〕段文杰:《唐代后期的莫高窟艺术》,载《中国石窟·敦煌莫高窟》(四),文物出版社1987年版。

〔2〕阎文儒:《中晚唐的石窟艺术》,载《敦煌研究》1983年第3期。

切法品二之二》中"譬如明镜，无有分别，随顺众缘，现诸色相"。哲理和神学的抽象内容因使用比喻形式而具体化，又通过绘画加以图解，就容易被信徒所接受。

唐代少见的经变——降魔变，在咸通六年（865）的第156窟前室顶部出现了。构图虽与早期相似，但人物的容貌衣冠都已变化。魔王成为中原冠服的老将

图6-24　劳度叉斗圣变　196窟（晚唐）

军，魔女都似汉族嫔妃。3魔女歌舞齐施，企图动摇释迦的情志。释迦施展神通，美女顷刻成为3个枯瘦老丑的妇人。魔王震怒，指挥部下向释迦进攻，但释迦周围有莲花护卫，兵刃不入。最后，魔王冠坠靴脱，狼狈不堪。壁画形象与《破魔变文》的描写完全吻合。[1]

晚唐经变画，内容增多了，如法华经变榜题增加到94方，维摩诘经

---

〔1〕敦煌石窟遗书 P.2187，见王重民、王庆菽、向达、周一良、启功、曾毅功等编：《敦煌变文集》卷4，人民文学出版社1957年版。

变榜题增加到50余方;既增加了大量反映现实生活的场面,也增加了许多含义抽象的说法相。同时,描绘社会生活小景,是晚唐经变画一个显著的特点。如维摩诘变中有酒店、学校、农妇挤牛奶,楞伽变中有猎夫、屠户,弥勒变中有嫁娶、农耕,以及报父母恩重经变中的养儿育女之事等等,形象地记录了晚唐社会许多生活画面。

6.2.4.1.2　故事画

独立的故事画在唐代前期大乘佛教净土思想流行的百余年间一度中断,吐蕃占领之后,又以屏风画的形式再度出现,内容仅有善事太子入海、萨埵太子饲虎等两三种,且画在龛内塑像身后的龛壁上,仅仅起到补壁的作用。张议潮时期,在个别洞窟(第85窟)里出现了以《贤愚经》为依据的屏风故事画。[1]

6.2.4.1.3　密宗图像

唐朝后期,密宗图像大量出现。初唐曾出现数幅十一面观音像,后又曾以绘塑结合的方式出现于盛唐末大历十一年(776)前后的第148窟,吐蕃时期逐渐增多,张议潮统一河西之后蔚为大观。第161、54、14等窟绘满了唐密图像。这些洞窟里的千手千眼观音、千手千钵文殊、金刚杵观音、十一面观音等等形象,姿态妩媚、风格别致、内容神奇,颇具神秘感。

唐代后期的唐密尊像,造型富于舞蹈性,特别是菩萨,宝冠巍峨,璎珞严身,舞姿优美,手势灵巧,罗裙透体,天衣飘扬,体态略带妖冶。这种新的造型特点,显然包含了来自印度的影响,这与开元三大士[2]来长安传播密教,特别是与不空三藏游化河西是分不开的。

6.2.4.1.4　瑞像图

张议潮时期瑞像图继续有所发展。以前曾经出现过的佛教史迹画与瑞像结合在一起,形成了复杂的构图。这些画像大半画于甬道顶部。甬道中间的平顶画佛教史迹故事,如泥婆罗水火池、一手遮天、昆沙门

---

〔1〕段文杰:《唐代后期的莫高窟艺术》,载《中国石窟·敦煌莫高窟》(四),文物出版社1987年版。

〔2〕唐开元年间,印度僧人善无畏、金刚智、不空先后来到长安传播密教,人称开元三大士。

·欧·亚·历·史·文·化·文·库·

天王决海,以及西晋石佛浮江、东晋高悝得金像和晚唐新出现的牛头山等,合成一铺。两侧的斜披画单身瑞像,为数众多,排列整齐。

6.2.4.1.5　供养人画像

这一时期的供养人画像有很大的发展,这与当时豪门世族的统治是密切相关的。敦煌的张、曹、索、李等豪门贵族,互为姻亲,盘根错节,形成了一个世袭的统治集团。他们利用佛教巩固政权,同时为了宣扬祖先家族的威望,在莫高窟竞相建窟造像,实际上已经把佛窟变成了家庙。这一时期,可以说是敦煌供养人画像的高峰时期。

供养人像,往往一窟内不止一人一家,有的甚至祖宗三代、姻亲眷属都依次排列在一起,并呈现出以下特点:第一,画像高大,像列壮观。这一时期所建的洞窟,上自先祖阖家大小,下至亲戚属僚、部下女婢,按地位尊卑,全部画入供养人行列。如138窟甬道张承奉等画像,将张承奉夫人阴氏、媳妇、侄女、孙子,以及出家为尼的姊妹,同列一窟。随从的奴婢则形象卑小、衣饰简朴,与功德主对照之下显示尊卑贵贱之别。第二,服饰艳丽,雍容富贵。张氏归义军时期的供养人画像虽无初、盛唐时期的生动传神,缺乏性格、模式呆板,但衣冠服饰的华丽、人物姿态的娇艳,超过了盛唐和中唐。如晚唐第9窟张承奉功德窟中的女供养人,头饰凤冠、梳高髻,项饰宝珠,胸饰璎珞,身穿短衫落地长裙,肩披锦绣披巾,身姿娇丽,或持香炉、或捧鲜花、或双手合十做供养状,有如唐诗所咏"云鬓花颜金步摇,头上鸳鸯双翠翘"(见彩图6-25)。第三,光宗耀祖,以画立传。张议潮时期,敦煌的豪门贵族不仅用供养人画像宣扬自己家族的威望名声,还以绘画的形式宣扬祖先的丰功伟绩,树碑立传,出现了许多出行图,如晚唐156窟的张议潮夫妇出行图,94窟张淮深夫妇出行图等。这些出行图实际上也是供养人画像的形式,具有双重意义。其一,出行图中的人物向佛座做供养,因为他们的丰功伟绩和雍容富贵的生活来自于佛恩;其二,活着的后来人,向出行图中的人物做供养,因为他敬仰祖先,时时不忘祖先的功德。其中规模最大、艺术水平最高、最具有历史意义的是156窟南壁的张议潮统军出行图。图高1.08米,长8.88米,面积约9.6平方米,以横卷连环画的形式,描绘了张议潮率领敦煌军民抗击吐蕃统治者、收复河西失地的雄壮气势和丰功伟业(见彩图 16－6)。[1]

6.2.4.1.6 装饰图案

晚唐诸窟图案,基本上是中唐图案的延续。藻井图案程式化了,井心纹样仍以祥禽瑞兽莲花纹为主。外边边饰有卷草、团花、回纹,但较前简单化了。图案纹样中,卷草纹由于装饰的部位不同,也各有变化。各大型窟背屏上的凤鸟卷草纹,颇有盛、中唐之际的气势。藻井中卷草多与石榴、茶花纹相结合;经变画之间狭小的卷草纹,多无茎无花,只是叶纹自身反转卷曲连续。繁简各异,是其特征。[2]

6.2.4.2 具有鲜明世俗性的壁画艺术

由于各种原因,晚唐的艺术出现了不少与前期不同的特点。若论雄浑气魄、生气蓬勃,这一时期显然不如前期,但是后期艺术是在前期艺术的基础上发展起来的,在某些方面仍有超越前期的成就。

6.2.4.2.1 人物造型准确独到

人物造型承袭吐蕃时期余波,唯有面相丰圆而略扁。一般人物形体描绘比较准确,但缺乏生气。但是在情节安排、人物神情的描写方面,晚唐壁画更有独到之处,最具代表性的是劳度叉斗圣变。这个经变讲述了须达长者起精舍请佛讲经,引起六师外道同佛弟子舍利弗斗法的故事。在人物刻画方面,画家创造了一些生动的"人"的形象。如在大风劲吹之下,劳度叉神情紧张、悚惧惶恐、不知所措,与斗法前骄矜自负、目空一切相比,判若两人。画家还以"人"的性格塑造了劳度叉无知可笑、低能自负、蛮横粗鲁的喜剧形象。与此同时,画家以颇为诙谐的笔调,勾勒出归降后的外道:不知礼法、胡乱礼拜和剃度落发躲闪要赖的样子。他们初次落发,手摸光头、尴尬沮丧,互指秃顶、哭笑不得的神情以及外道洗头、叉腿撅臀、粗鄙可笑的丑态等等。在紧张激烈的斗法之后,画家以如此愉快而又幽默的笔调,用喜剧性的要赖、嘲弄,对外

〔1〕谢生保:《敦煌供养人》,甘肃人民出版社 1995 年版。

〔2〕关友惠:《敦煌图案》,甘肃人民美术出版社 1996 年版。

道进行并无恶意的揶揄,更是谐趣横生、余味无穷。

另外,第85窟的楞伽经变中的屠户画面(见图6－26),其中屠夫粗眉大眼,硬鬃连腮,依案割肉,状颇凶狠。肉案下活羊被缚待屠,远处一狗遥望案头,张口拖舌,垂涎三尺。其他如17窟中面丰颊润、眼灵质秀、恭顺虔诚的近侍女(见彩图10－11);107窟蹙眉抑郁、哀愁忧伤、"愿舍贱从良"的母女画像等等,都是晚唐壁画中形神兼备的优秀之作。

6.2.4.2.2 线描工整细致

在线描方面,由于神灵形象多用土红色勾线,俗人形象常以淡墨轻描,故而前者给人以红润光彩的感觉,后者产生素面如玉的效果。在敷色涂彩上,则多以泥壁为底,色调温和、淳厚、典雅,别有风采。线描工整有余而韵致不足,但在供养人画像上,在经变中穿插的生活小景里,却出现了许多"绮罗人物",即张萱、周昉一派的仕女,代表着晚唐壁画的时代风格。

图6－26　屠户　85窟(晚唐)

6.2.4.2.3 色彩柔和温馨

晚唐时期数量众多的大型经变画的蓬勃诞生,必然造成壁画在形式、内容上的程式化、规范化和难以避免的千篇一律的模式化。尽管这些壁画在风格、趣味和绘画技术上有各自不同的特长,然而在绘画的表现语言形、色、线的运用上,也存在着良莠不齐的差别,但是像张议潮出行图这样的作品,也还是前所未有的杰作。它无论从内容上还是从构图形式、人物造型、色调结构上,都继承了初唐时期的画风而突破了程式化的规范,创造了表现现实生活题材的长卷式历史画之经典。[1]

这幅张议潮出行图的底色是以暖黄色的基调所展开的深浅层次系列,粉绿色的渲染表现出西北大地的地面特征,珍贵的冷绿色与人物车马的暖红色形成补色对比。由于采用土黄色或白土色作底色,壁画的色调又趋于柔和温馨。构成色调的基本颜色除了暖底色外,主要有表现人物车马的朱红、橘红、土红、赭石、深褐、土黄、暖粉色等组成的暖色系列,并配以少量的深蓝色与淡蓝及灰色、粉白色作点缀。在主要人物出场的地面上留出了较为醒目的暖粉色路面,以突出画面色彩的趣味中心。为突出色彩的表现作用,人物及车马仪仗等均以色块的平涂来表现。又如水彩画,其色块边沿一般不再勾线,在表现主要人物时才勾以较明显的线描。线描也并不全然用墨线,有空白线和色线。其用色、用线和人物造型风格都与初唐时 323 窟、220 窟相似,显示出文人画风的赋色素养。如此大型的历史长卷画,在构图与色彩结构的安排上又如此周密和谐,其色彩关系井然有序、华丽丰富,显示出画师高超的色彩素养。

6.2.4.2.4 构图形象呈现程式化倾向

唐代后期,中原宗派林立的局面对敦煌石窟产生了很大的影响,表现在艺术上就是经变画的增多。在唐代后期,洞窟无论大小,都画上了各种经变,甚至难以容身的小窟也常有三四种经变。诚如《张淮深碑》中所说"参罗万象,表化迹之多门","一窟之内,宛然三界"。经变的增

---

〔1〕周大正:《敦煌壁画与中国画色彩》,人民美术出版社 2000 年版。

多、内容的丰富,一方面反映出更为广泛的社会生活图景,出现了许多富有生活气息的画面;另一方面,经变画的增多,往往造成画面拥塞、庞杂、零乱,并且意境表现很不丰富。经变结构的程式化也日益明显,反而不如唐代前期经变主题鲜明、结构精练、气魄雄伟。

总的看来,晚唐壁画已失去初、盛唐时期清新明朗、金碧辉煌的格调。经变画故事情节增多,画面显得琐碎、繁冗。中唐时出现的构图形象程式化、概念化的倾向继续发展。但是由于开凿了高大洞窟,出现了一些幅面开阔、气势磅礴的壁画,佛经故事画也为取悦于世俗民众,更加强了故事性、戏剧性、趣味性和娱乐性,从而创造了一些艺术性较强的壁画。晚唐画风细腻,手法写实,具有浓厚的生活气息。一些生活场景,如婚礼、战争、耕作、舞乐、杂技等十分生动,使吐蕃时期在莫高窟奠定的基本形式进一步固定下来,形成了延续200年的敦煌壁画的地方风格。纵观莫高窟晚唐艺术,虽无辉煌耀眼之壁,却不乏宏伟创新之作,神佛庄严固然不及前代,但人情物性却更胜一筹,而这也恰是晚唐壁画的精粹所在。总之,晚唐艺术规模宏伟、内容繁多,注重人物服饰、陈设器物、花花草草的描绘,生活气息比较浓厚,色调淡雅,线条纤细柔和,人物"神"的气味少了,现实感强了,给观者以可近的真实感。[1]

---

〔1〕李永宁:《莫高窟壁画艺术·晚唐》,甘肃人民出版社1986年版。

7 落霞缤纷的晚期壁画艺术

艺术作为艺术,它的价值就在于它的丰富性和多样性。

——高尔泰

敦煌莫高窟艺术的晚期,包括五代、宋、西夏、元4个时代,共约400余年,其间经历了3个不同民族的政权,社会思想及宗教信仰都发生了很大的变化,各时代的石窟艺术在内容和形式上自有不同的特点。

7.1 富于装饰性的五代壁画艺术

天祐四年(907)李唐王朝瓦解之后,中原历史进入五代时期。河西归义军节度使张承奉建立的西汉金山国不久也随之覆灭。这一时期,中原丧乱。5个王朝8家姓,14个皇帝像走马灯似的"你方唱罢我登场"。5个朝代首尾才54年,是中国历史上罕见的短命王朝。这时候的中原,战争频纷,政治黑暗,经济凋敝,民不聊生。但是,中原又是中华民族的心脏,所以当时的一些地方政权都奉中原的"五代"为正朔,人心向往着中原。然而地处河西走廊西端的瓜、沙二州,东有回鹘称雄,西有于阗强盛。沙洲长史权知归义军留后曹议金接替了张氏政权,后唐同光二年(923)曹议金正式作了归义军节度使。此后,曹氏一族世守敦煌将近140年。曹议金身经战火,目睹"金山国"的失败,乃去帝号,恢复归义军建制,改奉中原王朝正朔。曹氏政权一直与中原保持密切的联系,始终使用中原年号,保持着中原的制度和文化。同时,曹氏政权东与甘州回鹘结盟,从父子之国发展为兄弟之邦,西与于阗使者相继。曹议金娶甘州回鹘公主为妻,并将长女嫁与于阗国王李圣天为后。这种政治性的联姻,有助于和平与安定。此外,曹氏政权与北方的辽、金,与西州回鹘亦都交往频繁,和睦相处。在曹府以及管酒户的酒账单上,均可看到于阗使、甘州使、回鹘使等等各路使者往来不绝的情况,反映了丝路畅通的局面。

曹议金掌权后,用佛教思想来麻醉群众,以利维护其统治。他把佛教视为"圣力",认为要安定社会,必须虔诚佛理、仰仗慈门。在他的倡导下,佛教愈益兴盛,在莫高窟、榆林窟开窟造像,大事修缮。[1] 曹议金执政时,重修过 401、84、387、36、166、329、220 等窟,新建的第 98 窟是莫高窟数一数二的大窟。清泰二年(935)曹议金卒,长子元德继任,在位仅 5 年,新建 100、108 两大洞窟,重修 244、412 等窟。天福五年(940),曹元德东征回鹘,战场阵亡。弟元深继位,也在短暂的任期内新建 256、22 两窟,在 98 窟东壁涂盖新绘于阗国王李圣天及王后曹氏供养群像,并重修过 205 窟。后晋开运二年(945)三月,曹元深卒,弟元忠继位,终五代跨入北宋,统治瓜沙凉州长达 30 余年,是曹氏政权的鼎盛时期。曹元忠也像他父兄一样笃信佛教,新建第 61、第 5 两窟,扩建第 53 窟,并大肆改缩前代甬道,重修窟寺。总之,五代时期是瓜沙曹氏的兴旺时期,人力物力财力都比较雄厚,特别是在役使人力上有着不可抗拒的权利,所以莫高窟的大型洞窟有一半以上是这一时期开凿的。此外,曹氏还全面修整了窟前栈道,兴建了 11 座大型木构殿堂,就外貌来说,五代是莫高窟空前壮观的时期。

7.1.1　具有浓厚乡土情调的壁画内容

五代以后由于社会生活思想的变迁,人物佛画已不如古。山水花鸟大盛,士大夫画家逃避现实生活的思想日渐浓厚。壁画虽仍有一些新的题材,保存了一些写实手法和写实主义因素,但保守、定型、单调之趣日渐加深,真正现实主义的创新精神已很少。从其本质上说,形式主义日渐抬头,现实主义精神实质日渐衰弱。五代时期的莫高窟壁画,基本上承袭了晚唐的规范,但在内容上大大丰富了,主要有经变画、故事

---

〔1〕霍熙亮:《莫高窟壁画艺术·五代》,甘肃人民出版社 1986 年版。

画、供养人画像、佛教史迹故事画、佛像画及装饰图案等六大内容。除唐代的经变大部分保存外，又出现了一些很有特色的新题材，如刘萨诃和尚事迹、大型五台山图、新样文殊、八大龙王礼佛图、曹议金出行图、回鹘夫人出行图等，内容丰富，布局严谨，线描的造型颇有魄力，虽然往往失之粗糙，但仍然保持着兰叶描豪放丰润、富于变化的特点。这些壁画一般都绘制在各窟主室内的显著壁面上，以边饰为界，四壁下部，用屏风格式画本生故事、佛经故事、供养菩萨或供养人行列。

7.1.1.1　经变画

这一时期的经变画，基本上完全承袭了晚唐时期的经变画内容，但是这些经变中所描绘的各品内容及具体情节都有所增加。画院绘壁，在知画手完成壁画之后，即由知书手书写题榜。第 61 窟的法华经变，居中的序品，为释迦及圣众 80 余人的壮观说法场面，周围穿插各品情节，共约 70 个场面，计有榜书 68 条，几乎包括了《妙法莲华经》28 品中的各种内容。此外，维摩诘经变有榜书 59 条。报恩经变和华严经变，榜书也都超过了 40 条。内容增多是这一时期经变画的特点之一，另一特点是描绘的具体内容多以变文为依据。

劳度叉斗圣变是这一时期经变规模最大的一种，情节丰富，结构严密。如第 146 窟西壁的一铺，榜书多达 76 条，所表现的丰富情节，已超过了《贤愚经·须达起精舍品》的内容（见彩图 7-1）。

经变画有时画面上径直用变文作榜题，丰富多彩的佛经变相，似乎只有经过演绎和润色的变文，才能与它情致相当。但是，由于种种原因，特别是囿于画院画师们的艺术修养和创造才能，晚期经变画日益流于公式化。[1]

7.1.1.2　故事画

早期流行的故事画，敛迹 200 多年之后，在吐蕃占领时期以屏风画的形式重新在佛龛内出现，内容则仅有 3 数种。张议潮时期进一步出现了连屏式《贤愚经》故事画。曹氏画院继承这一题材，形成了空前的

---

〔1〕段文杰：《莫高窟晚期的艺术》，载《中国石窟·莫高窟》(五)，文物出版社 1987 年版。

鸿篇巨制:一窟之内,独立的故事画多达 30 余种。这些故事画形式上与早期故事画不同,并出现了许多新的内容。例如,第 98 窟南壁的恒伽达出家故事,是以《贤愚经·恒伽达品》为依据的。98 窟的屏风画里共画了辅相诣天祠求子;辅相子渐渐长大;恒伽达投崖,跳水;夫人沐浴,恒伽达偷衣;国王愤怒,取弓射之;国王领恒伽达至佛所出家等场面。这一题材虽见于晚唐第 85 窟,但此图表现更为丰富生动。

晚期的佛教故事画,除了新形式的本生、因缘故事外,值得特别提出的还有 61 窟的佛传故事画,在南、西、北 3 壁的下部,连屏 33 扇,共 131 个画面。主要有:云童子观花,燃灯佛授记,猎师误射王仙,护明菩萨降胎,摩耶夫人出游,波罗叉树下诞生,击鼓报喜诸王来贺,太子出生步步生莲,龙王喷水为太子沐浴,诸天护卫太子还宫,太子出生七日丧母,姨母养育渐渐长大,太子从师就学,太子马上练武,太子游观农务,太子树下思维,国王为太子起三时殿,宫廷歌舞娱乐太子,诸王子竞技比武,太子射穿七鼓,贯穿七猪箭入黄泉,太子掷象过城,太子宫门选妃,太子与大臣女成婚,宫女侍卫五欲娱乐,太子出四门观老病死诸苦,太子夜半逾城,车匿持宝冠还宫,太子落发入山,太子与猎师换衣,太子山中 6 年苦行,村女向太子献乳,金翅鸟王夺钵上天,菩萨横渡尼连禅河,降服魔王波旬,五百众鸟四方飞来,二商主献乳酪蜜面,释迦为五仙人说法,释迦灵鹫山说法,须达祇陀黄金布地为佛立伽蓝,释迦为龙王说法,释迦双树木入灭,须跋陀罗纵火焚身,徒众举哀百兽悲鸣,优波离报信佛母下天,金棺自启现身说法,金棺绕城香木荼毗,均分舍利起塔供养……这算是晚期故事画中的鸿篇巨制,不但其中有许多过去佛传故事中所不见的新内容,每一内容均有墨书榜题,而且进一步显示了中原画风的影响以及中国民族文化的深厚传统。

7.1.1.3 佛教史迹故事画

曹氏画院将唐代前期的佛教感应故事画和唐后期的瑞像画等糅合在一起进行构图。还有些瑞像、神僧像也逐步发展成为经变形式,如神僧刘萨诃,有单身像,有单幅故事画,亦有巨型变相。第 98 窟背屏后,在巨型立佛像下,画一骑士红巾抹额,在山中张弓逐猎一鹿;又画一武士骑马,面前一鹿,旁立一僧。此图与刘萨诃起初不敬佛道为人凶顽,曾因猎鹿而被鬼神擒捉的故事应有密切的联系。

第72窟的刘萨诃变相,是以唐朝道宣《续高僧传》为依据绘制的,现存榜题约30余方,内容有:七里涧圣容像现,圣容像初下无头,天女持花迎本头,架梯安头头还落,刘萨诃发愿修像,圣容像乘云飞来,罗汉礼拜圣容碑,蕃人偷盗佛宝珠,火烧寺天降雷鸣,十方诸佛赴会等生动情节。整个画面虽然内容丰富,个个情节表现也都生动,但在构图上没有主体,只是许多单个场面的聚集,整体看去缺乏统一和谐之美(见图7-2)。五代时期,在莫高窟,佛教史迹画特别受到重视,如第61窟西壁的五台山图就是一例。五台山传说为文殊菩萨居处,自北魏起已深受佛徒敬仰,不断前往巡礼供养,留下无数胜迹。五台山图也应属于佛

图7-2 刘萨诃因缘变 72窟(五代)

·欧·亚·历·史·文·化·文·库·

教史迹画范畴。敦煌壁画中出现五台山图始于吐蕃占领时期。在第159、361窟的西壁文殊变下方都有屏风画五台山图,时间是在开成年间(836—840),它与长庆四年(824)吐蕃遣使求五台山图不无关系。五代时期第61窟西壁五台山图规模空前,共计45平方米。图上部自北而南,并列着东、北、中、西、南五台,各有一山环抱。空中神迹化现,峰前山间遍布塔寺庐庵,道俗巡礼络绎不绝。下部北起镇州、南自太原、中经五台县,两路朝拜中台文殊殿的朝山香客和供送使往返途中。全图塔寺屋宇建筑物179处,桥梁13座,榜题清晰可辨的112方,佛与菩萨20身,僧俗人物428人,乘骑驮马48匹,运驼13峰。这些人马三五成群,结队而行;经山城、穿岗峦,拜寺塔,迂回攀登。此幅五台山图虽然也画了神异感应之类,但与宗教神秘气氛浓郁的经变画不同,它既是一幅历史地图,又是山水人物名胜的艺术佳构。图中山高水远、林木扶疏、道路纵横、殿宇耸峙、云霭飘荡、瑞鸟飞鸣,风景优美的佛教圣地,吸引了远近无数巡礼朝圣的行脚僧(见图7-3)。

图7-3　五台山图(部分)　61窟(五代)

7.1.1.4　佛像画

在曹氏时期有显著特点的佛像画,诸如四大天王绘于窟室顶部的四隅,用于镇窟;天龙八部整齐地分布在龛内两侧,以示侍卫;巨型的经行佛、接引佛和说法像多在背屏后面;还有新题材八大龙王和毗沙门神赴哪吒会。后者在36窟保存完好,甬道门两侧分列八大龙王,榜题有"大力龙王"、"大吼龙王"、"持花龙女"、"持香龙女"等。龙王作武士形象,龙女作宫女装束,皆人身龙尾,漫游海中。岸上有高山林莽,飞瀑流泉。这是一种富有神奇意味的作品。此外,这个洞窟的南北壁绘制大型的文殊变和普贤变,虽因洞窟残破而仅存西侧的小半铺,但就眷属形象看,亦是五代壁画中具有代表性的精品。

7.1.1.5　供养人画像

曹氏统治时期,供养人画像的规模有了巨大的发展。首先,供养人像已从门上、龛下进而占据甬道。这一时期宽大高敞的甬道两厢,是绘制窟主和宗族显贵画像的地方。最为典型的是在第98窟甬道南壁画曹氏父子,北壁画姻亲张氏父子;门内主室东壁画于阗国王、王后及侍从,北侧画回鹘公主及曹氏眷属。南、西、北壁屏风画下小身画像各一排,为曹氏节度使衙门的大小官吏。画像范围之广,为前代所未有,其内容超出了佛徒发愿供养的意义。这些供养人画像使洞窟兼有了家庙和明堂的性质。画像既多又高大,但就大多数而言,有着公式化的倾向。男像一般皆戴展脚蹼头,襕袍、革带、乌靴、搢笏。汉族女像高髻花钗,面饰花钿,大袖群襦、画帔、云头履。由于曹氏家族与甘州回鹘、于阗回鹘有姻亲关系,画像中颇多回鹘公主画像,如61窟东壁南侧曹议金的夫人"北方大回鹘国圣天的子敕授秦国天公主陇西李氏"头顶高髻,后垂红结绶,翻领窄袖长袍、绣鞋,这是回鹘妇女的礼服。又因曹议金与甘州回鹘可汗兄弟相称,曹议金的女儿也有的称天公主,着回鹘装。一般来说,画像均按尊卑长幼排行列次和确定形象的大小。

这一时期供养人画像之盛,除去政治和宗教信仰方面的原因之外,也是因为曹氏画院拥有一批擅长写真的画家。在敦煌石窟遗书中有很多写真赞、貌真赞。曹良才画像赞中所谓"丹青绘影,留在日之真仪"[1],是对于画像提出肖似的要求。但通观现存曹氏诸窟画像,除少数颇有个性而外,大多千人一面,缺乏内在的艺术生命力。[2]

7.1.1.6 装饰图案

五代时期中原战乱纷争,敦煌曹氏地方政权孤处一隅,与中原交往受到限制,敦煌石窟艺术也只是晚唐的延续,并达成了一些地方特色。诸窟图案主要是藻井、装饰图案,主要表现在藻井、圆光、边饰和壁画中的地毯上。纹样主要有团龙、团凤、鹦鹉、孔雀、狻猊、莲花、团花、三角花、菱纹、回纹、联珠纹、波状缠枝石榴纹等。曹氏是敦煌的最大统治者,他们家族建造的佛窟,其规模之大超越前人。窟内藻井装饰气势宏伟,井心莲花中或塑或绘,多是团龙、彩凤。井外边饰多绘凤鸟卷草纹。窟内供养人画像,身高超人,女像衣裙亦画祥禽瑞兽花草纹,足下地毯多为卷草纹或团花纹。他们如此重视龙凤纹样,其目的是象征统治者政权的神圣尊严。[3] 这一时期的藻井已超越常制,往往以整个窟顶为一大盖,使石窟结构的整体感更强,更加规矩严整。

7.1.2 规范严整的壁画艺术

五代开始的曹氏画院,凿造了不少大型中心佛坛式洞窟,窟内塑像和壁画,内容丰富,结构严谨。一些新题材的出现,诸如刘萨诃变相、五台山图和新样文殊等,反映出佛教进一步中国化并和儒、道思想相结合的过程。因经变画情节增多和故事画再度兴起,壁画中呈现出多种多样的社会生活场面,为研究当时当地的社会历史提供了丰富的形象资料。

这一时期,统治敦煌的曹氏政权效法中原王朝,在瓜沙设立画院,以适应大规模的开窟造像。画院设置的初期,内容、造型、构图和线描、赋彩,很少超出晚唐的规范。后来逐渐恢复使用生动豪放的兰叶描,赋彩方面创出了一次晕成的独特染法,形成了画院新风格,具有浓厚的民

---

〔1〕将斧辑、罗福苌录:《沙洲文录·曹良才画像赞》,民国13年(1924)上虞罗氏铅印本。

〔2〕段文杰:《莫高窟晚期的艺术》,载《中国石窟·莫高窟》(五),文物出版社1987年版。

〔3〕关友惠:《敦煌图案》,甘肃人民美术出版社1996年版。

间情调和乡土色彩。

7.1.2.1　人物形象生活化

以人物为主的敦煌壁画,不论时代早晚,都是从现实生活中摄取形象的,或直接描绘,或加以神化,都含有或隐或显的时代特点。224窟曹元德供养像,100窟的曹议金夫人——回鹘公主出行图(见彩图7－4),98窟于阗国王李圣天裕皇后曹氏供养像(见彩图10－12),就是曹议金父子东结回鹘、西连于阗联婚睦邻政策的写照。61窟农耕图,折光地反映了五代动乱中,唯瓜沙尚能安居乐业,男耕女作(见图7－5)。98窟射鹿、100窟曹议金出行图、345窟射手,其中着汉装或着少数民族服饰的骑士射手,反映各民族壮士投军入伍,友好共济,并肩守卫着归义军的疆土。98窟舞乐,是古代帝王宫廷乐舞移入“天国”的图像。不过舞衣锦披换成了天衣飘带,而人物面型都具时代特征。108窟小酒店前,一俗装男子甩长袖阶前献舞,整个画面富有乡土气息。72窟修佛像图中的百戏戴竿,一壮士头顶长竿,小儿竿头折腰献技,男乐队有坐有立,两侧伴奏。这些俗舞、百戏就是当时的世俗娱乐。61窟的五台山下,川流不息的送供使者、僧尼香客奔忙在途中。沿山麓间有小

图7－5　耕获图　61窟(五代)

·欧·亚·历·史·文·化·文·库·

店,店旁有推磨的、有舂米的、有割草的。这是千年以前人间社会生活的直接描绘。

尽管人物和社会生活联系更加密切,但是这一时期的壁画人物,面向呆板,有形而无神,造型显出千人一面的公式化倾向。通观现存曹氏诸窟画像,除少数颇有个性而外,大多千人一面,缺乏内在的艺术生命力。[1]

7.1.2.2 线描细致精到

画院初期,在线描造型上颇有魄力,虽然往往失之粗糙,但仍然保持着兰叶描豪放、丰润、富于变化的特点。特别是在天龙八部、十大弟子等形象的面部塑造上,笔力劲挺,神采飞扬,具有内在的力量。第36窟的龙王和文殊、普贤的眷属,以及第220窟的新样文殊,都是画院绘画的典范作品。衣纹披带广用兰叶描,曲直适宜、行笔流畅,是五代杰作。这些壁画线描的功力挺拔、苍劲有力、细致精到,已充分显示出线描的重要作用。此外,线描用色轻重以及清晰度的掌握极有分寸,画家的深厚功力不仅表现在线描本身的造型能力和衣纹服饰的线描组织能力上,同时在线与色的有机结合上也体现出非凡的修养,线描虽然清晰但并不脱框而出,并不抢先夺色,线与色融为一体相得益彰,保持着和谐一致的明显度(见图7-6)。

动物画中也有许多栩栩如生的作品。395窟驯鹿,一只幼鹿站在禅窟外颈挂钵袋,竖起双耳,昂首张望高僧,待主人取食。其形态静中带动,动静结合得十分巧妙。画师用笔洗练,寥寥数笔,不觉粗糙。

7.1.2.3 色彩鲜明艳丽

曹氏画院时期,为了迎合官府画院统治者的口味,装饰性风格的壁画之鲜艳的色彩和工整细致的绘画技术,自然成为官府画院敦煌艺术施工质量和技术的要求。来自于民间的画匠高手无不深谙此道,审美观念的一致性,使画匠们无需再费心思去探索新的路子。以追求色彩鲜明美为第一要求的装饰性壁画,袭用了师傅传下来的色彩口诀,例如

---

〔1〕霍熙亮:《莫高窟壁画艺术·五代》,甘肃人民出版社1986年版。

图7-6 龙王 36窟(五代)

·欧·亚·历·史·文·化·文·库·

"红间绿,花簇簇;红间黄,喜煞娘;白间黄,胜增光;黑间紫,不如死"等,如今看来不过是赋色经验之只鳞片甲,是不足以解释色彩之奥妙的,然而却可能被工匠视为祖传秘方。观念上以鲜明美为第一追求,就自然会轻视和谐美,并淡化丰富美,这必将导致壁画在色彩上出现病态的发展趋势。色彩的鲜明度及纯度加强,对比度加强;色种增多,色相环中的各种颜色近乎齐全;黑、灰、白等调和色逐渐减少;墨色、复色及中间色的相应减少,形成了重色轻墨的赋色倾向。五代时期,这种倾向已走到了极端地步。大量地使用石青石绿,过多地使用红绿对比,造成色彩调子的单一化和色彩层次的单调化。其色彩效果是:艳丽之中掺和着甜俗,鲜明之中显露出轻浮,过强的对比显得生硬,色种的多样则难免花哨。[1]

但在赋彩上颇有独到之处,特别是晕染法,无论人物面相或衣饰,一次晕成,鲜丽热烈,色薄味厚,成为画院风格的突出特色。如98窟天王、220窟新样文殊、36窟龙王,这3幅画赋彩鲜艳,多用对比色,尤其是人物面部晕染,富有色薄味厚之感。

以文人画家为主的画风,是以突出线描勾勒与墨色渲染方法,以传统的工笔重彩的技法,追求并讲究壁画的绘画性与观赏性,追求色调的和谐与丰富、色彩的清淡高雅,及渲染着色的细致微妙见长。如100窟北壁的回鹘公主出行图和98窟于阗国王供养像、36窟普贤变等,都是五代文人画风之代表作品。

7.1.2.4 构图程式化

五代壁画在经变、故事画方面,与早期和唐代壁画相比较,构图和人物形象的公式化日趋明显。榜题的增多使画面显得支离。榜题文字多而形成讲唱并用的变文形式,使壁画的图解性质日益增强。自此,艺术境界的创造已被冲淡,艺术感染力因而降低。但在人物与环境的关系和画面空间感的处理上却逐步合理,画风虽不够严谨,却有一种"逸笔草草"的情趣。

---

〔1〕周大正:《敦煌壁画与中国画色彩》,人民美术出版社2000年版。

五代时期的壁画,就艺术性来说,早已从唐代的顶峰上退落下来。总的情况是:经变构图程式化,故事的叙述也不再绘声绘色而流于图解。人物造型雷同,面向呆板,有形而无神。就连最具个性的供养人,也是千人一面,徒具衣冠而已。赋彩单调、轻薄,色种贫乏。线描缺少变化。这一切艺术上的变化,都与当时官办画院的设立有着密不可分的联系。这些画院的设立,使得佛画创作规范化、程式化,从而失掉了艺术的生气。从藏经洞出土的文书和供养人题名来看,曹氏归义军衙门设立的画院,机构完整、人员众多、分工明确,有都勾当画院使、知打窟都计料、雕板押衙、知画行都料等等。分工标志着专司其责,同时亦标志着艺术创作变成了技术操作,程式化也就随之而来。从敦煌遗书中五代时期的斋文、佛经、请佛书等来看,人们对于佛教,已不再是一种信仰,而是一种迷信。信仰变成了迷信,是从充实走向空虚的表现,表现在佛教艺术上也就不会有生气。尽管莫高窟五代壁画时间短暂,且艺术上缺乏生气,但对上承唐代画风、下开宋元画迹来说,它曾起过沟通脉络的积极作用。尤其是它独特的乡土风格,对宋初、西夏、元的壁画有很大的影响。[1]

7.2 文人画风兴盛的北宋艺术

北宋王朝统治敦煌只有 76 年的历史(960—1036),这一时期敦煌的最高统治者一直是归义军曹氏。他们继承先辈的遗政,宗奉中原赵宋王朝正朔,以西陲正统为号召;对外以联姻为手段,东交甘州回鹘,西结于阗李氏,友好相处,共保丝绸之路畅通;对内励精图治,振军兴农,保持了 40 多年的相对安定局面。"时平道泰,俗富人安","六蕃之结好如流,四塞之通欢似雨",这为已是夕阳残照的莫高窟艺术继续发射余晖,提供了必备的物质条件和相对安定的政治局面。[2]

然而入宋以来,由于我国佛教各宗派趋于衰落,佛教艺术也随之而

〔1〕霍熙亮:《莫高窟壁画艺术·五代》,甘肃人民出版社 1986 年版。
〔2〕贺世哲:《莫高窟壁画艺术·北宋》,甘肃人民出版社 1986 年版。

式微。同时,海上丝绸之路的日益发展逐渐取代了陆上丝绸之路,敦煌也就渐渐失去了它在中西交通方面的重要性。这些因素的综合影响势必会影响到莫高窟艺术的发展。尽管瓜沙曹氏地方政权极力扶持佛教,耗费大量人力物力,开窟造像,规模宏伟,尚思奋飞,然而由于被总的历史发展趋势所制约,终归还是"无可奈何花落去"。尤其是到了曹氏政权的末期,东遭西夏的进攻,西受伊斯兰教势力的威逼,势孤力单,无力开凿新洞窟,仅只是重绘了一批前代洞窟。

7.2.1 缺乏生气的壁画内容

北宋洞窟现存 40 多个。洞窟形制沿袭晚唐、五代旧式,无新变化。宋窟壁画题材,前期仍然以各种大幅经变画为主,唐、五代时期流行的20 多种经变中,除涅槃经变绝迹外,余皆因循沿袭。新出现的经变,有八大灵塔变与千手千眼观世音菩萨广大圆满无碍大悲心陀罗尼经变。这一时期的各种经变画,从总体上看,大多数规模小,人物少,色彩单调,构图更加程式化。但是,若从局部看,其中也有少数佼佼者。如 76 窟的经变,题材新颖,构图别致,堪与五代壁画媲美。南壁的法华经变,大多数中央画释迦牟尼佛说法,两侧画菩萨弟子听法,四周穿插各种小故事画;而 76 窟的法华经变却画了 8 个挑夫,上下各 4,每幅都有释迦牟尼说法场面与小故事画,自成一铺法华经变,每幅都有总榜题,概括说明该铺的中心意思。这种构图是过去法华经变所没有的。该窟南北壁对称地各画一铺千手千眼观世音菩萨广大圆满无碍大悲心陀罗尼经变,但内容又各不相同,这在敦煌壁画中也是独一无二的。北壁以十一面观音为中心,左右配以"不受十五种恶死"的小故事;南壁以戴花佛冠的观音为中心,左右配以"得十五种善生"的小故事。每个小故事都有墨书榜题,内容是按照经文照抄的。东壁画八大灵塔变,计有:释迦牟尼佛降生第一塔,初转法轮第三塔,祇园精舍第五塔,广严城灵塔思念寿量处第七塔。八大灵塔变中的人物、情景,虽嫌略,但也抓住了要点(见图 7 - 7)。

北宋曹氏画院将唐代前期的佛教感应故事画和唐后期的瑞像画等糅合在一起进行构图。例如第 454 窟,以牛头山为中心,上部画石佛浮

图7-7 八塔变(第三塔) 76窟(北宋)

江、高悝得金像等海上场面,下部多为泥婆罗火池、纯陁故井、一手遮天、降服毒龙等内容,西侧斜披画单身瑞像数十身。画院画师在牛头山这一主题上颇具匠心,画中由牛嘴架起高耸的阶梯,直通山顶大伽蓝,以瞻仰佛像(见图7-8)。

图 7 - 8　佛教史迹画　454 窟（北宋）

另外,供养人画像千篇一律,男像均头戴直脚幞头,身着圆领袍,腰束革带,足蹬靴;女像桃形凤冠,饰步摇,花面,项饰瑟瑟珠,身着或为回鹘装大翻领小袖袍,或大袖裙襦,帔帛。供养人男像等身绘于甬道,女像或等身绘于甬道,或排列于东壁门两侧,及南北壁,如98、100、454等窟,大有列队出行之势,千篇一律,几无变化,呆滞,极少生气。[1]

这一时期传袭400多年的金碧辉煌的大幅经变画不见了,煊赫家世、男女成行的供养人群像也寥寥无几,甚至连象征敦煌艺术的飞天也大大减少,在一部分洞窟里甚至绝迹。代之而起的是满壁如出一模的千佛、菩萨,像剪纸似地贴在绿底墙上,纵横成行,形如槁木、色如死灰。即使是装饰图案,也失去了北朝生动活泼的风格,隋唐自由舒展的风格也成了规范化的呆板"回文"。[2] 在这批令人窒息的洞窟里,唯有为数不多的飞天、伎乐,还在翱翔、弹唱,虽显笨拙,毕竟还有一些生气。甬道南北壁代替现实供养人群像的佛国供养菩萨,头戴宝冠、手持鲜花,动态多姿、勾勒清晰,还可以给人美的感受。[3] 这一时期的飞天继承唐代余风,但无创新之作,且飞动有亏,不复生气,完全失去了唐代飞天生气欢快的基调。[4]

7.2.2 陈陈相因的壁画艺术

7.2.2.1 人物灵活饱满

北宋时期的壁画,人物描写比较少,色彩单调,构图更加程式化,使得这一时期的洞窟显得呆板,缺乏生气。但是,若从局部看,其中也有少数佼佼者。如八大灵塔变有些场面画得相当生动,其"猕猴奉蜜塔"中猕猴的形象,画工仅凭几笔淡淡的赭红线描,就把猕猴的专心一意仰观树上的蜂蜜,稚诚地向佛献蜜,因佛受蜜而高兴地跳舞,失足堕井,两腿朝天拼命挣扎等等猴子特有的机灵天性,都勾勒得比较成功。画面

〔1〕沙武田、魏迎春:《曹氏归义军时期敦煌石窟艺术程式化表现小议》,载《敦煌学辑刊》1999年第2期。
〔2〕季羡林:《敦煌学大辞典》,上海辞书出版社1998年版。
〔3〕贺世哲:《莫高窟壁画艺术·北宋》,甘肃人民出版社1986年版。
〔4〕谢生保:《敦煌飞天》,甘肃人民出版社1995年版。

中出现的各种人物,不分贵贱,多穿犊鼻裤,而且面型圆润、精神饱满,这在北宋壁画中堪称白眉。第55窟的弥勒经变,虽然画面因发霉而变色,但仍然可以看到构图谨严、布局合理,人物、情景描绘较细,具有晚唐壁画的余韵(见彩图7-9)。宋窟壁画中有些供养人画像也画得较好,如61窟东壁北侧太平兴国五年(980)左右重绘的于阗公主像,戴凤冠、饰步摇、贴花钿,把贵妇人的气派,描绘得活灵活现。又如244窟甬道南北壁乾德二年(964)左右重绘的两身于阗太子像,画工仅以几笔遒劲有力的墨线,就勾勒出两位太子的童真、机灵、可爱,为宋窟人物画中所少见。

7.2.2.2　线描运笔变化

宋代在文学艺术方面取得了很大的成就。宋代的画院制度对绘画艺术的发展起到了推动的作用。中国绘画技法从此亦向文人画的方向转化,从内容到技法上都有所发展变化。特别是线描在技法上更进一步强调骨法用笔,将超脱自然的笔墨情趣揉入书法运笔之内涵,使画面充满诗情画意。这正如清恽寿平所说:"气韵自然,虚实相生……今人用心在有笔墨出,古人用心在无笔墨出,倘能于笔墨不到处观古人用心,庶几拟议神明,进乎技已。"[1]这一时期以书法运笔,墨分五色,追求以形写神、贵在似与不似之间的减笔画技写意画开始形成并逐步完善。从敦煌宋代的壁画中也可以看出,线描追求运笔变化着重技法,色彩讲究清淡雅致,但由于画师在绘画技法个人修养等各方面远逊前人,致使壁画中人物的造型及绘画构图没有了唐代以前的丰富多彩,造型构图缺乏活力。[2]

唐代绘画在线和色彩上表现得绝顶高峰,使得唐以后的画家有点日暮途穷之感,但他们很快从唐代绘画中萌芽出的以单纯墨线为表现手法的形式中看到光明,并在宋代形成并兴起了文人水墨画,为中国的绘画开辟了另一条新的艺术道路。当然,水墨画在中原地区兴盛,也许

〔1〕沈子承:《历代论画名著汇编》,文物出版社1982年版。
〔2〕吴荣鉴:《敦煌壁画中的线描》,载《敦煌研究》2004第1期。

是由于水墨画多用纸、绢作画之故,对于莫高窟五代、宋朝前后的壁画艺术影响不大。这一时期的绘画仍运用唐代线与色相结合的艺术表现形式,也出现了一些艺术变革,比如,在色彩上做了许多简化,但都没有冲破前人的藩篱。不过,这一时期的山水画中的线法有了新的进展——依形而"笔"画出山的形体转折,线条有粗细、浓淡等各种变化,特别利用笔的顿挫画出山形坚硬锐利之感。这一时期还出现了皴染形体的笔法。

7.2.2.3　色彩清素淡雅

敦煌石窟艺术从开创初期到隋唐盛期的壁画色彩效果来看,可以概括为墨色并用或墨色并重,这是壁画得以健康发展的原因。中唐以后至五代时期则转变为重色轻墨的倾向,壁画开始了病态发展时期。五代以后又转向了相反的另一极端,变成了重墨轻色。这种用色观念导致了壁画色彩的弱化与淡化,进而又形成了观念上的轻视。这种轻视色彩的表现力的观念对我国传统绘画的进一步发展显然是很不利的,但却在北宋时期成为一种时髦,这与文人画风的再度兴盛密切相关。

这一时期的壁画色彩效果愈来愈弱化、淡化,甚至几乎到了可有可无的程度。壁画又出现了另一种形式的贫乏与单调,过分的清、淡、素、雅使壁画失去了色彩应有的感染力。北宋时期壁画色彩风格的特点,是以五代以前的重色轻墨的倾向为前因的,而官府画院的"三化"作风使这种倾向暴露出壁画在用色上的种种病态。[1] 在用色方面,富丽光彩的朱砂等减少,灰暗的大绿、赭红以及用铅粉调和银朱氧化变色后的茶褐色壁画,比比皆是。尤其是到了后期与西夏交接的一批洞窟,几乎是一片大绿的世界。一进这种洞窟,就给人以清冷、乏力、呆滞的感觉,相沿数百年的金碧辉煌的莫高窟艺术,这时已是夕阳残照了。[2]

〔1〕周大正:《敦煌壁画与中国画色彩》,人民美术出版社 2000 年版。
〔2〕贺世哲:《莫高窟壁画艺术·北宋》,甘肃人民出版社 1986 年版。

7.2.2.4 构图呆板缺乏活力

北宋洞窟壁画题材,仍然以各种大幅经变画为主,但主要是承袭前期艺术题材,没有新的变化。前期流行的 20 多种经变中,除涅槃经变绝迹外,余皆因循沿袭。这一时期的各种经变画,从总体上看,大多数规模小,人物少,色彩单调,构图更加程式化。榜题的增多使画面显得支离。榜题文字多而形成讲唱并用的变文形式,使壁画的图解性质日益增强。丰富多彩的佛经变相,似乎只有经过演绎和润色的变温,才能与它情致相当。但是,由于种种原因,特别是画院画师们的艺术修养和创造才能方面的原因,这一时期的经变画日益流于公式化,表现在构图上就是缺乏生气,显得呆板而没有活力。

总之,由于佛教各宗派的衰落,佛教艺术也随之而式微。同时,海上丝绸之路的日益发展逐渐取代了陆上丝绸之路,敦煌也就渐渐失去了它在中西交通方面的重要性。这些因素的综合影响使得莫高窟艺术江河日下,表现在艺术上就是构图上出现由繁到简的变化,密体画的形式构图转变成简体画;在绘画风格上由装饰性的工艺手法转向了文人画风的绘画性倾向;线描的作用加强了,墨色的渲染加强了,色彩上由鲜明、艳丽转向了清素、淡雅的倾向。中原文人画风对壁画的风格趋向起着主导的影响和作用。

7.3 具有民族特色的西夏艺术

公元 1038 年正式立国的西夏王朝,是中国历史上大体与宋、辽、金同时并存的一个封建割据政权。这个政权以党项羌族为主体,此外还包括汉、吐蕃、回鹘、鲜卑、蒙古、女真、突厥等多种民族。它的疆域相当于今宁夏回族自治区全境、甘肃省大部、陕西省北部、青海及内蒙古的部分地区。西夏王朝屹立于我国西北边陲长达 189 年。

自 11 世纪初年起,党项羌拓跋部便开始了对中西交通要道——河西走廊的争夺,先后用兵 30 余年。公元 1036 年,赵元昊一举攻下了瓜、沙、肃三州,终于战胜了吐蕃、回鹘和曹氏归义军的势力,从而完全控制了河西走廊。从此时起,直至蒙古攻破沙洲(1226)止,190年间,丝绸之路上的著名重镇敦煌,一直归党项羌和随后建立的西夏王朝统治。自莫高窟建窟以来,这是统治过敦煌的几个少数民族政权(鲜卑、吐蕃、党项、蒙古)中,时间最长的一个政权。

　　西夏统治者在建国前,就注意向北宋王朝学习吸收汉地佛教文化,多次派使团入宋朝贡,求取汉文佛教经典。建国后,更是从汉、回鹘、吐蕃佛教文化中汲取营养,在最高统治者的倡导下,佛教基本成为西夏国教。就石窟寺的建造而论,仅河西走廊就有武威天梯山石窟、张掖马蹄寺石窟、酒泉文殊山石窟、玉门昌马石窟、安西榆林窟、敦煌莫高窟及西千佛洞等。其中尤以敦煌莫高窟与安西榆林窟洞窟数量最多,壁画规模最大,保存最系统、最完整。这两处石窟中有西夏洞窟80多个。

7.3.1　新颖独特的壁画内容

　　西夏洞窟数量颇多,壁画内容主要有以下几类:尊像画、经变画、供养人和装饰图案。

7.3.1.1　经变画

　　西夏以来,经变品种越来越少。这一时期的经变画有显密两类,密教经变有千手千眼观音经变及各种具有藏密色彩的曼陀罗;显教经变有观无量寿经变、阿弥陀经变、药师经变、文殊变、普贤变、八塔变等。这类经变在表现形式上与传统的经变有很大的不同:人物面目呆板,构图缺少变化,前代经变画中一些生动的因素,如阁楼栏楯,音乐舞蹈等均已少见,除非凭借佛的坐式、手印以及化生童子是否出现等伪冒的标志,否则往往几乎无法识别是何经变。西夏石窟的壁画以大乘显教为主体,密教为辅助;密教中以藏密为主,汉密为辅,并把各宗各派融合在一起。汉密继承唐宋传统,藏密则多为西藏后弘期,它们在河西的发展是适应当时各民族的宗教信仰和审美需要的。显然,大乘教的经变画随着密教的广泛传播而趋向衰落了。但也出现了不同于前期的一些艺术特色,如第3窟的观无量寿经变、阿弥陀经变,虽然也用雄伟的宫殿楼阁来表现佛国世界,但由于注重人物与建筑的比例,人物显得细小,分布均匀,装饰性较强,虽缺乏唐代经变那种热烈欢快的气氛,但注重人物形象的刻画。榆林窟第 29 窟的药师变、阿弥陀经变也是这样。西夏壁画中的水月观音像出现较多,具有较高的艺术水平。八塔变最早出现于莫高窟宋代第 76 窟,是以八塔形式表现佛本生故事。榆林窟第 3 窟的八塔变,中央画 1 大塔,表现降魔内容,两侧各画 3 塔,实际上只有 7 塔,但下面的两个塔又各包含两项内容。这里的内容与佛经并不完全一致,可以辨识的有释迦降生、指天指地、猕猴奉蜜、降魔成道等。此外,山水画和装饰画也取得了新的成就,这些都使西夏艺术具有独特的魅力。

7.3.1.2 尊像画

尊像是西夏石窟的主要壁画题材。这一时期的尊像画已没有像唐代那样独立的个体菩萨,多以群像或说法场面出现。这时的尊像画有两种形式:一类是药师佛、观音菩萨、十六罗汉、水月观音等,另一类是西藏式密教图像。

十六罗汉,作为一个洞窟壁画的主题,始见于西夏第 97 窟。南北壁各绘 8 身,共 16 幅方形构图。罗汉面相各不相同,其中那些浓眉大眼高鼻深目和各种形态怪异者,令人联想起画史评五代禅月大师贯休所画十六罗汉所说的"庞眉大目者,朵颐隆鼻者,依松石者,坐山水者,胡貌梵相,曲尽其态"。这些西夏罗汉像,颇得贯休罗汉像"狂逸"的写意风格。

藏密是在西夏时代从西藏传来的。如榆林窟第 3 窟中心的五方佛曼陀罗(见图 7 - 10),正壁(东)中央绘八塔变,北面是十一面千手千眼观音,南面是五十一面千手千眼观音;北壁中央是阿弥陀经变,两边分别画五方佛和观音曼陀罗;南壁中央是观无量寿经变,两边分别为金刚曼陀罗和五方佛曼陀罗;西壁门上绘维摩变(残),门南画普贤变,门北画文殊变。此窟的特点在于显密结合而以密为主。其中东壁南侧的千手千眼观音经变较独特,共画有 51 个头。东壁北侧的十一面千手千眼观音经变中,也画了乐器等的图像。

图 7 – 10　明王　榆林窟 3 窟（西夏）

·欧·亚·历·史·文·化·文·库·

7.3.1.3 供养人

敦煌石窟，从一开始，一般就少不了要画供养人像，代代相因，无一例外。而到了西夏早期，竟一反常态，除极个别洞窟外，均不画供养人，而且往往将前人洞窟画供养人像的地方抹壁重画成供养菩萨。西夏中期，出现过一些回鹘族供养人像，其中第409窟的回鹘王及眷属供养像就是别具风格的肖像画。所画人物面相丰圆，王者戴龙纹白毡高帽，穿团龙袍，长靿毡靴，腰束革带，悬鞢䩞七事；身后有仆从张伞扇，武士捧持兵器。女像头饰博鬓冠，身形健壮，长眉秀目，高鼻小唇，头戴桃形大凤冠，冠后垂红结绶，宽发双鬓包面，身穿桃形翻领窄袖红袍，这种形象和服饰与吐蕃高昌回鹘时代的伯兹克里克石窟壁画中回鹘供养人造像风格几乎相同（见彩图10－15）。

西夏王朝是一个以党项族为主的多民族政权，西夏中、后期，敦煌石窟中才出现了党项族供养人画像，多画在榆林窟西夏新建的洞窟中。如榆林窟29窟的西夏党项供养人像，无论男女，体形高大，圆脸大耳，两塞外鼓，弯眉细目，鼻梁高拱，唇小而厚，嘴角上翘。男像秃发毡冠，身穿圆领长衫，腰系褶裙，足穿尖头钩靴。画像的高大形体，圆脸突腮，窄袖长衣，表现出一种西北牧马民族强悍豪放的气质（见图7－11）。[1]

7.3.1.4 飞天

西夏时期的飞天，一部分沿袭宋代的风格，一部分具有西夏独特的风格，最大的特点是把西夏党项族的人物风貌和民俗特点融入了飞天的形象。这些飞天脸型长圆，两腮外鼓，深目尖鼻，身体健壮，身穿皮衣，多饰珠环，世俗性很强，其中最具代表性的是第97窟中的童子飞天。[2]

7.3.1.5 装饰图案

西夏时期的装饰图案在整个石窟内的面积相当大，其所占的比例

---

〔1〕谢生保：《敦煌供养人》，甘肃人民出版社1995年版。

〔2〕谢生保：《敦煌飞天》，甘肃人民出版社1995年版。

图 7－11　供养人　榆林窟 29 窟（西夏）

为历代石窟之最,这是西夏时期装饰图案比较显著的特点之一。[1]　西夏洞窟内图案装饰以藻井、窟顶团花最为突出。[2]　西夏洞窟的装饰图案,无论装饰纹样方面,还是组织结构方面,抑或色彩配置方面,都有较鲜明的特色。首先,西夏装饰图案在整个洞窟中所占面积的比率,是历代洞窟之最。除了窟顶藻井图案之外,相当多数的洞窟覆斗形窟顶的四披、盝形龛的整个龛顶,以及甬道顶,即大凡窟中各个较高的建筑部位,都布满平棋图案或团花图案,各种说法图和经变画等的四周以及龛、甬道的边沿当然也都配置着花边图案。另外,在各种经变画和说法图的四周以及龛、甬道的边沿也配置了很多的边饰图案。

　　龙纹和凤纹图案一直是西夏时期藻井图案流行的样式。龙纹在西夏以前的石窟中并不多见,而在西夏的石窟中开始大量使用(如图 7－12)。在藻井图案方面,以龙作藻井井心的主要图案纹样,1 龙、2 龙或

　　〔1〕李迅文:《西夏时期敦煌图案艺术》,载《装饰》2003 年第 5 期
　　〔2〕关友惠:《敦煌图案》,甘肃人民美术出版社 1996 年版。

5龙;根据部位的不同,或蟠卷成圆形,或作波浪式蜿蜒云游之状,配以彩莲、祥云之属;有的描绘,有的浮塑贴金或涂金。莫高窟第16窟藻井中心纹样由1凤4龙组成。凤居正中央,两翅自然而有力地展开,作飞翔之状,尾特别长,连同身体一起,蟠卷成圆形。凤外周为旋转式卷瓣莲花。井心4角各有1龙,向着顺时针方向作相互追逐之势,造成旋转飞腾的生动气氛。图案施以朱、绿、金等色,色调鲜明热烈而又雅致稳重,使藻井显得豪华富丽。龙凤在封建社会,既是祥瑞的象征,又是皇权的化身,只有最高统治者才能用它作为装饰纹样。佛是彼岸世界的最高主宰,其地位与人间世界天子相当,因此,佛窟里用龙、凤作为华盖的装饰纹样,这在西夏以前的佛窟里并不多见,在西夏佛窟中开始大量使用,很可能与西夏统治者们为显示他们与中原汉族天子同样的尊贵有关。西夏佛窟中两处出现着蟠龙纹袍的首领供养像,也都与此有关。如在莫高窟第366窟和第367窟的藻井中,均出现了与第16窟藻井类似的浮塑贴金法凤纹,并使金色的凤衬以朱色底,色调简洁明快、

图7-12　窟顶藻井　130窟(西夏)

鲜艳夺目。[1]

西夏时期，由于西藏喇嘛教艺术的注入，给西夏佛教艺术增添了新的内容和养料，刺激了石窟艺术的发展，出现了崭新的密宗曼陀罗艺术。所以，以密宗坛城曼陀罗来作为窟顶图案成为西夏时期的初创。例如，榆林窟第3窟的窟顶中心为圆形坛城，中央画圆形金刚界曼陀罗，往内一层方坛、一层圆坛，其间绘佛、菩萨、金刚像。在大坛外周又加以数层边饰，如回纹、波状植物纹、棱纹、龟背纹、宝珠纹、连环套叠纹、古钱纹、云头纹等，在百花卷草纹中穿插各种祥禽瑞兽，如游龙、翔凤、奔狮、翼马、麒麟、天鹿、飞雁、六牙白象等。这些清雅精致的图案装饰衬托出强烈浓重的曼陀罗主题图像。[2]

西夏时期还新出现了一种波状卷草式的云纹边饰。从单位纹样来看，它很像敦煌早期装饰图案中常见的忍冬，但它仍然是一种卷云纹。这种纹样在莫高窟第330窟可以见到，它是敦煌石窟历代边饰图案中最简单朴素的一种。这种边饰广泛流行于西夏中、晚期，并延续到元代，具有浓郁的民族特点和时代特征。据考证，这种纹饰产生并最先流行于回鹘地区，稍后即传入邻近的瓜、沙及河西走廊地区。另外，瓜、沙二州距甘州回鹘很近，也可能受到他们的影响，因此它在敦煌地区的西夏中、晚期石窟中相当流行。回鹘佛教艺术对西夏佛教艺术之影响，还见于其他方面，如在高昌石窟佛画像背光中的编织纹和火焰宝珠纹，在莫高窟西夏晚期洞窟佛画像背光中也能看见。此外，还有丰满的两重八瓣莲花、古钱、波状三瓣花卷草等纹样。由此可以看到两地和两个民族间在文化上的密切联系。莫高窟第330窟覆斗顶四斜披上，以土红色勾描填绘火焰、卷云为纹饰，组成桃形的单位纹样，作"品"字形四方连续，形成较大面积有如团花的图案。除底色外，不施任何颜色，这种装饰图案，是敦煌石窟中的孤例。

总之，西夏时期的壁画在装饰性绘画和装饰图案藻井上有极高的

---

〔1〕段文杰：《莫高窟晚期的艺术》，载《中国石窟·敦煌莫高窟》（五），文物出版社1987年版。

〔2〕李迅文：《西夏时期敦煌图案艺术》，载《装饰》2003年第5期

·欧·亚·历·史·文·化·文·库·

197

造诣,其工整细腻的画风,与和谐统一的色彩、变幻无穷的色调,令人叹为观止。其图案装饰之工艺水平,列历代洞窟之榜首。尤其是榆林窟第2、3窟中之藻井图案,其色彩效果最为高级,那丰厚绚丽的色彩美感令人难以用语言表达。那种神奇美妙的色彩组合具有使人百看不厌的魅力,仅从图案装饰的水平来看,充分显示出了画师们高度的色彩素养和技术实力。西夏装饰性绘画赋彩多用绿色格调,善用金粉和沥粉描金,在素雅之中有富丽之美。

7.3.2　富于装饰性的党项民族壁画艺术

敦煌地区西夏艺术的基本面貌,概括地讲,与唐、宋两朝壁画艺术关系相当密切,其早期壁画艺术,在一定意义上讲,是北宋壁画艺术的直接继承和延续,无论在内容布局、画面构图或人物造型与衣冠服饰方面,还是线描、赋色等表现手法方面。如人物形象公式化,特别是人物眼眶的晕染,只用两条土红线画出眼眶,人物面部显出一种苦涩的笑容;构图进一步图案化,色彩极度贫乏,多以绿色涂底,色条显得清冷,这都与北宋壁画一脉相承成,因此可将这一时期称为学习继承期。中期在此基础上又糅合了高昌回鹘佛教艺术的成分,探索着民族化的道路,人物形象表现为体型肥胖,脸型条长而丰满,鼻直、嘴小、立眉、竖眼,与西州伯兹克里克回鹘高昌时代壁画造型相似。线描出现了棱角毕露、挺拔有力的折芦描,与中原梁楷、李公麟一派线描一脉相承。我们将这一时期叫做演变过渡期。晚期壁画在前两期基础上,吸取了西藏喇嘛教的艺术成分,形成并充分显示了本民族的特点和风格,造型线描密集而有力,着色简淡,保持着"焦墨痕中略施微染"的吴装特色,形象的生动性虽不足,但与西夏版画风格相似,富于装饰性,我们把这一时期称为成熟期。敦煌西夏壁画艺术,继承了中华民族自汉唐以来的优秀传统,同时又学习吸收了其他兄弟民族的文化艺术养料,并有本民族的个性和时代特点。从艺术的角度来说,西夏早中期艺术品主要集中于莫高窟,晚期艺术品主要集中在榆林窟。[1]

---

〔1〕刘玉权:《莫高窟壁画艺术·西夏》,甘肃人民出版社1986年版。

198

7.3.2.1　承袭旧制的早期壁画艺术

这个时期的洞窟,有 68 个,约占莫高窟西夏洞窟总数(77 个)的 88% 强。壁画的题材及表现形式与莫高窟北宋壁画艺术大同小异。由于西夏历代统治者都崇奉佛教,就是元昊本人也"自幼晓浮屠学,通蕃汉文字"。瓜、沙地区佛教文化早已相当发达,不可避免地给予西夏艺术以巨大的影响,但西夏本来很缺乏这方面的人才,因此,西夏早期壁画,无论题材布局、人物形象、衣冠服饰还是绘画技法等方面,内容均趋于贫乏,形式上满足于装饰效果而不求深入,在相当程度上是对北宋壁画艺术的学习模仿和直接承袭,这也是西夏统治阶级实行封建化政策的一个组成部分,就它的体系而论,同北宋壁画艺术一脉相承。

西夏早期的人物形象,衣冠服饰均属于汉民族系统,尚未反映出西夏主体民族(党项)的特点。西夏早期重修的洞窟,壁画内容多是整窟的千佛或大量的供养菩萨,虽然洞窟较大,画幅规模也不小,但毕竟内容单一,加上艺术水准较低,绘工简率粗糙,确实"少情味"。也有相当多的早期洞窟,虽然布满各种经变图像,论其内容题材,不算贫乏,画幅规模有时也不算小,却仍是"气宇偏小"。许多净土变,虽然挤满了各种人物,画面也较大,但由于缺少或干脆没有宏伟的楼台亭阁、宝池瑞禽,加上绘工粗简,画面效果与一般说法图相差不大。再如相当一批洞窟经西夏早期重修后,多绘甚至全绘大身供养菩萨,其形象相互雷同而无个性,动态缺乏变化,神情呆板,严重地陷入公式化、概念化的俗套,缺乏艺术感染力。另外,西夏早期壁画中除少数洞窟外,不绘制供养人形象。这些都说明,这个阶段的艺术,有大而空、数量多而质量差的倾向,反映出佛教艺术在创作和制作态度方面,已经远不如北朝、隋、唐那样虔诚认真了。

线描、赋彩、晕染及绘画风格都同曹氏归义军时期壁画艺术相近,当然还是有不同于北宋壁画艺术的地方。例如:经变画明显地简单化及程式化,许多经变画已经没有唐宋时期那种规模宏大的场面,画面中没有成组配套而又豪华富丽的建筑,没有数目众多而层次复杂的佛国人物,没有那么严谨饱满的构图,没有那么富丽堂皇的色调。同时,由于地处偏僻,很难再接受中原文化的直接影响,因此莫高窟在 11 世纪初流行的绿底色壁画持续了很多年。在表现技法上普遍使用贵重的石绿作底色,或以铁朱作底色,相当普遍地运用浮塑贴金、沥粉堆金法,如菩萨身上所佩戴的珠玉、璎珞、臂钏、手镯、耳铛等,还有垂幔上垂挂的璎珞铃饰、平棋和团花图案的花蕊及藻井中心纹饰中的龙、凤等等。金色,本是色彩中最贵重、最富丽、最耀眼夺目的了,古代色彩运用到此已是极限,用它来打扮和支撑由于陷入严重公式化、程式化而生命力已显得很脆弱的佛画艺术,反映出佛教自唐以后的衰败景况。总之,这个时期的壁画艺术虽量多而质不高。

7.3.2.2 富有装饰效果的中期壁画艺术

这个时期的洞窟有 8 个,约占莫高窟西夏洞窟总数的 12% 弱。壁画的内容题材及表现形式、艺术风格都发生了若干变化。这一时期,逐渐孕育发展了具有西夏民族风格和民族特征的壁画艺术。

首先,题材种类明显减少,早期壁画题材有 10 余种,中期则减少到 4 种。早期绘制较多的供养菩萨行列、千佛、西方净土变等题材,这时已经消失;而说法图、药师佛等题材,不但继续沿用,而且更加流行。另外,新出现一种题材——十六罗汉,它是依据唐朝玄奘所译《大阿罗汉难提密多罗所说法住记》的经文绘制的,在莫高窟西夏壁画中,仅见于第 97 窟 1 例(见图 7 - 13)。

这个时期的壁画多为说法图。画面人物不多,但形体高大,构图疏朗,失去了唐宋时期的严谨饱满的风格。人物已是西夏民族特点的形象。造型一般面相长圆,腮部肥大,鼻梁长直且高,细眉柳眼,身材一般比较修长,表现出党项族的面貌特征。供养人像的衣冠服饰则为秃发毡冠或云镂冠,后垂红结绶,圆领窄袖团花袍,腰束带。这显然已不是汉民族的样式,而是西夏人的形象和装束。世俗人物的衣冠服饰也发生了变化,男像秃发毡冠或云镂冠,冠后垂结绶;着圆领窄袖团花袍衫,腰间束带,佩戴解结锥、短刀、荷包、火镰、火石等物,充分体现了北方民族生活习俗和特点。

中期壁画的一大特点,是较为明显地受高昌回鹘佛教艺术的影响。

到12世纪初叶，莫高窟出现了一些与吐鲁番伯兹克里克石窟西州回鹘时期画风相似的艺术：脸型椭圆、直鼻、长眉、细腿的佛和菩萨，造型结构挺拔结实，效果多似版画；装饰方面无论藻井、边饰，所用纹饰、色彩都有特点。如石窟中佛像头光和身光中编织纹样和火焰宝珠纹样，两处石窟说法图的构图形式、人物造型、衣冠服

图7-13　罗汉　97窟(西夏)

饰、色彩配置以及艺术风格等，都有不少共同和相似之处。又如莫高窟西夏中期壁画中流行的、具有强烈时代特征的波状卷云纹边饰，饱满而顶部稍尖的八瓣莲花以及藻井中龙的形象与画法等，都与伯兹克里克石窟同类纹样非常相似。这些情况反映出西夏时期敦煌与新疆高昌地区在文化上的密切联系，反映出这些地区的汉、党项、回鹘等几个民族间佛教艺术的交融。

　　在赋彩方面，这个时期也有所变化。虽然颜色品种比较贫乏，但已不像早期壁画那种多青绿色而稍偏于冷的色调，而是多用朱、赭，色调比较热烈明快。壁画中很少用金，很少用浮塑贴金和沥粉堆金法。表现手法上较多使用勾填法来处理线条与色彩的关系，在客观上增强了

·欧·亚·历·史·文·化·文·库·

画面的装饰效果。这种勾填法早在唐代便在莫高窟的壁画中出现了,唐后期运用比较普遍,西夏中期壁画多沿用此法。在线描上,除继承曹氏画院的兰叶描外,又接受了中原挺拔有力的折芦描。这种线描约始于梁楷、李公麟,在莫高窟西夏壁画中又有所发展,线条变得更硬。在晕染方面,西夏时期没有多大变化和创新,基本上还是以前那种中原汉式传统染法和西域凹凸法的结合运用,于其中略有变化,大同小异。晕染所赋色彩,一般比较清淡,着意突出线描在造型上的主导作用。另外,有时所染颜色边界清晰而不晕开,因此看上去有一定的装饰效果。如莫高窟第97窟北壁诺矩罗大阿罗汉图中之男侍从像,其肉体部分是淡赭红的晕染,面部是中原式与西域式之混合,而身体部分则基本采用西域式晕染法。

7.3.2.3　具有党项民族特色的晚期壁画艺术

西夏晚期,是壁画艺术民族风格和民族特点进一步发展和成熟的时期。这时的人物形象,特别是世俗人物形象,可以榆林窟第29窟为典型代表:身材修长,秃发,长圆形的面孔,两腮外鼓,深目、高鼻,耳垂重环,脚穿钩鞋。文武职官和庶民百姓的衣冠服饰都与史书记载相吻合,是典型的党项人的形象和装束打扮。

西夏晚期壁画艺术,大体有两种画风:一种是赋色厚重,色彩与线描并重,具有浓厚的神秘气氛,如榆林窟第2、3等窟部分壁画,显然是深受西藏密宗艺术影响的一种画风。另一种是以线描为主、色彩为辅,以中原汉民族绘画传统发展出来的画风。西夏晚期壁画,在线描艺术方面是很有成就的。其代表性的作品要算榆林第2、3、29等窟的壁画,尤其是第3窟南、北壁中央西方净土变中大规模的建筑画。除了建筑结构本身形象的精确和透视关系的妥帖外,建筑画一丝不苟和精致流畅的线描功力,也是值得称道的。画家继承中国绘画的传统,充分发挥了线描艺术在建筑画上的表现力,取得了相当的成功,给后来元代荟萃诸家之长、取得线描艺术的空前发展,做了坚实的铺垫。榆林窟第2窟的两幅水月观音,第3窟的文殊变、普贤变是代表西夏民族风格的艺术作品。从这些壁画中我们可以看出,他们摄取了吐蕃、沙洲、西凉的佛法,学习了北宋画家的人物造型、辽朝的笔墨构图、回鹘人的色彩装饰,兼收并蓄、融化贯通,用雄强的党项精神铸为一体,成为我国美术史上一个新的风格——西夏美术。

7.4 霞光灿烂的元代艺术

公元 1227 年,蒙古成吉思汗灭西夏,结束了 100 多年的分裂状态,建立了一个地跨欧亚的大帝国。元代对敦煌的统治,始自铁木真五征西夏之年,即公元 1226 年,止于明将冯胜西征,其部将付友德等迫使元朝的残余投降,即明洪武五年(1372),历时 146 年,比元朝对中原的统治长约半个世纪。元代统治者除宣扬儒家思想外,还重视道教,大搞"三教平心","以佛活心、以道治身、以儒治世";对伊斯兰教、基督教、犹太教也都兼收并蓄,在佛教中又以藏传密宗最受尊敬。[1] 在蒙古进军河西之初,铁木真即向西藏喇嘛教表示皈依;西藏地方势力也曾派出代表向其表示臣服,这是蒙古、西藏统治者间发生关系的开始。此后,由于蒙古元朝统治者对于西藏喇嘛教的支持和提倡,使其影响遍及全国。特别是西藏著名喇嘛八思巴等,都曾在河西长期居留,弘扬佛教,敦煌佛教和佛教艺术受其影响也是势之必然。《马可·波罗游记》所记沙洲城和当地的风俗情况,即可证明。由于密宗萨迦派的特殊地位,在敦煌的莫高窟中出现了引人注目的西藏式密宗宗教艺术。元代的莫高窟佛教艺术,在西夏佛教艺术的基础上,大量吸收西藏佛教的内容和形式,在莫高窟佛教艺术史上独树一帜。[2]

敦煌莫高窟在元代新开洞窟 8 个,重修洞窟 19 个,总计 27 窟。同历代相比,元代所开窟数和壁画面积都是为数不多的,这同其统治敦煌的时间相比,也是不相称的。但是元代的莫高窟艺术,有对前代艺术遗产的借鉴,更兼强大统一的元帝国使中断的丝绸之路再度复通,许多新的因素传入,壁画内容和形式都一展新貌,出现了新的风格,取得了新

〔1〕周大正:《敦煌壁画与中国画色彩》,人民美术出版社 2000 年版。
〔2〕孙修身:《莫高窟壁画艺术·元代》,甘肃人民出版社 1986 年版。

的成就,尤其是壁画中的色彩感染力,给观者以深刻印象,从而打破了莫高窟最后时期的沉寂气氛。

7.4.1 焕然一新的壁画内容

这一时期的洞窟壁画题材约有三四十种,具有多、杂、散的特点,有大乘、小乘、显宗、密宗、汉密、藏密,甚至梵密(印度、尼泊尔密教)等,兼收并蓄,不能不说不杂;题材品种虽多,但流行题材倾向不明显,即样样有而都绘制不多,故曰散。当然,从纵向比较的角度观察,藏密系统的内容无疑在这个时期比较流行并占有主导地位,这正是元代时期壁画题材内容方面的一个特点。另一个特点是净土宗经变画,从隋唐以后七八百年间一直兴盛不衰的主导地位上滑落到从属次要地位,而代之以各种新的藏、汉、梵密尊像画。尊像是西夏和元代两个时期将近300年间的主要石窟壁画题材,有千手千钵文殊菩萨像,均结跏趺坐须弥山上,千手各持一钵,钵中各出一化佛,分布如圆轮。须弥山耸峙于大海中,上有双龙缠绕、日月相对。还有千手千眼观音像。元代至正年间(1341—1368)第3窟的千手千眼观音像一铺,人物较少,观音11面,叠头如塔;千臂千手,摆列如轮,每掌中各有一慈眼。图上部有飞天,两侧有功德天、吉祥天、婆薮仙、火头金刚、毗那夜迦等,布局严谨,造型真实,多为中原人物形象,有的衣冠如道教神像。其线描纯熟、变化丰富,以圆润秀劲的铁线勾勒面部和肢体,用折芦描表现厚重的衣纹褶襞,用顿挫分明的钉头鼠尾描表现力士隆起的肌肉,又用清丽飘逸的游丝描画出蓬松的须发。为了刻画不同的质感,作者使用了多种线描,既使形象更加真切感人,也显示了元代绘画艺术的高度发展。第61窟甬道南壁的巨形炽盛光佛,大约是元代修造窟檐时所绘。图中佛像坐轮车上,右手以一指顶法轮,前有诸天引导,车后龙旗飘扬,金刚力士跟随,上空有众多天人及天宫诸星宿。此画与窟内以文殊菩萨为主像的内容密切相关。

元代壁画题材还有一类是西藏式密教图像。藏密是在西夏时代从西藏传来的,也有两种:一种是曼陀罗,即坛城图,如第3窟之五方佛曼陀罗,是一面观音曼陀罗,四方有塔,塔两侧有旗,圆坛与方城层层套叠,逐步深入。这是休息用的坛城图样,也有优美的人物形象。这幅圆环中的树下美人图,美人手攀菩提树,双脚交叉,舞姿优美,神情恬静,显然是印度和尼波罗美女的风貌。另一种是金刚(或明王),如26窟不动明王作忿怒像,一手持金刚忤,一手执蛇,脚下踏蛇,是降服一切魔鬼的教令轮身。又如第4窟的军荼利金刚,忿怒像,八臂,持轮、忤杖等法器,双脚踏莲花,身在火光中,是降服魔鬼惑乱的明王。第465窟壁画为萨迦派宗教艺术,内容有以大日如来为中心的五方佛及各种明王愤怒像以及双身合抱像,即所谓欢喜天、欢喜金刚(见图7-14)。明王像面目狞恶,裸体做舞蹈姿态,比例适度,线描细腻,晕染颇有立体感。

图7-14 欢喜金刚 465窟(元代)

这铺壁画既有明显的来自尼泊尔和印度的影响,又有较多西藏原始宗教苯教成分,表现出萨迦派艺术的独特风格。

西夏和元代的供养人画像为数极少,但人物造型和衣冠服饰很有民族特色。元代供养人画像仅一二例,面相宽肥,戴笠帽,穿窄袖袍、六合靴,这就是蒙古民族服装"质孙"(一色服)。其中最具代表性的是莫高窟第332窟和榆林窟第3窟中的蒙古族供养人画像(见图7-15、7-16)。第332窟甬道南壁的男供养人画像,头戴卷沿笠帽,有的顶饰羽毛,帽后垂巾,身穿交领窄袖长袍,外套半臂衫,肩上饰披肩,脚穿长筒皮靴。女供养人头戴高耸的瓶形顾姑冠,冠后垂巾带,身穿交领窄袖长袍,足穿皮靴。其中前排有一身形高大的供养人,头戴高大的顾姑冠,冠后垂披巾,身穿染花交领大长袍,长袍后襟曳地,双手合十,像前有一男童持花引导,像后有一女仆牵持衣襟,反映了蒙古贵族妇女的装

图7-15 蒙古族供养人 332窟(元代)

扮。榆林窟第3窟的蒙古族男女供养人画像与332窟相似。

元代时蒙古族统治敦煌地区,在莫高窟和榆林窟营建重修的洞窟都很少。元代流行密宗,分藏密和汉密。藏密宗教中无飞天,汉传密宗艺术中现存的飞天也不多。[1] 其中最具代表性的是画在第3窟南壁和北壁千手千眼观音经变图上置于两角的4身飞天。北壁观音经变图上方两身飞天造型较为完美。这两

图 7-16　供养人　榆林窟3窟(元代)

身飞天相对对称,形象、姿态、衣饰基本相似,头梳锥髻、戴宝冠,脸型丰圆,长眉秀眼,上体半裸,项饰璎珞,臂饰宝钏,一手托莲花,一手执莲枝负在肩上,乘黄色卷云从空而降,衣裙巾带很短,身体沉重,飞动感不强,已无佛教飞天的姿态风貌,而像是两位乘云飞行的道教仙童(见图7-17)。

〔1〕谢生保:《敦煌飞天》,甘肃人民出版社1995年版。

图 7-17　飞天　3 窟（元代）

7.4.2　崭新的壁画艺术

　　元代壁画中密教题材十分突出，特别是接受了从西藏传来的萨迦派密教艺术。虽然开窟画壁为数不多，但是由于出现了新的风格，取得了新的成就，从而打破了莫高窟最后时期的沉寂气氛。

7.4.2.1　人物形象各异

　　元代密宗普遍流行，内容一致而风格不同。一种为藏密，即传自西藏的密教画，人物形象比例适度、解剖合理。脸型有方形、广额秀颐型，长眉大眼，身姿婀娜，人面或作青色或作绿色，或作红绿阴阳面，对比强烈，阴森恐怖。这种密教艺术直接受到印度、尼泊尔的影响。另一种是唐代密教画的继承和发展，形象多似中原官吏贵族，天女、梵王均着当时汉族的朝服或礼服。线描多种多样，菩萨的面部、肢体为秀劲圆润的铁线描，厚重的衣纹用折芦描，力士强健的肌肉则用顿挫分明的钉头鼠尾描，蓬松的须发用飘洒的游丝描，各极其妙，充分发挥了线描的造型功能,表现了不同的质感,通过真实的外貌,深刻地展示了人物的内心感情。这淳厚典雅的风格,是敦煌壁画衰落时期光彩夺目的杰出作品。

由于在技巧上吸收前人经验,以遒劲有力的铁线描,勾勒出人物轮廓,然后在轮廓线内淡施晕染,绘出肌肤,使之形成凹凸,产生向背明晰之感。人物的服饰,采用生动、多变、流畅的折芦描,将复杂的衣褶、飘带等画得层叠有序,飞扬飘举,相得益彰,意象统一。如第3窟北壁的千手千眼观音,形象生动,惟妙惟肖,特别是他那众多的手,千姿百态,变化万端。旁侧的婆薮仙,已不再是过去瘦婆罗门的形象,而是头戴宝冠,长眉弯曲下垂,身着交领宽袖长服,二目前视,仪态虔恭,持重端庄,神采奕奕,这是当时的士大夫形象。辨才天二目对视,樱口紧闭,头梳高髻,戴花冠,鲜花偏簪,身着时装,一手持莲花,一手置胸前,作供养之状。此窟四角的飞天,似从四面八方飞翔而来。她们手执荷叶和吉祥花,飞向菩萨,致礼供养。那火头金刚面相狰狞,似欲对渎神者随时施以严惩。此窟壁画是画工史小玉施艺展技留下的精品,堪为蒙元时期莫高窟洞窟的代表。

第465窟的人物造型则采用展示法,使人物形体的阴阳向背了了分明,如织帛师、云碓师诸图,都能使我们看到人物的多角度侧面。这种表现手法,是过去所无或少见的。以传统的铁线描勾勒出形体的轮廓,达到影像清晰的效果。衣饰极少采用早期使用的折芦描,如垂帐衣纹等都是用铁线描绘出的。设色多用青、白、金、蓝等色,特别是白色的运用,更有独特的地方,其效果洁白无瑕、莹润如玉,如说法图中的菩萨像等。涂色多是一气呵成,少有叠晕。表现人物,首先是将人物加以区分,区别世俗人物和天国神人,以及这些人物地位高下之不同。对于神佛菩萨和王公贵族,表现他们的娴静高雅;对于下层人物,则表现他们的粗犷与朴实。这样既造成人天相依的神秘感,又可表现出高下卑尊之不同。人物造型回避或少用早期的亭亭玉立、坐式端庄的雷同模式,改用三角形的造型,以表现人物多变的姿态,使每个人物各具姿态。在人物的排列上,也将不同的服色、肤色图案化,背景以浅色绘制,人物以浓重的色彩画成,使人物十分凸显。

·欧·亚·历·史·文·化·文·库·

7.4.2.2 线描丰富多样

元代壁画艺术中的线描,除了继承唐、五代绘画中的各种线描外,又增加了一些运笔有更多变化的线描,如折芦描、钉头鼠尾描、减笔描等的运用。折芦描是南宋梁楷从吴道子、李公麟笔意中画出的一种线描形式,画衣褶线描用笔锋较尖和细长的笔,转折处均着意顿挫,形成似芦苇急折之状,如第3窟壁画人物的衣纹、飘带、口角线等。钉头鼠尾描犹如宋徽宗的瘦金体书法之用笔,落笔力透纸背,先以侧锋顿笔,使起笔形如钉盖,行笔则用中锋,收笔轻缓,线形头粗尾细,犹如鼠尾。敦煌只在榆林窟第3窟和莫高窟第3窟的西夏、元代壁画中的人物衣纹、飘带及山水的线描和皴法中有见使用。减笔描是与工笔相对称的一种线描,力求简练概括,是以貌取神的技法之一,难度大于工笔。这些线描的运用集中于第3窟的千手千眼观音壁画,该作品是元代新出现的一种构图和技法处理形式。尤其是在线描方面,把高古游丝描、行云流水描、琴弦描、铁线描、兰叶描、折芦描、钉头鼠尾描、柴笔描、减笔描等都运用其中,集十数种线描在一幅画面中,堪称现存古代中国壁画中为数不多的工笔淡彩画杰出作品。虽然由于佛教内容的限制,使作者不能随意在壁画中抒发情怀,发挥其他技法和创作优势,但仅仅在这新的一种构图形式中就已体现出了宋以后书法运笔的深刻含意。[1]

到元代,水墨画的线法及其表现形式正式反馈到莫高窟。如莫高窟3窟,以及榆林窟3窟等以墨线为主的表现形式。壁画以深厚的线描功夫为特长的工笔淡彩,创造出的千手千眼观音菩萨设色清淡典雅,俨然中原画风,特别是将折芦描、铁线描、游丝描、钉头鼠尾描相结合,把线描造型推到极高水平,体现出文人画风进一步发展的趋势和特点,这就是以线为主以色为辅的工笔淡彩技术。壁画以粗糙的泥壁作底,绘以精细微妙的线描,用色淡雅,色不压线,色不抢线,充分显示了线描的表现力(如图7-18)。这时的线条与唐代103窟维摩诘的线法有许多共同之处,如线条用墨来勾勒,用色比较简单,线条也都采用两边画

---

〔1〕吴荣鉴:《敦煌壁画中的线描》,载《敦煌研究》2004 第1期。

成的方法。但这时的线法更注意浓淡变化和转折停顿,使形体的转折处线条变化多端,特别是衣服飘带与饰品的画法,不仅有粗细起伏的用笔变化,而且还非常注意线条在物体的前后空间以及主、次的表现,即近处物体线条用笔都较浓重粗大,次要的极远处的线条较淡较细。另外,无论线笔是浓是淡,其中的水分都大大地增多了,显得浓淡变化更为自如生动。与此同时,在壁画中又出现了另一种造型线法,该线法仍以墨线勾成,且多用较浓的墨,线条不求浓淡的变化,这一点与唐代早期线法相似,但不同的是特别强调起笔的效果:

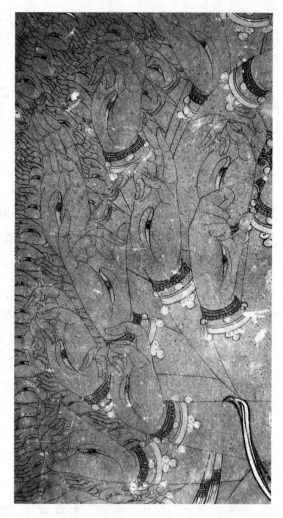

图7-18　线描　3窟(元代)

起笔以侧取势,锋转停顿后,转中锋行笔,收笔作渐提收势,力送尾部,不留明显回锋之势,有明显的"钉头鼠尾"的效果。这种线条挺拔有力,布局匀称工整,疏密穿插自然贴体,造型特别严谨。密宗艺术传入敦煌地区之后,汉地画家采取了两种表现手法,第一种是如上述莫高窟3窟的画中使用中原的水墨线法造型;另一种就是保持了印度和西藏密宗艺术的造型风格,线法用一种极其工整而细小的墨线来造型,线与线之间交接严谨,许多形体,都是用无数的线表现勾成。尽管这些线条

211

·欧·亚·历·史·文·化·文·库·

极细,但仍不失装饰线法,线仍然支撑着表现形体的重任。这是汉地画家把西藏艺术融入中国绘画所产生的一种风格。当然,这种带有外来成分的表现形式也许不合汉民族的审美习俗,所以并没有流传下来,只有西藏的噶当艺术保留至今。元代艺术虽然是莫高窟艺术创造所历10个朝代中最后一个朝代,但它在中国线法的追求和发展中做出了应有的历史贡献,为莫高窟艺术放射了最后一道耀眼的光芒。

7.4.2.3　色彩冷艳厚重

465窟以密宗的欢喜金刚为造型的形象,许多动态各异的裸体造型给人以新异的感受。此外,新异的另一个原因在色彩上,其浓重艳丽的色调,美艳之中令人怖畏,效果强烈令人惊叹。与敦煌晚期的风格趣味不相同的颜色和情调,是装饰性绘画的一种风格样式,带有浓重的印度和西域风格及情调。

就色调而言,它不同于晚唐以来所常见的红绿对比色调,也不同于文人画风之古香色调,基本上是由以石绿为主色与黑、灰、白所构成的冷色调。在鲜明色中出现了普蓝、群青、赭红、淡土红、紫灰、土黄和金色。除石绿之外大多以小面积和点缀色出现。石绿多用作底色,起着色调的统帅作用。用作底色的还有灰蓝色和白粉底,用以区别不同的画面色调。其底色的不同变化对色调的新异起了一定作用。大量的黑、灰、白色与鲜明色配合,是色调成功的关键。画中的鲜明色除石绿外,其他颜色其实并不十分鲜明,土红和赭红都已减弱了浓度和使用面积,起着点缀色的作用。画面没有过强的暖色可与石绿抗争,强烈的黑白对比突出了人物的整体效果,并取代了强烈的冷暖对比,其他颜色在深沉的色调中隐现出色彩的丰富感。

就画风而言,是装饰性的勾线平涂。勾线虽不像中原文人画那么多讲究,所勾黑线细而均匀、隐而不显,突出了色块的装饰作用。在用色上,一个重要的方面是佛像的肤色由各种不同颜色画成。该窟的佛像、金刚数量众多,构图结构饱满,其头部和裸体颜色占有很大面积,肤色的变化在很大程度上决定了色调的丰富感。就该窟而言,用得最多的是黑色皮肤,此外有紫灰、群青、淡紫、赭红、灰色、白色等七八种之多,这是壁画色彩出现神秘感和丰富感的一个原因。画师之所以把佛像的肤色画成各种颜色,仅仅是出于形式美感的需要,并非着眼于皮肤固有色的真实性。装饰性绘画的一个特点就在于此。肤色的不同只是用以表现佛像的不同身份和地位,只能看成是一种色彩符号而已。人物肤色的变化对色彩的丰富感起着重要的作用(见彩图 7 – 19)。[1]

7.4.2.4 构图别具一格

千手千眼观音,不同时代、不同画工,在表现上有所不同,布局结构颇不一致。第 3 窟的一铺千手千眼观音像,人物较少。观音 11 面,叠头如塔,千臂千手,摆列如轮。"每手掌中有一慈眼。"图上部有飞天,两侧有功德天、吉祥天、婆薮仙、火头金刚、毗那夜迦等,布局严谨、造型真实,多为中原人物形象,有的衣冠如道教神像。为了刻画出不同的质感,作者使用了多种线描,既使形象更加真切感人,也显示了元代绘画艺术的高度发展。在第 3 窟内,将折芦描与铁线描、游丝描、钉头鼠尾描相结合,把线描造型推到极高的水平,避免了设色清淡典雅的纯然中原画风。与此形成对照的是称作秘密寺的 465 窟,色彩浓重鲜明,美艳之中令人怖畏,艺术效果强烈,别是一番境界。第 465 窟是一个大窟。此窟现存壁画是莫高窟中的佼佼者之一。全窟画西藏佛教所信仰的主要内容:窟顶绘有以大日如来为中心的"五智圆通",藻井大日如来,东披阿众佛,南披宝生佛,西披无量寿佛,北披不空成就佛,四壁画怖畏金刚等等。布局采用散点式的排列组合法,将所有人物、动物、植物等,上下左右地排列,组成织锦般的背景。如南北西三壁的怖畏金刚的背景,画面组合上、疏密相兼、粗细相间、疏可走马、密不通风、细至一丝不苟、繁缛绮丽,粗则一笔了了、不加润饰,既细密严谨,又奔放粗犷。

敦煌莫高窟蒙元时期的壁画艺术,是汉蒙藏各族人民用血汗共同浇灌而培育成的花朵,有许多精湛的艺术品。莫高窟壁画艺术的发展也到此终止,它犹如反照的夕阳,霞光灿烂,继之而来的则是落日的黄

---

〔1〕周大正:《敦煌壁画与中国画色彩》,人民美术出版社 2000 年版。

昏。[1]

晚期壁画,在运用线描技巧塑造和刻画形象方面,在山水画和装饰图案等方面,都取得了较高成就。璀璨的唐画,主要以宏博的气势、壮观的规模、饱满的构图、绚丽的色彩见长,而晚期的艺术,尤其是西夏和蒙元壁画,主要是以充分发挥线描的造型功用,继续探索创新,推出了折芦描、钉头鼠尾描等新的描法,综合运用各种不同线描的技巧,巧妙处理各种不同线描之间的衔接过渡,巧妙处理线描同色彩之间的微妙关系,依靠线描艺术来刻画形神兼备的生动形象,打动人心、征服观者。从这个意义上说,西夏和元代壁画的一个最突出的成就和最明显的特点是集线描艺术之大成、登线描艺术之高峰,将敦煌壁画艺术,特别是其中的白描、淡彩画推向了一个新的发展水平。回鹘族,特别是党项族和蒙古族,与汉藏及其他民族一起,共同为中华民族文化艺术的繁荣做出了杰出的贡献。

敦煌莫高窟,从公元 366 年到公元 1367 年的 1000 多年间,由于内容丰富、形式多样,反映出的内容演变和制作经验,精深宏博,是一座具有完整体系的艺术宝库。敦煌莫高窟艺术是我国历史上各民族在宗教信仰与意识上交织的结晶。1000 多年来,经历过汉、鲜卑、回鹘、吐蕃、西夏、蒙古等各民族政权的统治,各民族都在这里修建过石窟,留下了有关的洞窟、彩塑和壁画,这些作品表现了不同宗派的佛教信仰、风格各异的艺术爱好和各具特点的生活方式。通过这些民族特色十分浓郁的艺术,可以看出各民族在艺术上的互相影响、互相学习的过程中所形成的共同审美心理和审美情趣,它是中国各民族源远流长、互依互存的历史所形成的重要标志之一。

---

[1]孙修身:《莫高窟壁画艺术·元代》,甘肃人民出版社 1986 年版。

国家出版基金项目
NATIONAL PUBLICATION FOUNDATION

国家社会科学基金项目、全国艺术科学"十五"规划课题（01BF48）

欧亚历史文化文库

总策划 张余胜

兰州大学出版社

敦煌壁画艺术论

下册

丛书主编 余太山

李映洲 主编

图书在版编目(CIP)数据

敦煌壁画艺术论 / 李映洲主编. —兰州:兰州大学出版社,2013.8

(欧亚历史文化文库/余太山主编)

ISBN 978-7-311-04197-7

Ⅰ.①敦… Ⅱ.①李… Ⅲ.①敦煌壁画—研究 Ⅳ.①K879.414

中国版本图书馆 CIP 数据核字(2013)第 169128 号

总 策 划　张余胜

书　　名　**敦煌壁画艺术论(下册)**
丛书主编　余太山
作　　者　李映洲　主编
出版发行　兰州大学出版社　　(地址:兰州市天水南路 222 号　730000)
电　　话　0931-8912613(总编办公室)　　0931-8617156(营销中心)
　　　　　0931-8914298(读者服务部)
网　　址　http://www.onbook.com.cn
电子信箱　press@lzu.edu.cn
印　　刷　兰州人民印刷厂
开　　本　700 mm×1000 mm　1/16
总 印 张　35(插页1)
总 字 数　486 千
版　　次　2013 年 7 月第 1 版
印　　次　2013 年 7 月第 1 次印刷
书　　号　ISBN 978-7-311-04197-7
定　　价　148.00 元(上、下册)

(图书若有破损、缺页、掉页可随时与本社联系)
淘宝网邮购地址:http://lzup.taobao.com

目 录(下册)

3

分论编

周大正　汪永萍　王晓蓉
张建荣　王晓琳　李映洲　编著

8 敦煌壁画之菩萨

> 神灵是最高的美,我们愈是把人想象得与最高存在(神灵)相仿和近似,那么人类的美的概念也就愈完善。
>
> ——温克尔曼

敦煌艺术中的菩萨塑像可谓琳琅满目,如果再算上壁画上的菩萨像以及与此相联系的中国民间难以计数的菩萨塑、菩萨画,从古至今,菩萨可以排成一个长长的浩大队列。这些用泥、石、木、颜料造成的形象群体,相对人的触觉感官,是一个冰冷的世界;但在中国人的心里,他(她)们却展示着一个充满温暖与热情的世界。他们永远活着,静静地、充满爱意地诉说着中国人的心里话,生动地表露着他们同中国人在心灵上的交流和融合。

佛陀(释迦牟尼成道后被信徒膜拜的偶像)从降生到悟道、到布道、到涅槃,终于离开人间到西方极乐世界去了。他是彼岸世界的最高的神,他离人间太遥远了。人们对他的感情的主调是敬畏。

菩萨则不然,他是同人的尘世生活打成一片的神。固然中国佛教曾经衍化出禅宗这一宗派,或讲究参悟验证,或主张心中自有佛性,自己就是佛,似乎禅宗的"佛"同人是最亲密、最无距离感的了。但是,欢迎这一套的多是中国文人和士大夫阶层,一般老百姓最欢迎的,还是那些外于自己又亲近自己,不是求诸己心,而是在心外确有形体的菩萨。敦煌石窟佛教尊像中,菩萨的容貌姿态是最优美、最丰富、最动人的。菩萨像展示了东方女性美的魅力,她的塑像被世人称为东方维纳斯,她的画像被世人称为东方圣母。

敦煌石窟中,几乎窟窟都有说法图、经变画。这些说法图和经变画

·欧·亚·历·史·文·化·文·库·

中都绘有各式各样菩萨,有的洞窟中四壁都绘有菩萨,还有许多单幅的菩萨画像。敦煌石窟中有上千幅的说法图和经变画,仅经变画中的菩萨像,就数以万计,是世界上保存菩萨画像最多的佛教石窟。[1]

8.1 佛教菩萨的由来与分类

8.1.1 菩萨的由来

菩萨是梵文音译"菩提萨埵"(梵文 Bodhisattva)的简称,其"菩提"汉译是"觉悟","萨埵"汉译是"众生"或"有情"(一切有感情的动物),全译应是:"觉有情"、"道众生"、"觉悟的众生"之意。菩萨是指那种"上求菩提(觉悟),下化有情(众生)"的人。根据这个词意,中国古代翻译的佛经中,还把菩萨译为开士、大士、圣士、法臣等,例如把观音菩萨称为观音大士,把普贤菩萨称为普贤圣士。赵朴初把菩萨通俗地解释为:"凡是抱着广大的志愿,要将自己和一切众生一齐从苦恼中救度出来,而得到究竟安乐(自度度他),要将自己和一切众生一起从愚痴中解脱出来,而得到彻底的觉悟(自觉觉他)——这种人便叫做菩萨。"[2]可见菩萨具有非同寻常的品质。其一,他既是觉悟者,又是有情者,是理性与情性相统一的人。本来,神是觉悟者,众生是受人世情感缠绕而难以自拔的人,这是一个很清楚的界线,按此界线划分,菩萨应是"无情"的。但菩萨以求得的"菩提",去化解众生的有情,自己无情焉能做到? 可以说,菩萨是有情的。其二,他既是神,又是人。作为神,他的位置仅次于佛陀。他最终还是要成佛的,但由于他发誓要救世人于苦难,只要人间还有苦难他便永不成佛,所以只要他还是菩萨,他就只能是兼具神性与人性的"这种人"(赵朴初语)。因此,他是一个活生生的矛盾体,而不是一个一切皆完满了的、离开了实际世界的佛。因此,他既要自度,又要度他;既要自觉,又要觉他。他一定是很注重本身

---

〔1〕谢生保、马玉华:《敦煌菩萨概述》,载《敦煌壁画白描精粹—敦煌菩萨》,甘肃人民美术出版社 1996 年版。

〔2〕赵朴初:《佛教常识答问》,北京出版社 2009 年版。

的自度和自觉的,他是一个实践者,他是在不断地救度众生于苦恼的实践中求得自我救度,在不断地解脱众生于愚痴的实践中求得自我解脱的。其三,由于上述原因,菩萨始终是在佛陀与众生之间充当中介的人,始终是在佛世与尘世之间搭起互通信息的桥梁的人。他在佛世的活动不多见,主要是站在佛陀身边作胁侍(便于反映民情、聆听教诲),而于尘世却无所不在,有千只眼观察尘世诸情,有千只手帮助众生解除困难。

佛教经典所赋予菩萨的这种最根本的性质,本身就似一种隐含着理性逻辑的艺术创造。一旦人们出于信仰和膜拜的需要将菩萨塑(绘)出形象时,这种创造就更具有艺术品位了。

在佛教初创的小乘时期,仅把释迦牟尼累世修行的前身和尚未成佛的悉达多王子称为菩萨。大乘佛教创立后,根据"人人具有佛性,人人皆可成佛"的理论,把凡是立下宏愿"上求佛道、下化众生"者都称之为菩萨。后来这个名称更加扩大化、世俗化,人们把那些精通佛法、德高望众的寺院高僧和在家居士也称作菩萨。

8.1.2 菩萨的分类

菩萨的分类有很多种。

8.1.2.1 胁侍菩萨和供养菩萨

按照佛教的修行层次,菩萨分为胁侍菩萨和供养菩萨。

胁侍菩萨是修行层次最高的菩萨,其修行觉悟仅次于佛陀或等同于佛陀。在没有成佛前,常在佛陀的身边,协助佛陀弘扬佛法、教化众生。按照佛教的理论,大千世界十方三世之中有无数佛,一方佛土,有一佛教化众生,而每一佛都有两位或几位胁侍菩萨。因此,佛国世界里的胁侍菩萨有多少,谁也说不清,谁也无法计算。在石窟壁画中经常画的是八大菩萨,即释迦佛的左右胁侍——文殊菩萨、普贤菩萨,阿弥陀佛的左右胁侍——观音菩萨、势至菩萨,药师佛的左右胁侍——日光菩萨、月光菩萨,还有弥勒菩萨和地藏菩萨。这些都是佛经上有名的菩萨,还有一些不知名的菩萨画在佛的身旁,也称为胁侍菩萨。胁侍菩萨画像和佛陀画像一样,有一定的法相和手印。如观音菩萨手持净瓶和

·欧·亚·历·史·文·化·文·库·

杨柳枝,天冠有一化佛。势至菩萨手持莲花,天冠中有宝瓶。文殊菩萨手持经匣或宝剑,身乘青色雄狮。普贤菩萨手持如意或经卷,身乘六牙白象。地藏菩萨手持如意宝珠和锡杖,身披袈裟,头戴毗卢冠,为僧人像。

供养菩萨是修行层次低于胁侍菩萨,为佛陀和弘扬佛法作供养的菩萨。佛教里把供养分为3种:一是利供养,即香花、香火、灯明、饮食、资财的供养;二是敬供养,即礼敬、朝拜、赞美、歌颂的供养;三是行供养,即敬奉三宝,受持戒律,修行善法的供养,又称为财供养、法供养和观行供养。供养菩萨实际上是为佛陀和宣扬佛法服务的菩萨,常画在佛座下面或胁侍菩萨、佛弟子的两边,姿势有站、有坐、有蹲、有跪,形象众多。如奏乐菩萨、歌舞菩萨、献花菩萨、敬香菩萨、燃灯菩萨、跪拜菩萨、持经菩萨、赴会菩萨、听法菩萨、思维菩萨、禅定菩萨等,都可以说是供养菩萨(如彩图8-1)。供养菩萨不像胁侍菩萨有一定的法相和手印规定,画家们可以任意创造,所以供养菩萨的形态比胁侍菩萨多,数量也比胁侍菩萨多。[1]

8.1.2.2　显宗菩萨和密宗菩萨

按佛教的宗派,菩萨又分为显宗菩萨和密宗菩萨。

显宗菩萨是指依照显宗教义和仪轨所画的菩萨。此类菩萨亦称正菩萨,与常人相同,一首二臂,法相庄严、面容慈悲、姿态优美。如八大胁侍菩萨和各种姿态的供养菩萨。敦煌石窟中显宗菩萨画像数量最多。

密宗菩萨是指依照佛教密宗教义和仪轨所画的菩萨。此类菩萨与常人相异,多首、多臂、多目。[2]如八臂观音、十一面观音、千手千眼观音、千手千钵文殊、如意轮观音等。在密宗菩萨中,又分为汉传密宗菩萨和藏传密宗菩萨。敦煌石窟中到初唐时才有密宗菩萨,数量很少。元代时才有藏传密宗菩萨,只有第465窟一个洞窟中绘有藏传密宗菩

〔1〕谢生保、马玉华:《敦煌菩萨概述》,载《敦煌壁画白描精粹·敦煌菩萨》,甘肃人民出版社1996年版。

〔2〕魏迎春:《敦煌菩萨漫谈》,民族出版社2004年版。

萨。汉传密宗菩萨的法相同显宗菩萨相似,只是多首、多臂、多目,面容慈悲,姿态优美;而藏传密宗菩萨与汉传菩萨形象差异很大,不仅多臂、多首、多目,有的菩萨面目狰狞,阴森可怕。

8.1.2.3 观音菩萨

在各种菩萨像中,观音菩萨的种类最多,大体上可以分为3类:

第一类是遵照佛教显宗仪轨所绘的一面二臂、或坐或立、法相庄严的显宗观音。

第二类是遵照佛教密宗仪轨所绘的多首、多臂(如图8-2)[1]、千手千眼、手持各种法器的密宗观音。

第三类是不遵守佛教仪轨,由画家根据人们的意愿希求,自创风格,任意描绘、任意题名的观音。如水月观音(见图8-3)[2]、白衣观音、宝相观音、施财观音、数珠观音、滴水观音、送子观音、鱼篮观音、杨枝观音等。这类观音形象众多,民间有二十五观音、三十三观音之说。

图8-2　八臂十一面观音

榆林35窟(五代)

〔1〕谢生保:《敦煌壁画白描精粹·敦煌菩萨》,甘肃人民美术出版社1996年版。

〔2〕谢生保:《敦煌壁画白描精粹·敦煌菩萨》,甘肃人民美术出版社1996年版。

221

·欧·亚·历·史·文·化·文·库·

上述 3 类观音,在敦煌石窟壁画中都有画像,前两类数量多,后一类数量少。[1]

图 8－3　水月观音　榆林 2 窟(西夏)

---

〔1〕李其琼:《中国石窟·敦煌莫高窟》(二),文物出版社 1984 年版。

8.2　佛教菩萨的性别探讨

菩萨是男还是女？这是一个很值得探讨的问题。把菩萨当成一个"觉有情"的人看，进而当成一个充当佛世与人世中介角色的人看，他应当是无性别的。可是，纵观菩萨像的发展历程，我们会发现，在不同的时期，菩萨所展现的性别特征是不同的。由于观音菩萨是一位最受中国民间僧俗大众敬仰的菩萨，人们对观音菩萨的敬仰甚至超过了对佛陀的敬仰。在佛教各种画像和造像中，观音菩萨的种类繁多，变化也极大。清楚了观音菩萨的衍变过程，也就明白了所有菩萨的衍变。下面以观音菩萨的衍变为例，来探讨菩萨的性别演变过程。

现在人们看到的观音菩萨是一位美貌动人、面善心慈的东方圣母，可人们并不知道，观音菩萨原来是畜不是人。观音菩萨由畜变人，由大丈夫变成一位东方美妇，有一个漫长的衍变过程。根据徐静波先生《观世音菩萨考述》[1]一文和其他一些学者的考证：早在佛教尚未产生的公元前7世纪时，印度婆罗门教的古经典《梨俱吠陀》中，已经有了观世音。不过，那时的观音并非丈夫身，也非女儿身，而是一对可爱的孪生小马驹。它作为婆罗门教中的善神，象征着慈悲和善，神力宏大。它能使盲者双目复明，恶疾缠身者康复，肢躯残缺者健全，不育女性生子，公牛产乳，枯木开花。观世音在当时受到古印度臣民的普遍信仰和崇敬，在整个社会中产生过巨大深远的影响。

公元前5世纪时，释迦牟尼创立了佛教。佛教主张解放奴隶，姓无贵贱，众生平等，比婆罗门教完善进步。佛教逐渐影响了婆罗门教教徒，并使婆罗门教教徒转信佛教。转信佛教的婆罗门教教徒一时难以改变他们所有的信仰，便把原是婆罗门教中的观世音带到了佛教之中，成了佛教中的一位善神。

公元前3世纪时，佛教大乘教产生，佛教徒为了安抚众生之心，便

---

〔1〕徐静波：《观世音菩萨考述》，春风文艺出版社1983年版。

将原婆罗门教中的善神观世音正式吸收过来,成为佛教中的一位慈善菩萨,叫做"马头观世音"。那时的马头观世音菩萨的形象还是一匹可爱的骏马。到了公元前后,佛教徒可能考虑到其他菩萨都是人身,而观世音是畜身,太不相配,便将"马头观音"改为人身,于是观音菩萨就由畜身变成了人身。

敦煌莫高窟第161窟中,画有马头观音像。不过这身马头观世音已是面善心慈的人身菩萨,只是戴着一顶高大的马头头盔式宝冠。佛教密宗中有马头观音画像,是密宗胎藏界六观音之一。这可能是观音由马变人过程中的遗迹。

佛教徒为使人们相信观音菩萨是人不是畜,又给观音菩萨编造了一份令人信服的"履历",使观音菩萨完全佛化。众多佛经中便有了这样的说法:观音菩萨原是古印度转轮王无净念的大王子。《悲华经》中说:"有转轮圣王,名无净念。王有千子,第一王子名不旬,即观世音菩萨;第二王子名尼摩,即大势至菩萨;第三王子名王象,即文殊菩萨;第八王子名泥图,即普贤菩萨。第一王子不旬发下宏愿,要解除世间众生的一切苦难。后来转轮王无净念成佛,即阿弥陀佛。不旬王子经数十年的修行,也成佛,号称:正法明佛。为了实现他的宏愿,解除世间苦难,使众生获得安乐,现菩萨身,协助佛陀,弘扬佛法。于是,观世音菩萨就成了父王——阿弥陀佛的左胁侍,而其弟大势至菩萨成了父王的右胁侍。"

据佛学专家们的考证,佛教传入中国,约在西汉末(公元1世纪)。佛教在中国兴盛的魏晋南北朝时期,观世音菩萨是随着佛教的传播来到中国的。传入中国时的观世音菩萨已是净土三经《无量寿佛经》、《观无量寿佛经》、《阿弥陀佛经》中西方净土教主阿弥陀佛的左胁侍。《华严经》中说:善财童子拜访观世音,在普陀洛迦山,"见岩谷林中,金刚石上,有勇猛丈夫观自在,与诸大菩萨围绕说法"。此时的观世音是王子出身的阿弥陀佛的"侍从官"和"勇猛丈夫观自在",还不是女儿身的观世音菩萨。因此,早期的观世音菩萨塑像和画像是男身丈夫形。在印度国立博物馆佛教艺术展厅里,竖立着一座作于公元2世纪、出土于马朱拉的 1.77 米高的菩萨立像,无头、臂,上身裸,下身着轻薄紧身裤,同裸体无异。此像肩宽,胸、腰有力度,站姿挺拔,男性生殖器轮廓显明,是男性无疑。

公元 3 世纪出土于赫利·巴洛儿,现藏白沙瓦博物馆的弥勒菩萨立像,上身裸,下着裤,面部结构是男性,但乳房似呈女性,腰纤细,臀和腿丰满,已有我们后来所谓的"男相女身"的特征,但他有很明显的胡须,是男性亦当无疑。

可以说,印度佛教艺术中把菩萨塑为男性的倾向是很明显的。在受希腊艺术影响极深的犍陀罗艺术中,把菩萨塑成男性,也是肯定的,但它已经有了使菩萨具有女身的趋向,这是菩萨作为人和神的"共同体",具有悲天悯人的慈善胸怀这些内在性质的艺术表现。

佛教传入中国二三百年后,佛教艺术兴起。敦煌莫高窟早期塑造的菩萨像,多是男像,如北魏(386—534)的交脚弥勒、思维菩萨即是。这些菩萨的脸皆宽有余长不足,鼻梁隆起,眼球从眼泡下鼓出,鼻翼肥阔,下颌短而圆,嘴巴很大,几乎超出鼻翼的一半,上唇唇豁又深又宽,下唇又宽又厚,毫无纤秀感,是典型的男子面相。[1]

随着佛教在中国的深入广泛的传播,尤其是《法华经》在中国的广泛传播,观世音菩萨的声望在中国日益提高,得到了下层广大人民的信仰。人们根据自己的愿望造出了众多的观音菩萨。观音菩萨亦从西方三圣中的胁侍菩萨分离出来,成了一位最受人们信奉的佛教善神。经过几个世纪的佛教汉化衍变,观音菩萨逐渐异化,中国的僧俗大众不仅把这种外国善神变成了中国善神,而且把这位勇猛丈夫变成了美貌女性。[2]

为了使信奉大众相信观音菩萨确实是一位美貌动人、面善心慈、救苦救难的女菩萨,中国的佛教信徒又给观世音"编造"了许多动人的故事,其中《香山传》流行最广。故事大意是说:观世音菩萨原是古代妙

---

[1]敦煌文物研究所:《敦煌壁画》,文物出版社 1962 年版。
[2]谢生保、马玉华:《敦煌菩萨概述》,载《敦煌壁画白描精粹·敦煌菩萨》,甘肃人民美术出版社 1996 年版。

庄王(即楚庄王)的第三女儿,名叫妙善。三公主妙善聪慧美丽,从小笃信佛教。年岁稍大,父王为其配嫁,妙善执意不从,要削发为尼。妙庄王一怒之下,把妙善逐出宫门。妙善决意皈依佛门,于是到宫外的山坳丛林——清秀庵修行。妙庄王发现女儿抗旨出家,怒火冲天,率兵马将妙善捉拿,当即在京城斩首示众,并使她的灵魂堕入地狱中。玉皇大帝闻讯后,命阎罗王将妙善灵魂救起,把妙善复活于香山紫竹林中。从此,妙善普度众生,行善天下,化现成为观世音菩萨。后来妙庄王得了重病,久治不愈。医师告知:须要亲生骨肉的手眼方可医治。在此情况下,妙庄王的大女儿妙圆、二女儿妙英都不愿献出手眼。妙善得知此事后,不念父王旧恶,挖下自己的双眼,砍下自己的双手,制成药丸,救活了父王。妙庄王得知这一切后,愧疚万分,为了纪念自己的爱女,请工匠塑一尊"全手全眼"观世音像。结果,工匠错将"全手全眼"误听为"千手千眼",于是塑出一尊千手千眼观世音(妙善)的像。

根据现存佛教艺术史料和专家们的研究,东晋以前,我国的菩萨画像和塑像,几乎都是男性,一位"伟丈夫"。东晋以后,始有女性菩萨塑像和画像出现。《胡应麟笔丛》中说:"女像观音造像始于南北朝。"隋唐之时,已出现大量的女性观音菩萨。唐代高僧道宣说:"造像梵相(画像)宋齐间(相当于北魏)皆厚唇、鼻隆、目长、颐丰,挺然丈夫之像。自唐以来,笔工皆端严,柔弱似妓女之貌。故今人夸菩萨如宫娃也。"[1]宋代之时,观音菩萨已经完全女性化。元、明、清三代,观音菩萨更加世俗化。我们现在看到的观音菩萨像,已经是一位按照中国人的审美观念、模仿中国女性容貌身材、穿戴中国衣冠服饰,面善心慈、美貌动人、庄重亲切的东方圣母[2]。

其他菩萨的画像和塑像,也随观音菩萨走过了一个由男性变为女性的过程。这个衍变过程经历了非男非女、男身女相、女身男相、完全女性化4个阶段。这一衍变过程在敦煌石窟中留下了明显的轨迹。

〔1〕《释氏要览》。
〔2〕谢生保、马玉华:《敦煌菩萨概述》,载《敦煌壁画白描精粹·敦煌菩萨》,甘肃人民美术出版社1996年版。

8.3　敦煌壁画菩萨画像的艺术特点

敦煌壁画,从十六国时期起,经北凉、北魏、西魏、北周、隋、唐、五代、宋、西夏而至元,经历了 10 个朝代。它的内容和艺术特点,随着时代的不同而发展变化,每一个时代都具有十分明显的艺术特点。菩萨画像和整体壁画一样,也各具有不同的时代特点。

8.3.1　形态各异的早期菩萨画像

北朝是敦煌石窟艺术初创和发展阶段,壁画艺术多受印度、西域佛教艺术的影响,此时的菩萨画像也受到了印度、西域菩萨画像的影响。北凉在敦煌建窟很少,只有两三个洞窟[1],北魏、西魏、北周建窟较多,但这 4 个朝代的菩萨画像又各具特点。

北凉和北魏的菩萨画像较为相似,头戴花蔓或宝冠,曲发垂肩,面相椭圆,直鼻大眼,耳轮长垂,体态修长,上身半裸,胸饰璎珞,肩披大巾,腰系长裙,形似印度、东南亚贵族,虽然衣饰华丽,却多现男相。[2]

西魏的菩萨画像有两种风格,一种是西域式(如彩图 8－4)[3]:头戴宝冠,脸为蛋形,长眉细眼,棱鼻薄唇,身材修长,上身半裸,腰系长裙,斜披罗巾,形似西域少数民族,是男是女,很难判定(如彩图 8－5)。[4] 另一种是中原式:头束发髻,戴中国式花冠,脸形清瘦,眉目疏朗,面带笑容,神情潇洒,身材高大,身穿汉式方领深衣长袍,腰束络带,脚蹬高头履,褒衣博带,体不露衣,一副魏晋南北朝清谈士大夫的气派(如图 8－6)。[5]

北周的菩萨画像具有西域龟兹石窟艺术的风格特点,头有圆光,戴印度式五珠冠,面相丰圆,体态短壮,上体半裸,肩披长巾,腰系重裙。

---

〔1〕段文杰:《十六国、北朝时期的敦煌石窟艺术》,载《敦煌研究文集》,甘肃人民出版社 1982年版。

〔2〕樊锦诗:《莫高窟壁画艺术·北凉》,甘肃人民出版社 1986 年版。

〔3〕谢生保:《敦煌壁画白描精粹·敦煌菩萨》,甘肃人民美术出版社 1996 年版。

〔4〕关友惠:《莫高窟壁画艺术·西魏》,甘肃人民出版社 1986 年版。

〔5〕谢生保:《敦煌壁画白描精粹·敦煌菩萨》,甘肃人民美术出版社 1996 年版。

图8-4 胁侍菩萨 282窟(西魏)   图8-6 持花菩萨 288窟(西魏)

面部因晕染变色,出现了白眉、白鼻、白眼、白齿、白下巴的五白特点,其体态既有印度菩萨的特点,又有西域菩萨的特点,其健壮的身材像男性,而圆大突出的乳房却像女性。[1]

8.3.2 端庄优雅的中期菩萨画像

8.3.2.1 隋代菩萨画像。

隋统一了全中国,结束了南北割据的战乱局面,是北方佛教与南方佛教、西域佛教与中原佛教相融的时期。敦煌石窟壁画艺术也处于一一

---

〔1〕关友惠:《北周时代的艺术》,载《甘肃画报》1983年第6期。

个融合、变革、创新的时期。隋代的菩萨画像分前、后期两种风格特点：隋代前期的菩萨画像继承北周的风格特点，其造型头大身短，面相丰圆，肩宽腹圆，体态健美，与隋代的彩塑造型风格一致。[1] 不过，此时的菩萨画像，身材健壮像男性，面相秀美、弯眉细眼却像女性，可以说是男身女相的菩萨（如彩图8 -7）。[2]

隋代后期的菩萨画像，克服了头大、腿短、腰粗等比例失调的毛病。面相有方圆形，也有长条形。其最大的变化是身材变得修长，姿态由双足并立、身体直挺，过渡到一腿微曲，把重心放在另一腿上，腰胯自然倾斜，出现了女性曲线姿态。虽然有的菩萨唇边有八字小胡，但整个身姿已变成了女性。此时的菩萨画像可以说是女身男相的菩萨（如图8 - 8）[3]。

8.3.2.2 唐代菩萨画像

唐代是中国封建社会政治、经济、文化最发达的时期，也是佛教在中国最昌盛的时期。作为经济、文化的外在标志和作为佛教昌盛标志的寺院石窟艺术也达到了鼎盛时期。此时的敦煌石窟壁

图 8 - 8　胁侍菩萨
278 窟（隋代）

〔1〕贺世哲：《隋代敦煌艺术》，载《甘肃画报》1984 年第 1 期。

〔2〕李其琼：《莫高窟壁画艺术·隋代》，甘肃人民出版社 1986 年版。

〔3〕谢生保：《敦煌壁画白描精粹·敦煌菩萨》，甘肃人民美术出版社 1996 年版。

·欧·亚·历·史·文·化·文·库·

画艺术得到了空前的大发展。

随着佛教思想与中国儒家、道家思想的互相濡染,佛教具有中国特色时,敦煌艺术形式也渐渐起了相应变化。反映在菩萨像上便是男女一体化、男相女身菩萨塑的出现。敦煌艺术在处理菩萨像时,本来就有男相女身的根蒂,中国儒、道思想的濡染大大加强了这一趋向。儒教中庸伦理思想主张不偏不倚、无过不及、中和常行,激情与刺激要不得,个性的伸展要不得,反映在艺术上则主张一种敦厚淳美的风格。道家崇尚自然,以为"立天之道曰阴与阳,立地之道曰柔与刚"[1],主张"知雄守雌"[2],讲自然无为,教人"绝仁弃义",有点追求个性自由的意思,因而在艺术上常有一种融于自然、游弋无穷,无己、无待、无功的空灵绝尘的自由气派。儒家教人入世,佛家教人出世,道家既不讲入世亦不讲出世,而讲效法自然,尽其天性,自由自在地打发生活和生命。隋唐时期的菩萨像不论在哪个阶段,都极其微妙地反映了这几种思想既相互冲突又相互融合的文化内涵。[3]

隋唐,尤其是唐的菩萨像,非常鲜明的特征就是男相女身。所谓女身,是指这些画像表现了女性身体从脖至腿的窈窕与丰腴,腰肢有纤细感,臀围圆润,腿部富有韵律。但是,恰恰在塑造她们的胸脯时,却一概淡化了她们的女性特征。女性身体外形的最敏感、最具有性别特征的部分是她们丰满而高耸的乳房。敦煌菩萨的女身虽然淡化了这一突出的特征,但女身仍然不失为女身,这是一种奇特的文化现象,或者说,这样淡化了最突出的性征的"女身",是中国文化的一个特殊的符号。[4]

段文杰先生在《略论莫高窟第 249 窟壁画内容和艺术》一文指出:"印度、阿富汗的菩萨,男女性别特征非常鲜明,女性:丰乳、细腰、大

〔1〕《易·说卦》。

〔2〕《老子》:"知其雄,守其雌,为天下期。"

〔3〕段文杰:《道教题材是如何进入佛教石窟的——莫高窟 249 窟窟顶壁画内容探讨》,载《1983 年全国敦煌学术讨论会文集·石窟·艺术编(上)》,甘肃人民出版社 1985 年版。

〔4〕谢生保、马玉华:《敦煌菩萨概述》,载《敦煌壁画白描精粹·敦煌菩萨》,甘肃人民美术出版社,1996 年版。

臀;男性:宽臂、壮腰、蝌蚪胡子。"[1]在印度佛教艺术中,不仅对菩萨的雕塑如段文中所概括的那样,对佛降生时其母的身体的塑造,对近乎裸体的药叉女的塑造,女性胸脯都是以极其夸张的手法加以处理的。但反观中国的菩萨塑像,对女胸是极其忌讳的。这同中国儒教的戒规有关。菩萨像(及其他一切佛像)原只是用于教徒膜拜的偶像,但在演化过程中经艺术家的经心塑造,使他们变成了欣赏的对象。中国儒教出于伦理的考虑,对"君子"(士大夫及有大德的人)有着异常严格的要求和诸多反自然的戒律。他们应该是非常有德行的人,是以夫子的"温、良、恭、俭、让"为楷模的人。"宽裕温柔"、"发强刚毅"、"齐庄中正"、"文理密察"是他们追求的理想人格的基本品质;"淡而不厌,简而文,温而理。知远之近,知风之自,知微之显",是他们自认别于小人的"有诸内而形诸外"的儒雅风度。如此这般,便可产生"见而民莫不敬,言而民莫不信,行而民莫不说(悦)。是以声名洋溢乎中国,施及蛮貊"[2]的效应。面对这样终生修炼,把人的一切自然本能的、活泼朴素的欲望都尽将去掉或尽将压抑的谦谦君子,向他们展示菩萨丰满而高耸的乳房,是万万要不得的。儒教对艺术的要求是以政治为第一标准的,"孔子为政,先正礼乐",赞美"乐而不淫、哀而不伤"的艺术,都体现出一种中庸的要求,反对"过而失其正",反对"过而害于和",所以,敦煌菩萨女身的特殊处理方法,实为儒教中庸思想影响所致。

　　同儒家相比,道家思想显得更少保守。敦煌菩萨像,从图像分析学看,更接近于对中国人道家文化心理的映射:菩萨的男女共体形状正好是道家阴阳交合、刚柔相济、知雄守雌的主张的表征。人体本来就是人世间一切美的事物中最美的,画出人体的自然性状,应是崇尚自然的道家理义的合理要求。但是,道家的崇尚自然,不在于惟妙惟肖地模仿自然,而是要融于自然,乃至凌驾于自然之上,求得精神上彻底摆脱尘世物相的拘禁。"得意忘言、得鱼忘筌、得兔忘蹄",既是精神解放的宣

---

〔1〕段文杰:《略论莫高窟第249窟壁画内容和艺术》,载《敦煌研究》1983年第3期。
〔2〕朱熹:《中庸章句》。

言,也是必然的艺术主张。[1]

唐代 300 年间的敦煌壁画艺术,随着河西历史的变化,其风格特点也有所不同。敦煌石窟艺术研究者们把初唐至吐蕃统治者占领河西、敦煌前划为前期,把吐蕃统治者占领敦煌后至唐代灭亡划为后期。

唐代前期是李唐王朝社会昌盛繁荣的上升期,这时期的敦煌石窟壁画艺术也呈现一派生气勃勃的景象。[2] 大型经变画法华经变、维摩诘经变、西方净土变、东方净土变、弥勒经变、华严经变已经出现,并成为壁画表现的主要内容,这些大型经变画中都有许多胁侍菩萨和大量的供养菩萨。[3] 此时的菩萨像已经人体比例适度,姿态优美,面相有方额广颐形,头束高髻,上戴花冠,素面如玉,长眉入鬓,多是丰肤莹润的风貌。菩萨的姿态也有多种,有的是肢体修长、亭亭玉立(如彩图 8 -9);有的是身姿扭曲一波三折犹如"S"形(如彩图 8 - 10)。在开元、天宝年间,还出现了丰肤腻体、曲眉丰颊的杨贵妃形。菩萨身上衣冠首饰,华贵富丽,珠光宝气(如彩图 8 - 11)。唐代的菩萨已经进一步女性化。尽管嘴唇上有的还画着蝌蚪式小胡子,这胡子好似脸上的装饰品,但整个动态神情,已非"勇猛丈夫"像,而是大家闺秀和皇亲贵妇像。其代表作品是初唐第 57 窟南壁说法图中的观音菩萨和初唐第 220 窟中的大势至菩萨。

第 57 窟的观世音菩萨,头戴化佛宝冠,脸为蛋形,细眉长眼,鼻直唇小,身着锦绣僧只支短围,裸露前胸,腰系丽裙,身饰项链、璎珞、臂钏、手镯,裙挂流苏、环佩,全身上下,珠光宝气,辉煌耀眼,赤足踩大莲花,腰身略呈"S"形,头部微斜,腰胯稍出,神态略显沉思,体态婀娜,表情传神。若不是画在佛陀身边,真是一幅唐代美人的肖像(见图 8 - 12)。[4]

第 220 窟的大势至菩萨,头有圆光,束高发髻,戴宝瓶冠,面相丰

---

〔1〕谢生保、马玉华:《敦煌菩萨概述》,载《敦煌壁画白描精粹·敦煌菩萨》,甘肃人民美术出版社 1996 年版。

〔2〕万庚育:《莫高窟的盛唐艺术》,载《甘肃画报》1984 年第 3 期。

〔3〕史苇湘:《莫高窟的初唐艺术》,载《甘肃画报》1984 年第 2 期。

〔4〕谢生保:《敦煌壁画白描精粹·敦煌菩萨》,甘肃人民美术出版社 1996 年版。

圆,弯眉细眼,棱鼻厚唇,唇边画有蝌蚪式胡子,前胸丰露,身着棋格联珠锦绣僧只衣,肩披薄纱长巾,腰系透体长裙,头饰金钗、珍珠步摇,耳垂玛瑙,身饰璎珞、臂钏、手镯,挂流苏、玉佩。浑身上下,珠光宝气,遍身罗绮,巾带随风。一手平举,停于胸前,作法界印。双足立于大莲花上,双目下视,神态庄严。这位菩萨唇边虽有小胡子,但显女性温雅的特征,谁都不会把她当作一位男菩萨去看待。其造型比例匀称,线描雄浑有力,色彩富丽厚重,充分显示了盛唐艺术精美艳丽的风格特点(如图 8 – 13)。[1]

唐代后期,自河西敦煌地区被吐蕃统治者占领之后,敦煌石窟艺术开始趋向衰落,已失去初唐、盛唐时生机蓬勃、繁荣辉煌的景象。壁画中的菩萨画像已无唐代前期那样潇洒动人,衣饰由鲜艳富丽、装饰豪华变得沉静简朴、淡彩素雅[2];姿态也摈弃了一波三折的扭捏体态,出现了双腿直立,腰部微扭,自然和谐的姿态(如彩图 8 – 14)。其代表作品如第 199 窟西壁佛龛外南侧的大势至菩萨(见图 8 – 15)。[3] 此菩萨画像体态大于真人,头有圆光,戴宝瓶冠,面相丰圆,石绿色双眉,蝌蚪形胡髭,神态慈祥,面露笑容;一手托花盆,一手举胸前,双足踩大莲花,腰部微扭向前伸,体姿端庄,举止优雅;身着天衣、腰系长裙,肩挠巾带,露着前胸,但装饰物较少。整个菩萨画像线描流畅、赋彩淡雅,是中唐吐蕃时期出现的一种新特点。

8.3.3 阴柔秀美的晚期女相菩萨画像

五代、宋代时期,敦煌石窟艺术已开始衰落,菩萨画像承袭唐代晚期的余绪,姿态神情已无唐代时的潇洒生动、娇艳动人,显得比较沉静庄严。在衣冠服饰上,已无唐代时的鲜艳富丽、珠光宝气,妆饰比较清淡素雅。[4] 不过,此时期的菩萨画像具有两大特点:

一是菩萨画像已经完全女性化,所有的菩萨几乎都是女相,嘴唇边

---

〔1〕谢生保:《敦煌壁画白描精粹·敦煌菩萨》,甘肃人民美术出版社 1996 年版。
〔2〕李其琼:《莫高窟壁画艺术·中唐》,甘肃人民出版社 1986 年版。
〔3〕谢生保:《敦煌壁画白描精粹·敦煌菩萨》,甘肃人民美术出版社 1996 年版。
〔4〕段文杰:《晚期的莫高窟艺术》,载《敦煌研究》1985 年第 3 期。

·欧·亚·历·史·文·化·文·库·

图 8 – 12　观音菩萨　　　　图 8 – 13　势至菩萨　　　　图 8 – 15　势至菩萨

57 窟（初唐）　　　　　　220 窟（初唐）　　　　　　199 窟（中唐）

长八字胡或蝌蚪形胡髭的女身男相菩萨已经不多见了。

　　二是隋唐时的菩萨都画在说法图和经变画中，独立的画像较少。五代以后，敦煌壁画中出现了大量由画家自由创作、独立的菩萨画像，如持花菩萨（见彩图 8 – 16）、柳枝观音、施钱观音、捻珠观音、水月观音、白衣观音等。

　　宋代时期菩萨画像代表作品如画在第 431 窟前室西壁门上的两身水月观音。南侧保存完好，且比北侧观音姿态优美。观音头戴化佛宝冠，腰系长裙，冠带绕双肩下垂两边，一腿平放，一腿翘起，两内脚心相合,左肘搭在左膝上,右手下扶莲座,背靠象征着普陀洛迦山宝池边的金刚石宝座,全身笼罩在一轮透明的圆形月光之中。圆光前有几株修竹,金刚石宝座下的绿水池中,有含苞欲放的莲花和莲蓬,境界幽雅清静。观音双目凝视前方,显出悠然自若的神情,恰如唐代大诗人白居易所写"净渌水上,虚白光中,一睹其相,万缘皆空"[1]的诗情画意。

西夏、元代是党项族和蒙古族两个少数民族占领统治敦煌时期,长达300年。由于这两个少数民族统治者都信奉佛教,所以没有中断敦煌石窟艺术,但是以汉民族信奉的大乘显宗佛教壁画艺术已经衰败,而佛教密宗壁画艺术在此时期得到了发展,并且达到了最高水平。[2] 密宗菩萨中绘制最多、形象最丰富的是千手千眼观音(如图8-17)。据敦煌研究院调查统计,仅莫高窟492个洞窟中,历代绘制的千手千眼观音就有40幅。最早的为盛唐,最晚的为元代。其中,盛唐绘制不多,不很流行;而晚唐至宋代绘制较多,较为流行。西夏至元代密宗佛教艺术兴盛,千手千眼观音绘制最多,形象也达到了最完美的阶段。其代表作品如榆林窟第3窟西夏千手千眼观音和莫高窟第3窟元代千手千眼观音。

榆林第3窟是西夏晚期开凿的一个大型洞窟。从建筑形式、洞窟内容、壁画题材、布局到画风,都具有藏传密宗艺术的特色和西夏民族特点,同时又显示出唐、宋汉族文化艺术传统的巨大影响。[3] 千手千眼观音绘在该窟东壁南侧,画面纵高3.7米,横宽2.2米,面积为8.14平方米,是榆林石窟最大的千手千眼画像。画面内容布局是:中央画巨大的五十一面千手千眼观音菩萨正面主像,观音脚踩水池中的莲花,头顶有宝盖,天空雨宝花,宝盖下面有一位化佛,两侧各有一身圆月中的菩萨。下方水池两侧是观音的部众天神、吉祥天女(图8-18)[4]、婆婆仙人、火头金刚、毗那夜伽神。

〔1〕白居易:《画水月菩萨赞》。

〔2〕刘玉权:《莫高窟的壁画艺术(西夏)》,宁夏画报1984年第1期。

〔3〕段文杰:《榆林窟的壁画艺术》,载《中国石窟·安西榆林窟》,文物出版社1997年版。

〔4〕谢生保:《敦煌壁画白描精粹·敦煌菩萨》,甘肃人民美术出版社1996年版。

图 8－18　吉祥天　榆林 3 窟（西夏）

这幅千手千眼观音有两大突出特点：

一是观音的面最多。观音画 51 面在敦煌壁画中很少见，仅此一例。50 面作宝塔重叠，上下分为 10 层，由下而上，中间一面较大，两边较小。头面由大变小，数量每层多少不等。第 1 层 3 面，第 2—6 层是 7 面，第 7—8 层是 5 面，第 9 层是 2 面，第 10 层 1 面。在第 10 层最大面上画一座 7 层宝塔与 51 面重叠，好似一座完整的尖形宝塔，高树在观音头上，使人看起来并没有怪异的感觉。

二是观音的手臂多。一般的千手千眼观音最多画 10 只大手臂，其他手臂均为小手组成的扇面背屏代替。而此观音像画 90 只大手大臂，这在敦煌壁画中也是很少见的。90 只大手分左右两侧，对称地画在观音身后椭圆形的红色背光中。其中 40 只手所持的法器、宝物是依照佛经仪轨所画的，如日精手、月精手、宝轮手、宝剑手、甘露手、拂尘手等；其他 50 手，各持一器，各示一业，表现了人间生活的内容。

莫高窟第 3 窟是敦煌石窟中唯一以观音菩萨为主题的洞窟，俗名观音洞。南北二壁的千手千眼观音经变构图为横长方形，纵高 2 米，横长 2.4 米,面积为 4.8 平方米。其构图、布局、人物完全一样。相比之下,北壁比南壁艺术水平略高。图中观音为 11 面,正面有 3 眼,面相丰圆。头戴宝冠,斜披长衣,腰系长裙,璎珞环钏饰身,神态端庄,立于大莲花上。身内两侧伸出 40 只大手臂,各持法器、宝物。其中一双大手臂,高举化佛于头顶;其他小手,手各一眼,分为 4—5 层,组成巨大的圆轮形法光,配做观音的背光。观音背光两侧是面相相对的吉祥天女和婆薮仙人,上方两侧角是两身飞天,下方两侧角是对称的火头金刚和毗那夜伽神。[1]

这两幅千手千眼观音虽无榆林窟第 3 窟的规模宏伟和丰富内容,但在人物造型和绘画技艺上却是敦煌壁画菩萨画像中前无古人、后无来者的精品杰作。观音造型姿态优雅,意境完美。其 11 面:在正面耳廓后面,各有 1 面,头顶发髻上排列 5 小面,中间较大的是恶面,恶面上面是一佛面,与 1 双大手臂高举的化佛配合在一起,好似 1 座尖形小塔,均衡相称,11 面均为 3 眼。其 20 双手臂用细铁线描绘,仔细观看,臂臂都出自观音身上,排列得巧妙自然。其余小手,每手 1 眼,巧妙地组合成圆形法光,看上去既像莲瓣编成的大花环,又像发出万道光芒的一轮红日。观音好似站在花环和红日之中,设计精巧,构图完美。

总之,我们可以从敦煌石窟壁画中找到菩萨的衍变轨迹。佛教传入中国时,菩萨是一位"勇猛丈夫",在近千年的历史长河中,中国人民把这位外来"洋神"改变成了一位中国"善神",又逐步从"非男非女"、"女相男身"、"男相女身",最后变成了一位外表上具有中国女性外貌风姿,内心上具有中国文化内涵气质,面善心慈、大慈大悲、救苦救难的东方圣母。可以说,菩萨女性化,是中国人民在宗教美术史上的一大创造!

---

〔1〕谢生保、马玉华:《敦煌菩萨概述》,载《敦煌壁画白描精粹·敦煌菩萨》,甘肃人民美术出版社 1996 年版。

9 敦煌壁画之飞天

美是自由的象征。

——高尔泰

中国古代的石窟,无论是河南洛阳龙门石窟,还是甘肃天水的麦积山石窟,甚至追溯到山西云冈和甘肃敦煌的石窟,都是由建筑、雕塑、装饰浑然一体组成的。就佛教的装饰而言,无论是从天顶壁画到地面装饰的大局,还是同一装饰区域内不同装饰主题的切换等细节,都在总体的控制之中,不同的题材大多有各自的表达形式,不同的时代又有不同的艺术特色,尤其在视觉形式的效果上,并非彼此孤立,而是经过设计者的精心安排,各得其所,相得益彰。装饰主题中与佛教教义宣传有密切关联的题材,主要有佛像、佛经故事题材、经变故事以及佛教史迹。那些在佛教中具有象征意义的飞天、天龙、金翅鸟、狮、莲花等图案内容随处可见,而其中最具代表性、最引人注目的形象也许应该首推飞天。[1] 提到飞天,人们就会想到不朽的敦煌莫高窟艺术,优美的敦煌飞天。敦煌莫高窟 492 个洞窟中,几乎窟窟画有飞天,总计 4500 余身。其数量之多,可以说是全世界和中国佛教石窟寺庙中,保存最多的。

9.1 飞天的由来

"飞天"一词最早出处见于杨炫之《洛阳伽蓝记》,该书成于东魏武定五年(547)。其卷 2 有一段记载:"石桥南道,有景兴尼寺,亦阉官等

---

〔1〕谢生保:《敦煌飞天概述》,载《敦煌壁画白描精粹·敦煌飞天》,甘肃人民美术出版社 1995 年版。

所共立也。有金像辇,去地三尺,施宝盖,四面垂金铃七宝珠,飞天伎乐,望之云表。"由此可知,此名称古已有之,而且与今所见之石窟壁画中飞天图形同步。

飞天,可以解释为"飞翔的天人"。"天"这个字,在佛教中概念复杂,有特殊意义。它是"提婆"(梵文 Deva)、"索洛"(梵文 Sua)的汉译,可释为天界、天道、天趣等。它不仅指天国、天堂,还寓意一种最高的、最优越的境界,或者最理想的生存环境,具有宇宙的层次概念。佛教认为:有"天人"和"天众"之分,只有修习十善,修习根本四禅的人,才能升入天部。还有一个概念:"天"是神的尊称和异名,佛教中把化生到净土天界的神庆人物称为"天",如"大梵天"、"功德天"、"善才天"、"吉祥天"、"欢喜天"、"三十三天"等。唐藏中云:"外国呼神亦为天。"佛教中把空中飞行的天神称为飞天,飞天多画在佛教石窟壁画中。汉译佛经用"飞天"这两个字,是很贴切的,它是专指供养天人和礼佛、奉献、飞舞着的天人。

飞天在中国五彩缤纷的佛国世界里属天龙八部之一,是佛的侍从,专司娱乐和歌舞的神。所谓天龙八部,是为佛护法的 8 类鬼神,又称神龙八部,"天"代表"天众","龙"则代表"龙众"。这 8 部鬼神走进了华夏文化,成为大家耳熟能详、妇孺皆知的人物,如"天"列第一,共有 20 层,每层"天"皆有称谓,有帝释天、四天王、摩利支天等。简要地说,天龙八部即:一天、二龙、三夜叉、四乾闼婆、五阿修罗、六迦楼罗、七紧那罗、八摩睺罗迦。飞天是佛教中乾闼婆和紧那罗的化身。乾闼婆,是一种以香为食的神,为乐神。紧那罗,是歌神。据唐《慧琳音义》,紧那罗"有微妙音响,能作歌舞",男相者马头人身,女相者相貌极美,善舞。他们原是古印度神话中的娱乐神和歌舞神,是一对夫妻,形影不离,融洽和谐,同在极乐国里弹琴歌唱,娱乐于佛,后被佛教吸收为天龙八部众神之一。乾闼婆的任务是在佛国里散发香气,为佛献花、供宝,栖身于花丛,飞翔于天宫。紧那罗的任务是在佛国里奏乐、歌舞,但不能飞翔于云霄。后来,乾闼婆和紧那罗相混合,男女不分、职能不分,合为一体,变为飞天。她们在天国里不食酒肉,专采百花香露,衣裙飘逸、彩带

·欧·亚·历·史·文·化·文·库·

飞舞、凌空飞动,出现在鼓乐齐鸣、天花乱坠的佛说法时刻。由于她们满身散发香气,又称香音神。至于飞天一词,是通俗的简称,按佛经所讲,飞天有 3 项职能:一是礼拜供奉,二是散花施香,三是歌舞伎乐。[1]

关于飞天的由来、表达的内涵,以及在中国形成的依据,论说颇多。归纳起来,大概有如下几种说法:

随佛教由印度传入 东汉明帝永平二年(59),佛教始经西域传至中国,除佛经之外,也兴起了寺院、石窟,带来了佛教艺术,包括佛像、壁画,其中就有飞天这个题材。这是飞天是随佛教由印度传入的说法。

出自印度神话及佛经 佛教之飞天,源自印度,出自古老印度神话,据佛经载,为乾闼婆和紧那罗二神的衍变。乾闼婆,梵文 Gandhara 的音译,出自印度神话,为婆罗门教崇拜的群神之一。据说其形状丑陋、多毛、卷发、半人半兽、执武器,住天上或空中,守护苏摩。另一说法,谓其为丰采之美男子,常飞游于菩提树下、云霓彩雾之间,歌舞散花,因之,称其为"香音神"、"寻香"、"香神"或"音乐之神"。《大智度论》卷 10 说:"乾闼婆是诸天伎人,随逐诸天,为诸天作乐。"紧那罗,梵文 kipnara 之音译,印度神话中乐神,传说为乾闼婆之妻,人身马头,出自梵天的脚趾,为能歌善舞者。《慧琳音义十一》说:"真陀罗,古作紧那罗,音乐天也,有微妙音响,能作歌舞,男则马首人身,能歌;女则端正,能舞。这些天女,多为乾闼婆妻室也。"《起世经》中说:"毗舍离北有七里山,七里山北有香山,于香山中有无量无边紧那罗住,常有音乐歌舞之声……有一乾闼婆王,名无比喻,与五百紧那罗女,具受五欲,娱乐游戏。"《法华经·譬喻品》里说:"诸天伎乐,千百万神于虚空中一时俱起,雨诸天华。"由以上诸项可以看出,乾闼婆和紧那罗是复数名称,并非指一人,而是指一群能歌善舞的小神灵,是为佛散花礼拜的"天人"的统称。[2]

佛经上还有明文记载,将此二神列入天龙八部。天龙八部是护卫

〔1〕段文杰:《飞天——乾达婆与紧那罗——再谈敦煌飞天》,载《敦煌研究》1987 年第 2 期。
〔2〕段文杰:《飞天——乾达婆与紧那罗——再谈敦煌飞天》,载《敦煌研究》1987 年第 2 期。

佛的 8 位护法神,原为古印度婆罗门教和各种外道的崇拜偶像,各有独自的来历和说法。传至中国后,石窟壁画中也各有各自人形化的造型,其中寓意乾闼婆和紧那罗的飞天为数最多。佛经上说,每当佛讲经说法之时,或佛涅槃之时,他们都脱掉衣服,凌空飞舞,奏乐散花。[1] 中国译出的佛经也沿袭了上述说法,这是解释飞天由来最主要的依据。天龙八部众保护神中有两个有趣的形象特征:一是多以鸟的形象出现,二是多以表演音乐的形象出现。其中的迦楼罗(梵文 Gamdas)汉译为金翅鸟,或称美翅鸟。传说其两翅相距 336 万公里,能食龙,常发悲苦之声音。传至中国,在敦煌壁画中也有反映。如莫高窟第 158 窟有一头饰鸟冠的勇猛武士形象,就是迦楼罗的造型。另外还有一部称摩睺罗迦,也是一种乐神。其造型为贵族相,头饰蛇冠,手持乐器。还有夜叉,形态丑陋,也是持乐器,或作舞的保护神。

在佛教壁画中,禽鸟的形象比比皆是,主要是为了营造一种幻想的极乐世界,寓意天境到处充满祥瑞欢乐的景象,因此,各种鸟类的造型被设想出来。佛经《阿弥陀经》有这么一段描述:"……彼佛国土,常作天乐。黄金为地,昼夜六时,天雨陀罗华……彼国常有种种奇妙杂色之鸟:白鹄、孔雀、鹦鹉、舍利、伽陵频迦、共命之鸟。是诸众鸟,昼夜六时,出和雅音。"据上罗列,这些鸟的种类和形象,在壁画中充分地得到表现,其中多为自然界的禽鸟,也有一些是虚幻构想出来的神奇的形象,如人首鸟身的伽陵频迦鸟和双人头鸟身的共命鸟,就是常见的形象。它们虽不属天龙八部的成员,但也属于佛的供养和护卫之类,在洞窟的绘画中烘托神秘的气氛。有趣的是,没有翅膀的飞天却飞舞在空中,而有翼的伽陵频迦鸟、共命鸟却被安排站在地上,令人费解。[2]

总之,这些来源于印度传说或佛经的依据,是一些相当模糊的概念,被佛教含混地借用,很难给飞天找出一个确切的诠释。

表现帝释天宫伎乐 另一种说法认为,飞天与天宫伎乐同出一辙,

〔1〕赵春明:《天衣飞扬满壁飞动——试论中国佛教飞天艺术》,载《美术》2003 年第 1 期。
〔2〕谢生保:《敦煌飞天概述》,载《敦煌壁画白描精粹·敦煌飞天》,甘肃人民美术出版社1995 年版。

表现的是帝释宫的活动,反映帝释所居宫殿众伎乐菩萨欢乐歌舞之美妙情景。帝释,也称释伽提桓因陀罗,为印度神话中的保护神,被称为切利天之主,所筑广厦楼阁称帝释宫。《吠陀经》里言其能杀魔鬼,饮苏摩酒(即甘露,一种不死之酒),乃法力无穷之天神,印度教中称因陀罗。传说他出身于婆罗门,与知友 33 人,生前共修福德,后升天,为切利天,亦称为三十三天之主,居住在须弥山之善见城内,天宫伎乐的天宫,即其所居宫殿。众伎乐天人则是宫内专司乐舞唱歌或散花之侍者,亦可称为伎乐菩萨。

兜率天宫乐舞活动　关于飞舞在天宫的伎乐,在佛经上还有一种说法,说是弥勒佛所居之兜率天宫的乐舞活动。释迦和弥勒二佛,同是禅修的主要供奉对象。《观弥勒菩萨上生兜率天经》有这样的描述:"尔时,此宫有一大神,名劳度跋提,即从座起,遍礼十方诸佛,发弘誓愿。若我福德,应为弥勒菩萨造善法堂,令我额上自然出……化为四十九重微妙宝宫,栏楯万亿梵摩尼宝所共合成,诸栏楯间自然化生九亿天子、五百亿天女,天子手中化生无量亿万七宝莲花,莲花上有无量亿光。其光明中具诸乐器,如是天乐不鼓自鸣,此声出时,诸女自然执众乐器竞起歌舞。"这些奇妙的内容,正与壁画中飞天吻合,特别是隋唐以来经变画之说法图的构图依据。

但是,我们要知道,当神佛们乘风驭云、越过顶着白雪的高高的葱岭的阻隔,向着辽阔的中华大地进发时,美丽迷人的佛教形象也越过佛经文字不通的障碍,便捷地被中国人的精神世界所拥抱。[1]

9.2　东方飞天艺术

飞天造型创造的思维逻辑、表现形式和方法,不仅在东方的印度和中国有,在西方也是存在的。

公元之初,佛教从印度传入中国的同时,欧洲大陆也酝酿着宗教运

---

〔1〕谢生保:《敦煌飞天概述》,载《敦煌壁画白描精粹·敦煌飞天》,甘肃人民美术出版社 1995 年版。

动,出现了基督教和拜占庭艺术。当时的罗马帝国大兴教堂,雕塑神像、绘制壁画,并以爱神丘比特为依据,塑造了一种形象:一群背有翅膀、手持弓箭、赤身裸体的小男孩,活泼可爱地飞舞在神像周围,或装饰在教堂拱门、墙壁的顶端。这种丘比特可以说就是西方的飞天。有趣的是,东西方宗教艺术在处理手法上是不谋而合的,甚至是同时期产生的。如西方教堂的偶像布局、壁画构图,与东方之佛教的构想如出一辙:西方的有翼小天使,与东方的衣裙飞舞的飞天一样,对称地盘旋在主尊神像的上方,与佛教的"说法图"布局极为相似。这种偶合应该说是人类幻想自然、编造神话的规律,是人类艺术思维的同步,也是宗教创造意识和对偶像装饰构想的同步。

追溯西方天使的由来和说法,亦是相当复杂的。在西方古代文化遗迹中,有翅膀的人和动物的形象也是早已有之,其在古希腊雕塑中的出现,是古希腊神话的反映。后来基督教文化产生,借用了这些神话和传说,称这一形象为天界和人间的使者,成为簇拥在耶稣周围的侍从。后经过不断发展衍变,造型也发生变化,不仅使小男孩的形象成为有男有女的神像附属的造像,天使的种类也很多,甚至还有善恶之分。在西方,一个经常被引证的来源是公元500年左右狄奥尼修斯所写的《古希腊的天人体系》一书。该书将天使划分为9个体系,不同名目有不同形状特征,拥有不同的职能,在神殿中居于不同的位置。此后,又经演绎,创造出很多动人的神话和传说,成为后来西方天使造型的依据。其中的寓意作用与构图形式多与佛教相似。

不过,东西方的飞天在艺术造型、表现技巧上还是有很大差异的。表面上看,差别在于有无翅膀,实质上是现实主义与浪漫主义不同创作原则的区别。西方艺术家追求的是现实主义创作手法,把人体的再现、人物造型的准确、逼肖自然的艺术形象作为审美的最高准则,把人体的造型美当作诗来创作,当作哲学来思考。他们把不能飞的人和善飞的鸟结合在一起,使机灵而不能飞翔的人具有鸟的飞翔本领。但是,在固定羽翼的控制下,追求真实感和人情味的西方天使,往往缺少轻盈、灵活而优美的舞姿和遨游太空的精神境界。这种艺术想象与中国人的审美理想和审美情趣不尽相同。

东方的飞天则以浪漫主义为创作基调,用写意的方法来营造艺术,所出现的飞天造型也就不在乎人物自然存在的形态,而是用高度概括、抽象的技巧,装饰性地设计变形的画面。因此,就出现了不同形态、不同绘制方法的飞天,巧妙地不用翅膀,而由人体直接飞翔,借衣裙和飘带显示空间和飞舞,画面更具天宫仙境的神秘之感,使艺术境界得到升华。

公元前4—5世纪,希腊银币上即有臂上长着翅膀上身半裸的童子,希腊高脚铜镜上也有展开双翼、凌空飞翔的裸体儿童。在基督教壁画中,天使的形象,有天真活泼的裸体儿童,长着等身翅膀,成群结队地飞翔在空中或嬉戏于圣母的身边。而多数则是妙龄少女,或披长发或戴金冠,着锦衣,束裙或着小腿裤,肩上搭长巾,臂生双翼,头后有圆光。这种西方艺术家创造的天使形象也通过丝绸之路传到东方,传到中国,并且进入了佛教寺院和石窟。据《斯坦因西域考古记》所述,斯坦因于1906年在新疆米兰遗址发现了中国"有翼的神像"。他曾这样写道:"这些壁画的构图和色调,把我又带回到埃及、罗马墓葬画中所绘希腊少女及青年美丽的头部上去了。在希腊式佛教美术造像中,以有翼的爱罗神为其直接的祖先……但是,这些天使之所以成为真正中国境内佛寺里的装饰画像,却不难于解释。犍陀罗派希腊式佛教雕刻,从有翼的爱神抄袭来的画像,现在用以代表佛教神话中借自印度传说,普通称其为乾闼婆的飞天。"从这一段文字中,可以看出斯坦因认为他发现的有翼神像来源于希腊爱罗神,在印度佛教中是乾闼婆,在中国就是飞天,是乾闼婆的化身。因此,斯坦因为他的东方文化西来说寻找了一个证据。但他不清楚,中国飞天的形成有诸多因素,其中虽然有外来基因,但更多的是本土文化衍变的结果。

继斯坦因之后,我国学者王炳华先生等人在塔克拉玛干米兰遗址的考察中,也发现两幅并列的有翼天使图像,与斯坦因所见完全相同,而且有佉卢文题记,说明壁画的绘制时间为公元2世纪左右,还有绘画者姓名,颇具古罗马风格。米兰即古时都善伊循城旧址,位于塔里木盆地东南端,是丝绸之路的重镇。有翼天使图像在这里发现,是西方文化在古代传入东方的见证。这种纯属基督教造型艺术的图像闯进了东方的佛寺之中,绝非偶然。在天山南麓古代西域遗存的建筑、壁画、藻井的图案里曾发现很多希腊罗马风格的绘画,甚至在龟兹、高昌的壁画中,都有身着希腊式衣冠的妇女造型。在麦积山景明三年的壁画中,有臂生双翼的俗装仙人。新疆发现的 7 世纪的舍利盒上,有更多的双翼裸体童子天使。直到元代,扬州保存的罗马拉丁文碑上,还刻着中国少女式的天使,仍然长着两只翅膀。西方的天使并未在中国繁衍,也没有在佛教艺术中落户,只不过偶尔露面而已。

中国原本有一种具有特定职能的飞神,叫羽人。按照宋人洪兴祖的解释,"羽人即飞仙",即"上升九霄,飞行上清"[1]的天仙。这种羽人是导引人羽化升天、长生不死的神。这类艺术形象,汉晋墓室壁画中可以看到:瘦骨嶙峋老人,衣裙、袖口装饰着羽毛,飘飘凌空。汉代画像石中也有"耳出于顶"臂生双翼的仙人,而下身往往化为云龙,浮游太空。中国式羽人的审美观并不是没有变化的。东汉王充对此已有新的看法,他说:"飞者皆有翼,物无翼而飞,谓之仙人。"[2]《神仙传》中也说:"仙人者,或束身入云,无翅而飞;或驾乘云,上造天阶;或化为鸟兽,浮游青云。"[3]可见,早在汉代,就对遍身长绿毛或臂生羽翼的飞仙,认为不算真正有本领的神仙,也不认为美,因而在墓室壁画中已有所改变。到西晋时代,神仙家葛洪讲得更明确:"仙童仙女来侍,飞行轻举,不用羽翼。"并且认为:"古之得仙者,身生羽翼,变化飞行,失人之本,更受异形。"[4]"失人之本"即降低了人为万物之灵的本质。因此,西方生双翼的天使,我国遍体长绿毛的神仙,在中国都没有发展起来,而出现的新形象是:男则多为高冠大袍,女则鬟髻彩裙,不生毛、不长羽翼,不腾云彩,仅在衣服的领袖裙边作毛羽之饰,浮游于星辰云气

〔1〕《淮南子》引《仙经》。
〔2〕王充:《论衡·道虚篇》。
〔3〕《神仙传·彭祖传》。
〔4〕《抱朴子·内篇》卷 4。

之中。南北朝时期,在佛教思想与神仙思想互相融合的过程中,飞天和羽人的形象同时出现在南朝的墓室和敦煌石窟的壁画中。佛教飞天和道家的羽人、西域飞天和中原飞仙融合为一,形成了中国特色的飞天,那就是不长翅膀、不生羽毛、没有圆光、借助云彩而不依靠云彩,主要凭借一条长长的舞带而凌空翱翔的飞天。

佛教文化在孕育过程中也是兼容并蓄,吸取各方面营养的。特别在西域,确实受到西欧、中亚、印度等各方面的影响。在早期,它甚至跨越印度,直接吸取古希腊罗马绘画的艺术风格。因此,中国的飞天也不能说绝对没有受过西方艺术的影响。

中国的飞天从传入、衍变,到形成自己的模式,经过了一个漫长的消化、创造过程。由于时代的发展以及民族、地域性的差异,各地飞天的形态很不相同。总的来说,飞天的形态是经过了一个由粗到精、由简到繁、由不定型到程式化、由模仿到确立自己的风格、由幼稚到成熟逐渐完美的衍变过程。

中国的佛教石窟数量最多、分布最广、延续最久、内容最丰富,可谓世界上最宝贵的历史文化遗存。这些石窟分布在新疆地区、中原北方地区和南方地区。每个地区的石窟都有其独特的风格和模式。概括地说,可分为龟兹、凉州、平城、大足等不同的模式。为了说明问题,我们现将主要的石窟飞天艺术的具体特点、发展脉络,分地区略作介绍。

9.2.1 印度飞天——造型准确,较为写实

为了说明飞天发展的历史,必须从源头讲起,因此,首先介绍印度的飞天。

印度是世界四大文明古国之一,处于恒河流域,属于热带,土地肥沃,雨量充足,生物繁茂,极具生命气息,是一个充满诗情画意的国度。那里的人民聪明、智慧,富于幻想,偏重于感性思维。因此,那里能较早地产生人类文明、哲学思想、宗教、神话、传说和民间故事,能较早地产生音乐、歌舞、绘画和雕塑艺术。

佛教作为意识形态,产生于公元前6世纪,相当于我国春秋战国时代。在印度,佛教经过几个世纪的酝酿,形成了足以影响世界的宗教信

仰态势。大约在公元前后,佛教传入我国,先传至西域,公元 2 世纪左右传入中原。

印度佛教除创立宗教理论、传播教义之外,也同时产生了佛教艺术。偶像的产生,首先推出的是雕塑艺术、建筑艺术,出现了寺庙、佛塔、石窟及大规模的雕像和壁画。在印度,最早的雕像和壁画出自犍陀罗,最初曾受希腊文化的影响,佛像、附属神像及装饰花纹有浓厚的希腊雕塑风格。如现存的印度犍陀罗、阿富汗的巴米扬等地的石窟和建筑中都有明显的希腊造型痕迹,石刻中的飞天也承袭了希腊神话中的小天使造型。在印度本土,佛教艺术经过长期实践也在发生变化,逐渐与希腊形式分离,印度本民族的飞天艺术得以发展。在笈多时代,马吐拉艺术风格逐渐形成。马吐拉艺术风格的特点是:造型洗练,男性表现为体格健壮,肩宽胸实,肌肉匀称;女性则表现得姿态妩媚,裸露健壮,衣纹轻薄贴体,腰身和肢体修长,呈三屈法程式,一般是头部左侧,胸部向右扭转,臀部左耸,构成优美的“S”形曲线,明显反映出印度妇女的自然美感。总的来说,比较写实,重视解剖透视。在马吐拉,最著名的《药叉女神像》即为代表风格。其造型完美地展示了古代印度妇女的形象:神态妩媚,肢体肥硕,细腰、丰乳、宽臀、披巾,半裸或袒露右肩,赤足,佩耳环、臂钏、腕钏、腰环、脚铃等装饰。这种造型给后世的飞天奠定了一个基本模式,造成极为深远的影响。这种曲线优美袒露,具有诱惑性和世俗情感的形态,一直延伸到印度各种宗教的神庙、寺院,它标志着印度独具特色的审美特征。印度的寺庙、石窟是以宏大的建筑和雕刻艺术为基础的,飞天女神的造型作为附属装饰,随之扩散至各地。在印度,除马吐拉石窟的拱门、石柱上有飞天外,在其他各地,如桑奇大塔、巴尔胡特、阿旃陀、拉姆加山、卡尔里、阿默拉沃蒂、埃洛拉石窟群和神庙的建筑雕塑中,都有大量的飞天形象。

总观印度飞天,其特征有如下几方面:

(1)雕塑飞天多为浮雕作品,人体造型比较完美,比例适度,强调女性丰满曲线之美,衣裙、肌肉质感较强,但飞动感较差;绘画飞天造型方法以色块为主,线条表现意识薄弱。

·欧·亚·历·史·文·化·文·库·

（2）画面大多平涂，其造型准确，较为写实；因用色浓重，全面铺彩，经氧化后，飞天多呈黑色；背景处理比较繁杂。

（3）早期为童子造型，后来多为印度妇女的形象，脸型略方，长眉大眼，眉间点有吉祥痣，丰乳宽臀，动势扭曲，全裸或半裸。服饰类若印度民间妇女装束，如头戴宝冠、花环，肩披长巾，腹有遮羞布或裹长裙，佩有项圈、臂钏、手镯，赤足、露背等。

（4）飞天构图多为单身、成双或左右对称，多出现在神像上方、门楣等处，无连续构图或群体飞天；除早期是有翼飞天外，多数为无翼，身体弯曲成飞舞之状，但未利用衣裙飘带，因此动感较差。[1]

9.2.2 西域飞天——多元化的混合体

古代西域，即今日我国新疆地区，它是欧亚文化交汇点和商业集散地。就佛教文化而言，这个地区是印度佛教传播的中转地，接受印度佛教艺术较早——大约在公元前 3 世纪就与印度有联系，后来更大程度上是接受了中原文化的影响。这一地区在西方、印度、中原几种文化的冲击之下，加上风格强烈的本土文化，形成了艺术上多元化的混合体。

新疆地区石窟中的飞天，是研究中国飞天衍变的重要一页。从发生的时间来看，它早于敦煌、河西地区及中原内地。其人物造型、衣饰、所持乐器等都有独特的地域、民族风格。这里 4 世纪的飞天与敦煌早期洞窟所绘飞天，正好相似接轨。5 世纪之后，新疆的飞天受汉风影响较重，但也有其自身民族的面目特点，与内地所绘并不完全相同。

新疆地区的石窟可以分为 3 个区域：一是古龟兹地区，以今日库车县为中心，主要有克孜尔石窟群（3—5 世纪）及库木吐拉石窟（4 世纪中叶至 11 世纪）；二是古焉耆地区，主要有七格星石窟（3—4 世纪）；三是古高昌地区，主要有吐峪沟石窟（5 世纪）和柏孜克里克石窟（13 世纪）。这些石窟主要分布于天山南路北道，塔里木盆地北沿，由西渐

---

〔1〕谢生保：《敦煌飞天概述》，载《敦煌壁画白描精粹·敦煌飞天》，甘肃人民美术出版社 1995 年版。

东,其中以龟兹所建石窟为最早,再由龟兹传至其他地区。新疆壁画内容反映出由小乘佛教转向大乘佛教,由印度风格转向龟兹土著风格,再转向中原风格的渐进过程。敦煌的艺术,早期受到新疆龟兹一带的影响,然后又变成了自己的风格。

总观西域飞天,依其时代特征分析如下:

两晋时期(3世纪左右)——承袭印度画风,粗犷厚重　早期的西域石窟承袭了印度画风,甚至可从中看到希腊艺术雕刻的风味。飞天绘制于中心柱窟的券顶,呈零散的个体出现。飞天为半裸体,有翼,表现比较开放,甚至有裸体拥抱的飞天。在绘画技法上,采用凸凹法,以色块的明暗对比表现身体的块面,较少用线。用色多为石绿、蓝、棕、黑等,采用平涂,很少追求形体的结构,只注意大的轮廓变化。此时的飞天粗犷、厚重,飞动感较差,飘带的变化生硬、简单。

南北朝时期(4—5世纪左右)——充溢着自由浓厚的几何意趣
随着佛教在西域的流传,建佛寺、立大像盛行。此时在中心柱窟的券顶和方形窟的穹隆顶上,在大佛画(雕)像左右绘制单身飞天,同时在以本生故事、因缘故事为主要题材的克孜尔菱格画中,也有飞天绘制。飞天上身裸露,翅膀不见了,以飘带舞动取而代之,下身裙较长,赤足,头戴宝冠,有头光,广额、圆面、深目、高鼻,体态粗壮。在绘画技法上,以相当熟练的屈铁盘丝线描与凸凹法,多层圆环晕染,表现身体高低、明暗的体积感。色彩绚丽,以白、石青、石绿、朱砂、土红等颜色为主,因而对比性强,形成了独特的龟兹风格。古龟兹民族能歌善舞,性格爽朗,这种民族心理结构决定了飞天艺术的气质和氛围。男性飞天雄健,充满西域青年的阳刚之美;女性则妩媚妖娆,丰乳细腰,肌肤细润。飞天造型以人体美为表现手段在空中纵跃翻腾,作散花供奉或演奏乐器状。它所表现出的质感、空间感和节奏力度,甚至超过中原绘画。如敦煌画的飞天太贴近生活,显得拘谨、琐碎,以致稍嫌单薄。西域所画飞天充溢着自由、浓厚的几何意趣,整体效果浑然、强烈,极富感染力,其典型代表为克孜尔石窟早期的飞天。新疆克孜尔艺术中,把飞天画得很大,不像敦煌的飞天很小,只起装饰作用。

·欧·亚·历·史·文·化·文·库·

隋唐时期(6—9世纪)——神情飘逸,体现东方形象美 中原的佛教画经丝绸之路西传,由许多中原画工西行绘制。西域壁画从题材内容、构图形式到画技风格,都受到中原影响,因而许多壁画与敦煌隋唐壁画十分相似。例如,飞天伎乐手中所持乐器多为汉民族乐器品种,只有个别的绘制有少数民族乐器。飞天已无头光,面颊丰美,神情飘逸,体态婀娜多姿,体现了东方的形象美。绘画技法则是用简练流畅的线描勾勒轮廓,追求线条的韵律感;以线来表达平面,造成肌肉的起伏、衣薄贴体的感觉,较为写实。飘带的处理灵活多变,并用朵朵祥云增加飞动感。赋彩以石青、石绿、天蓝、土黄、土红为主。[1]

唐末、五代时期(9—10世纪)——强烈的回鹘时代风格 漠北回纥汗国灭亡,其主体分3支西迁,分别迁至河西走廊、葱岭西,接受中亚粟特文化,创立回鹘王国,称雄于西域诸国,当时的中心是高昌。现存新疆回鹘时期的石窟和壁画,有强烈的回鹘时代风格。人物形象方面,女着折领、窄袖长袍,领边宽,且有绸花图案,头梳椎髻,缀满簪钗,或戴尖角花饰冠。当时所绘飞天,以墨色线画轮廓,或墨线内附土红线,双重色画轮廓,以绿、蓝、黄、浅红加以渲染。飞天体形粗壮、蛾眉、小口、面目艳美,以身体弯曲、扭动和飘带的飞舞,表现飞天的动感,气氛热烈,色彩艳丽(如图9－1)。

图9－1　散花飞天　新疆吐鲁番

此外,在龟兹、于阗地区,也有这个时期的飞天造型,大多受中原画法影响,间有地方民族特点。

---

〔1〕谢生保:《敦煌飞天概述》,载《敦煌壁画白描精粹·敦煌飞天》,甘肃人民美术出版社1995年版。

9.2.3 中原飞天——漫天飞舞,美轮美奂

山西云冈石窟中的飞天——伎乐成分很重,多为浮雕飞天 云冈石窟在山西省大同市西郊。大同古称平城,曾是鲜卑政权北魏的都城。十六国时期,佛教曾在凉州(今甘肃武威)建立佛教中心;公元439年,北魏太武帝灭北凉,掠凉州僧徒3000人,吏民3万户,迁至平城,在云冈建都,并兴建佛教石窟。从北魏中期开始,经过1500多年的营建,至今遗存53处洞窟,有龛1000余,造像5万余身,集中于武周山北崖,东西绵延1公里,形成一个非常壮观的石雕艺术宝库。

在石刻佛教造像艺术中,云冈可谓典型,人称平城模式。石刻与壁画不同,因依山随势,整体雕凿,不如壁画灵活方便、易于表现繁杂的情节、场面,因而在构图形式、人物造型上就必须趋于简略和概括。云冈的石刻以佛像为主体,附带也雕刻一些装饰性背景、人物和简单的故事情节,因此,就不似敦煌那种以多取胜的连续的排列组合,而是采用零散构图和对称的构图形式。在构图形式上,吸取了印度神庙、佛塔大场面的雕塑处理手法,采用横向分层布置,楼阁、人物、背景集于一堂,有明显的犍陀罗、马吐拉的风格。但在人物造型上却创造了中国的特征,如面相丰满、目大眉长、鼻梁高、眉入鬓角、唇薄嘴翘呈微笑状。飞天多为少女造型,身体健壮,眉宽胸挺,婀娜多姿,半裸披巾,偏袒右肩,或似佛像着袈裟装,头有束髻。早期的飞天具有鲜卑族形象和服饰特点,充分体现了我国古代的审美理想,凝聚了古人的物质和精神力量,可谓时代的丰碑。

云冈的飞天数量很多,多为浮雕,作为佛像背光装饰,以及龛楣、窟顶的装饰。如第7窟后室南壁一排6躯飞天,两手抚于胸前,面带微笑,披巾飘逸,凌空飞舞,疾徐自如,舒适自然,被当地人称为美人窟,体现了古代匠师高超的想象力和创造力。第6窟是飞天最集中的一个洞窟,在佛龛背后、门楣、中心柱四围及故事画中都有飞天出现,显得气氛异常活跃。

云冈飞天的另一个特征为早期露足,后来均被长裙遮蔽;再有就是伎乐成分很重,反映了当时世俗乐舞的生活现实(如图9-2、9-3)。

·欧·亚·历·史·文·化·文·库·

图9-2　飞天　云冈4窟(北魏)　　　图9-3　飞天　云冈4窟(北魏)

河南洛阳龙门石窟中的飞天——面目清秀,体形修长,姿态飘逸

龙门石窟在河南洛阳市南郊之龙门口,是继云冈之后北魏中期孝文帝迁都洛阳(494)陆续修建的石窟。洛阳为九朝古都,龙门是历代王朝帝王发愿造像最集中的场所。从北魏孝文帝、宣武帝,至唐武则天,都在此为自己树碑立传,进行了巨大的工程。现有窟龛2100多个,造像10万余身。龙门的石雕艺术,集中地表现了我国中原地区的雕塑传统。如北魏时期的飞天(如图9-4),就明显地与河南邓县北朝画像石相似。在佛像的雕刻技法上,龙门石窟较云冈有明显的变化,由云冈石窟的直平刀法转向圆刀,过渡到圆润有层次、有透视角度,形成由云冈的浑厚粗犷转向优雅端庄、清秀俊逸的风格。除了佛像之外,龙门的飞天也是相当多的,在窟顶、龛楣、佛的头光和背光处,常饰有小坐佛或飞天,并加以飞舞、飘动的火焰纹,交织成极为热烈、灵动的气氛。作为装饰,使佛像更显得庄严、肃穆。

龙门石窟的飞天,以宾阳洞(140窟)最有特色:窟顶为穹窿形,中心刻大莲花,形成大型宝盖图案,围绕四周;浮雕一组8身,形体秀美的飞天伎乐乘风飞舞于彩云之间;外层为花幔流苏,共同构成一个瑰丽壮观的华盖藻井;飞天为中原仕女造型,衣饰、裙带、莲冠、霞帔兼具中原特色,面目清秀,体形修长,姿态飘逸,神情端庄,可谓飞天中的佳作(如图9-5)。[1]

---

〔1〕刘晓毅:《试论佛教石窟中的飞天》,载《敦煌学辑刊》2004年第2期。

图 9-4　飞天及供养人　　　　　图 9-5　飞天　龙门 140 窟（北魏）
龙门 25 窟（北魏）

9.2.4　甘肃飞天——自由与美的化身

甘肃省境内除以莫高窟为重点外,飞天有特色的石窟尚有以下几窟:金塔寺石窟、马蹄寺石窟、炳灵寺石窟、麦积山石窟。麦积山石窟的石刻造像最为著名,其中北魏的浮雕飞天非常生动,技巧纯熟,神形兼备,不仅造型优美,而且形式多变,体现了我国浮雕飞天的较高水平。第 5 窟窟顶彩绘飞天,围绕着奔马,配以火焰、云纹,极为活泼生动。第 4 窟门顶上方一伎乐飞天,手持阮,极有史料价值。

9.2.5　西藏飞天——独特的喇嘛飞天

佛教有显宗、密宗之分,显宗信奉释迦牟尼佛所传的经典,密宗信奉大日如来佛所传的秘奥大法。显宗主张公开宣道弘法,要人悟道;密宗则重视传承密咒真言,要人修持。我国西藏地区人民多信奉密宗佛教。藏传佛教有其特定的佛像、神祇,其中有许多和显宗相同,有些独自成为体系,形成特定的绘画和雕塑艺术形式。但是,飞天这种形式还是为藏传佛教所接受,并有所发展,历史也相当久远。据考古新发现,西藏阿里古格王国的遗址中有飞天图形。此外,阿里西部地区的皮央—东嘎石窟群中所绘精美的壁画,也有头戴花冠、全身赤裸、舞动飘

253

带、身体在空中浮动的飞天。在当前的西藏寺庙中,在壁画及唐卡中,也经常可以见到飞天的形象,其画法与显宗略同,一般也是飞旋于佛的左右上方。还有一种现象,飞天画作僧侣状,有喇嘛飞天的造型,在定日县发现一玛尼石刻,一喇嘛手持两鸟腾空飞舞。总的看来,藏传佛教的飞天数量不多,只在大场面的佛画中才有。[1]

9.2.6 日本飞天——造型准确,姿态安详

飞天美丽的造型除我国曾广泛流传外,也为毗邻国家所接受,在日本和朝鲜的寺院中也常有出现。如在日本京都平等院凤凰堂内,佛殿上端有一组阵势庞大的木雕飞天,共计25身,每身飞天都为头光。危坐于云端的伎乐菩萨,手持各种乐器,或经幡、香炉、彩带等物,眼睑低垂,姿态十分安详优美,造型也颇准确。飞天头上束髻冠,上身半裸,斜披巾带,下着裙,赤足。所持乐器品种较多,是唐代中国常见乐器。因其为立体木雕,故为很重要的乐器史料。此木雕飞天群体,为日本平安时代阿弥陀净土变之供养伎乐。此外,在其他邻国,如泰国、缅甸、柬埔寨等,也有飞天。

9.3 敦煌壁画中的飞天

飞天传入中国后,在中国文化土壤上,经过嫁接、开花、结果,最终形成自己的独特风格。其中以敦煌壁画中的飞天最为著名,成为敦煌艺术的标志和象征。[2] 飞天这个题材,从敦煌建窟伊始就出现于壁画中。从十六国至元代(366—1368),经历了十余个朝代,历时千余年。据统计,仅莫高窟492个洞窟中就有270多个洞窟中绘有飞天图像,合计4500余身,加上榆林窟、东西千佛洞等,敦煌飞天数目近6000身。敦煌飞天跨越时间最长、保存最完整、数量最多、风格最典型、艺术价值最高。

从艺术形象上说,敦煌飞天不是某一种文化的艺术形象,而是多种

---

〔1〕谢生保:《敦煌飞天概述》,载《敦煌壁画白描精粹·敦煌飞天》,甘肃人民美术出版社1995年版。

〔2〕王苗:《敦煌飞天》,文物出版社1980年版。

文化的复合体。飞天的故乡虽在印度,但敦煌飞天却是印度文化、西域文化、中原文化共同孕育而成的。它是将印度佛教天人和中国道教羽人、西域飞天和中原飞仙的形象,融合为具有中国民族特色的飞天。它的艺术效果早已超越了原本宗教的范围,把人们引向天宫琼宇、星驰石涌、天乐齐鸣、仙女翩翩的虚幻浪漫世界。[1]

9.3.1 敦煌壁画中飞天的总体特征

跨越时间长　飞天这个题材从敦煌建窟伊始,就出现于壁画中。从前秦建元二年(366)到元代至正二十八年(1368),一直延续了1000年,从未间断。

保存完好　由于地处边陲,加上气候干燥,敦煌石窟是至今保存最完整的石窟,而且绝大多数的飞天壁画完好如初。

数量多　敦煌为飞天荟萃之地。据统计,仅莫高窟的492个洞窟,就有270多个洞窟绘有飞天图像,共计4500身之多,加上榆林窟、东西千佛洞等,飞天的数目近6000身。最大的飞天每身约有2米多长(第130窟大佛殿内),最小的只有5—6厘米长。绘制飞天数目最多的窟是第209窟,共画飞天156身。

质量好　敦煌之所以为世界所瞩目,在于它曾汇集了大量的古代艺术家用了1000余年的时间,完成了宏伟壮观的传世杰作,至今仍为人们惊叹不已,其中飞天作品亦居全国之首。敦煌飞天因绘制时代不同,风格迥异,每个洞窟的飞天都有其独自的风貌。[2]

敦煌飞天可以说是中国艺术家最天才的杰作,是世界美术的一个奇迹!

9.3.2 敦煌壁画中飞天艺术特点

敦煌壁画中的飞天,与洞窟创建同时出现。从十六国开始,飞跃了十几个朝代,历时近千年,直到元末才随着莫高窟的停建而消逝。在千余年的历史长河中,由于朝代的更替、政权的转移、经济的发展繁荣、中

---

〔1〕段文杰:《飞天在人间》,载《文史知识》1988年第8期。

〔2〕谢生保:《敦煌飞天概述》,载《敦煌壁画白描精粹·敦煌飞天》,甘肃人民美术出版社1995年版。

西文化的频繁交流等历史情况的变化,飞天的艺术形象、姿态和意境、风格、情趣等,都在不断地变化。不同的时代,不同的艺术家,为我们留下了不同风格特点的飞天。一千余年的敦煌飞天形成了具有特色的演变、发展历史。

其演变史同整个敦煌艺术发展史大体相同,可分为4个阶段。

9.3.2.1 兴起时期(北凉至西魏)——稚拙、夸张、粗犷、质朴

4世纪初,飞天越过昆仑山,进入阳关,首先出现在敦煌壁画上。初期,飞天虽属于模仿照搬,但也结合本土文化,发生了一些变化。最初的情调比较阴郁、沉重,原来印度、西域那种明快、欢愉的气氛受到了抑制,壁画内容都是一些反映人世受难的本生故事。那些痛苦、牺牲的场面,也是当时国情的反映。社会战乱、民生困苦,再加上佛教对人性的禁锢,这些凄惨无奈的社会现实,必然地反映到壁画中。所以,早期飞天虽非主要绘画情节,但是也画得十分沉重。

北凉时期,飞天吸取了西域画风,也继承了河西一带魏晋墓葬画法,以粗犷的线描、浓重的色块,晕染结合,形成当时的画风。其特征是用色鲜明,以大红铺底,以黑灰敷线,加以石青、石绿、黑、白、朱砂等。在构图和造型上虽简单稚拙,但亦生动可爱,比过去单线涂彩的墓葬壁画,已进了一步,但仍然处于壁画的萌芽状态。

这个时期的飞天造型有强烈的西域特征:男性,身体粗短,矫健,束发髻,深目高鼻,上身半裸,袒臂赤足,腰系围裙,肩披大巾,下着长裙,似西方僧侣模样;动作笨拙、僵硬,用身体扭曲表示飞动,飘带飞动单一,身体多呈"V"形(如彩图9-6)。飞天在壁画中所占比重很大,也见于窟顶、龛楣及平棋格中。[1] 代表洞窟为第251、248窟。

北魏时期,飞天的活动领域扩大了,不仅在平棋的岔角里、主题性故事画和说法图的上方有飞天,在窟顶上还出现了飞天群,有奏乐者、有歌舞者。在中心柱四面龛上,也出现了对称式的浮雕飞天行列;在平棋中心的莲池里,裸体天人在绿色的旋涡中游泳。这一时期的飞天虽

---

〔1〕胡同庆:《灿烂的敦煌飞天艺术》,载《东方艺术》1995年第4期。

然还保留着西域飞天的鲜明特点,但在具体形象上有了显著的变化,造型趋向汉化,这主要是受到了敦煌地区根深叶茂的中原汉文化滋养,特别是受到了魏晋十六国壁画造型的影响。飞天的脸型已由椭圆变为条长而丰满,眉平、眼秀、鼻丰、嘴小,五官匀称谐调;身材比例逐渐修长,有的腿部相当于腰身的两倍;动势也稍轻缓,开始运用巾带表示飞翔;姿态亦多种多样,有的对面私语,有的横游太空,有的振臂腾飞,气度豪迈大方,势如翔云飞鹤。飞天起落处,朵朵香花满天飘扬,颇有"天花乱坠满虚空"[1]的诗意。着色渐丰富,线条也渐流畅,装饰趣味浓厚。[2] 代表洞窟为第251、248、260窟。

北魏晚期到西魏,东阳王元荣从洛阳来敦煌出任瓜州刺史时期,改变了佛教艺术的流向,受到南朝神仙思想和艺术影响的中原佛教艺术开始向西传播。因而,敦煌壁画中出现了佛、道教题材同在一窟的局面。既有佛教天人,也有道教神仙。其中有道教的羽人即飞仙,也有佛教的飞天。本来,飞天飞仙唐人多不分,但细察之仍有区别:飞仙出自道家,羽人即飞仙。在敦煌壁画中可以看到羽人变为飞仙的过程,一方面羽人披上了飞天的大巾,另一方面是飞天抛弃了头后的圆光,这就出现了飞天的新形象:面貌清瘦,额广颐窄,脸上染两团赭红,鼻直眼秀,眉目疏朗,嘴角上翘,微含笑意。她们头束双髻,鬟发垂于胸前,肢体修长,手脚纤巧,着大袖长袍,或帔帛覆肩,长裙裹脚,在紫云浮空、天花旋转、清虚明朗的太空中翱翔。

西魏时期,乐伎飞天增多,人物造型趋向女性,为半裸,长裙飞舞,头束高髻或披肩长发,体态婀娜,柔软飘逸。所用线条准确,着色更见丰富艳丽;所持乐器品种增加。如第285窟南壁,在主要的位置上画有12身伎乐飞天,非常俊美动人。代表洞窟第285窟(见图9-7)[3]、第249窟(见图9-8)[4]。

---

〔1〕《心地观经·序品》。

〔2〕谢生保:《敦煌飞天概述》,载《敦煌壁画白描精粹·敦煌飞天》,甘肃人民美术出版社1995年版。

〔3〕谢生保:《敦煌壁画白描精粹·敦煌飞天》,甘肃人民美术出版社1995年版。

〔4〕谢生保:《敦煌壁画白描精粹·敦煌飞天》,甘肃人民美术出版社1995年版。

图9-7　伎乐飞天　285窟(西魏)

图9-8　双飞天　249窟(西魏)

由于岁月久远,北凉至西魏时期的壁画颜色发生了退变,原来粉红色的硫化汞和碳酸铅氧化,因而使晕染层次、线条都发生了变化。特别是眉目间原来的粉红肉色褪色后,只留下白色、青灰色,面部变为两个大黑圈,形成一种小字脸(白鼻梁、白眼珠),或五白(白眉、白鼻、白眼、白牙、白下巴)的效果。变化后的壁画,别有一种稚拙、夸张、粗犷、质朴的艺术趣味和魅力(如彩图9-9)。

9.3.2.2 创新时期(北周、隋时期)——最有生机、最为活跃

北周时,敦煌为一个短暂的鲜卑族政权统治,共24年(557—581)。他们大量吸收中原文化,又和西域通好。北周武帝娶突厥公主阿史那氏为皇后,发展中西贸易,促进了文化交流。因而,北周时代的飞天形象更加丰富多彩。隋代为杨坚、杨广统治时期,共37年(581—618)。对敦煌来说,这是一个极其重要的阶段。这一阶段因为佛教的盛行,建窟较多,北周建了15个窟,隋代建了70个窟。这是敦煌壁画从早期进入中期的一个过渡、变革的时期,在风格和画法上也有很大变化。如采用了线条粗细对比的画法,衣服、身体用线较粗,给人以厚重、结实的感觉,而五官和手足则用细线勾描,给人以清秀、灵活的感觉,粗细相间,很富有层次感。在精神氛围上亦逐渐转化,从沉闷、悲苦的情调过渡到了平和、安详、朴素、自然。[1]

这一时期飞天的形态,一部分还保持着小字脸的风格,为上身裸露、腰系长裙、头戴宝冠、体态健美的男性飞天。另外一部分,进入隋代后,飞天主要为女性的造型,特点为脸型趋于清瘦,眉清目秀,身体修长,动作舒展轻柔,服饰、发髻明显为宫娥造型,飘带流畅,多呈牙旗形状。飞天数量也日益增多,除环窟四周绘制外,在窟顶藻井四周及佛龛、背光左右也有飞天云集。这些飞天在背景云纹、火焰纹、花卉图案映衬下,色彩斑斓。画面讲究色块的搭配,用色多为土红、白色、蓝灰相间,形成了这一时期格外华丽、生动的风格。隋代常见的佛传故事画如

---

〔1〕谢生保:《敦煌飞天概述》,载《敦煌壁画白描精粹·敦煌飞天》,甘肃人民美术出版社1995年版。

·欧·亚·历·史·文·化·文·库·

夜半逾城、乘象入胎中的马和象,四蹄由飞天托举,在天空中飞行,极富浪漫效果(如彩图9-10)。因此说,这段时间虽短,却是飞天艺术最有生机、最为活跃的时期(如彩图9-11)。北周代表洞窟为第428窟和第290窟。

隋代是莫高窟绘画飞天最多的一个时代,也是莫高窟飞天种类最多、姿态最丰富的一个时代。[1] 隋代的飞天除了画在北朝时期飞天的位置外,主要画在窟顶藻井四周、窟内上层四周和西壁佛龛内外两侧,多以群体出现。隋代飞天的风格,可以总结为4个多样性。一是风格特点多样性:既有西域式飞天,也有中原式飞天,更多的是中西合璧式的飞天。二是脸型身材多样性:脸型有丰圆型,也有清秀型;身材有健壮型,也有修长型,但大多数身材修长,比例适度,腰肢柔细,绰约多姿。三是衣冠服饰多样性:有上身半裸的,也有着僧只支的;有穿无袖短裙的,也有穿宽袖长裙的;有头戴宝冠的,也有头束发髻的,还有秃发僧人式的飞天。四是飞行姿态多样性:有上飞的,也有下飞的;有顺风横飞的,也有逆风横飞的;有单飞的,也有群飞的。但飞行的姿态已不再呈"U"字形,身体比较自由舒展。从总体上说,隋代飞天是处在交流、融合、探索、创新的时期,总趋势是向着中国化的方向发展,为唐代飞天完全中国化奠定了基础。隋代代表洞窟为第206窟、427窟、404窟(见图9-12、9-13)[2]。

9.3.2.3　鼎盛时期(唐、五代时期)——自由浪漫、富丽堂皇

唐代是我国经济、文化发展的高峰时期,此时社会安定,经济繁荣,佛教文化成为当时社会主体的意识形态。在朝廷、官署、民间三结合的推动下,全国寺院林立,建窟造像显示功德,已成社会风尚。敦煌莫高窟的遗存,正反映了这个时期的兴盛。由此可以推测,当时全国的佛教文化是多么恢宏壮观!其实,当时我国的文化中心在长安、洛阳,敦煌只不过是个边陲重镇。但岁月悠悠,中原绝大多数寺院均只存建筑,资

---

〔1〕杨惠南:《从敦煌到天女散花》,载《西北》1980年第12期。

〔2〕谢生保:《敦煌壁画白描精粹·敦煌飞天》,甘肃人民美术出版社1995年版。

图 9 - 12　箜篌飞天　404 窟（隋代）

料所留甚少,唯有敦煌给后人留下了许多历史图像资料。[1]

　　唐朝时,敦煌飞天进入成熟时期,艺术形象达到了最完美的阶段。这一时期的敦煌飞天已少有印度、西域飞天的风貌,是完全中国化的飞天了。

　　唐代壁画中的飞天十分繁盛和成熟。因为这个题材正好表现欢乐兴旺、歌舞升平的景象,同时也便于艺术家们发挥艺术想象、施展艺术

〔1〕段文杰:《略论敦煌壁画的风格特点和艺术成就》,载《敦煌研究》1982 年第 2 期。

图9-13 琵琶飞天 404窟（隋代）

才华,所以从初唐之后,飞天创作就进入了一个高潮阶段。[1] 洞窟中原来的天宫伎乐,沿窟上方四周、龛楣背光处、说法图上端,都必画飞天,并成为固定程式。

此时飞天已女性化,成为翩翩起舞的仙女形象,为宫廷贵族仕女写照。脸形丰满,姿态妩媚,明眸皓齿,衣饰、发髻雍容华贵,人体比例适当,上身均裸露,下系长裤,飘带旋回,衣纹流畅,线条颇具功力。[2] 这个时期的飞天伎乐骤增,所持乐器的品种亦变化多样,而且极具演奏情态。托花盘、香炉散花飞天也甚多,扬手倾泻,轻盈潇洒,千姿百态。其中初唐第321窟(见图9-14)[3]西壁的佛龛南侧之双飞天最为生动、优美,堪称绝世佳作(见彩图9-15)。唐代代表洞窟为初唐的第331窟和375窟,盛唐的第76、172(见彩图9-16)、148、320窟(见彩图9-17),中唐的第91、158(见彩图9-18)、15窟(见图9-19)[4],晚唐的第85和156窟。

---

〔1〕谢生保:《敦煌飞天概述》,载《敦煌壁画白描精粹·敦煌飞天》,甘肃人民美术出版社1995年版。

〔2〕王苗:《敦煌飞天》,文物出版社1980年版。

〔3〕谢生保:《敦煌壁画白描精粹·敦煌飞天》,甘肃人民美术出版社1995年版。

〔4〕谢生保:《敦煌壁画白描精粹·敦煌飞天》,甘肃人民美术出版社1995年版。

图 9 – 14　持盘持珠双飞天　321 窟（初唐）

图 9 – 19　献花飞天　榆林 15 窟（中唐）

·欧·亚·历·史·文·化·文·库·

从晚唐进入五代,飞天创作意识淡薄,多为因袭前朝之作,绘制水平下降,但仍然不乏富丽堂皇的场面。从动态和装饰上看,已趋于平庸和衰落。人体已不是那么丰满婀娜,转为清瘦素雅,已无盛唐那种昂扬、激荡之势,略有呆板、沉重之感,程式化倾向已开始显露(如彩图9－20)[1]。五代代表洞窟为第98和100窟。

9.3.2.4 衰落时期(宋、西夏、元时期)——线条绵软乏力,造型雷同

这个时期为敦煌壁画的晚期。这一时期的敦煌飞天继承唐代余绪,造型动态上无所创新,逐渐走向公式化,失去了原有的艺术生命。由于该地区战乱的原因,也因佛教教派的影响,建窟绘制壁画已濒临惨淡经营境地,因此飞天艺术也不景气,尽管佛教仍为当地主要信仰,中原佛教艺术的影响在敦煌仍起主导作用。[2]

宋代建窟不多,多为修改或重绘,造型也比较简单,飞天数量逐渐减少,洞窟多绘千佛。宋代的飞天,继唐、五代之画风,墨线勾画,平涂,用色亮丽,较淡雅;画法写实,线条缺乏力度;造型千篇一律,均为高髻,披巾横飞彩云中,飞舞散花奏乐,面孔长圆,吊眉细眼,削肩细腰。虽为仕女画风格,但神情呆板,呈公式化。[3] 宋代代表洞窟有第327窟(如图9－21)[4]。

西夏时期,河西地区为党项族统治。党项族虽有其本民族的文化,但亦接受汉族文化,尊崇佛教,多次派使团入中原宋室朝贡取经。此时在河西一带,如武威的天梯山、酒泉的文殊山、张掖的马蹄寺等,建立了一些石窟。敦煌的莫高窟和榆林窟中也有西夏建立的洞窟。除此之外,这一时期还将前期洞窟改建、重绘,多为用石绿作底色的绿壁画千佛,并普遍运用金色装饰。西夏人喜欢绿色,认为蓝绿色是最珍贵的颜色,所以壁画以绿色为主,但画法还是中国传统的画法,讲究线条。在继承宋代壁画艺术的基础上,糅合了本民族的成分(如彩图9－22),部

---

〔1〕谢生保:《敦煌飞天概述》,载《敦煌壁画白描精粹·敦煌飞天》,甘肃人民美术出版社1995年版。

〔2〕段文杰:《飞天在人间》,载《文史知识》1988年第8期。

〔3〕胡同庆:《灿烂的敦煌飞天艺术》,载《东方艺术》1995年第4期。

〔4〕谢生保:《敦煌壁画白描精粹·敦煌飞天》,甘肃人民美术出版社1995年版。

图9-21 捧花盘飞天 327窟(宋代)

分飞天有西夏党项民族特征(如图9-23)[1],鼻梁长直且高,腮大面圆,衣饰裙带也有变化,尤以榆林窟西夏窟最为显著。这一时期作品格调欠佳,世俗性强,精品不多,代表窟有莫高窟第327窟、榆林窟第3窟,以及东千佛洞几个石窟。另外,榆林窟第10窟内有一组伎乐飞天,手中各执一种乐器,其中一身所执为胡琴,为我国史料中最早的胡琴图形。

元代为敦煌壁画之末期,这一时期建窟很少,同时佛教密宗教派兴起。蒙古族信奉密宗,所以窟中基本不绘飞天。汉密洞窟尚有余绪。莫高窟第3窟北壁观音经变图上方,绘有2身飞天,造型较为完美(如彩图9-24)。这两身飞天相向对称,形象、姿态、衣饰基本相似,头梳锥髻,戴珠冠,脸型丰圆,长眉秀眼,上体半裸,一手托莲花,一手执莲枝负在身上,乘黄色卷云从空而降,衣裙巾带很短,身体沉重,飞动感不强,无佛教飞天的姿态风貌,而像是两位乘云飞行的道教仙童。

敦煌飞天,经历了千余年的岁月,展示了不同的时代特色和民族风格,许多优美的形象、欢乐的境界及其永恒的艺术生命力,至今仍然吸

---

〔1〕谢生保:《敦煌壁画白描精粹·敦煌飞天》,甘肃人民美术出版社1995年版。

引着人们。正如段文杰先生在《飞天在人间》一文中所说:"他们并未随着时代的过去而灭亡,他们仍然活着,在新的歌舞中、壁画中、工艺品中(商标、广告),到处都有飞天的形象。应该说他们已从天国降落到人间,将永远活在人们心中,不断地给人们以启迪和美的享受。"[1]

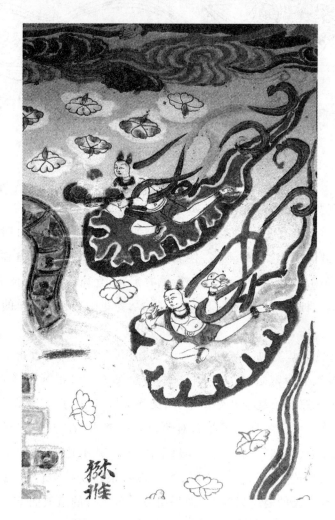

图9-23　散花礼佛童子飞天　97窟(西夏)

---

〔1〕段文杰:《飞天在人间》,载《文史知识》1988年第8期。

9.4　敦煌壁画中飞天艺术的美学思考

飞天这种古老的宗教艺术,为什么历经千余年而经久不衰,有如此魅力? 为什么直到现代,仍然受到人们的喜爱? 作为一种审美意识形态,我们不得不从美学角度来探讨一下它的美学风貌。

佛教画的创作思想,主要是突出和颂扬佛祖,佛像是创作的主要内容,其他造型均为附属和烘托。飞天就是起烘托作用的,其创作内容完全是阶级社会等级观念的再现。其实,佛教在教义和戒律上,严禁"声色娱乐",但是颇具讽刺意味的是,恰恰是在那么森严的封建制度与宗教戒规禁锢之下,飞天这种祖露胸腹、表现女性人体的图画,得以畅行无阻,而且还得以开放和流传。可以说得过去的理由是:古代艺术家们虽然强调了对佛的敬奉,描述的也是天界,但却巧妙大胆地运用夸张和想象,在所剩有限的、可以灵活掌握的空间,创作出一幅幅超越了宗教思想内容、表现和美化社会生活实际的民间风俗画。

飞天,尤其是敦煌飞天,之所以有生命力,首先是具有强烈的民族性。民族性的特征是,有自己民族喜爱的和惯于接受的人物形象、服饰、风尚习俗和本民族传统的纹样图案。民间性的特征是,以民间画工创造出来的乡土艺术、民间情趣,率真地表达个性,无拘无束。就如创作民间剪纸,即可工笔精细描绘,也可写意夸张,不屑形似,不专细节,表现出天真、质朴的自然之美。[1]

9.4.1　寓意美

飞天这种形式的产生本身就是一个伟大的创举。古代艺术家们大胆地摆脱了佛教的清规戒律,打破了封建社会衣不露体、非礼勿视的礼教梗沮,他们用人体在空中的飞翔,象征着人类征服自然、驾驭宇宙空间和对未来、自由、和平的向往,也象征着中华民族激昂奋进的精神;他们巧妙地运用夸张和想象,在有限的空间,用豪放的笔力、对比的色调

---

〔1〕段文杰:《飞天在人间》,载《文史知识》1988 年第 8 期。

·欧·亚·历·史·文·化·文·库·

创作出一幅幅超越宗教、具有浪漫主义风格,表现和美化现实生活的民间风俗画。古代画师们用"飞"表示他们的精神解放,用"飞"倾吐他们千百年来被压迫、被侮辱、被歧视的心声。其美学基调既不是狰狞恐怖的恫吓,也不是消沉颓废的呻吟,而是升腾、开朗、乐观的情趣。这是一种浪漫主义与现实主义相结合的创作思想。那么,这一思想是怎么产生的呢?

人类的历史,是与自然作斗争的历史,是人类生活、生存的历史,而艺术正是在这历史的土壤中孕育、生长和开放的鲜花。早在远古时代,我们的祖先在为生存而劳作、奋斗的同时,就产生了离开大地、飞翔天宇的幻想。《庄子·逍遥游》中的"御风而行",自由逍遥;《太平御览》中有"飞行石中,神化轻举,以为天仙,亦石飞仙"的记载;马王堆楚墓出土的《人物龙凤帛画》《人物御龙帛画》都描绘了神仙羽人在彩石中奔腾飞翔。后来在汉画像石中也产生了大量的人与动物飞翔的图形,它们对敦煌飞天的形成产生了一定的影响。还有那后来流传极广的民间神话传说嫦娥奔月,飞的是多么浪漫、多么美丽!此外,类似嫦娥的形象也出现在其他的神话故事中,如洛神、麻姑献寿、天女散花等,多采用飞天的造型,塑造出各种轻盈飘逸、巾带凌空的形象。在当时,先民们的生活、劳作环境条件是极其艰苦的,然而,他们并未为原始的生产状态所局限。他们在人类生产力刚起步的情况下,就渴望离开大地的束缚,到无限广阔的天空中遨游。这种驾驭太空、征服自然的理想,表现了人对主体精神的高度肯定。这种理想主义的幻想,在当时强烈地鼓舞、激励着先民们进行奋斗,给他们以抚慰和愉悦,并且代代承传下来,积淀在文化传统的深层,成为一种激励与愉悦人们的精神力量。这种理想,存活在人们的幻想里,进入文学艺术界,成为历久常新的题材。因此,当佛教造型艺术的飞天传来中国时,自然而然地就成为民族心理中飞翔天宇这一理想的适合载体,在本土传统文化的土壤中获得了根基。作为佛教美术体系中的一个构成部分,敦煌飞天的宗教性内涵我们无可否认,然而它在完成宗教美术功能的同时,又满足着人们对超越尘世的理想境界的追求,成功地把人对主体性的肯定、张扬变为可以观赏的实在。所以,敦煌飞天艺术是浪漫主义的艺术、理想主义的颂歌,是古代人们善良、美好理想憧憬的进一步飞腾与升华。它能流传至今,备受人们的喜爱,其中包涵着许多美好的寓意。

9.4.2 构图美

综观全国各地各类飞天,在构图形式上早已超越了希腊、印度飞天的格局,形成了一种中国风格的构图方法。它是一种人物装饰画,用连锁辐射、群体出现,或零散、对称形式,营造出令人愉快的构图,并达成共识的程式,使洞窟原有的森严、呆板的格局,在视觉上得到调和和平衡。飞天构图除人物外,也包含背景图案纹样的设计。背景的纹样十分丰富,敦煌常见的有云纹、火焰纹、莲花纹、连珠纹、忍冬纹、卷草纹、葡萄纹、石榴纹等。这些纹样,是佛教艺术的产物。如莲花、忍冬、璎珞等,具有特定的意象。纹样图案既有曲线缭绕的空灵,又有纷云流转的韵律,敦厚静谧,色彩斑斓。所以说,背景是构图的基石,是衬托飞天的重要手段,其中有无穷的构思技巧。

在构图中,简和繁是辩证统一的。简,即大胆地概括取舍或夸张变形,把不重要的部分省略,只紧紧抓住形象的神态特征,如有的飞天只画头和手足,中间为翻飞的群巾飘带或云层遮掩;有的只画飞动的形态,而省却细部的描绘;有的画面运用空白,体现了三维空间的深渊,犹如音乐中的休止符,或书法中的布白,使画面得以松缓,形成简洁、疏朗的画面。繁,即铺天盖地、填满画面,用现代眼光看,往往有琐碎拥挤之感,但古代画家却能合理地组合人物与背景的关系,善于分出层次,即使画得很满,也多而不杂,满而不堵,突出主题。[1]

在构图上利用各种对比关系,也是敦煌飞天的一个特征。如运用了大与小、粗与细、多与少、曲与直、明与暗、疏与密、虚与实、静与动等因素的对比关系,形成一套熟练的构图技巧,使形象更为生动完美。

9.4.3 形体美

古希腊学者认为:"在万物中,唯有人体具有最匀称、最和谐、最庄

---

〔1〕谢生保:《敦煌飞天概述》,载《敦煌壁画白描精粹·敦煌飞天》,甘肃人民美术出版社1995年版。

·欧·亚·历·史·文·化·文·库·

重、最优美的特色。人体是一种高度精密的有机体,是有思想的万物之灵。"因此,人体是艺术中永恒的中心题材。敦煌飞天正是我国古代的人体造型艺术。古人抓住这个题材,用各种手段进行创造,并随时代和审美观的转移而变化。比如早期飞天脸型消瘦,所谓瘦骨清像是也;唐代肥硕丰满,男性则表现雄壮健美,女性则表现柔软曲线,在升腾、俯仰、伸屈、翻腾中体现人的形体美。进入唐代,画工技巧熟练,一般画的体态匀称、比利适当,线条功夫极高。他不仅表示出一个简单的形,而且运用线的技法,还表现出虚实、平面、立体、空间和质感,使人体的气质、神态突出出来,即古人所说的"气韵生动"。这个时期的敦煌飞天,比例准确、体态丰满、线条流畅、色彩华丽。她们大多出现在大型的经变画中,一方面为佛陀说法场面散花、奏乐、歌舞作供养,一方面表现大型经变画中佛国天堂的自由欢乐。飞天飞绕在佛陀的头顶或天空,有的脚踏彩石,徐徐降落;有的昂首挥臂,腾空而上;有的手捧鲜花,直冲云霄;有的手持乐器,横空飘游,其诗情画意正如唐代诗人李白咏赞仙女诗:"素手把芙蓉,虚步跟太空,霓裳曳广带,飘浮升天行。"敦煌莫高窟 172 窟的飞天,是其中的典范。她那丰肤柔美、婀娜多姿的体态,伸展自如、灵动优美的舞姿,把女性柔美的形体,表现得尽善尽美。

早期敦煌飞天的造型,古朴、稚拙、憨厚可爱。它有时身体长短、粗细不合比例;有时动作夸张,远近关系也不合焦点透视,但却不减气势之美。观之犹如读乐府诗和观古铜镜、陶俑一样,有一种浓郁的浪漫主义色彩。这种变形、古拙的人体美感特别接近现代主义的美术思潮。

9.4.4 动态美

表现人体美,不能都如偶像一样静止地正襟危坐,必须在造型上利用各种动态来体现生命,体现活动的人体之美。这样,它便与静止僵化的佛像形成对比,动静结合,才使洞窟富有生气。敦煌飞天的动态人体造型,通过形体变化,如身体的翻转、扭曲,四肢的伸展、摆动,衣裙飘带的走势,以及背景纹样的流动感,使画面产生运动感,犹如电影的定格,虽属静止画面,内中却充满流动的意态,产生出勃勃生机。这就是由力量、运动和速度构成的动态之美。

敦煌飞天艺术的灵魂在"飞",飞动感的创造与表现是敦煌飞天艺术的关键。敦煌壁画中飞天的形象、姿态和形式风格,随着时间的推移,都在不断地发生变化。[1] 两晋时期的飞天,大体上未摆脱模仿的痕迹,主要依靠扭曲的体态表示飞翔;造型语言多为明暗不同的色块,通过它来表现形体,虽能表现飞舞之姿,但缺少灵动、飘逸之气。南北朝时期,线条开始成为主要造型手段,流畅的线条不仅生动地勾画出轻盈的体态,而且增强了飞动之势。除了继续用扭转的体态表示飞行外,又着力描绘飘动的披肩、裙带,以展现飞动的轻捷、自如。当时画史上所说的"吴带当风",这时的飞天便是乘着当风的"吴带",生动活泼地飞翔起来。到了唐代,敦煌飞天艺术日臻成熟,简练的线条更富于韵律感,飘带更加灵动多变;人物造型面颊圆润,体态丰腴;动态豪迈有力,神采昂扬飘逸,充分地体现了大唐盛世的审美理想。随着时代的变迁,唐代以后,敦煌莫高窟壁画艺术从鼎盛走向了衰落,飞天的艺术水平日趋渐下。[2]

9.4.5　服饰美

敦煌飞天的画面显示了各个时期的妆饰式样,充分体现了我国古代服饰艺术之美。从唐代开始,我国妇女的服饰日趋华丽。宫廷妇女上有珠光映鬓,下有彩锦缠身。民间妇女也纷纷效尤,极力模仿"宫装"。唐代妇女基本装束为:上身窄袖短襦,下着紧身长裙,裙腰束及腋下,然后用绸带系扎。敦煌飞天也是以这种模式描绘的,不仅袒胸露腹、披巾拖带,有时也穿着当时的裙襦、衣衫,描绘的十分得体入时,并且不时加以创新。如上衣就有圆领、尖领、窄袖、小袖,半臂衫裙,披肩等;花纹、色彩更是争奇斗艳,各有千秋。[3]

除服饰外,在髻型、头饰、花冠上也多有变化。如有高髻、双髻、斜髻、垂髻,宝冠、花环、环带等不一而足。当时妇女还极为重视面部装

〔1〕段文杰:《飞天——乾达婆与紧那罗——再谈敦煌飞天》,载《敦煌研究》1987年第2期。

〔2〕段文杰:《飞天在人间》,载《文史知识》1988年第8期。

〔3〕谢生保:《敦煌飞天概述》,载《敦煌壁画白描精粹·敦煌飞天》,甘肃人民美术出版社1995年版。

饰,如贴花、画眉(仅画眉就有长眉、柳眉、蛾眉、阔眉等形式)。这些在飞天的造型中都充分地得到反映,也说明古代妇女的审美习尚是一个很值得研究的美学领域。

我们的祖先在一千多年前就熟练地运用浪漫主义写实手法,以高度概括的流动线条,虚实、动静的对比,丰富绚丽的色彩和装饰夸张的形态,表现出飞天的那种灵动优美的韵律和飞腾向上的力量,把拥有美好的寓意、俊美秀丽的形体、飘逸潇洒的飞姿,这样一个完美的飞天艺术形象,展现在世人面前。它不愧为中华佛教艺术宝库中一颗耀眼的明珠,世界文化遗产中的杰出典范。它的博大与精深,至今仍折射着夺目的历史光辉。它的表现形式与艺术魅力仍将为世人所喜爱。它不仅给我们带来美的享受,也使我们从中得到丰富的启示和滋养。

10　敦煌壁画之供养人

> 宗教往往利用艺术，来使我们更好地感到宗教
> 的真理，或是用图像说明宗教以便于想象。
>
> ——黑格尔

　　供养人画像是敦煌石窟艺术中十分重要的内容。所谓供养人，是指出资发愿开凿洞窟的那些功德主、窟主、施主们，及与其有关的如家族、亲属或社会关系成员，当然这并不表示他们是洞窟开凿的工匠等人物。敦煌壁画中的供养人有敦煌的历代大族、地方长官、高僧，也有一般的平头百姓。佛教传播很重视造像，认为信众面对佛、菩萨图像时如见其真容，可以专心致志供奉。所以，佛经中专门有一部《造像功德经》，宣扬造像的好处。对于官绅富豪，广造神像不但现在可以享受奢侈生活、有好的际遇，且死后可以进入"西方极乐世界"。对于平民百姓，佛教也教他们只要能够"随其力分，而作佛像"，即可永离贫穷苦海，过上富裕的日子。因此无论穷富，都来开窟造像、画像题名。佛教徒为了表示虔诚信教、时时供养，把自己的像画在佛像的下边或左右，手捧香炉或香花，或列队行敬礼，或席地跪拜，榜书姓名、官职等的榜题。这种为出资开窟造像的施主所画的功德画就是供养人画像。他们都曾是活跃在敦煌历史上的人物，因此这些画像具有极高的史料价值和研究价值。正是这些壁画中的供养人，代代相传，倾力开凿石窟，修建佛像，绘制壁画，才最终创造出了灿烂辉煌的敦煌文化。在敦煌石窟的大多数洞窟中，都有供养人画像，这些画像是研究洞窟营建时代及窟主等课题珍贵的第一手资料，也是研究敦煌服饰的宝贵实物资料。

10.1 敦煌壁画供养人画像史料与艺术研究价值

10.1.1 供养人画像、题记与人物分类

10.1.1.1 供养人画像

供养人画像是敦煌壁画艺术中的主要内容之一。要说明供养人画的名称和内容,我们首先把供养人画和供养人题记作一简介:供养人就是信仰佛教、出资出力、开窟造像的施主和捐助者,当然这并不表示他们是洞窟开凿的工匠等人物。这些施主和捐助者为了表示虔诚奉佛、时时供养、功德不绝,把自己的肖像画在佛像的下面和左右。后来一些官僚贵族为了留名后世,显示自己的地位和家族的威望,在开窟造像时,不仅画上自己的肖像,还把家族亲眷、部下属僚、供养僧人、侍从奴仆的肖像也画在了石窟里。这些人物肖像画,统称为供养人画。[1]

10.1.1.2 供养人题记

供养人题记是在供养人画像旁边或底下书写的姓名、身份、地位、官职等。有的施主和捐助者还在肖像下面或窟壁上书写功德记或发愿文。这些功德记和发愿文也是供养人题记的一部分内容。[2] 据粗略统计,现存题记大约 7000 余条,供养人画像和供养人题记是不可分割的佛教艺术。

10.1.1.3 人物分类

莫高窟供养人画像很有特点:供养人皆是全身且多为群像,有僧尼群像、家族群像、百姓群像、府衙官僚群像。这些画像包括了各阶层、各民族、各行业男女老幼的生者、死者,是社会最广泛的一种人物画像。据敦煌研究院关友惠先生在《敦煌壁画中的供养人画》一书中的统计,仅莫高窟现存 492 个洞窟中就有供养人画像 8000 余身。又据敦煌研

---

〔1〕谢生保:《敦煌供养人画概述》,载《敦煌壁画白描精粹·敦煌供养人画》,甘肃人民美术出版社 1995 年版。

〔2〕段文杰:《敦煌莫高窟供养人题记·前言》,文物出版社 1986 年版。

究院编《敦煌莫高窟供养人题记》[1]一书的粗略统计,现存清晰完整和漫漶不清的供养人题记大约 7000 余条。莫高窟供养人画像前后延续了 1000 多年,是中国最大的古代肖像画图谱。

敦煌石窟中的供养人肖像画,包括了各时代、各民族、各阶层的僧俗人物的画像。大体上可分为 5 类:

王公官吏画像 如割据帝王、西域王公、王妃、王子、公主、文臣、武将、刺史、军使、节度使、县令县衙、校尉等大小官吏。

宗教人物画像 如三教大法师、河西都僧统、释教律师、国师、方丈、住持、高僧、和尚、尼姑、善男、信女等。

庶民百姓画像 如社人、农夫、农妇、猎户、屠夫、铁匠、织师、塑匠、画师、乐工、百戏艺人等。

侍从奴婢画像 如车夫、马夫、侍卫和持弓箭、执香炉、掌团扇、捧鲜花、抱梳妆盒、持饮食盒、牵衣裙、持锡杖等跟随在主人后面的男女小人物。

各民族人物画像 如匈奴族、鲜卑族、吐蕃族(古藏族)、回鹘族(古维吾尔族)、西夏党项族、元代蒙古族等。[2]

他们是活跃在敦煌历史上的人物,因此这些画像具有极高的史料价值。

10.1.2 供养人画像的史料与艺术研究价值

历时 10 朝,延续 1000 余年的敦煌石窟供养人画像,可以成为今天研究多种学科极为珍贵的形象资料。

10.1.2.1 研究石窟营建时代

依据供养人画像的衣冠服饰特征,供养人题记中的人名、官职、纪年,可以研究出石窟初建和重修的时代,较为准确地分析出石窟的断代排年,从中得出各时代石窟的建造特点,以及各时代石窟艺术的风格特点。例如:凡有纪年的供养人画像,其告诉我们的该窟始建和重修的时

---

〔1〕敦煌研究院:《敦煌莫高窟供养人题记》,文物出版社 1986 年版。
〔2〕谢生保:《敦煌供养人画概述》,载《敦煌壁画白描精粹·敦煌供养人画》,甘肃人民美术出版社 1995 年版。

代,便成为划分和研究这一时期石窟时代和艺术特点的准确依据。

10.1.2.2　研究佛教史迹

现存的供养人画像中,有大僧统、大僧政、禅师、律师、法师、三学临坛大师、高僧、住持、尼姑、小沙弥(小和尚)以及各民族、各阶层的佛教信徒,由此可知敦煌地区各时代佛教发展的特点。从名僧大德供养画像题记提到的寺院名称,如报恩寺、莲台寺、灵图寺、三界寺、净土寺、开元寺、大云寺等,可知敦煌古代寺院的修建历史。从一些供养人画像、题记、发愿文、功德文中可以知道一些高僧,如洪认、悟真、翟僧统、何法师等对发展佛教、营建石窟的贡献。这些供养人画像就是研究敦煌佛教历史事迹最可靠的资料。[1]

10.1.2.3　研究河西历史人物及当时的政治关系

历史上的河西敦煌地区是一个少数民族政权更替的地区,先后有匈奴、鲜卑、吐蕃、回鹘、党项、蒙古等民族统治过。即使中原王朝统治时,也是地处边塞,多是表面上受命中原王朝、贡奉中原王朝,实际上封建割据,自立为王。因此,敦煌的一些历史事件和历史人物在正史上都没记载,而被历史淹没了。敦煌石窟中的供养人画像多为历代统治者和统治集团中的要员名人,如各族藩王、赞普、可汗,汉族刺史、军使、节度使、边塞武将文臣等。这些供养人画像和题记,可成为研究西北史、河西史、民族史的资料,亦可补史之不足。

同时,通过敦煌莫高窟中的供养人画像,可以了解当时敦煌政权与周边及中原的政治关系。例如五代98窟于阗国王李圣天供养像一图中,深刻地揭示了于阗国与沙州(敦煌)当时的统治者之间的关系。于阗尉迟氏,唐代赐姓"李",五代后晋天福三年,敕封李圣天为"大宝于阗国王"。史料记载,李圣天是沙州(敦煌)最高统治者曹议金的女婿,敕封后,他和夫人曹氏在莫高窟曹议金建造的佛窟中画了他们的供养像。画像头戴冕旒,穿龙袍,和汉家天子没有两样。据史料记载,高居

---

〔1〕谢生保:《敦煌供养人画概述》,载《敦煌壁画白描精粹·敦煌供养人画》,甘肃人民美术出版社1995年版。

海出使于阗以后,曾记其见闻说"圣天衣冠如中国",与此画像是一样的,反映了于阗与沙州中原王朝关系亲密。

又如,曹氏归义军时期所建的一些大型洞窟供养人画像中,有许多回鹘帝王、公主、王子的供养像,从中可以了解到曹氏在敦煌执政 120 余年中,通好西州回鹘的外交政策。如莫高窟第 61 窟回鹘公主陇西李氏等供养像,窟主是敦煌当时的最高统治者曹议金之子曹元忠。在 4 位夫人供养像中,第一身像称"故母",是曹议金的甘州回鹘夫人;第二身像称"姊",是曹议金的女儿,元忠的姐姐,嫁给了甘州回鹘;第三身像也是元忠的姐姐,嫁给了于阗回鹘;第四身像称"故母",是曹议金的元配夫人,元忠的生母。画像的排列顺序和婚姻关系,反映了当时沙州曹氏政权与甘州回鹘、于阗回鹘交往关系。从于阗国王李圣天供养像和回鹘公主陇西李氏等供养像中,我们不难看出,当时敦煌政权的稳定与其周边的和亲政策息息相关。[1]

10.1.2.4 研究历代官制军事

敦煌石窟的供养人画像题记中有官职、官衔以及赐封、带兵人数的记载,而供养人画像的衣冠服饰和兵器的佩戴是一致的。因此,供养人画像和题记可以成为研究历代官制的资料。供养人官职的大小,又与他所统率的军事力量是大体相符的,因此供养人画像也可以成为研究历代河西驻军及军事力量的资料。如唐代驻守河西的豆卢军、墨离军,晚唐至宋代的归义军,这些驻军的首领和武官在敦煌石窟供养人画像中,都有他们的画像和题记。[2]

10.1.2.5 研究历代人物肖像

敦煌石窟中的供养人画像,继承秦汉以来殿堂功臣画像和墓室主人画像的传统,历经 10 代、相续千年,传承有序、脉络清晰地展现出我国人物肖像的发展过程与优良传统,不仅是现今研究中国人物画极其珍贵的资料,而且就其丰富的创作经验、高超的绘画技艺而言,对现代

〔1〕敦煌研究院文献研究所:《敦煌供养人》,甘肃人民美术出版社 1999 年版。
〔2〕段文杰:《供养人画像与石窟》,载《敦煌研究》1995 年第 3 期。

美术工作者创作人物肖像也是很丰富的借鉴资料。敦煌莫高窟 492 个洞窟中,几乎都有供养人画像,是中国古代人物画像的集大成者。现存各朝代的供养人画像,脉络清晰地展示出我国传统人物画的发展过程与优良传统。淳朴的汉儒样式画像,秀骨飘逸的魏晋仕人风姿,瑰丽丰腴的隋唐仕女仪容,富于世俗生活风习的五代、宋及少数民族人物等,都可以在这里找到风格相同的作品。持续千年之久的敦煌供养人画像是中国最大的古代肖像画图谱,它的发掘和利用,将对现代人物画产生很好的借鉴作用。

10.1.2.6　研究衣冠服饰、社会民俗

衣冠服饰是社会变革和社会时尚的晴雨表,亦是人类文明社会中国家、民族、地位、身份、性别、行业等属性的标志。石窟供养人画像,是有名有姓的现实人物的摹写;供养人穿着的衣冠服饰,就是那个时代的真实描绘。莫高窟现存的 8000 余身供养人画像上所绘的衣冠服饰,有其明显的时代特点、民族特点、阶层特点、行业特点。如果把敦煌石窟供养人画像的衣冠服饰研究整理出来,可以编成一部中国古代衣冠服饰史。

供养人画像行列和出行图中,有许多表现社会风土人情的场面,这些风俗画亦是研究社会民俗极为珍贵的形象资料。例如供养人图中的乐队歌舞、百戏杂技、供养马车等。由段文杰先生最早复原的都督夫人太原王氏礼佛图,是敦煌莫高窟供养人画像中规模最大的一幅。这幅画像上共有 12 人,第一身形象最大,沥粉堆金题名为"都督夫人太原王氏一心供养",第二身、第三身是都督夫人的女儿,后面 9 人为奴婢。而据研究,与此图相对的北面墙壁上画有都督乐庭瑰及儿子、男仆,南北两壁合起来就是都督乐庭瑰全家礼佛图。这幅画的结构和意境创造上突破了前代整齐严肃的供养人行列,人物位置错落有致,自由活泼,特别是在人物背景的设计上出现了垂柳、萱花、曼陀,并有蜂蝶飞舞,别有一番生活情趣。同时,这也反映了唐代经济的繁荣、社会的稳定与人民生活的富裕。

10.2 供养人画像演变的几个特征

供养人画像在敦煌石窟的大多数洞窟中都有,是研究洞窟营建时代及窟主等课题的第一手资料,也是敦煌服饰研究的宝贵实物资料。供养人画像从十六国北朝至元由小到大,到五代宋时,与真人大小一般,且是一个家族人物同处一窟,有家庙祠堂之性质。供养人画像多以主仆组合出现,等级森严:主人像大在前,奴婢像小在后,排列成形。画像大者高丈余,小者仅有寸余。有的洞窟供养人画像多达1000余身。早期画像尺寸较小,内容一般仅表现供养者虔诚恭敬之心。唐代供养人画像进入极盛时期,形象真实,个性鲜明,神态生动,繁华富丽。画像由小型变为大幅,多绘于洞窟的醒目处,榜题内容详细。五代时出现大量的瓜沙曹氏家庭的肖像,画院有专门的肖像画师供养人,祖宗三代一一画出,如同形象的家谱。供养人画像由初始供养礼佛,渐变为服务于政治功利的宣传品。

综观敦煌洞窟壁画中的历代供养人画像,有以下一些特点:

供养人画像越晚地位越重要 在早期十六国北凉、北魏、西魏、北周洞窟中,画像极小,单个像仅有不到20厘米高,在洞窟内一般是画于南壁或北壁,或南北二壁中下部一排。到隋唐时画像变大一些,数量也有所增多,在洞窟中的位置更低,一般在各壁底层画一圈供养人画像。到了晚唐张氏归义军时期,在沿袭前代的基础上又有新特点的出现,那便是供养人画像大大长高,部分如同真人大小,又在洞窟甬道中开始画像,而且一般是画窟主或与窟主关系最为密切的人物,也开始突出表现家窟的性质。五代宋曹氏归义军时期在总的特征上沿袭晚唐的同时,也有新特点,那就是几乎所有的供养人都如同真人甚至超过真人大小,另外就是进一步突出家窟的性质,把窟主家族内几代相关人物无论男女老幼,甚至死去的也统统画像入窟。沙州回鹘、西夏、元时多不见供养人画像,即使个别洞窟有画,高度比例也大大缩小,位置也并不确定,有高有底。我们可以认为:敦煌石窟壁画中的供养人画像,基本上在洞

·欧·亚·历·史·文·化·文·库·

窟中的地位是越晚越重要,画像越晚越大,位于洞窟四壁底层一圈和甬道。[1]

供养人题记身份地位的味道越来越浓 早期十六国北周时期,一般只是书写供养人姓名或法号,多见佛家弟子,末尾是"一心供养"等字。到了隋及唐初时,不仅俗人数量大增,而且有了简单的官职官衔。中唐在初盛唐的基础上有所发展。到了晚唐五代宋时期,有的供养人题记一长串,十分复杂,突出表现个人的声誉与功勋。由此可以说,供养人题记所反映的一个总的特点是:随着时代的发展,供养人题记所表现出的供养和佛教的味道越来越淡,而表现个人的身份地位的味道则越来越浓。[2]

供养人画像的绘画表现个性时代越晚越细致 供养人在不同的时期,时代特征都比较突出,而在个性的表现上,则是越早越突出。十六国北朝时期,供养人所表现出的北方少数民族如鲜卑等形象特征比较明显。隋代初唐的男像着圆领袍,女像窄衫小袖长裙。盛唐所表现出的与当时全国流行以胖为美的风尚相一致。中唐有盛唐遗风,同时也有着蕃装人画像。而到了晚唐,特别是五代宋时,洞窟供养人表现出千人一面,较为沉闷呆板。早期几乎只是一个大的轮廓形状,到了隋初盛唐时开始有服饰纹样出现,而到了晚唐特别是五代宋时则是对服饰纹样进行详细的勾画,表现得十分复杂。[3]

供养人位置男女分别排列 无论什么时期,敦煌壁画中的男女供养人总是分别开来,画在不同的壁面位置,或左或右,但不同壁,充分反映了中国自古以来男女有别的观念。在相同性别的供养人众画像中,出家众又总是在在家众的前面,意在强调佛窟的性质,或许也表明了敦煌历史上僧人地位一直较高,同时也说明了敦煌佛教一直长盛不衰的

---

〔1〕谢生保:《敦煌供养人画概述》,载《敦煌壁画白描精粹·敦煌供养人画》,甘肃人民美术出版社 1995 年版。

〔2〕谢生保:《敦煌供养人画概述》,载《敦煌壁画白描精粹·敦煌供养人画》,甘肃人民美术出版社 1995 年版。

〔3〕谢生保:《敦煌供养人画概述》,载《敦煌壁画白描精粹·敦煌供养人画》,甘肃人民美术出版社 1995 年版。

背景,再者还表明家族在对佛窟的经营中有专门的家族出家之人的事实,也反映了在具体的洞窟营建过程中负责人或许主要是这些家族相应僧人的历史事实。[1]

10.3 供养人画像的发展和时代特点

敦煌石窟中的供养人画像,历经 10 个朝代,延续 1000 余年,随着政权的更替,逐代衍变,画像由小变大,题记由简变繁,位置由暗变显。如以时代划分,可以十分明确地勾画出敦煌石窟历代供养人画像变化与发展的线索与轮廓,这也是我们进行比较研究的第一手资料与基本问题的切入点。供养人画像在每个朝代、每个时期都留下了极其明显的时代特点。

10.3.1 北朝时期——画像小而简,题记略而隐

北朝时期(北凉、北魏、西魏、北周)的供养人画像一般都很小,大都画在窟内壁画下层,或中心塔柱的下沿,多在不很醒目的地方,形象简练,分行排列,像列整齐,形貌相似,无大区别。题记亦很简略,只书有身份和姓名。北凉第 275 窟南北二壁现存供养人画像 33 身,高约 20 余厘米,列行整齐地排列在南北壁画的下层,前面是吹大角号的乐伎,身穿袴褶;后面供养人头系幅巾,交领短袍,腰部束带,白袴乌靴,双手合十,做供养状,人物面目几乎一样。[2] 又如北周第 428 窟四壁壁画下层和中心塔柱四周佛龛下沿,分上、中、下 3 层,共画 20 余厘米的供养人画像 1200 余身。

按理说,供养人像应当是真人的肖像,但是这类宗教功德像往往是大批制作的,自然无法以特定的个人为蓝本,只能采取程式化和类型化的办法以表现其民族特征、等级身份和虔诚的宗教热诚,不能脱去千人一面的倾向。而在供养人的行列中,僧侣必居其首,从而显示宗教地位

---

〔1〕敦煌研究院文献研究所:《敦煌供养人》,甘肃人民美术出版社 1999 年版。

〔2〕万庚育:《北魏时代的艺术》,载《甘肃画报》1984 年第 4 期。

·欧·亚·历·史·文·化·文·库·

的崇高,王公贵族像则用显著的地位和笔墨加以突出。[1]

这一时期,供养人画像具有特色的是如下两个洞窟:

一是西魏第285窟(见图10-1)。该窟供养人画像已出现了典型化的艺术造型,面目清秀,眉骨高耸,眸子乌黑,嘴角含笑,体态潇洒,神情微妙,具有魏晋南北朝文人秀骨清象的气质。同窟还有一些身穿胡服,头戴卷沿毡帽,腰系革带,挂打火石、刀子、磨刀石、解结锥、针筒、绳子等生活用具的供养人画像,形象虽小,表情动态却饶有风趣。榜题上有滑黑奴、殷安归、在和、难当等姓名,大约多为北方少数民族人物。

二是西魏第288窟。该窟东壁两侧的供养人画像,已打破了北凉时供养人整齐排列的形式,出现了生活化的场面,不仅把供养人的侍从奴仆画入供养人画中,还把马车画入画中。主人与侍从体态高低不同,位置前后错落。如东壁南侧一王公或贵族的画像,身形高大,面目长

图10-1 供养人 285窟(西魏)

---

〔1〕关友惠:《莫高窟壁画艺术·西魏》,甘肃人民出版社1986年版。

方,头戴笼冠,身穿大袍,长衣曳地,颈加曲领,身系蔽膝,脚穿笏头履,神态庄重恬静。身后有3个小童仆,1人为主人提牵衣裳,1人执伞,1人打团扇(如图10-2)[1]。

早期的供养人像作为一种艺术品,一般来说还不够精细,但重要的是它具有珍贵的历史价值。有的题记为今天的研究提供了重要的线索,而且由于它直接描绘了当时现实世界中的人物,其人物形象,特别是人物的衣冠服饰,都是研究者不可或缺的第一手形象资料[2]。

图10-2　男供养人及侍从　288窟(西魏)

〔1〕谢生保:《敦煌供养人画概述》,载《敦煌壁画白描精粹·敦煌供养人画》,甘肃人民美术出版社1995年版。
〔2〕关友惠:《北周时代的艺术》,载《甘肃画报》1983年第6期。

10.3.2　隋代时期——画像更加典型化、自由化

隋代是莫高窟建窟最繁的朝代。根据不完全统计,隋朝一代,前后仅有 38 年,却在莫高窟新建洞窟 100 多个,是北朝 4 个朝代现存洞窟的 2 倍多。隋代是敦煌艺术发生变革的时期,此时敦煌壁画艺术更加中国化。[1] 在供养人画像上也表现出了两大特点:

人物形象更加典型化、艺术化、自由化　例如,隋代第 62 窟中的女供养人,头梳高髻,身穿短衫长裙,肩披风衣,眉目清秀,手持莲花,神情文静虔诚。身后的供养牛车、车夫、侍从都画得栩栩如生。画师对他所表现的人物形象,进行了典型化、艺术化的描绘,才把瞬息即逝的人物神情动态表现了出来。

供养人画场面更加世俗化、生活化、丰富化　例如隋末第 390 窟南北二壁下层画有隋代供养人 60 余身,侍从女仆 80 余身。从画像服饰和残存的题记"幽州总管府"看,这可能是某一官僚家族及僚属的群像。供养人行列中有供养牛车和赶车者,有供养马匹和驭马者,还有供养卫队和供养乐队。男供养主像有的身着大袖襦,系蔽膝,戴笼冠;有的身穿窄袖长袍,腰系革带,头裹巾子;有的持香炉;有的捧鲜花。女供养主像,身材颀长,头梳大髻,身穿衽袖小衫,腰系长裙,披帛很自如地从两肩或肘弯处垂下。有的袖手,有的合十,有的持盘,有的擎花,动作优雅,神情虔诚。男女供养主像身后都有两三个较小的侍从跟随,有的打团扇,有的捧食盘,有的抱衣匣,有的牵衣裙。整个供养人行列,高低不等,大小相错,体态多变,服饰相异,画像不大,却造成一种宏大的气势。尤其是女供养人队尾画供养女乐一组,共计 8 人,分别演奏琵琶、箜篌、横笛、排箫等乐器。8 位女艺人前后左右相错,姿态各异,边奏边行,徐步前进,尤为生动(如图 10 - 3、10 - 4)[2]。又如隋代 398 窟(见彩图 10 - 5)中供养童子画像, 富有浓厚的生活气息。[3] 这些画面不

---

〔1〕李其琼:《莫高窟壁画艺术·隋代》,甘肃人民出版社 1986 年版。

〔2〕谢生保:《敦煌壁画白描精粹·敦煌供养人画》,甘肃人民美术出版社 1995 年版。

〔3〕谢生保:《敦煌供养人画概述》,载《敦煌壁画白描精粹·敦煌供养人画》,甘肃人民美术出版社 1995 年版。

图10-3　女供养人及侍从　390窟(隋代)

图10-4　供养乐伎　390窟(隋代)

·欧·亚·历·史·文·化·文·库·

仅表现了供养人家族的显赫地位,同时也把供养人现实生活中的真实情感画入了壁画之中。[1]

10.3.3　初盛唐时期——画像逐渐增大,位置逐渐醒目

这一时期,唐王朝直接管辖敦煌地区。初盛唐是李唐王朝政治经济上升的繁荣昌盛时期。此时,唐代的文化艺术达到了极盛时期。敦煌石窟艺术受到大唐中原文化艺术的直接影响,艺术水平也达到了顶峰。唐代前期,写真画家辈出,不仅有著名的凌烟阁功臣画象,在两京寺观里还有许多历史或现实人物的写真,如明皇像、梁武帝像、玄奘像、于阗国王像等。当时知名的宗教画家如阎立本、吴道子、李果奴等同时都是肖像画家。敦煌莫高窟的供养人画像虽然不同于写真,但仍属于肖像画的范畴。尤其到了唐代,敦煌壁画在艺术表现上逐步打破了千人一面的模式,愈来愈多地刻画出不同人物的特点和个性。供养人的形象已经不仅仅局限于表达对宗教的恭谦与虔诚,而且还用于显示氏族门庭以及宗族的谱系。[2]

在初唐,供养人画像多排列在洞窟四壁的下部,有的一主数仆、三五成群;有的排成整齐的队伍,绕窟一周。[3] 盛唐时,开始把供养人画到甬道的两侧,形象随着题材的扩大和大型经变画构图的发展,也发生了很大的变化,出现了新的特点:人物形体已比隋代供养人画增大,位置画在了洞窟甬道两侧或东壁门两侧很醒目的地方;人物形象造型生动、丰富、优美,体态健美,曲眉丰颊,服饰艳丽、雍容华贵,神情高雅。画像中王公大臣、地方官吏、贵族妇女、僧侣居士以及侍从奴婢等人物,描绘日益精湛(如彩图 10 - 6、10 - 7)。这一方面体现了唐朝以丰肌肥体为美的审美习尚,另一方面反映了唐代经济的繁荣和人民生活的富裕。供养人画面宏伟,比前代更富于生活气息。画面中的人物容貌神情富有个性,表明了不同地位、不同身份的人物形象。[4]

---

〔1〕贺世哲:《隋代敦煌艺术》,载《甘肃画报》1984 年第 1 期。

〔2〕万庚育:《莫高窟的盛唐艺术》,载《甘肃画报》1984 年第 3 期。

〔3〕史苇湘:《莫高窟的初唐艺术》,载《甘肃画报》1984 年第 2 期。

〔4〕段文杰:《供养人画像与石窟》,载《敦煌研究》1995 年第 3 期。

以下两个洞窟中的供养人画像,最能代表初唐和盛唐的风格特点。

第329窟中的供养人画最能代表初唐的风貌,但此窟中的供养人画大部分已残缺不清了。东壁南侧的一身女供养人保存尚好,头梳锥髻,面着素粉,曲眉丰颊,身穿露胸的圆领窄袖长裙,肩披罗巾,长裙裹足,双膝跪坐,两手合十持莲花,自然地放在双膝上,眼睛凝视前方,一副虔诚而恬静的神情,体态优美,形象传神。从此身供养人画像上,可以看出唐代画师在人物造型、艺术构思上所表现出来的求美求真的风格和成熟高超的艺术水平(如图10-8)[1]。第130窟(如图10-9)[2]是盛唐天宝年间建造的一座大佛窟,甬道两侧各绘一幅大型供养人群像,画像高于真人,规模宏大,气势雄伟。南壁所绘都督夫人太原

图10-8　女供养人　329窟(初唐)

〔1〕谢生保:《敦煌壁画白描精粹·敦煌供养人画》,甘肃人民美术出版社1995年版。
〔2〕谢生保:《敦煌壁画白描精粹·敦煌供养人画》,甘肃人民美术出版社1995年版。

图 10 - 9　都督夫人公主供养像　130 窟(盛唐)

王氏礼佛图是莫高窟唐代供养人画像群中艺术水平最高、规模最大的一幅。画面上有 12 人,前 3 人为主人,后面 9 人为奴婢。前列第一人是都督夫人太原王氏,画像巨大,身超真人,头饰玉梳,鲜花宝钿,身穿碧衫红裙,肩披降地锦帔,脚蹬笏头花鞋,手持巾,捧香炉,虔诚向佛。其后两个身材略低者是都督夫人的女儿,遍体罗绮,衫裙帔帛,满头珠翠,凤冠金钗,面饰花钿,小头鞋履,斜身摇步,一副豪门贵族小姐姿态。两位小姐身后是 9 位奴婢画像,她们发式各异,服饰多着男装,圆领长衫,腰系革带。这种"束装似男儿"的打扮,正是唐代天宝年间兴起的奴婢时装。这幅供养人画群像,造型真实,富于生活气息,无论主人还是奴婢,都具蛾眉丰颊、丰肌肥体的健美特征。每个人的面容神采,各不相同:主人们雍容华贵,手捧香炉或鲜花,合掌敬礼,流露出恭敬虔诚的心情;奴婢们有的捧琴,有的执扇,有的端净瓶,有的捧花盘,悠然自得,回头顾盼,窃窃私语,漫不经心,与主人的心情颇不相同,深刻地表现了生活的真实。整幅画像给人以健美的感受,可与唐代名画家张萱《捣练图》和周昉《簪花仕女图》相媲美,实是一幅形象生动、性格鲜明、生气蓬勃的唐代美人图。[1]

10.3.4 中唐时期——画像极具吐蕃特点

这一时期,吐蕃统治者占领敦煌地区。安禄山叛乱之后,唐王朝减弱了对陇右河西地区的军事力量,吐蕃统治者乘机于公元 763 年攻占兰州,从东向西,长驱直入,攻陷凉州、甘州、肃州,唐朝守军节节西退,官民僧尼,退集敦煌。军民固守 11 年,因得不到唐王朝的救援,粮械皆竭,迫以"毋徙他境"开械投降,直到大中二年(848)张议潮起义,收复敦煌,吐蕃统治者占领敦煌长达 67 年。[2]

吐蕃统治者占领敦煌时期,并没有中断敦煌佛教艺术的发展。原因之一是吐蕃统治者也很信奉佛教;原因之二是敦煌的居民没有迁徙他处,仍然保留着汉唐文化的传统。由于割断了同中原文化艺术的交流,此时期的艺术水平已无初唐时期那样灿烂辉煌了。[3] 这一时期供养人画像的特点是:

(1)人物造型、衣冠服饰继承盛唐风格,但已无盛唐供养人画像动人的风采。例如,中唐第 159 窟中的女供养人,面型椭圆,弯眉细眼,首饰简单,服饰朴素,体态已不像盛唐时那样丰肌健美、光彩夺目。[4]

(2)吐蕃占领河西统治敦煌时期,敦煌石窟供养人画像中出现了大量的吐蕃王公、官吏的画像。例如,第 159 窟维摩诘经变中的吐蕃赞普听法供养图,吐蕃赞普戴缠头高冠,穿交领内衣,外套翻领长袖大衫,腰系革带,佩挂短刀,一手持香炉供养,形体丰硕健壮。随赞普出行,一人捧供物在前,二侍从引路,赞普身后一侍从高挑伞盖相随,后面三人

---

〔1〕谢生保:《敦煌供养人画概述》,载《敦煌壁画白描精粹·敦煌供养人画》,甘肃人民美术出版社 1995 年版。

〔2〕李其琼:《莫高窟壁画艺术·中唐》,甘肃人民出版社 1986 年版。

〔3〕段文杰:《吐蕃时期的莫高窟艺术》,载《甘肃画报》1984 年第 4 期。

〔4〕万庚育、黄文昆:《敦煌的艺术宝藏(图版解说)》,文物出版社 1980 年版。

289

·欧·亚·历·史·文·化·文·库·

似为臣属,各执鲜花,缓步而行。又例,第359窟中的吐蕃族男女供养人,其男供养人头戴缠巾高冠,身穿左衽翻领宽袖长袍,腰系革带,饰瑟瑟珠,足蹬皮靴,立眉大眼,络腮短颈(如图10-10)[1];其女供养人亦头戴缠巾,穿左衽翻领长袍,腰系革带,足蹬长靴,脸型丰圆,立眉大眼。这些供养人画像成为研究古代藏族人物形象的珍贵资料。

图10-10 吐蕃男供养人 359窟(中唐)

〔1〕谢生保:《敦煌壁画白描精粹·敦煌供养人画》,甘肃人民美术出版社1995年版。

10.3.5 晚唐五代北宋时期
——画像高大、像列壮观、服饰艳丽、雍容富贵

这一时期,河西归义军张氏、曹氏政权统治敦煌地区。会昌二年(842)吐蕃赞普死去,吐蕃统治集团因争王位,发生内讧。大中二年(848),张议潮乘机率领敦煌人民起义,赶走了吐蕃统治者,随后,相继收复了河西及伊西 11 州,回归大唐。大中五年唐王朝敕授张议潮为归义军节度使,统辖河西、伊西 11 州,直到唐末。此时为敦煌的晚唐时期,即归义军张氏政权时期。[1]

天祐四年(907)李唐王朝瓦解,张议潮之孙张承奉自立的西汉金山国也随之覆灭,河西归义军政权被沙州刺史曹议金接替。后唐同光二年(923)正式授曹议金为河西归义军节度使。[2] 此后,曹氏 5 世统治河西地区历经五代、北宋直至西夏大庆元年(1036)李元昊攻陷瓜州,覆灭曹氏政权。河西归义军张曹政权统治长达 185 年。[3]

张曹归义军政权,表面上受命中原王朝,贡奉中原王朝,实际上封建割据,一切自治,是敦煌河西地区的土皇帝。张、曹统治敦煌地区时,利用佛教巩固政权,在莫高窟、榆林窟大量建窟造像。敦煌的张、曹、索、李等豪门贵族,为了宣扬祖先家族的威望,也在莫高窟、榆林窟竞相建窟造像,实际上已把佛窟变成了家庙。[4] 这一时期,可以说是敦煌供养人画像的高峰,出现了三大特点:

画像高大,像列壮观 张、曹家族所营建的洞窟中,上自先祖、全家大小,下至亲戚属僚、部下女婢(见彩图 10 - 11),按地位尊卑,全部画入供养人行列。例如,五代第 98 窟,是河西归义军节度使曹议金的功德窟,窟内甬道南壁画曹议金父子等男供养人画像 9 身,甬道北壁画张议潮父子等男供养人画像 9 身,主室东壁门南北两侧和南北两壁前部

---

〔1〕关友惠:《莫高窟的晚唐艺术》,载《甘肃画报》1984 年第 5 期。

〔2〕段文杰:《张议潮时期的敦煌石窟艺术》,载《敦煌学辑刊》1983 年第 3 期。

〔3〕谢生保:《敦煌供养人画概述》,载《敦煌壁画白描精粹·敦煌供养人画》,甘肃人民美术出版社 1995 年版。

〔4〕关友惠:《中国敦煌壁画全集:晚唐》,天津人民美术出版社 2003 年版。

·欧·亚·历·史·文·化·文·库·

画曹氏家族亲属和于阗国王李圣天夫妇等供养人画像 51 身,其身高等于或高于真人。主室西壁和南北两壁后部下层,画曹议金的属僚、部下、僧人、侍从等画像 220 余身,高约 60 厘米。供养人画像几乎占了全窟壁画面积的 1/4。其中于阗国王李圣天的画像(见彩图 10－12),身高 2.82 米,头戴冕冠,身着汉族帝王服饰,广眉大眼,八字短胡,一手执香炉,一手持鲜花,仪表堂堂,气宇轩昂,是莫高窟中最高大的供养人画像。这些身居统治阶层的供养人画像,已经神化,被奉为神灵,也成了当地民众崇拜的偶像。

服饰艳丽,雍容富贵 张、曹归义军时期的供养人画像虽无初盛唐时期的生动传神,缺乏性格、模式呆板,但衣冠服饰的华丽、人物姿态的娇艳,超过了盛唐和中唐。例如,晚唐第 9 窟(张承奉功德窟)、五代第 98 窟(曹议金功德窟)、五代第 61 窟(曹元忠功德窟)中的女供养人皆头饰凤冠、桃冠或梳高髻,上饰玉簪、金钗、步摇悬珠,项饰瑟珠,胸饰璎珞,黛眉红唇,面贴花钿,身穿短衫落地长裙,肩披锦绣披巾,身姿娇丽,或持香炉,或捧鲜花,或双手合十,做供养状(见彩图 10－13)[1],恰如唐诗描写:"云鬓花颜金步摇"[2],"头上鸳钗双翠翘"[3]。

光宗耀祖,以画树传 张、曹归义军时期,敦煌的豪门贵族,不仅用供养人画像宣扬自己家族的威望名声,还用绘画的形式宣扬祖先的丰功伟绩,树碑立传,由此出现了许多出行图,如晚唐第 156 窟中的张议潮夫妇出行图、晚唐第 94 窟中的张淮深夫妇出行图、五代第 100 窟中的曹议金与回鹘公主出行图、五代第 409 窟中的曹议金出行图(见彩图 10－14),还有榆林窟第 12 窟中的慕容归夫妇出行图。这些出行图实际上也是供养人画的形式,具有双重意义:其一,出行图中的人物向佛作供养,因为他们的丰功伟绩和豪华富贵的生活来自佛恩;其二,活着的后来人向出行图中的人物作供养,因为他们敬谒祖先,时时不忘祖先

---

〔1〕谢生保:《敦煌供养人画概述》,载《敦煌壁画白描精粹·敦煌供养人画》,甘肃人民美术出版社 1995 年版。

〔2〕白居易:《长恨歌》。

〔3〕韦应物:《长安道》。

的功德。其中规模最大,艺术水平最高,最具历史意义的是第156窟南壁的张议潮统军出行图。该图高1.08米,长8.88米,面积约9.6平方米,以横卷连环画的形式,描绘了张议潮率领敦煌军民,抗击吐蕃统治者,收复河西失地的雄壮气势和丰功伟绩。[1]

10.3.6 西夏、元代时期——画像少而小,但具民族特点

这一时期,是回鹘、党项、蒙古3个少数民族政权占领敦煌的年代。这3个少数民族政权统治敦煌长达330余年。由于这3个少数民族都信奉佛教,故而没有中断敦煌石窟的佛教艺术的创作,在莫高窟和榆林窟新建和重修了不少洞窟,但在石窟艺术水平上江河日下,日趋衰落。这一时期的供养人画像少了,形象也小了,与张曹归义军汉族政权时期的画像相比,在规模气势、人物造型、绘画技艺上等,都无法相提并论,只是在少数民族人物外貌特征、服饰风格上留下了极为珍贵的形象资料。[2]

10.3.6.1 回鹘族供养人画像

五代、北宋归义军曹氏政权时期,敦煌石窟中就出现了回鹘族供养人画像。那时作为曹氏家族的姻亲供养人像,人物造型和服饰还有汉化的成分。只有西夏王朝时期,在沙州回鹘占领敦煌时,回鹘族供养人画像最具有本民族的特征。例如,第409窟东壁南侧的回鹘王供养像(见彩图10-15),身形高大,两腮丰圆,柳叶长眉,八字小胡,头戴桃形云镂高冠,身穿圆领窄袖龙袍,腰系革带,上佩短刀、火镰、解锥、荷包等什物,足蹬毡靴,手持香炉礼佛,身后8个侍从,分别张伞、执扇、持宝剑、捧弓箭、背盾牌,其圆领窄袖花袍,与回鹘王相似。东壁北侧的回鹘王妃供养像(如图10-16)[3],身形健壮,长眉秀目,高鼻小唇,头戴桃形大凤冠,身穿桃形翻领窄袖长袍。这种形象和服饰与新疆高昌回鹘石窟中的供养人几乎完全一样。西夏时代回鹘部落遍布河西走廊,石

〔1〕谢生保:《敦煌供养人画概述》,载《敦煌壁画白描精粹·敦煌供养人画》,甘肃人民美术出版社1995年版。

〔2〕刘玉权:《莫高窟的壁画艺术(西夏)》,载宁夏画报1984年第1期。

〔3〕谢生保:《敦煌壁画白描精粹·敦煌供养人画》,甘肃人民美术出版社1995年版。

窟里留下了当时的回鹘王供养像也是重要的文物遗迹。[1]

10.3.6.2　党项族供养人画像

　　西夏王朝是一个以党项族为主的多民族政权。西夏晚期,出现了少数党项族供养人画像,多画在榆林窟西夏新建的洞窟中,如榆林窟第29窟中的西夏党项族供养人像(如图10－17)[2],无论男女均体形高大,圆脸大耳,两腮外鼓,弯眉细目,鼻梁高拱,唇小而厚,嘴角上翘。男像秃发毡冠,身穿圆领长衫,腰系褶裙,足穿尖头钩靴。画像的高大形体,圆脸突腮,窄袖长衣,表现出西北游牧民族强悍豪放的气质。

图 10－16　回鹘王妃像　429 窟(西夏)

---

〔1〕谢生保:《敦煌供养人画概述》,载《敦煌壁画白描精粹·敦煌供养人画》,甘肃人民美术出版社 1995 年版。

　〔2〕谢生保:《敦煌壁画白描精粹·敦煌供养人画》,甘肃人民美术出版社 1995 年版。

图 10 - 17　男供养人及侍从　榆林 29 窟(西夏)

10.3.6.3　蒙古族供养人画像

　　元代蒙古族是最后统治敦煌的少数民族政权,虽然历时 140 余年,但在敦煌新建重修的洞窟却很少。[1] 经考证,现存洞窟中有元代新建窟 8 个,重修窟 19 个,总计 27 个。这些洞窟中,多数洞窟没有供养人画像,仅一二例有,其中最有代表性的是莫高窟第 332 窟和榆林窟第 3 窟中的蒙古族供养人画像(如图 10 - 18)。第 332 窟甬道南壁的男供养人画像,头戴卷沿笠帽,有的顶饰羽毛,帽后垂巾,身穿交领窄袖长袍,外套半臂衫,肩上饰比肩,脚穿长筒皮靴。女供养人头戴高耸的瓶形顾姑冠,冠后垂巾带,身穿交领宽袖大袍,足穿皮靴。其中前排有一身形高大的供养人,头戴高大的顾姑冠,冠后垂披巾,身穿染花交领大

────────────

〔1〕孙修身:《莫高窟的元代艺术》载《甘肃画报》1985 年第 3 期。

图 10 – 18　男女供养人　榆林 3 窟 (元代)

长袍,长袍后襟曳地,双手合十,持花礼佛。像前有一男童持花引导,像后有一女仆牵持衣襟,看上去好似一位蒙古族的王妃或贵妇。[1]

敦煌莫高窟供养人画像从十六国北朝至元代由小到大,到五代、宋时和真人一般大小,并且是一个家族人物同处一窟,具有家庙祠堂的性质。历时 10 朝,延续 1000 余年的敦煌石窟供养人画像,是今天多种学科研究极为珍贵的形象资料,是研究石窟营建断代的资料,是研究佛教历史事迹的资料,是研究河西历史人物的资料,是研究历代官制军事的资料,同样也是研究衣冠服饰、社会民俗的资料。

可以想象,在敦煌莫高窟的修建中,不知道有多少能工巧匠和丹青妙手在为开凿洞窟的活动服务,特别是那些一流的画家们,在倾心完成前世和来生的修行境界时,又是以怎样的心情来完成那些豪门望族、达官贵人的现世脸谱!在佛的世界中虽没有贵贱之分,但丹青圣手们却没有给自己留下一幅自画像!

---

〔1〕段文杰:《晚期的莫高窟艺术》敦煌研究 1985 年第 3 期。

11 敦煌壁画之服饰

中华冠带，衣履天下。

——张仃

　　素有衣冠王国美誉的中国，服饰文化源远流长。当我们的祖先穴居野处茹毛饮血的时候，服饰仅具有遮体避寒的功能，随着生产力水平的提高，服饰的功能也进一步多元化。这种变化通常与文明的演进，历史的变革，经济的消长，文化的盛衰甚至宗教的兴起紧密相关。可见，服饰是文化的特征和代表。从服饰，我们可以区别各个不同时期的不同民族，可以区别不同时代的不同社会等级；服饰也可以反映我国纺织业的发展，皮裘业的发展，印染业的发展及我国工艺美术的发展。

　　敦煌莫高窟作为举世闻名的佛教艺术宝库，其精粹——45000多平方米的壁画，林林总总，保存了数以万计的人物形象。在这些人物形象中，无论是天国的众神还是人间的众生，他们的衣冠服饰，都是历代社会中人们衣着的再现，也是千年间十余个朝代各国、各民族、各阶层不同身份人们衣冠服饰的真实而全面的展示。尤其是形式多样、色彩斑斓的民族服饰，不仅给人以艺术美的感染，还为我们留下了珍贵的服饰文化史资料，真可谓是古代艺术的一朵奇葩。

11.1　敦煌壁画服饰的分类

　　敦煌壁画中所反映的服饰资料，从十六国到元代，上下千年，延续不断。随着时代的变迁，改朝换代，统治民族的更迭，凡汉族服饰，各少数民族的服饰，以及两者交融的装扮，都在壁画的人物穿着中反映出来。

11.1.1　从民族的角度划分

从民族的角度出发,可以将敦煌壁画中的服饰大致分为:胡服、汉装、吐蕃装、回鹘装、党项服、蒙古服等。

胡服——窄衫小袖,主要是从十六国末到北魏时期;汉装——褒衣博带、大袖裙襦、澜袍冠履,从西魏时期一直到隋唐;吐蕃装,即中唐吐蕃统治时期的服装;回鹘装,在五代、宋时期较为流行;党项服,存在于西夏国时期;蒙古服,即蒙元时期的服饰类型。

11.1.2　从官僚等级的角度划分

从官僚等级上讲,敦煌壁画中的服饰主要有汉族帝王的衮冕、笼冠、通天冠,有文臣的进贤冠服,有宰相的豹尾冠服,有藩镇一方的节度使幞头靴袍,有庄园主的大袖长袍,也有普通劳动者如屠夫、泥匠、农民、船夫等的长衫、半臂、犊鼻裤、笠帽等等。

如莫高窟中唐 159 窟,从服饰上可以看出站在垫上华盖下,头戴筒状垂带红毡帽,发分结于两鬓,项饰瑟瑟珠,身着大驳领长袍,袍袖垂足,驳领和袖缘饰虎皮,腰系革带,配腰刀,下穿裤,脚穿乌靴者为吐蕃赞普。赞普前一人袍上有如意纹肩饰,最前面两人袍服驳领有豁口,驳领酷似今天西服驳领。侍从服饰几同赞普服饰。此外,随后的有戴翎冠或戴锦帽、毡帽、暖帽、金瓜帽,穿交领、圆领、驳领袍服或卷发、髯口、赤膊、跣足裹巾披帛的,显然是各国各族人物。从服饰、从位置上可以看出赞普站在主导地位,吐蕃人处在主人位,其他各国各族的人处在从属地位,这说明当时敦煌已由吐蕃人占领,受吐蕃统治。

11.1.3　从佛界和俗世的角度划分

敦煌壁画虽然以佛教为主,但其描绘的芸芸人物却集天上人间之大成,因此各种人物所穿的服饰也就集天地于一体了。具体可以分为两大类。

一类是佛界宗教神灵的服饰,如佛、菩萨、佛弟子、天王、力士、伎乐飞天、罗汉、金刚、比丘等等。他们是神,是偶像,其形象不同于世俗凡人,除了头上有圆光、脚下踩莲花外,还被罩上了一层宗教神秘色彩,其衣冠服饰上往往混杂中外,具有夸张、想象的成分,真实地反映了古代的服饰文化。

另一类是俗世人物的服饰。敦煌艺术中的世俗人物真可谓包罗万象,其中既有帝王将相,也有平民百姓;既有农夫渔民、工匠商旅,又有乐人医生,猎人乞丐;既有中原汉族人物,也有大量的西北西南各民族人物,还有中亚、西亚人物,三教九流,无所不有。这些服饰又因不同的国家、民族而各异,它们如实地表现了千年间十余个朝代各国、各民族、各阶层不同身份的世俗人的穿戴。毫不夸张地说,这些形形色色的世俗人物形象所展示的古代衣冠服饰资料,构成了一座琳琅满目的古代服饰文化博物馆。

11.2 敦煌壁画服饰的民族风格特征

一个民族的服饰,可以反映民族文化的某些特征。每个民族的服饰均有其自身的特色,从而与其他民族相区别。它是民族自我意识的表现形式,也是一个民族稳定的标志之一。敦煌石窟的壁画保存了丰富而珍贵的中古时代服饰的图像和资料,从北朝到宋元,时代跨越千年。而在这千年的历史长河中,不同民族服饰所具有的独特风格特征,成为我们今天了解历史的第一手资料。具体地,可以从下面所述的各民族服饰特点加以进一步认识。

11.2.1 胡服

古代胡服的主要特点是:短衣,长裤,革靴或裹腿,瘦袖紧身,翻领左衽,便于活动。从敦煌早期壁画中可以看到,着胡服的男女,男衣一般仅短及膝,折襟翻领;而女衣稍长,内另有女裙。"窄袖利于驰射,短衣长靴便于涉草",这是胡服便于活动的体现。

具体地说,男子常服袴褶,即短衣下裤。上褶以织帛或织锦做成,也有用皮革者;下袴一般以木棉织成,这种袴褶在莫高窟285窟有明确的图像(见图11-1)。男子的上褶为圆领、对襟(也有侧襟),窄袖紧身,衣长不过膝。领口、双膝、袖口均以黄色锦或较厚实的质料沿边。

·欧·亚·历·史·文·化·文·库·

图 11-1　男子常服　285 窟（西魏）

下袴多白色,有小口和大口之分,有的在膝部以带子系缚,便于行动,名为缚绔。在白袴外还可以套上胫衣,在踝骨处以带紧束,胫衣自然形成喇叭口,袴褶非常贴身[1],因而有了上面提到的"窄袖利于驰射,短衣长靴便于涉草"之说。胫衣套在袴外,其好处是乘骑作战或外出时,保护腿部肌肉,减少摩擦,而且行动起来更为方便。

　　与袴褶配套的还有腰带,上褶无扣,腰中系带。胡服的腰带上以金玉及各种图纹做装饰。还有一种挂饰物的腰带,胡名郭络带,即皮带端首缀带舌的套环,环上垂挂各种杂物。因为游牧民族居无定处,往往把日常生活所需的小物件随身携带,传入中原后又为汉族多使用。在莫高窟西魏 285 窟壁画中一下层武官腰系郭络带,小环下悬挂着短剑、小囊等日常用物。从衣着分析,他们是地位不高的武官和士庶。

　　犊鼻裤是一种无裤腿的短裤,类似后世的三角裤,用三尺布缝制,因形似牛鼻而得名。在壁画中着犊鼻裤的多是渔夫、屠夫、泥匠、船夫

---

〔1〕谭蝉雪:《敦煌石窟全集·敦煌服饰画卷》,商务印书馆 2000 年版。

等劳动者[1]（如图11
-2）。

另外，着袴褶者
下穿靴。胡人的靴有
高靴、短靴之分。高
靴可至膝，乘骑、外出
多用之，俗称马靴，以
皮革制作，也多为军
将士卒所用。短靴为
家居日常穿用，以特
殊编织的厚实羊毛褐
子等制作而成。

裲裆也是北方少
数民族的服装，起初
是由军戎服中的裲裆
甲演变而来。这种衣
服不用衣袖，只有两
片衣襟，其一挡胸，其
一挡背，后来称为背
心或坎肩。裲裆可保身躯温度，而不使衣袖增加厚度，以使手臂行动方
便，也是男女都用的服饰。《玉台新咏·吴歌》讲到"新衫绣裲裆，连置
罗裙里"。妇女裲裆，往往加绣装饰。起初妇女都在里面穿裲裆。《晋
书·舆服志》曰："元康末，妇女衣裲裆，加于交领之上"，就是把裲裆穿
在交领衣衫之外。[2]

图11-2　渔夫服饰　296窟（北周）

半袖衫是一种短袖式衣衫。由于半袖衫多用缥（浅青色），与汉族
传统章服制度中的礼服相违，曾被斥为"服妖"。后来风俗变化，到隋

〔1〕谭蝉雪：《敦煌石窟全集·敦煌服饰画卷》，商务印书馆2000年版。
〔2〕黄能馥、陈娟娟：《中国历代服饰艺术》，中国旅游出版社1999年版。

朝时,内官多服半臂。南朝文吏也穿窄袖直襟衫或连衣衫。

在北魏时期的壁画中,故事人物是胡服或胡汉混合服。如莫高窟 254 窟尸毗王本生故事画中,有着对襟窄袖紧身条纹衣、裹高巾帽、着白裤革靴的男人;有着长裙、戴帏帽披巾的女人。[1] 显然,对襟窄袖紧身条纹衣是受西域和中亚民族服饰文化影响而改变原形的胡服。这正与文献之记载赵武灵王推行的胡服即"多穿短衣、长裤和靴,衣身紧窄"相符和。

这个时期的僧侣服饰也很有特色。中国从儒家传统出发,认为印度僧侣穿的袒肩袈裟露臂不合礼仪,因此敦煌壁画中的僧侣多不穿袈裟,也不袒肩,而是穿偏衫。加之北方气候较寒,僧侣创造性地把僧内衣和覆肩合二为一,并参照古代袍服的式样,裁制出偏衫。敦煌壁画中的僧侣手臂上还携有一个布帛制作的织物,名曰随坐衣,梵语"尼师但那",僧人坐卧时敷于其上;在供养佛时,双膝跪拜其上。但也有少数的僧侣仍采用印度僧侣的袈裟形式,图 11-3 便是如此。

图 11-3 僧人服饰 285 窟(西魏)

〔1〕刘军:《敦煌壁画中氐羌群服饰特点初探》,载《六盘水师范高等专科学校学报》2000 年第 2 期。

11.2.2　汉装

汉装的特点是以交领右衽为主,兼有圆领、直领。从形制上看,主要有衣裳制、深衣制、襦裙制、袴褶制等。汉装无扣,系带,宽衣大袖,线条柔美流畅。"衣裳"指上衣下裳,衣一般是交领大袖的,裳的结构类似裙子。衣裳制是华夏民族最早的服装形式。为了表示尊重传统,衣裳制被作为最高级别的礼服形式。"深衣"指上衣下裳相连,有曲裾和直裾之分。曲裾深衣后片衣襟接长,加长后的衣襟形成三角,穿时绕至背后,再用腰带系扎,即"续衽钩边"。深衣被儒家赋予了很多理念与意义,成为文人的基本装。"襦裙"指上短衣,下裙,裙以带系扎,有短襦,半臂,大袖衫。"袴褶"指上短衣,下长裤。[1]

具体地说,如汉装官服,一般是内着白纱中单,外着宽袖上襦,下为宽沿边的裙裳,其颜色多为红色。在服饰方面有束腰的大带和束蔽膝的革带。公卿大夫等各等级官员还有绶带,是紧结在腰间的丝带,用以系印章和玉佩。绶带有大小之别,有单双之分。莫高窟晚唐12窟东壁是汉族王侯礼佛的场面(见图11-5),王侯戴通天冠,着白纱中单,宽袖襦,白纱裙,笏头履。随后的官员多戴进贤冠和巾帻,衣着与王侯不同。

汉族平民男装也崇尚红色,但到了宋朝时,平民只许穿黑色或白色的衣服,严禁穿官员专用的颜色。汉装的主要形式有圆领袍服、缺胯衫、巾帻、鞋履。圆领袍服是小袖或直袖,革带束腰。缺胯衫是汉族劳动者的服装,基本样式是圆领、小袖,衣长至膝,下多着白裤,与魏晋时期的袴褶相似,只是有便于劳作的开胯。开胯的方式有3种:一是垂直开衩,多为4片;二是三角形开衩,前裾成三角形,便于劳作者把前裙直接翻上,活动更加灵活;三是燕尾式开衩,在衣裙下部开多片衩,样式更加灵活。敦煌壁画中平民男子以皮履为主,或长靴,或单底短靴。行脚僧多穿木屐,底为木制,前后有屐齿,屐面很可能是以皮革做成,结实耐磨,适宜远行。

---

〔1〕谭蝉雪:《敦煌石窟全集·敦煌服饰画卷》,商务印书馆2000年版。

欧·亚·历·史·文·化·文·库·

图 11 – 5　王侯与朝臣礼佛　12 窟(晚唐)

同时,平民中较活跃的歌舞伎出于行业的需要,着半臂上襦,长至脚部,束腰,短裙至膝,下着长裤。莫高窟 156 窟的顶杆伎就着红半臂,绿花裙,白长裤,色彩强烈对比而又谐调统一。再如莫高窟 208 窟的舞伎,其头戴双脚反搭幞头,着圆领长袖青缺胯衫,帛带束腰,白底图花大口裤(见图 11 – 7)。

汉族女装的服饰样式有花钗礼衣、翟衣、襦裙、凤冠、褙子等。王妃和贵妇阶层的盛装是花钗礼衣,这是等级显赫的礼服之一,由花钗冠、宽袖织锦衣、长锦裙组成,连小小的裙腰亦精心彩画。但到了唐后期,服制等级逐步衰弱,在敦煌壁画中花钗礼服蔓延到平民阶层,成为庶女婚嫁的嫁衣。翟衣是贵妇中最高级别的服装,因上衣绘织有山雉图案而得名。莫高窟 138 窟的节度使张承奉的女眷中就有一位着翟衣者,青色的宽袖袍上彩绘了许多形态各异的山雉。从其戴 9 支花钗和雉推算,应是唐末归义军节度使张承奉的母亲,为"郡君太夫人"。凤冠是唐代以来从皇后到贵族妇女最为贵重的礼冠,其正中有一展翅的凤立在莲花座上,两侧是步摇花钗,满饰翠绿玉珠,华丽之至。在莫高窟

158、341、192窟等绘画中有大量的贵妇戴凤冠的形象。褙子是五代贵妇的常服中出现的一款长袖、对襟、直领,下长过膝,罩在上襦之上的服装,宋代成为平民妇女的常服,男子也可服,相当流行。莫高窟100窟壁画中节度使曹议金夫人身着红褙子,是典型的五代贵妇的常服。

平民妇女的服装款式整体上更显得宽松,也以上襦下裙为常服。上襦有交领、方领和祖胸,以直袖为主。裙备受青睐,裙腰至腋下,裙长至地。裙襦的花纹崇尚横纹晕染,形成一种薄纱的感觉。在质料上以布帛、绮、绢等为主。

11.2.3　吐蕃装

敦煌吐蕃统治时期的吐蕃服饰,既有胡服特点,又有汉装

图11-7　舞伎服饰　208窟(五代)

风格,还不失西域和佛教色彩。具体的特征可以概括为:两种式样的头巾,一种高高的,盘于头上,可能仅为王室成员所戴;另一种扁平,紧紧地卷成一环状,绕在头上,头顶裸露,头巾一角突出。袍服长,紧贴腰身,后带褶。三角形领边宽窄不一,宽处在肩上,在前面伸延下来塞进窄窄的腰带里。衣服边、袖口和领子所用材料不同,袖长于手。靴子通常是黑色,靴尖上卷。[1] 公元871年,吐蕃占据敦煌。在吐蕃占据时

----

〔1〕台建群:《7—11世纪吐蕃人的服饰》,载《敦煌研究》1994年第4期。

·欧·亚·历·史·文·化·文·库·

期,这里皆"胡服臣虏",吐蕃的服饰在莫高窟的壁画中得到了大量反映。如271窟、159窟、237窟(见图11-8)等。吐蕃信佛,其文化受佛教影响是无疑的,但这时这里的佛教文化,却有着在这里长期生活的各族人民的文化成分,是被改造过的佛教文化。然而这种佛教文化又反过来影响人们的文化生活,这在服饰方面表现得也是相当突出的。

同时,吐蕃的强大;是在同一部分汉人、鲜卑、羌人、氐人等逐渐融合并汲取这些民族先进文化的基础上强盛起来的,这就决定了其文化是兼收并蓄的。具体体现在服饰上就是:左衽翻领保持了羌胡特点,红毡高帽、革带、瑟瑟珠又体现了西域胡风,如意形披肩可能是受唐初改造过了的波斯风格的半臂影响,忍冬形装饰显然受佛教的影响,乌靴则是胡服的突出特色。如图11-8所示,赞普后一侍者戴浑脱冒,两鬓发梳成一线掩耳,显然是唐初汉人"羌胡服"的胡汉混饰。总之,无论赞普还是侍从,内均着交领衫,下着长裤褶,与史料对照,这似是胡汉遗风。赞普右后两侍者着交领小袖襦裙,保持了隋唐汉装风格。所有这些有关服饰的描述,正是上述关于敦煌壁画服饰在吐蕃时期之概括的具体体现。

图11-8 赞普与各国王子礼服 237窟(中唐)

在吐蕃统治敦煌时期,吐蕃装在平民中也大为流行,主要有如下形制:

藏袍 在吐蕃族中不分身份地位的尊卑贵贱,一律可以穿着藏袍。在敦煌壁画中可以看到,官服藏袍也是一般吐蕃平民男子最具代表性的装束,只是他们的藏袍质地和装饰不及赞普和官员高贵精致而已。

紧身襦裙 也是较为普遍通行的吐蕃装,但是已经开始汉化。吐蕃装上襦的交领为左衽,腰系郭络带,窄袖长至脚踝,与袖子的颜色相同,下着白裤(如图11－9)。

圆领袍服 在汉族、吐蕃和少数民族男子中都很常见,但是他们的冠帽形制仍保留着民族特色,或戴朝霞帽、系红抹额,或戴透额软脚幞头、顶上还有一小礼帽。直到今天,藏族男子仍戴礼帽,只不过比唐代的要大得多。

11.2.4 回鹘装

回鹘是唐代西北地区的少数民族。唐代回鹘人民和汉族人民经济文化交流频繁,回鹘妇女服装及回鹘舞蹈,对唐代宫廷及贵族妇女产生较大的影响。回鹘装的特点是翻折领连衣窄袖长裙,衣身宽大,下长曳地,腰际束带;翻领及袖口均加纹饰,纹

图11－9 妇女服饰 220窟(中唐)

·欧·亚·历·史·文·化·文·库·

样多凤衔折枝花纹;头梳锥状的回鹘髻,戴珠玉镶嵌的桃型金凤冠,簪钗双插,耳旁及领颈部佩戴金玉首饰;身穿袍装,颜色以暖色调为主,尤喜用红色;材料大多用质地厚实的织锦,领、袖均镶有较宽阔的织金锦花边。

回鹘官服礼制的另一重要标志,是以锦袍的纹样区别等级的高下,唯王者以龙纹为饰,贵族高官以团花为饰,余者以瑞花、散花为饰。在金代和元代的官服礼制中都规定了严格的图花等级标准,以官服织锦图案的花朵大小,品别官位的尊卑。因回鹘官服深受辽金元的影响,由此推测,也应实行金元礼制。

另外,回鹘装的平民男子头戴平顶冠,是一种扇形的毛制便帽,后垂带饰,身着大褶衣,长至膝下,下穿靴,是魏晋以来袴褶的演变。服饰纹样多以小花、散花为主,或素色。腰间无绦、带,很少有垂物。

从敦煌壁画看,回鹘妇女无论尊卑,多头梳高耸的回鹘髻,束发于顶,呈高发髻状。根部以红绢系裹,发髻上饰以花钗。回鹘女装也很有特色,身着翻领窄袖紧身衣裙,主要特色是小腰身,所以更能凸显出妇女的窈窕身姿。

如榆林16窟曹议金夫人是回鹘公主,称为秦国天公主。她身着回鹘装,头戴桃型宝冠,饰布摇,上镶嵌瑟瑟珠,背后有垂带。头戴多重珠宝串饰,身着翻领、窄袖、通裙大襦,翻领和袖口有精美的花草纹样(见图 11 – 11),在敦煌壁画中十分难得。再如安西榆林窟第 10 窟甬道壁画供养人五代曹议金夫人李氏像,敦煌莫高窟第 205 窟入口处壁画曹议金夫人供养像及第 61 窟北宋女供养人像,也都是这种回鹘装的具体形象。[1] 回鹘装的造型,与现代西方某些大翻领宽松式连衣裙款式相似,是古代综合希腊、波斯文化和中国文化的产物。

11.2.5 党项服

党项服的显著特点是具有鲜明的两重性:既有其他民族主要是汉族服饰文化的特点,又有自己民族独特的传统服饰风格。女式的白沙

---

〔1〕黄能馥、陈娟娟:《中国历代服饰艺术》,中国旅游出版社 1999 年版。

笼袖出现,同时还出现了花冠,善高髻,半袖裙襦流行。男以幞头为尚,但主要是软角幞头。所谓幞头,是指用铁丝或竹篾等为骨,外罩以纱或漆纱,背后装两脚的帽子。穿靴已蔚成风气。在色彩上,红黄、黄绿、绿兰等临近色彩大量使用,日趋稳重凝练,但又不失对比。通常采用的整体调和、局部对比,给人以浑然大方的印象。在构图上,以团花珠圈为中心,中心绘祥兽或花卉图案。同时,党项族是以游牧为主的民族,所以裘衣是他们的传统服装,也是西夏境内各族人们冬季常用的防寒服。

　　在党项族服饰的发展过程中,逐渐形成了文职穿

图 11－11　回鹘夫人　榆林 16 窟（五代）

靴,武职戴冠,庶民着无袖衫、麻鞋,僧侣是短袖交领内衣,外披袈裟的服饰特色。关于西夏僧侣的服饰,文献没有记载。在现存国家图书馆的西夏译经图中,安全国师白智光内着短袖交领花衣,外披袈裟,其他僧人身穿短袖交领素衣,身披袈裟。榆林窟 29 窟画有西夏真义国师西壁智海,面相圆满,头戴山形冠,身穿短袖交领衣,披袈裟,拈花坐方形须弥座床,上罩宝盖。这些绘画所反映的西夏僧侣服饰主要是短袖交领内衣,外披袈裟。西夏是一个高度崇佛的王朝,僧侣在西夏社会中的地位很高,所以政府不定期地向各重要寺庙的僧侣赐予各色袈裟,所赐

袈裟分为黄、紫、绯、黑 4 色,其中赐黄者地位最高,赐黑者在 4 色中地位最低。[1]

西夏的官服制度也是以党项民族服饰为基点,融合其他各民族服饰而成,受中原官服制度影响颇深。西夏官服可以说既是党项民族服饰文化积淀的结果,也是整合周边其他民族服饰的结果。因而,可以说西夏官服有广收博采、兼收并蓄的特点。

敦煌莫高窟 409 窟的回鹘王,气宇轩昂,画面很有帝王气派。他身着圆领窄袖龙纹锦袍,头戴尖顶金镂高冠,是一种仿古波斯风格的尖顶形金冠,以红组缨系于颌下,后垂辫法或长带。正如前面所讲,回鹘官服衣料的颜色以暖色为主,尤其喜用红色。官服用质地厚实的织锦制作,领和袖均镶嵌有织金沿边。腰间的郭络带上缀方形带绔,下垂短剑、小刀、火石及解结锥等物(见彩图 11 – 15)。

榆林窟 29 窟壁画中的党项族女供养人,外穿交领窄袖衫、内着百褶裙、头冠两侧插步摇。其所插步摇乃仿唐之花冠。该窟的壁画也描述了许多劳动的场面,有锻铁、牛耕等,图中男子均戴头巾、穿麻鞋。所以,西夏男子首服中流行幞头、头巾,这显然是汉族冠服制度的沿袭,但麻鞋等则是自己的特点。其色彩喜绿兰,赏团花图案,以致形成一种独特的风格,这当是受唐的影响,但又与唐的富丽堂皇有所不同。从此窟中我们可以看出,党项族服饰将多种服饰文化糅合,形成一种新的形制。这种形制和特点一旦形成,必然要延续一段时间,进而对其他民族的服饰文化产生很大影响。

11.2.6 蒙古服

蒙古族的衣冠特点是以头戴笠帽为主,亲王、功臣贵族侍宴者赐穿质孙服,或称只孙、济逊,意思为外衣、衣服。形制是上衣下裳相连,衣式紧窄,下裳较短,腰间打许多褶裥,称为襞积,肩背间贯有大珠。这本来是便于骑马的戎服,明代皇帝外出乘马时所穿的"曳撒",就是把质孙服衣身加肥加长改制的服装。这种礼服必须衣、帽、腰带配套穿戴,

---

[1]孙昌盛:《西夏服饰研究》,载《民族研究》2001 年第 6 期。

并且在衣、帽、腰带上均饰有珠翠宝石,做工精细,按身份、地位严分等级。

元代蒙古贵族妇女袍式宽大,袖身肥大,但袖口收窄,其长曳地,走路时要两个女奴扶拽。常用织金锦制作,喜欢用红、黄、绿、茶、泥金等色。这种宽大的袍式,汉人称它为大衣或团衫。

云肩到元代制作得更加精美,舞人宫女的云肩大为讲究。半臂在元代也很流行,男女都穿。有爵命的蒙古族妇女,头戴一种很有特色的顾姑冠。这种冠是用桦木皮或竹子、铁丝之类的材料做成骨架,从头顶伸出一个高约二三尺的柱子,柱子顶端扩大成平顶帽型,然后再用红绢、金锦,或青毡包裹,上面再加饰翠花、珍珠。地位高的人更在冠顶插野鸡毛,使之飞动。戴这种高的顾姑冠坐车时,须将野鸡毛拔下,交给侍女拿着。穷人的顾姑冠则用黑色粗毛布包裹。如安西榆林窟元代壁画中描绘有戴顾姑冠,冠后有帔幅,穿交领袍的行香蒙古族贵族妇女。榆林6窟的蒙古贵族夫妇,二人坐在莲花座上,男子戴宝顶莲花冠,内着质孙锦衣,外披肩,上有云肩,下有蔽膝;夫人戴顾姑冠,冠旁插翠花羽饰,后垂辫发,着交领右衽宽袖大袍。后面的侍从垂辫,有珥珰,交领窄袖袍白裤,穿靴,均为蒙古典型服饰(见图11-12)。

图11-12　蒙古贵族夫妇服饰　榆林6窟(元代)

·欧·亚·历·史·文·化·文·库·

男服有深衣、袄子、貂鼠皮裘、汗衫、夹袄、开衩、出袖等,围腰的有玉带、金带、系腰等,头上戴的有帽子、笠儿、凉巾、暖帽等,脚穿的有花靴、旱靴、皮袜、护膝、腿绷等。如安西榆林窟壁画描绘的戴宽檐钹笠,翻领折小袖袍,脑后垂辫环的行香蒙古贵族。再如敦煌莫高窟第332窟元壁画中戴折檐暖帽,穿窄袖袍,半臂,戴元肩,束玉带,蹬络缝靴的行香蒙古贵族,腰带上所挂者为银麟牌,身后为戴钹笠、穿翻折领袍之行香者。

蒙古服饰在元代天王的铠甲上也深有体现。如榆林窟4窟东壁的天王着龟背纹连环锁子甲,红皮沿边,有双项、双肩、双髆及双腹作虎头吞口,有圆形双胸及革制双髀,下有裙及帛腿,穿六合靴,其装束大致来源于元代武士的军服,作为神格化的需要(如图11-13)。

可见,蒙古人的服饰,无论在取材,形制的创制还是服饰的装饰方面,都达到了相当高的水平。独具特色的质孙服、顾姑冠,即是这一时期的代表。通过探讨蒙古族的服饰,不仅使我们了解了蒙古族社会发展鼎盛时期服饰的形成、发展、变化规律,窥见蒙古人社会生活发展的历史轨迹,而且能够深入了解这一时期的草原游牧文化、中原农业文化与中亚文化相互交融的民族多元文化历史。

总之,敦煌莫高窟壁画中的衣冠服饰资料极为丰富,这为研究历代各民族服饰的发展、演变提供了大量珍贵的文化资料。敦煌石窟壁画艺术可称为古代少数民族衣冠服饰的博物馆。

11.3 敦煌壁画服饰研究的价值

11.3.1 透析古代社会政治经济文化的窗口

众所周知,服饰是人们生活的必需品,是社会的窗口、文化的表征。物质文明和精神文明都能够在服饰上得以反映,通过服饰可以看到社会的方方面面。

这里,以唐代为例来加以说明。唐代是敦煌的鼎盛时期,因而其服饰也很有代表性。总体看来,敦煌的唐代服饰比较开化、解放,且古今

图 11 - 13　天王铠甲　榆林第 4 窟(元代)

中外兼收并蓄,这也正是唐代开放文化的折光反射。

从服饰透析唐代政权　敦煌的 156 窟绘有张议潮统军出行图,图中形象最大,头戴幞头,身穿圆领红袍骑白马过桥者为张议潮。全图由 100 多人组成,前部是鼓乐、号角、舞乐、旌旗马队仪仗开路,中部是张议潮及其随员侍卫徐行,后部是骑射卫队护后。全图表现了张议潮统领敦煌、威震河西的雄壮气势和欢庆盛况。同时,从张议潮的唐装打扮可以看出，他是臣属于唐王朝的。

从服饰透析唐代经济　敦煌壁画中有许多描绘天国安乐的场景。如初唐 220 窟的西方净土变，盛唐 217 窟的观无量寿经变等，图中的佛、菩萨、伎乐、飞天等仙人们根据各自的身份、职务、处境，穿着各种光怪陆离、千姿百态的服饰，款式之美、色彩之鲜艳、质料之高贵，真可谓空前绝后。他们有的说法，有的合十端坐，有的嬉戏，有的奏乐，有的起舞，天花乱坠、天乐齐鸣，一派欢快安乐景象。画的虽然是天国、极乐世界，实际是对当时唐代繁荣昌盛的经济文化的艺术升华。

从服饰透析唐代的传统文化　初唐 220 窟的帝王图，图中帝王服冕服，臣僚们服具服，侍从服裤褶。冕服是中国古代帝王和卿相穿着的最具有代表性的礼服。帝王戴的冕有 12 旒，服的衣、裳上有 12 章纹，更具有象征性。从上古到清帝逊位时，帝王服饰一直遵循此制。唐代王维诗曰："九天阊阖开宫殿，万国衣冠拜冕旒"[1]，足见盛极状况。从此图的服饰中可以看到中国传统的服饰文化，而且反映出包括唐朝在内的封建统治思想和中央集权等级森严的统治制度及政体。

11.3.2　对当代服饰工艺美术具有启示和借鉴价值

敦煌石窟是一座由古代无数能工巧匠创造的艺术宝库。就服饰方面来说，其中所展示的丰富绚丽的色彩、精美多变的图案、富于奇思妙想的构思设计，不仅充分反映了古代先民高度的聪明才智，而且对我们今天的服饰工艺美术研究、设计者仍然具有启示和借鉴价值。今天，已经有一些服饰工艺美术设计者在利用敦煌服饰资料，设计、开发了一些具有敦煌图案风格和特色的服饰、围巾、手帕等服饰用品，在市场上也受到了中外顾客的欢迎。

根据对敦煌服饰的研究，也举办了一些有关敦煌服饰的特色节目，诸如"敦煌服饰模特大赛"、"走近敦煌国际服饰模特艺术节"、"世界服装设计师大赛"，以及以"敦煌西部"为命题的时装画展等。这些，给我们今天服装业的发展提供了宝贵的经验和巨大的财富。但是，有一点

---

〔1〕王仲纯：《从敦煌服饰管窥唐代文化》，载《社科纵横》1994 年第 4 期。

值得注意的是,当我们在借鉴这些服装款式、图案色彩的时候,绝不能照抄照搬,或者只是简单地将传统的图案款式、色彩拼贴在服装上,这样恐怕就连设计者自己都会感到重复、雷同,缺乏新意,那样的话,我们这些文化遗产的价值就难以体现了,这些文化遗产中可以触发的设计灵感的精神也就不复存在了。

敦煌服饰所反映的审美文化是立足于本民族的根基,对中西各民族服饰优点的集中概括。我们知道,只有民族的,才是世界的。只有拥有自身的特点,才能为其他文化所认同。历史上的敦煌服饰就是以其丰富多彩而又独具特色的文化风格这样启示我们的。同样,在今天,把握本民族的独特风格也是一个成功者的必须。

同时,敦煌服饰所反映的审美文化也是一种高度理想的文化审美。由于它表现的是仙佛神化世界,超脱生死,无拘无束,因而带有一种夸张、洒脱、飘逸的美,但又没有脱离服饰的本质,能够出色地与人体形态相配合。即使是飞天、菩萨也都是现实生活人物的折射。然而,今天的所谓创意性服饰,以奇为美,以怪为美,完全脱离了服饰的现实属性与审美本质。有些设计直接利用粗糙原始的材料,将动物、民俗甚至建筑形象生搬硬套地用到服饰当中,一味追求怪异效应,这是不可取的。可以说,敦煌服饰文化是立足民族根基而又大胆吸收融汇的艺术创造,是审美与现实相统一的完美结合。直到今天,这种独立而开放的文化美学精神仍然颇具启迪意义,促使我们不断深思。

11.3.3 学术领域研究的新拓展

以敦煌石窟和出土文献为主要研究对象的敦煌学,自上世纪初诞生以来,已经走过了近百年的发展历程。在中外学者的共同努力下,不但取得了一大批骄人的成果,而且使敦煌学的研究领域不断得到了开拓,敦煌服饰文化研究也就当属其一。

但由于地理位置等客观原因,对敦煌艺术中丰富的服饰资料的研究和利用还不够多。古代许多服饰只见于传世文献记载,只闻其名,不明其形;还有许多服饰在传世的图像或出土文物中也只能见到一些零星的不完整的形貌,而借助于敦煌艺术中的比较完整的服饰资料,就可以搞清楚许多有关古代服饰的形制及其发展演变的情况。比如,唐初女装窄瘦,以朴素见长,历武周、开元,女装渐肥,盛唐健美丰硕之风尚,跃然壁上。到了中唐,女装越来越肥,到了无以复加的地步。

再比如,幞头是中国古代男子最常用的首服。敦煌壁画中保存了从北周到元代千余年间许多不同形状的幞头的图像资料,清楚地反映了幞头由最早的平顶到逐渐分级,从4脚到2脚,从长脚、软脚逐渐到硬脚、展脚的演变过程。这样的例子还有不少,如古代妇女发髻形式、妇女面部妆饰等等,在敦煌壁画中都有丰富系统的资料。

综上所述,对敦煌壁画中服饰的分类介绍、对各民族服饰特征的总结,及对其研究价值的概括,可以让我们对敦煌壁画中的服饰有个稍清楚的认识。敦煌壁画可以说形成了一个千余年的漫长的衣冠服饰画廊。我们相信,敦煌石窟中的服饰,必将为我们更深入地了解历史提供不可多得的资料,也必将激发起无数艺术家的灵感,使他们挥洒妙笔丹青,绘出锦绣华章。

12 敦煌壁画之图案

艺术就是有意味的形式。

——克莱夫·贝尔

敦煌的彩塑和壁画都是杰出的,但是,它们还是有比较粗放或幼稚的阶段,也有退化和衰败的阶段。可是,作为敦煌艺术中重要组成部分之一的装饰图案,却几乎从现存的最早作品到宋元的创作,都保持了极高的水平。并且,每个时代都有它独特的风格和突出的成就,就像常年盛开的月季花一样,从春到冬闪烁着美丽的光辉。它们按着季节的不同,不断地变换着花朵的容貌,不断地以新而又美的姿态出现。敦煌图案是敦煌壁画艺术的一个重要组成部分,它装饰于建筑(石窟本体及其窟檐)、塑像、壁画,同时也具有自身的独立形态。[1]

在敦煌石窟里,如果不算那些带装饰性的千佛,图案主要集中在窟顶、龛楣和墙壁的下部,最主要的是窟顶部分的图案。窟顶部分的图案大体可以分为4类:倒斗形窟顶中部的藻井与平顶部分的平棋图案;人字披椽间的花鸟图案;窟顶四面披上的神话故事;窟顶与四壁交接处的伎乐图案。本章主要研究窟顶部分的图案。图案与壁画、塑像、建筑的关系,可以说,没有图案装饰,壁画就不完整,塑像就不算完成,整个石窟艺术就不能称为一个完整体。图案同整个石窟艺术一样,都是时代的产物,不同时代有各自不同的特点与风格。了解它的特点和演变规律,对于今人继承这部分遗产,美化社会生活,是很有现实意义的。[2]

---

〔1〕关友惠:《敦煌图案概述》,载《敦煌壁画白描精粹·敦煌图案》,甘肃人民出版社1996年版。

〔2〕欧阳琳:《莫高窟壁画图案》,甘肃人民美术出版社1986年版。

12.1　简练鲜明形象单纯的北朝图案

北朝是敦煌石窟艺术的初发期,包括北凉、北魏、西魏、北周4个朝代,这一时期整个艺术形态都呈现西域文化与中原文化交融互映的艺术特色,图案亦是如此。

北朝石窟主要有两种形式,即中心塔柱式和覆斗形顶式。中心塔柱式石窟斗面纵长方形,窟顶后部为平棋,前部为起脊人字式顶。窟中央有一方形立柱,方柱四面凿龛供佛。这是一种典型的中国传统木构庙堂建筑与印度支提式石窟(即窟中立塔)相混合的窟形。窟内的图案也都是围着这一特有的建筑形式分布的。窟顶后部模仿平棋的图案,窟顶前部模仿起脊屋架的枋、椽、斗拱及其彩绘的图案。平棋下的竖条边饰表示立柱,四壁下部的边饰表示横枋。佛龛图案上为楣,侧为柱。窟内一切图案都具有鲜明的建筑特色。北魏之后,中心塔柱式窟逐渐演变为覆斗形顶窟,即石窟平面方形,窟顶如一倒斗形状,正壁凿一龛供佛。窟形变化后,先期那种连续方井式的平棋图案,也随之演变为单一方井式的藻井图案,窟顶与四壁的边饰也失去了建筑的意义,成为纯粹的装饰了。[1]

北朝图案简练鲜明,纹样种类少,形象单纯,组合也不复杂。同一纹样反复连续即为边饰;几种边饰相连,中间置一莲花纹即为藻井。纹样主要有莲荷纹、忍冬纹、几何纹、云气纹、祥禽瑞兽纹等。莲荷纹是我国传统的纹样,战国时已用于器物装饰,秦汉时已装饰于建筑,而在佛教艺术中则有特定的含义:莲花净洁溢香,是佛国净土的象征,在佛教艺术中是至圣庄严的纹样。忍冬纹是我国各地北朝石窟通见的一种装饰纹样,在北魏木构建筑、织物刺绣中都有应用,而在敦煌石窟中则非常丰富,有单叶波状、双叶分枝、四叶连锁等多种。几何纹在我国彩陶上已普遍应用,汉代织物上已织成色线彩锦;在石窟艺术中,内地石窟

---

〔1〕戴瑞坤:《敦煌艺术中的装饰图案》,载《第二届敦煌学国际研讨会论文集》,台北汉学研究中心1991年版。

尚未见到,新疆石窟中也很少见,而在敦煌石窟中数量和式样则极为丰富,有方格纹、斜方格纹、菱形纹等多种(如图 12-1)[1]。云气纹是我国传统纹样,在战国漆器、汉代织锦的应用已至纯熟;在北朝石窟中,仅见于敦煌石窟(如图 12-2)[2]。祥禽瑞兽纹有龙、虎、猴、孔雀、鹦鹉、长尾鸟等,多与忍冬纹组合画于人字披的椽间(如图 12-3)[3]。另外,还有光焰纹、鳞甲纹、散点花草纹等[4]。

图 12-1　菱形纹样(北朝)

图 12-2　云气纹(北朝)

图 12-3　窟顶人字披纹饰　428 窟(北周)

〔1〕谢生保:《敦煌壁画白描精粹·敦煌图案》,甘肃人民出版社 1996 年版。
〔2〕谢生保:《敦煌壁画白描精粹·敦煌图案》,甘肃人民出版社 1996 年版。
〔3〕谢生保:《敦煌壁画白描精粹·敦煌图案》,甘肃人民出版社 1996 年版。
〔4〕关友惠:《敦煌图案概述》,载《敦煌壁画白描精粹·敦煌图案》,甘肃人民出版社 1996 年版。

北朝图案纹饰的主要特点是造型简洁鲜明。如忍冬纹,它虽是各地北朝石窟中通见的一种纹样,但是在莫高窟则显得格外突出。其造型简洁朴实、自由活泼、变化多姿,多以三瓣或四瓣植物叶形,利用正反、俯仰的变化,设计出一个个像剪纸、影画那样简练鲜明的形象。它既不同于大同云冈石窟雕刻中的忍冬边饰那样华丽,也不似新疆石窟壁画中忍冬边饰那种强调三凸变化、不露空地的繁缛式样,而是以一个单叶忍冬纹样作基本单位,不论组成单叶波状、双叶藤蔓分枝还是四叶连锁式样,其叶状的形象和结构脉络总是那么清晰完整,在土红色底衬托之下,给观者以单纯、朴实的美感。又如几何纹,它只是用不同斜度的线组成不同的几何形状,利用"数"的变化规律,相间填色,使简单的网状,变化出丰富多样如织锦般华丽的纹饰。再如云气纹,它不同于忍冬纹和几何纹以各自固有的形象与格式表现其面貌特征,而是用连续的"S"形曲线形成的韵律动势,显示其形象特征。它没有也不需要有具体的固定不变的形象,只是表现其变化莫测的流动气势。

作为石窟图案总体构成的窟顶平棋装饰,亦显示着简洁、鲜明的特点。各窟平棋装饰都集中了窟顶各种纹样,繁简虚实配合,构成一个统一的装饰整体。平棋由若干个边饰组成的方井联结而成,每个方井均为两重套叠,井心比较宽大,中置一大莲花。莲花如大车轮状,是平棋装饰的主体。井内套叠方井的边饰比较窄小,饰以疏简的纹样,在土红色底上用单色一挥而就,点划分明,自由洒脱。方井四角画飞天或莲花,与井心莲花相照应。方井外围是以几何纹、忍冬纹、云气纹连接成的带状边饰,比较宽大,纹样绘制也较为细致。整体平棋以土红色为基调,配以绿、白、黑色纹样,显得质朴、庄重,气势壮观。藻井和平棋图案都采取四斗形式,每层都用花边分隔,中部多是莲花,也有作人物的。斗四叉角有的作忍冬、莲花等植物纹样,有的作飞天、伎乐纹样。如257窟的平棋图案,最外部的花边采用不同的几何纹与植物纹相对称,内部两道花边均为几何纹。内部叉角作植物纹,外部叉角为不同色彩的飞天。在中部不是莲花,而是4个人在碧绿的池水里游泳。在池水的对角还有一对并行的鸳鸯,制作者把4个美丽的形象有机地组成一个美妙的整体。这是一幅配列均衡的图案,也是一幅非常生动的写生。[1]

平棋是集全窟所有纹样于一体的总体装饰。与之相反,佛像的龛楣和佛像的背光,则多是用兰叶纹装饰的。龛楣多以忍冬纹为主,中间穿插莲花、童子,或禽鸟、伎乐天人等。佛背光多以光焰纹装饰,表示佛身放射金光(如图 12 - 4)[2]。装饰纹样单纯醒目,装饰的内容与形象也得到了完美的统一。[3]

图 12 - 4　佛背光上的火焰纹　249 窟(西魏)

〔1〕关友惠:《敦煌图案概述》,载《敦煌壁画白描精粹·敦煌图案》,甘肃人民出版社 1996 年版。

〔2〕谢生保:《敦煌壁画白描精粹·敦煌图案》,甘肃人民出版社 1996 年版。

〔3〕欧阳琳:《敦煌图案简论》,载《1983 年全国敦煌学术讨论会文集》,甘肃人民出版社 1987 年版。

壁画边饰与平棋、龛楣、佛背光又不同，它没有特定的内容和建筑需要的平稳感，所有的边饰都以忍冬、几何、云气3种不同的纹样和颜色的小段边饰相间连续而成。直线几何纹的规整、曲线云气纹的流动、弧线忍冬纹的活泼，构成了具有强烈节奏感的装饰美。

前文已经指出，北朝石窟图案装饰和石窟的仿木构塔庙建筑性是密切相关的，是殿堂塔庙建筑彩绘装饰在石窟的反映。实物已无从见到，但文字记述却翔实具体。《洛阳迦蓝记》说，永宁寺的佛殿"形似太极"（皇宫正殿），自然这是皇家的寺院，敦煌石窟是不能与之相比的，但石窟顶部彩绘的平棋、模塑的仿木屋架等的仿殿堂建筑性却是明显的。平棋套叠方中置莲花，正是东汉王延寿《鲁灵光殿赋》中说的"围渊方井、反植荷藻"藻井装饰的延续。平棋边饰中的龙、凤、虎纹，人字披椽间的孔雀、猴子等祥禽瑞兽纹，与鲁灵光殿天龙二雕刻的奔龙、虬龙、朱雀、猿狄等飞禽走兽装饰也是一脉相承的。人字披椽子上彩绘的锯齿垂角纹，也是模拟秦汉宫殿建筑上一些部件的纹样。由云气纹、忍冬纹、几何纹连接成的边饰，其形象与永宁寺门楼建筑装饰图也极相似（如图12－5）[1]。石窟图案用色与木构殿堂建筑装饰也很相似，如斗拱、立柱边饰、藻井与平棋边饰均为土红色底，平棋外围的边饰、壁带边饰则以朱、绿、石三色相间作底色，表现了传统殿堂建筑的朱柱、丹楹格式和用朱绣、绿玉、白银、黄金作装

图12－5　双龙莲花藻井　392窟（北周）

〔1〕谢生保：《敦煌壁画白描精粹·敦煌图案》，甘肃人民出版社1996年版。

饰的色调。[1]

古人多把装饰奢华的宫室殿宇比做紫宫、仙境,而总观北朝石窟图案装饰,却都在模仿着木构殿堂建筑。它如同寺院佛殿在外观及其内部装饰上模拟宫室建筑一样,是借其雄伟、壮丽的外观与奇花异草、珍禽怪兽的装饰表现佛陀的至圣尊严,正所谓"不壮不丽,不足以一民而重威灵;不饰不美,不足以训后"[2],这是北朝石窟图案极力效仿木构殿堂建筑装饰的目的。

北朝的图案虽然整个组织比较简单,但是处理得非常自由,在朴素里显出了丰富的感情,在单纯的色彩与疏简的构图里显出了生动的变化,制作者的智慧特别表现在那些不受拘束的适合图案里。[3]

12.2 争奇斗艳变化多端的隋代图案

隋代是一个历经 300 年动乱分裂后的大统一朝代,大统一带来南北文化艺术的大汇集与大发展。丝路贸易的再度畅通,带来了与西亚文化的交流,这在丝路咽喉重镇的敦煌石窟里也得到了反映。隋代图案装饰在北朝图案旧底上,进一步吸取中原传统文化艺术与新的西亚风格艺术,绘制出崭新的图案,其内容丰富、变化多端、形象纤细秀丽、性格自由活泼。各窟图案不见依样仿制,因陈抄袭,而是在自己时代的好尚与喜爱下增加了新的纹样与处理手法,形成了新的风格,善用巧思独创,颇有争奇斗艳之势,很有生气。[4]

前文已经说过,石窟图案装饰的部位分布是和窟形密切相关的。隋代石窟主要是覆斗形顶窟,其图案装饰以窟顶藻井为代表,纹样具有鲜明的织物感;佛龛楣饰与边饰的时代形象个性也很鲜明。

12.2.1 形象新颖,千变万化的藻井

隋代图案的成就,集中地表现在藻井上。藻井,依其方井结构和井

〔1〕关友惠:《敦煌莫高窟早期图案纹饰》,载《敦煌学辑刊》1980 年第 2 期。
〔2〕何晏:《景福殿赋》。
〔3〕中央美术学院实用美术系研究室:《敦煌藻井图案》,人民美术出版社 1995 年版。
〔4〕苏莹辉:《略论敦煌艺术与历代的装饰图案》,载《美育》1993 年第 9 期。

中心纹样可分为 5 类,即方井套叠藻井、盘茎莲花藻井、飞天莲花藻井、双龙莲花藻井、大莲花藻井。方井套叠藻井是北朝平棋图案的遗风,只保留着方井套叠框架的结构,井内纹样却有了多种变化。[1] 如隋初绘制的第 305 窟方井套叠飞天莲花藻井,井内的莲花中心设计了一个三兔纹样,三兔只有三只耳朵,却把三只兔子联成一个整体,使三兔相互尾追,旋动不已。方井角隅画翼兽与飞天,井外有华丽的垂幔,幔褶翻转,如风动荡。这里把佛教中的莲花飞天与汉文化传说的神怪异兽混合了起来,先期的忍冬纹变得纤细秀丽,显示出北朝建筑性的平棋装饰向隋唐具有织物特征的藻井(华盖)过渡期的特点。[2] 又如第 380 窟的方井套叠藻井,井内为一旋动的大色轮,轮中坐一童子。色轮可视为变形莲花,有莲花童子义;亦可视为法轮,有法轮常转义。这时的方井套叠藻井,不仅与北朝已经有了很大的不同,两者在设计上也各有创新。盘茎莲花藻井,是隋代独有的一种藻井,其特征是井内为一八瓣大莲花,莲花周围盘绕变形茎蔓忍冬纹,纹样倾向自然形态。[3] 如第 397 窟藻井(如图 12 – 6)[4],井内大莲花中也有三兔纹,盘绕莲花的茎蔓分枝上又各有一小莲花,背、仰、俯各有变化。井外有圆形联珠纹、忍冬纹、百珠纹三道边饰,长大的三角纹垂幔也很精美(如图 12 – 7)[5]。

图 12 – 6 三兔莲花藻井 397 窟(隋代)

〔1〕欧阳琳:《谈谈隋唐时代的敦煌图案》,载《敦煌学辑刊》1980 年第 12 期。

〔2〕关友惠:《敦煌莫高窟隋代图案初探》,载《敦煌学研究》1983 年第 12 期。

〔3〕关友惠:《敦煌图案概述》,载《敦煌壁画白描精粹·敦煌图案》,甘肃人民出版社 1996 年版。

〔4〕谢生保:《敦煌壁画白描精粹·敦煌图案》,甘肃人民出版社 1996 年版。

〔5〕谢生保:《敦煌壁画白描精粹·敦煌图案》,甘肃人民出版社 1996 年版。

图 12-7　莲花藻井　389窟（隋代）

又如第 314 窟藻井，井内大莲花周围的茎蔓莲花上，四角各画一伎乐童子，井外边饰不再是同一纹样的反复连续，而是把不同样式的小花——圆形、方形、四叶、八角形等组合成边饰，或是以若干方格连成边饰，格内画 7 种纹样。这类藻井还出现在第 311、第 390（见彩图 12-8）、第 405 诸窟，但设计各不相同。飞天莲花藻井，井心都较宽大，大莲花周围画若干飞天绕莲花飞翔。[1] 第 407 窟的藻井，井心涂天蓝底色，画四飞天、二童子、二和尚绕莲花飞翔，抛洒鲜花。第 401 窟的藻井，井心则为翠绿底色，画四伎乐天、四翼兽绕莲花飞翔，井外边饰为翼兽联珠纹。这类藻井装饰已超越了窟室的空间，举首高望，感到空旷辽阔。双龙藻井，是在莲花两侧画二龙做戏珠状。藻井四周画十六飞天撒花奏乐，内外呼应，有强烈的动感。这类藻井一直延续到初唐。大莲花藻井，井内只画一朵大莲花，或四角隅配一角花，井外边饰层次较多。这类藻井简洁、清新，它的结构框架对唐代藻井装饰的发展产生了极大的影响。总观隋代装饰，没有程式，形象新颖，千变万化，可谓各逞其思、各有其妙。[2]

12.2.2　真实自然，富有生气的龛楣与边饰

　　隋代的龛楣与边饰亦如藻井，表现出自由活泼的特色。龛楣装饰内容仍沿袭着北朝的莲花童子，但已由北朝的单纯、壮丽而变得丰富、繁丽、秀美，且各窟龛楣装饰个性显明。有的以叶纹为主，遍地铺开，不

　　〔1〕欧阳琳：《敦煌壁画中的莲花图案》，载《敦煌学辑刊》1981 年第 10 期。
　　〔2〕关友惠：《敦煌图案概述》，载《敦煌壁画白描精粹·敦煌图案》，甘肃人民出版社 1996 年版。

留空地,莲花童子隐于叶纹之间,犹如壁纸、花布之美(如图 12 – 9)[1]。有的突出莲花童子形象,童子各执乐器,配以小荷叶纹,上部火焰纹涂以青绿金朱,装饰极尽佛国圣境之美(如图 12 – 10)[2]。童子莲花纹是隋代图案中最为活跃的纹饰,在龛楣上运用得那样自如,铺展在长达 7 米的屋脊上,作为边饰也是那样的精美;而纹饰则做茎蔓波状铺开,每一分枝上置一大莲花,莲花中有一伎乐童子或一摩尼宝珠。茎蔓上又有若干小莲花,花有蓓蕾、有初绽、有盛

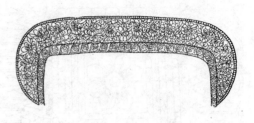

图 12 – 9　伎乐莲花龛楣　420 窟(隋代)

图 12 – 10　童子伎乐莲花龛楣　404 窟(隋代)

开,向背、仰俯各有变化。色彩以墨绿为底,粉红、茶褐为花,浅绿、茶褐为叶,白粉勾线,显得真实自然、富有生气。[3]

隋代藻井的边饰主要运用似飘动的波纹作垂幔,这也是杰出的创作。飘动的垂幔是对现实进行观察、变化而来的,它和飞天一样,在精致的藻井里增加了生动活泼的气氛,使图案更多了变化。[4] 联珠纹边饰也是隋代新出现的一种纹样,源于波斯,随着丝路贸易文化交流传入中国。北朝时,西域高昌(今吐鲁番)联珠纹丝织物已经流行。直到隋代,莫高窟的画师们方把这种织物上的纹样装饰于佛窟里。无论其二

〔1〕谢生保:《敦煌壁画白描精粹·敦煌图案》,甘肃人民出版社 1996 年版。

〔2〕谢生保:《敦煌壁画白描精粹·敦煌图案》,甘肃人民出版社 1996 年版。

〔3〕关友惠:《敦煌莫高窟隋代图案初探》,载《敦煌学研究》1983 年第 12 期。

〔4〕欧阳琳:《敦煌藻井图案》,载《中国民间工艺》1987 年第 9 期。

图 12-11 对马联珠纹 227窟(隋代)

方连续组成边饰,或是四方连续装饰衣裙,其环状联珠形象始终如一,或在环内画骑士狩猎,或在环内画对马、翼马(如图12-11)[1]。莫高窟画师把环内改画为莲花、百叶、六叶、八叶等各种小花,使西亚纹样与佛窟装饰更好地协调统一起来。[2]

天宫凭栏纹饰是一种特定边饰,画在窟内四壁上部。在北朝石窟内是天宫伎乐的凭栏装饰,平台作凹凸状,凭栏画以条形砖和万形花纹砖,具有鲜明的建筑性。北周到隋代,天宫消失,伎乐天人也变为飞天,凭栏的建筑性也随之消失,变为以植物纹和动物纹装饰的边饰。画师信手画去,不拘一格,纹样中也常加画些动物形象,使纹饰更为丰富生动(如图12-12)[3]。

图 12-12 天宫凭栏纹饰中的动物 380窟(隋代)

〔1〕谢生保:《敦煌壁画白描精粹·敦煌图案》,甘肃人民出版社1996年版。

〔2〕关友惠:《敦煌图案概述》,载《敦煌壁画白描精粹·敦煌图案》,甘肃人民出版社1996年版。

〔3〕谢生保:《敦煌壁画白描精粹·敦煌图案》,甘肃人民出版社1996年版。

隋代图案是丰富的,而时间却是短暂的,短暂的繁荣使一切都带有一种过渡性。入唐之后,石窟图案装饰也进入了另一个崭新时期。

12.3　丰富多样生动写实的唐代图案

唐代是敦煌图案发展的成熟期,内容之丰富、艺术之精致,都超越了前代。图案有藻井、边饰、背光,以及壁画建筑装饰、器物纹饰、衣裙纹饰等。纹样有莲花、卷草、团花、飞纹、祥禽瑞兽纹等。

12.3.1　唐代图案的发展及其特点

就其时间、内容和形式,唐代图案的发展大致经过了 6 个阶段,各具特色。

12.3.1.1　初唐前期图案

初唐前期图案主要是藻井,有两种:一种是大莲花藻井,井心画一大莲花,井外装饰甚少,形象比较单纯,基本是隋代图案的延续;另一种是井心画石榴葡萄纹,纹样为"十"字形或"米"字形与圆环套叠式(如图 12 – 13)[1],这是初唐出现的一种新纹样藻井。[2] 装饰图案中最绚丽豪华的莫过于服装纹饰,华美的纹样,特别是那些镂金锦纹,金光闪闪,富丽堂皇,减少了宗教的神秘感,更生活化和个性化。[3]

图 12 – 13　石榴葡萄纹藻井
209 窟(初唐)

---

〔1〕谢生保:《敦煌壁画白描精粹·敦煌图案》,甘肃人民出版社 1996 年版。
〔2〕欧阳琳:《敦煌藻井图案》,载《中国民间工艺》1987 年第 9 期。
〔3〕关友惠:《敦煌图案概述》,载《敦煌壁画白描精粹·敦煌图案》,甘肃人民出版社 1996 年版。

12.3.1.2 初唐后期图案

初唐后期图案主要是藻井和边饰。藻井井心比较宽大,井内大莲花多以桃形莲瓣纹与云头纹、叶形纹组合而成。花形成放射状(如图12－14)[1],井外边饰层次较少,纹样以卷草纹、半团花为主,多数藻井没有垂幔。边饰有卷草纹、团花、半团花。卷草纹花叶纤细,叶纹微卷,茎蔓多由云头长叶连续拼接而成。团花多以桃形莲瓣纹与云头纹组合而成,花中多留空地,纹样显得稀疏。总观初唐图案纹样,形象秀丽活泼,色彩明朗,富于洒脱俊逸的神韵(如彩图12－15)。[2]

12.3.1.3 盛唐前期图案

盛唐前期图案,主要是藻井、边饰和圆光纹样的组合发展到了一个新的高峰。藻井作为窟顶部华盖形式,其结构已基本定型,即由井心莲花、井外边饰和垂幔三部分组成。井心莲花层次繁缛华丽,富有富贵宝相(如图12－16)[3]。井外边饰纹样以卷草团花为主,垂幔纹样简略。卷草纹变为多茎多叶,花叶首尾相连,叶纹翻转卷曲,日渐繁丽,展开即边饰、环形即圆光。团花纹层次增多,形象丰富,有桃形莲瓣团花、多裂

12－14　莲花藻井　334窟(初唐)

图12－16　莲花藻井　217窟(盛唐)

〔1〕谢生保:《敦煌壁画白描精粹·敦煌图案》,甘肃人民出版社1996年版。

〔2〕关友惠:《敦煌图案概述》,载《敦煌壁画白描精粹·敦煌图案》,甘肃人民出版社1996年版。

〔3〕谢生保:《敦煌壁画白描精粹·敦煌图案》,甘肃人民出版社1996年版。

叶形团花、圆叶形团花,以及 3 种花形混合组成的团花,这一时期是团花最为丰富的时期。此外,还有菱形纹、龟甲纹等边饰。[1]

12.3.1.4 盛唐后期图案

盛唐后期图案仍以藻井和边饰为代表。藻井井心较小,井心莲花呈团形(团花),井外边饰层次增多。纹样以大团花、大菱格纹为主,还有百花蔓草、半团花、多瓣小花、菱格、方胜、方璧、龟甲纹等。垂幔璎珞玲珰,非常华丽(如图 12 - 17)[2]。此时由于部分佛龛内屏风画的出现,占据了塑像圆光为壁面,圆光图案也渐少了。边饰中出现了百花草纹,花形自然多变,叶短、肥、圆,围绕花朵铺展。[3] 中唐流行的茶花纹即脱胎于此,色彩上以青绿金碧为主调,间用红、赭等色。纹样以各种不同的花草植物为主,团花、卷草纹逐渐规范化,几何纹较前增多,色彩纹样的组织变化在这时达到最高峰,既生动真实,又丰富多样。此期图案给人以庄重、稳定、严谨之感(如彩图 12 - 18)。[4]

12.3.1.5 中唐图案

中唐图案是继盛唐图案之后向前发展的又一高峰(如彩图 12 - 19)。以茶花纹、祥禽瑞兽纹为主要特征,装饰于藻井、圆光和边饰。

图 12 - 17　团花藻井一角　79 窟(盛唐)

---

〔1〕苏莹辉:《略论敦煌艺术与历代的装饰图案》,载《美育》1993 年第 9 期。

〔2〕谢生保:《敦煌壁画白描精粹·敦煌图案》,甘肃人民出版社 1996 年版。

〔3〕戴瑞坤:《敦煌艺术中的装饰图案》,载《第二届敦煌学国际研讨会论文集》,台北汉学研究中心 1991 年版。

〔4〕关友惠:《敦煌图案概述》,载《敦煌壁画白描精粹·敦煌图案》,甘肃人民出版社 1996 年版。

佛龛顶部的平棋图案,也是这一时期的一大特点,其四周边饰亦如藻井,纹饰以石榴卷草(如图 12 – 20)[1]、回纹、菱形纹为主,间有小团花、方胜纹、云头纹。卷草纹变为叶形宽大,少茎蔓,夹画频迦鸟的新纹样(如图 12 – 21)[2]。

图 12 – 20　石榴卷草边饰　158 窟(中唐)

图 12 – 21　藻井周边纹饰　361 窟(中唐)

12.3.1.6　晚唐图案

晚唐图案基本上是中唐图案的延续。藻井图案程式化了,井心纹样仍以祥禽瑞兽、莲花纹为主。其外的边饰有卷草、团花、回纹,但较之以前更为简化了。图案纹样中,卷草纹由于装饰的部位不同,也各有变

---

〔1〕谢生保:《敦煌壁画白描精粹·敦煌图案》,甘肃人民出版社 1996 年版。
〔2〕谢生保:《敦煌壁画白描精粹·敦煌图案》,甘肃人民出版社 1996 年版。

·欧·亚·历·史·文·化·文·库·

化。各大型窟背屏上的凤鸟卷草纹,颇有盛、中唐之际的气势,藻井中的卷草多与石榴、茶花纹相组合。在经变画之间,窄小的卷草纹,多无茎无花,只是叶纹自身反转卷曲连续,繁简各有不同,这是晚唐诸窟图案的一大特征(如彩图12－22)。[1]

唐代图案是丰富的,然而也是单纯的。言其丰富,是指唐代200余窟,窟窟图案各不尽同,纷繁复杂,纹样变化万千、自由灵活,使观者眼花缭乱,难以辨析;说其单纯,是指其母体纹很简单,结构规律雷同一般。它像魔术师的戏法,简单的母体纹变化着千姿百态的花朵。[2]

12.3.2 母体纹形象及其组合

母体纹是指构成图案的最基本的小纹样,主要有忍冬纹、卷瓣云头纹、叶形纹和圆珠纹。忍冬纹(如图12－23)[3]沿袭于北朝,有原形,也有变形;而卷瓣云头纹(如图12－24)[4]始见于隋,有单头、多头、椭圆;叶形纹是唐初出现的新纹样,有多裂叶、圆形叶、长形叶;圆珠纹始见于北周,有串珠、环珠。除圆珠纹外,都是植物纹,在外形上都具有圆、弧形状的特征。也就是说,它们在构成图案的类别和形象上都具有相同的基础,组合成的单位纹样是非常协调统一的。

图12－23 母体纹之忍冬纹

〔1〕霍秀峰:《敦煌唐代壁画中的卷草纹饰》,载《敦煌研究》1997年第8期。

〔2〕关友惠:《敦煌图案概述》,载《敦煌壁画白描精粹·敦煌图案》,甘肃人民出版社1996年版。

〔3〕谢生保:《敦煌壁画白描精粹·敦煌图案》,甘肃人民出版社1996年版。

〔4〕谢生保:《敦煌壁画白描精粹·敦煌图案》,甘肃人民出版社1996年版。

图 12 - 24　母体纹之卷瓣云头纹

12.3.2.1　母体纹形象

单位纹样是由母体纹组合而成的复合纹样,主要有桃形莲瓣纹、云头莲瓣纹、叶形莲瓣纹、石榴卷草纹。由于时期不同,其形象也有早晚的差别,一般地说,都经历了由简到繁,然后又化繁为简这样的一个变化过程(如图 12 - 25、12 - 26)[1]。

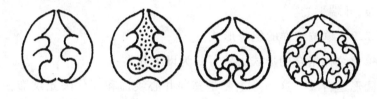

图 12 - 25　单位纹样之一

图 12 - 26　单位纹样之二

桃形莲瓣纹　这一类是由两个忍冬纹组合而成的,外形如桃子,剖面似未开之花蕾。隋代已见其雏形。唐初,有的在内中加画小圆点,成为绽开的石榴。这类纹样的内部,多以叶形纹、云头纹为花蕊,组成完全的桃形莲瓣形象,是唐代前期图案中构成莲花纹样最基本的单位纹

---

〔1〕谢生保:《敦煌壁画白描精粹·敦煌图案》,甘肃人民出版社 1996 年版。

·欧·亚·历·史·文·化·文·库·

样。

云头莲瓣 这一类多是由云头纹与叶形纹组合而成,外形椭圆,两端回卷如花蒂,托以叶形花,是唐代前期图案中构成团花的最基本的纹样之一。在总体构成中,也可以成为联结单位纹样的花饰。[1]

叶形莲瓣纹 这类纹样是依其自身变化成为多种形象,有多裂叶形、圆叶形、方叶形、卷叶形,可以为花,也可以做叶。圆叶形莲瓣是唐代前期藻井井心莲花构成的基本纹样,方形莲瓣是唐代后期团花构成的基本纹样。

石榴卷草纹 这类纹样是由长叶形纹、忍冬纹、云头纹合成的纹样。有的纹样中夹画一石榴纹,是卷草纹的基本单位纹样。初唐花形舒展,主叶叶端甚尖。盛唐花形饱满,叶端较圆。唐后期花形繁丽,宽叶遍布,叶端平卷。

12.3.2.2 单位纹样的组合形式

单位纹样组合的形式大致可归为以下几类:

圆形适合纹 这一类主要是藻井井心纹饰和部分圆光纹饰,一般都是由多种纹样组合而成,同一纹样组成的不多。圆形适合纹样结构有两种,一是"十"字或"米"字形结构式,另一是辐射状结构式。两种结构也都是把一个正圆形划分为或4、或8、或12等分,纹样由中心向外作层层扩展分布。"十"字或"米"字形结构式都是均齐式散点布局,以茎蔓串联,纹样与空间保持等量、规整的分布,纹样简洁大方,布局结构稳定中又见流动。辐射状结构式是把各种单位纹样作环形联成一个整体,纹样由中心向外作层层扩展。其实辐射结构也是由"米"字形结构式发展而来的。这种圆形适合纹样,在唐前期多为放射离心状,犹如层层绽放的花朵;唐后期多为收合向心状。圆形适合纹样组合样式是比较多样的,有以桃形莲瓣纹为主,配以云头纹混合组成的;也有用单一叶形纹组成的。从纹样组合结构看,有的是各层纹样上下大小套联,

---

〔1〕关友惠:《敦煌图案概述》,载《敦煌壁画白描精粹·敦煌图案》,甘肃人民出版社1996年版。

左右相错移位,使两者之间又形成一种复合纹样,相互结成网状,纹样层次繁缛华丽;有的是纹样层层相错重叠,结成横向网状,纹饰成为一个完整的团形;有的是用同一纹样作环形联结成一个适合纹,外沿向内收合,使纹饰具有稳定感。这里的纹样组合与结构格式密切相关,不同类别的纹样组合,有不同的结构格式,不同的结构格式又服从具体的纹样类别形象;而新的结构格式又使一些不适应的纹样消失,适应的纹样得到变化发展。[1]

散点连续纹 这一类主要是团花边饰,即一条带状边饰由若干团花作等距排列,呈散点状。有的是一个整团花纹样单独连续,有的是一个整团花与两个半圆形团花相间排列的一整二半连续,有的是两个半圆形团花错位排列的半对半连续。不同的连续格式则表现出不同的形象。单独一个整团花排列的,出现圆环连续;一整二半排列的,出现连锁形连续;半对半排列的,出现波状连续。半团花外形不规则的,或三角形、或梯形、或多角形,纹样空间则出现不同折线变化的节奏感——三角形空间的急骤跳动、梯形空间的短节奏平稳运动、多角形空间的缓慢流动,构成一种稳定中又见活泼的基调。[2]

波状连续纹 这一类主要是卷草纹边饰,有自由式和规则式两种。自由式的花形作自由散点布局,以茎蔓作波状串联;规则式的花形作等距定位,以茎蔓作波状分枝回卷或连续。唐代前期这两种卷草自身都不具有波状特征,自身也不能连续,构成波状连续主要在茎蔓,没有茎蔓卷草就连续不起来,也不能成为波状。为了加强波状感,多是在色彩处理上,依茎蔓波状把边饰分成两半不同的底色,使之产生连续不断的流动感。唐代中期,卷草叶形长大,分布稠密,自由式卷草翻转卷曲,首尾相连,自身具有一种连续波状流动感。规则式卷草外形多呈扁三角状,上下相错排列,花形之间自然形成一波带状空间。这一时期卷草纹

---

〔1〕关友惠:《敦煌图案概述》,载《敦煌壁画白描精粹·敦煌图案》,甘肃人民出版社1996年版。

〔2〕戴瑞坤:《敦煌艺术中的装饰图案》,载《第二届敦煌学国际研讨会论文集》,台北汉学研究中心1991年版。

·欧·亚·历·史·文·化·文·库·

的茎蔓只起着格律装饰的作用,唐代后期卷草发展到了顶峰,自由式卷草波状起伏翻卷,连续不断;规则式卷草更为整齐划一,波状节奏也逐渐平缓(如图 12 – 27)[1]。

几何连续纹　这一类有方壁纹、方胜纹、菱形纹、回纹、龟甲纹(如图 12 – 28)[2]等。这些都是用直线组合的纹样,单位纹样只有一个,反复连续,不留空地。纹样自身不产生节奏变化,它的变化主要借助不同色彩相间的变化,使规整的连续纹呈现出等距跳跃、轻重不同的节奏韵律感。

图 12 – 27　茶花边饰

图 12 – 28　龟甲纹

四方连续纹　这一类是一组纹样的扩展延伸。这类纹样主要装饰在窟顶藻井、四壁边饰、佛像圆光等。它们都有特定的部位、形式和内容。观者走进佛窟的时候,迎面最先看到的是佛龛内的佛、菩萨像以及龛口边沿,佛像衣饰、圆光的华丽,继而环顾四壁经变画及其花边装饰,再仰首举目看到了覆斗形窟顶中心的藻井。藻井集中了石窟所有的装饰纹样,集石窟图案之大成。

圆光图案　这一类是塑像头背身后的装饰。因为佛、菩萨、佛弟子人物不同,装饰纹样也有分别。菩萨头光多用卷草纹,配以半团花或桃

〔1〕谢生保:《敦煌壁画白描精粹·敦煌图案》,甘肃人民出版社 1996 年版。

〔2〕谢生保:《敦煌壁画白描精粹·敦煌图案》,甘肃人民出版社 1996 年版。

型莲瓣纹;佛弟子多用团花;佛头光多用桃型莲瓣纹和团花,背光多用卷草纹。这些纹样使菩萨显得高贵华丽,弟子形象更觉端庄持重,佛的形象更为尊贵庄严。[1]

唐代时期的图案可谓是变化多端、纷繁复杂、高贵华丽,是敦煌图案发展的成熟期和高峰期,为敦煌壁画又创造了另一番珍贵的艺术价值。[2]

12.4 规模宏大盘龙团凤的
五代、宋、西夏、元图案

五代时期中原战乱纷争,北宋时期与辽金战争不断。敦煌曹氏地方政权孤处一隅,与中原交往受到限制,敦煌石窟艺术也只是晚唐的延续,并形成一些地方特点。诸窟图案纹样有牡丹、石榴、莲荷、三叶、团花等植物纹;有古钱、连环、龟背、锁子、万字、回纹等几何纹;有团龙、祥凤、卷云等祥禽纹。其中龙凤图案最为突出,在藻井、服饰、冠服、旌旗上随处可见,组成飞龙团凤、二龙戏珠、五龙飞腾、丹凤展翅、双凤盘旋等各种组合图案。曹氏是敦煌的最大统治者,他们家族建造的佛窟,其规模之大超越前人。窟内藻井装饰气势宏伟,井心莲花中或塑或绘,多是团龙、彩凤。井外边饰多绘凤鸟卷草纹。窟内供养人画像,身高超人,女像衣裙画有祥禽瑞兽花草纹。足下地毯多为卷草纹或团花纹。他们如此重视龙凤纹样,其目的是象征统治者政权的神圣尊严。

西夏于公元1036年占据敦煌后,继续在石窟内绘塑佛事。西夏洞窟的装饰图案,无论在装饰纹样方面还是组织结构方面,抑或色彩配制方面,都有较鲜明的特色。西夏装饰图案在整个洞窟中所占面积的比率,是历代洞窟之最。窟内图案装饰以藻井、窟顶团花最为突出。在藻

〔1〕关友惠:《敦煌图案概述》,载《敦煌壁画白描精粹·敦煌图案》,甘肃人民出版社1996年版。

〔2〕苏莹辉:《漫话敦煌莫高窟藻井图案——唐代的美术装饰之一》,载《唐代文化研讨会论文集》,文史出版社1991年版。

井图案方面,西夏时期始终流行龙纹,以作藻井井心的图案纹样,有一龙、二龙、五龙、丹凤四龙;根据部位的不同,或蟠龙、或圆形、或作波浪式蜿蜒云游式,配以彩莲、祥云;有的描绘,有的浮雕贴金或涂金,可谓龙的图案世界。玄顶四披遍画团花,团花多以单一纹样组成,有云纹团花,叶纹团花,有尖瓣、圆瓣、方瓣,犹如壁纸般的单纯规整之美。西夏龙纹的特点是龙身细长,纤巧灵活。其突出特征是不仅描绘,还以半立体的浮塑、贴金或涂金等装饰手法来进行艺术表现,以求达到富丽堂皇的视觉效果(如彩图 12-29)。西夏时期龙纹的大量运用,还体现在西夏石窟中有为数不少的龙纹华盖图案,包括首领供养图像的蟠龙纹袍。在榆林石窟中,也有以龙为主题的图案,如榆林窟第 2 窟中心的龙纹,外加梭状旋转形环饰,使人在视觉上感到龙似乎在不停地转动,产生了强烈的艺术感染力。西夏凤纹一般作双翅展开飞翔之状,其尾特长,以连同整个身体翻卷成圆形的形式出现。例如,莫高窟第 16 窟(见彩图 12-30)藻井中心图案,由一凤、四龙组成。凤居中央,双翅自然有力展开,长尾连同身体翻卷成圆形,凤外圈为旋转式卷瓣莲花纹。在井心四角各有一龙,作顺时针方向相互追逐嬉戏之势,造成十分生动的旋转飞腾气氛。在用色上,施以朱、绿、金等色,色彩鲜明而又雅致稳重,让人感到无比的豪华富丽。

西夏时期装饰图案多采用施金法,不仅藻井中的龙、凤纹图案,平棋团花图案,包括诸如花蕊等边饰,甚至在壁画人物装饰的璎珞、耳环、手镯、臂钏之类,都流行浮塑贴金、描金或沥粉堆金,这也是西夏时期装饰图案的一个明显特点。如在莫高窟第 366 窟和第 367 窟的藻井中,均出现了与第 16 窟藻井类似的浮塑贴金法凤纹,并使金色的凤衬以朱色底,色调简洁明快、鲜艳夺目。[1]

西夏时期,西藏喇嘛教艺术的注入,给西夏佛教艺术增添了新的内容和养料,刺激了石窟艺术的发展,出现了崭新的密宗曼陀罗艺术,以

---

〔1〕关友惠:《敦煌图案概述》,载《敦煌壁画白描精粹·敦煌图案》,甘肃人民出版社 1996 年版。

密宗坛城曼陀罗来作为窟顶图案成为西夏时期的初创。例如,榆林窟第3窟的窟顶中心为圆形坛城,中央画圆形金刚界曼陀罗,往内一层方坛、一层圆坛,其间绘佛、菩萨、金刚像。在大坛外周又加以数层边饰,如回纹、波状植物纹、菱形纹、龟背纹、宝珠纹、连环套叠纹、古钱纹、云头纹等,还在百花卷草纹中穿插各种祥禽瑞兽,如游龙、翔凤、奔狮、翼马、麒麟、天鹿、飞雁、六牙白象等。这些清雅精致的图案装饰,衬托出强烈浓重的曼陀罗主题图像。西夏藻井的这种密宗曼陀罗主题,还可以在榆林窟第10窟见到更为明显的例子。该窟覆斗形窟顶中央是九佛藻井,藻井井心外方内圆。所画九佛,为阿弥陀九品曼陀罗图像,以印契为区别。圆心为上品上生之阿弥陀佛,圆心外成八角形,围绕八尊坐佛,在结构上巧妙地安排成一朵盛开莲花的八瓣,分别为上品中生至下品下生共八品诸佛陀。在井心周围,又配以层叠的边饰图案垂幔铺于四披,组成方形的帐顶华盖。从这些例子可以看到密宗曼陀罗文化在西夏装饰图案艺术上的影响,这也是西夏装饰图案艺术比较显著的一大特点。西夏时期还新出现了一种波状卷草式的云纹边饰。从单位纹样来看,它很像敦煌早期装饰图案中常见的忍冬,但它仍然是一种卷云纹。这种纹样在莫高窟第330窟可以见到。在该窟覆斗形顶的四斜坡上,画师以土红色勾描填绘火焰纹、卷云纹为纹饰,组成桃形单位纹样,并作"品"字形四方连续。

从整个敦煌壁画图案我们可以看出,这里有无数丰富的美的形象,这些形象不是对自然的简单描绘,也不是制作者纯主观的臆造,它是吸取了自然与社会中美的现实形象,经过构思和艺术的加工而创造的。这些艺术形象既简练、真实,又适合于整个图案组织的要求。

敦煌壁画图案组织,一般都适合于对称、均衡、统一的原则。但是这些原则对于制作者并不是死的公式。这些原则的运用,总是与从自然中吸取的形象的规律相符合。这些组织原则并没有迫使自由的形象在作者的主观下僵化。在这里,形象的变化与夸张不是远远脱离了现实,而是更加真实、更加美丽。组织原则与形象规律的相符合,使敦煌壁画图案在严整里表现了自然,在固定的形式里表现了生意。[1]

同时,那些优美的敦煌壁画图案不仅整个组织是与组成的形象的规律相适合的,其图案本身也是与装饰的对象的要求相符合的。它是美丽的,而又不是多余的附加物。并且,我们还看得出来,敦煌壁画图案从形象到组织结构,也不是停滞、固定的,每个时代都有新的表现与创作;新的形象与新的表现手法,总是随着生产的发展,随着交通文化的发展以及人民习俗的转变而丰富多彩的。

敦煌石窟艺术的创造历经千年,在 400 多个石窟里留下了难以数计、美如花朵的图案彩绘。这是古代无数匠师们的妙手神笔描绘的花朵,是先人们聪明智慧的结晶。它在过去千年的艺术长河中,曾吸引着无数人们入窟赞叹膜拜。今天,它不但给我们美的享受,而且还将为我们的生活提供宝贵的启示。在丰富的遗产基础上,用我们的智慧定能培养出更多、更美、更鲜艳的花朵!

---

〔1〕欧阳琳:《莫高窟壁画图案》,甘肃人民美术出版社 1986 年版。

13　敦煌壁画之动物

> 艺术作为艺术,它的价值就在于它的丰富性和多样性。
>
> ——高尔泰

　　在人类历史上,人与动物本来就有着一种特殊的关系。从古至今,人们对动物形象的描绘与刻画,曾达到了很高的水平。动物也一直是艺术家们创作的对象,这是因为动物与人类的生存、生产和生活密切相关,从而成为艺术家们最喜欢的创作题材。动物是自然界的重要成员,它们与人类共同生活在地球上,共同拥有山林和蓝天。密切的生存关系,使人类不断运用绘画手段来表达对动物的认识和情感,于是产生了动物画。动物画的起源久远,以致无法追溯到某个具体的年代,现在所知的只是:自从人类有了艺术活动,便有了飞禽走兽以及与之相关的神怪的艺术形象。中国的西北地区从原始社会的彩陶起,到两汉、魏、晋的墓室壁画,都留有生动的动物形象。西域的佛教艺术向东方吹来新的气息,位于丝绸之路咽喉的敦煌石窟在这样的文化氛围中培育了它的艺术。石窟开凿于公元 4 世纪末,直至 14 世纪中叶,历经 1000 余年,从未间断。壁画上汇集了中原、西域和印度的众多动物形象,主要有大象、狮、虎、鹿、牛、马、羊、驴、骆驼等走兽,以及孔雀、鸽子、鹦鹉、鹤、雉等飞禽和鱼鳖等水族,还有龙、凤、翼马、青鸟等神瑞动物。它们或出没于山林,或翱翔于云天,或潜游于水中。画师不仅注意表现它们的形体美,还赋予它们丰富的感情世界。[1]

　　敦煌石窟的动物画是以佛教内容为中心的。佛教主张人与动物之

---

〔1〕张道一:《敦煌艺术中的动物形象》,载《美术学刊》1980 年第 11 期。

·欧·亚·历·史·文·化·文·库·

间应保持平等和谐的关系,即所谓"众生平等","一切有情皆有佛性"。佛教批判射猎、屠宰,乃至一切伤害动物的行为。敦煌石窟的动物画大多不是独立存在的,有些只是作为背景出现,它们分别绘在佛教故事画、经变画以及无主题画中,而经变画内容则具有明确的佛教主题,无主题画又从侧面烘托了主题的气氛。当我们沿着敦煌的动物画画廊寻访绘画历史的时候,不仅可以饱览古人的表现形式和技法,作为借鉴,还可以清晰体会到一种爱心。这种爱心恐怕就是动物画的创作之本。[1]

这些动物画具有鲜明的时代风格与地区特色,追究其渊源,有传自中原的画法,也有来自西域的凹凸画法;有工笔,也有写意;有白描,也有没骨、重彩。这些画法有些不是单一使用的,从而造成了相互交融、刚柔并济的效果。虽然当时还没有建立现代动物画中骨骼、肌肉、动作分解的体系,但画师们细致的观察,丰富的生活积累,对动物的结构已经有较多的认识,特别是通过动物的表象来表达感情的意图是十分明确的。那熟练的线条,明丽的色彩,无不表现出勃勃生机,表现出敦煌画师对生命的讴歌。这便是我们今天仍在追求的美术精神的本质,也是历史留给我们的启迪。[2]

敦煌壁画动物画的主要表现手法有夸张、写实、拟人和图案化等。夸张手法包括对动物姿态的变形、对色彩的强调,如表现马的奔跑姿势,把后蹄画得翘向蓝天;给金毛狮子画上蓝色的鬣毛。写实手法包括对动物造型的认识、对动物生性的表现,如把江南水牛的结构画得相当准确,被缚住腿的驴表现出焦躁的神情。拟人化手法主要是赋予动物以人类的感情,如虎等动物听到佛陀涅槃时所表现出的震惊和悲哀。图案化手法主要是将动物形体规范为几何图形或变形,如将龙画成团龙纹,将凤尾变成卷草纹。[3]

敦煌壁画中的无主题画继承了汉代的遗风,各种山林动物,均以长

---

〔1〕刘玉权:《敦煌动物画卷》,上海人民出版社 2000 年版。

〔2〕张道一:《敦煌艺术中的动物形象》,载《美术学刊》1980 年第 11 期。

〔3〕霍秀峰:《敦煌唐代壁画中的卷草纹饰》,载《敦煌研究》1997 年第 3 期。

卷式出现在早期的狩猎图和禅修图中，目的是表现人间杀戮动物的残酷以及禅修环境的和平与宁静。敦煌石窟艺术的分期一般采用3段式，即分为早、中、晚3期。动物画的早期起自公元5世纪初，止于6世纪末，包括十六国、北魏、西魏、北周等时期。这一时期的动物画表现题材以佛传、佛本生故事、山林动物为主，造型富有浪漫色彩，往往给人以满壁飞动的感觉；着色强调大面积色块形成的整体感和装饰感，而不着色的线条画同样生动精彩。中期从公元6世纪末至10世纪初，包括隋唐两个王朝，历时320多年。其间吐蕃时期依通常说法，称中唐。这一时期是敦煌动物画的成熟期，表现题材以宏大的经变画为主。动物的造型从浪漫走向写实，用笔用色皆有中原风范，更有许多画面画工细腻，颇具长安笔韵。晚期从公元10世纪至14世纪中叶，包括五代、北宋、回鹘、西夏、元诸王朝，前后460余年。这一时期的动物画中原之风日盛，出现了线描画的巨制，笔法的表现形式已相当丰富，但有些动物形象由于造型呆板而失去生命力。敦煌的动物画所表现出来的承继关系，以及它自身体系的完整性、可靠性，在中国是绝无仅有的，因而占有重要的学术地位。[1]

13.1　生动夸张的早期动物画

对于中国动物画史来说，敦煌石窟早期动物画是中原传统的继承，但是对于中国佛教动物画来说，却只是掀开了第一页，因其风格，有汉代艺术的余韵，也有来自西域乃至印度艺术的影响力。佛教动物画取材于佛经故事，以形象阐明义理。总体而言，敦煌早期的动物画充满激情，揭示了动物内在的生命力和美感。古朴的风格和飞动的气势浑然一体，是早期动物画的内在特征。早期动物画在造型和赋彩两方面均继承了汉晋时期善于夸张的传统，多以石绿为底色，以青石为晕染。西魏、北周时期可以说是敦煌动物画的第一个辉煌时期。

---

〔1〕刘玉权：《敦煌动物画卷》，上海人民出版社2000年版。

13.1.1 北凉、北魏时期

敦煌最早的动物画绘于北凉的第 272、275 窟。这一时期的壁画题材本来就特别稀少,所以动物画也廖若晨星,仅存 272 窟说法图中双狮座上的一对狮子和第 275 窟尸毗王本生中的鹰、鸽两幅。虽然画法显得简单、笨拙而且粗糙,有明显的西域特征,但是它们标志着敦煌动物画的开始。北凉时期的动物画为研究中原、西域文化和佛教文化中的动物画关系提供了早期资料。[1]

图 13-1 弟子赴会图 257 窟(北魏)

北魏政权崇信佛教,西灭北凉后在敦煌大力营造石窟,动物题材得以在壁画中拓展和丰富,多出现在佛教故事中,重点洞窟有 254、257、435 窟等。这个时期的动物画,运用夸张、变形以及拟人的手法,比如第 257 窟的动物(如图 13-1),蹄升向天空,非常夸张,这种手法创造出了生动而又富有装饰趣味的形象。题材

图 13-2 九色鹿 257 窟(北魏)

包括了虎、白马、九色鹿、孔雀、狮子、青牛、大象以及白鹅。动物造型线条流畅,多采用单色平涂,给人简洁明丽的印象。其中第 257 窟的九色鹿本生故事画(如图 13-2),描绘了九色鹿救起的溺水人因贪图富贵,反而带领国王去捕猎九色鹿。图中九色鹿的描绘采用了拟人的手法,表现了九色鹿在国王面前挺胸屹立、大义凛然的气概,最终打动了国王。其造型挺拔秀美,是北魏时期动物画的杰作!

〔1〕刘玉权:《漫谈莫高窟早期壁画中虎的形象》,载《飞天》1983 年第 1 期。

13.1.2　西魏、北周时期

西魏、北周时期进入敦煌动物画的第一个辉煌时期,画风逐渐从北魏的装饰走向活生生的现实,其主旋律是矫健与奔放的,表现出飞舞、流动的视觉效果。佛教与其他宗教既冲突又融合,引入了多种崇拜观念,动物画题材大为拓宽,动物画所占壁画面积增大,在北朝、南朝、西域的文化影响下,绘画风格也发生了变化。动物题材既有走兽飞禽,也有爬虫等。[1]

西魏时期出现了狩猎场面。贵族狩猎题材源自汉代中原壁画,但是不同的是,敦煌在此时的动物画法已经偏离了汉代的固有模式,而是用流畅的线条表现无所约束的自然美。动物画比较集中而又具有代表性的是第249、285窟。第249窟的动物包括了虎、马、羊、野牛、野猪的题材,285窟主要包括有虎、鹿、牦牛、骡子、驴、飞鹤之类的题材(如彩图13-4、13-5)。第285窟的缚驴图是北朝的优秀之作,其生动形象代表着西北人民对于驴子这一动物的熟悉程度。这个时期的动物画出现了飞白手法,可以说是中国画史上写意画的雏形。这种飞白书在唐代的文献中有记载,但是出现在西魏实属罕见。西魏时期的鸟类大多出现在装饰图案之中。[2] 第285窟中就有很多的孔雀、鹦鹉、鸽子、马鸡、斗鸡、雉鸡出现在图案当中,画面结构饱满,色彩雅致。在第249窟还画有"人间"山林动物图,山林间狼、羊、野牛、狐狸等野生动物出没,有的动物经过着色处理,有的只是简单的线条勾勒(如彩图13-3)。敦煌壁画中,经常采用这种形式来描绘场面大而又集中的自然环境下的野生动物画面。在莫高窟西魏第285窟南壁五百强盗成佛故事画的屋顶上,绘了一幅斗鸡图(见图13-6)。两只雄鸡,威武力壮,虎视眈眈,伸长脖子,高昂着头,羽毛直立,正欲展开一场厮杀搏斗。画面中鸡的形态逼真,以土红色构线,清晰明快。此画面与故事内容无直接联系,只是作为比喻烘托了五百强盗与军队争斗的气氛,是敦煌壁画中唯一的一幅斗鸡图。这幅斗鸡图体现了西魏时期斗鸡的习俗已经在人们的娱乐生活中非常盛行,同时也是莫高窟最早反映斗鸡形象的珍贵资料。

---

〔1〕刘玉权:《敦煌莫高窟北朝的动物画漫谈》,载《敦煌学辑刊》1980年第2期。
〔2〕刘玉权:《敦煌莫高窟北朝的动物画漫谈》,载《敦煌学辑刊》1980年第2期。

北周时期的动物画主要集中在 428 窟和 290 窟,主要题材是马和虎,也出现了鹿、野羊、耕牛、孔雀、蛤蟆、蛇和猴子。可以看出,这个时期出现了一些新的题材,如蛤蟆、蛇、猴子,是以前没有过的。北周的动物画画法比北凉和西魏时期明显更精致形象。画法虽然有时候还像前

图 13 - 6 斗鸡图 285 窟(西魏)

期那样夸张,但更多的是更现实化、生动化。孔雀纹路更清晰,色彩增多,出现了深绿色。这一时期逐渐呈现出由简朴向华丽的过渡。第 428 窟是北周乃至整个北朝时期最大而又最重要的洞窟,其中将虎纹画在窟顶平棋图案上,是敦煌壁画中仅有的一个孤例,其笔法虽然不能堪称精致细腻,但是刻画得夸张恬静。还有,此窟的双猴纹中刻画的猴子面部生动、形象逼真,用简笔表现其毛茸茸的四肢。

13.2 写实细致的中期动物画

隋唐时期的中原文化与西域文化交流进入黄金时代,地处丝绸之路总汇的敦煌也步入了佛教艺术的鼎盛时期。此时的动物画日渐成熟和完美,画风既追求写实又富于传神。此期敦煌壁画中的动物画尽管受外来因素的影响,但主要还是受长安画坛的审美时尚影响。[1] 在隋唐的绘画史上,以动物画著称的中原名家史不绝书。敦煌壁画中至今保留的大量动物画原作,有许多精品也不在名家之下。画风体现了世俗化和理想化的双重结合,主张师法自然而又强调主观意识,因而这个时期的动物画,都濡染了活泼而又华贵的大唐风尚。当时大量描绘理想天国的经变画,也为各类动物的登场提供了广阔的空间。

13.2.1 隋代时期

隋代的动物画在风格上明显转变,从早期的浪漫、夸张向唐代的写

〔1〕刘玉权:《中世纪动物画》,上海人民出版社 2007 年版。

实、传神过渡。这一时期敦煌的动物画主要集中在296、301、303、390、420窟,所绘的题材主要有马、骆驼、驴、牛、大象,以及鸭子和鱼,均为经变画的一部分。[1] 隋代所绘动物的造型部分已经出现了写实的倾向,但仍有些沿袭前朝样式。动物大多画得劲健优美,这种转变与人物画由北朝后期秀骨清风向唐代的以肥为美的转变是同步的。隋代的动物造型有明显的装饰色彩,但是其构图概念与汉代或北魏的相比,却有很大变化,变得繁密而随意。在技法上,使用朱红色作起线稿,或敷彩涂染,留出表现重要形体结构的受光部分,以强调其体积感。赋彩完成之后不再描定型线,而是直接利用起稿线定型。第420窟,描绘了维摩诘经变中画在殿堂外的莲池小景。清澈的池水中,鱼儿自由自在地游动,成双成对的鸭子在池中戏水,展现出几许江南水乡的风情,把经变描绘成了江南特色的一方净土,恬静而优美,使严肃庄重的佛法辩论透着些许轻松情调,也使画面增多了诗意。还有此窟中的驼队画,是敦煌最早的法华经变的局部,一组整装待发的骆驼,用笔流畅,颇似速写的没骨画(如图13-7)。

图13-7 驼队 420窟(隋代)

---

〔1〕刘玉权:《敦煌动物画卷》,上海人民出版社2000年版。

13.2.2　唐代前期

　　唐代前期即吐蕃占领敦煌之前,约是中原的初、盛唐时期。这是敦煌壁画中动物画的成熟期,也是继西魏、北周之后的第二个辉煌时期。唐代的经变画大多贴近现实生活,有些画面本身就是现实生活的写照。因此,动物的塑造也就向着具体和写实的轨迹发展,其中有些近似后来中原称作没骨画的作品,显得格外清新,对以后的动物画产生了深远而又巨大的影响。这一时期的动物画主要集中在431、323、332、148窟。由于唐朝的影响力非常巨大,所以敦煌也以体魄健美的高大动物最具盛世的风范。这个时期的动物题材主要有虎、马、牛、驴、大象、蛇、熊、狮子,多以白色、黑色、赤色来表现。注重比例均匀,体积感强,大多用概括简练的线描刻画得惟妙惟肖,生动传神,充满世俗的生活情调。牛的题材尤其多,在323窟、431窟、117窟和148窟都能看到关于牛的画面,而且牛的画法明显成熟。唐代前期的动物画中,飞禽大多画得细腻真实、形神俱佳。飞禽题材有孔雀、鸳鸯、雁、鹦鹉、仙鹤,主要以绿色和白色来表现。可以明显看出,唐代前期敦煌壁画中的动物画题材又有

图13-9　水牛和驴　323窟(初唐)

所增多,尤其飞禽之类从早期生活的鸡、鹅等,过度到了鹦鹉、仙鹤等更大自然化的飞禽。第332窟涅槃经变中的鸳鸯、孔雀,第45窟的莲上鹦鹉(见彩图13-8),都是初唐不可多得的杰作。还有第323窟佛教故事画中的一个迎佛场面,其中3位信徒分乘水牛和毛驴争先恐后去朝圣。虽然因为磨损和变色,一些局部结构已经不太清楚,但是其准确严谨的造型和不凡的解剖学知识,绝不亚于现代动物画家的水平。[1]壁画成功地运用凹凸法晕染,塑造出立体感和质感都很强的、有血有肉的鲜活形象,堪称是敦煌动物画中的最佳作品之一。

13.2.3　唐代后期

唐代后期,在敦煌主要是吐蕃占领时期和张议潮时期。此期间政权更迭频繁,敦煌壁画艺术基本沿袭了唐前期的风格,追求形神兼备的意境,动物画尤其以吐蕃时期的最具代表性,是敦煌壁画中的动物画在唐代后期的光彩时期,主要集中在159、92、154、156、9窟,以及榆林窟第25窟。题材主要是虎、马、牛、狮子、大象、鹿、猎犬、山羊、孔雀、鹦鹉、大雁、天鹅、蝎子、毒蛇,甚至在榆林窟的25窟中还出现了小白鼠。佛经中说,毗沙门王手中的鼠象征着财运。这里画的白鼠虽然用线较粗,只简练地勾勒出了轮廓,却较为生动。这个时期马和狮子的绘画比较多,而且更精致。在156窟还出现了马队,两幅反映现实生活的画卷中,出现了一百多匹马,是敦煌壁画中马的图像最多的画幅,出现了多个视角和多种功用的马,从动物画角度看,可以说是前所未有的百马图。此时开始用细碎的线条绘出马、狮子的毛和孔雀的展翅之美,用流畅的线条刻画出大象、牛等动物身体上的褶皱,更加现实,更加细致,在154窟和榆林窟的25窟都有表现。榆林25窟绘有多幅狮子画,连狮子的胡须和皮毛上的点状刺斑都刻画了出来,益发生动真实。此窟中画有一头六牙白象,比例适度,结构严谨,绘工细腻入微,用清淡的晕染,完全依靠变化的线条塑造形象,是敦煌壁画中描写大象最优秀的作品之一。唐代后期,盛行楞伽经变,通过比喻画面来阐述佛教禅宗哲理,更注重保护动物、众生平等的义理,所以动物多画得很温顺、乖而灵。总的来说,唐代后期敦煌的动物画,以写实性代替了早期的象征

---

[1]段文杰:《试论敦煌壁画的传神艺术》,载《敦煌研究》1982年第6期。

349

·欧·亚·历·史·文·化·文·库·

性,以更多独立意义的动物画代替了早期的对称装饰画,从侧面表明了佛教艺术中国化和世俗化的迹象。佛的狮子座此期仍以双狮的形象来表现,但其表现方式和造型风格与早期比较,已经有明显变化。首先是写实性代替了早期象征性,其次是用有更多独立意义的动物画代替了早期对称的装饰画。[1] 观曼陀罗图像须弥座下绘有一只坐狮,完全取正视的角度,表现难度较大,特别是狮子的头部刻画,有意减弱了凶猛的特征,增加了驯良甚至可爱的因素(见图13 – 10)。[2]

图 13 – 10　坐狮子　榆 25 窟(中唐)

---

〔1〕刘玉权:《敦煌动物画卷》,上海人民出版社 2000 年版。

〔2〕朱维熊:《动物装饰》,上海人民美术出版社 2000 年版。

13.3　世俗多变的晚期动物画

隋唐之后,中原战乱频繁,然而偏处一隅的敦煌及河西地区,则相对安宁。这一时期的敦煌佛教艺术虽然已经由绚烂复归于平淡,但是中原画坛却经历着重大变化与发展,花鸟画受到关注,动物画在宋代终于发展成为一个独立的新画科。曹氏归义军政权也在北宋时期创立了自己的画院,领导着本地区的绘画潮流。在此影响之下,敦煌石窟动物画出现了写生的倾向,力求更真实地表现世俗的主题。他们在用线方面吸取了中原波折灵动的勾勒技巧,在赋彩方面则力求鲜明。

13.3.1　五代、宋时期

五代、宋时期的动物画,由于经变种类的继续增加,入画的动物题材不减前代,把动物作为纹饰样品也比前代有所扩展。反映现实生活的巨幅壁画的出现,为描写多品类的动物群提供了新的空间。同时,动物造型和表现风格以及审美追求方面,也在悄悄发生变化,转向写生,以求更贴近生活真实。这一时期的动物形象,集中在第 55、76、100、61、146 窟,以及榆林窟第 32 窟等。动物题材主要有马、虎、骆驼、毛驴、骡、牛、大象、狮子、鹿、羊、大蛇、猕猴、大雁、孔雀、仙鹤、鹦鹉、鱼。这个时候的动物不再像前代那样肥硕健壮,变得头小,颈部细长,腿部也比较修长,步伐轻快,尽管不如唐时期的动物那样气势威武,但显得高傲灵活。这一时期的色调还是以前期的朱红、浅绿和淡黑为主,但是也出现了一些淡蓝色,绘画同一动物也重视用不同的色彩,尤其是用白色和其他色来搭配,表现动物本身的颜色不同和光线的明暗。画师经常用朱红色晕染表现马的肌肉,这在当时还只是一种尝试。在法华经变中的动物形象最多,且较集中。第 55 窟的长者子流水品壁画中除了画有驮水的大象外,还有干涸的鱼塘;在隋代第 417 窟的敦煌壁画中也有过这样一个题材,但这种干涸的鱼塘的画题仅在敦煌壁画中可见。在这个时期,都把动物画成慢条斯理、文质彬彬、温良而虔诚的佛教信徒。造型仍然是写实,既无变形,又无夸张,只不过采用了拟人化的手法。这个时期也出现了新的动物题材,而且有些动物画表现出了不同的种类,比如,出现了梅花鹿和猕猴。宋代第 76 窟中主要描绘的是释

·欧·亚·历·史·文·化·文·库·

迦牟尼一生中的 8 件大事——八塔变,第七塔描写了一只猕猴因采蜂蜜供养佛,高兴得手舞足蹈,失足落井致死,转生天上的故事。画中的猕猴采蜜时的形象是猴,舞蹈时和落井时已近人形。这种把猕猴逐渐演画成为人的作品,充分显示了画师的纯熟技巧,可以说是前无范例(见图 13 - 11)。

13.3.2　西夏、元时期

回鹘、党项及蒙古等西北少数民族相继统治敦煌时期,来自汉地和西藏的密教绘画在敦煌壁画中占有一席之地,而来自印度和尼泊尔的佛教绘画风格和模式也对敦煌壁画艺术产生了一定的影响。唐代以后逐渐消失的壁画题材,在这一时期再次重现,有一些还采取了新的表现形式。动物画也相应地在题材内容及表现形式上发生了变化。对动物的整体造型仍承袭传统样式,只是在刻画上更加精微具体,并且越来越注重表现人与动物之间的和谐。沙洲回鹘时期出现了伴有动物的十六罗汉图。西夏时期仍盛行文殊、普贤、观音涅槃信仰,所以好多动物形象出现在这些经变画中。西夏时期还大大发展了将动物形象纳入花边图案的传统,从题材广泛到组织结构的新颖,到绘工的精巧等方面,都把动物装饰图案

图 13 - 11　猕猴　76 窟(宋代)

发展到了极高的水平。在敦煌壁画的文殊经变中出现了大鱼、巨龟,这在敦煌是独一无二的。

敦煌石窟的营建和重修自归义军政权消亡以后,即大约北宋时期,已日薄西山,至元代更是每况愈下。与此相应,壁画题材逐渐稀少,动物画作也不多,主要集中在465窟和61窟,而且元代动物大多是作为佛教尊像的坐骑或者作为星宿的象征,此外就是在装饰图案中偶尔出现。尤其是第465窟,画风有鲜明的藏画特色,鹿和羊均以写实手法来表现。这些动物画从整体上看虽然有一定的表现技巧,画风细致,色调浓丽,但比诸前代,少了几分灵气。图13-12便是密宗五方中曼陀罗处东方的胁侍菩萨所乘的一只伏地羊角兽,其头、角、身均为山羊特征,唯足生兽爪,颇为怪异。此画绘工严谨,线条色彩并重,但稍微觉得刻板。

回鹘、西夏、元时期的绘画题材包括了马、虎、狮子、孔雀、鱼、龟、象、牛、骡子、龙、鸡、狗、鸭、鹅、蓝鹊、野猪、仙鹤、鹿、鹦鹉、麒麟、猴子等,可以看出,动物题材基本上还是继承了前期的摹本,但是出现了更多生活化、现实化的鸡、鸭、鹅、狗之类的动物题材。同时还出现了黄道十二宫中的动物,其中的蟹是敦煌壁画中唯一的。

图13-12　大体羊角兽　465窟(元代)

·欧·亚·历·史·文·化·文·库·

13.4　敦煌壁画动物画典型之作——马

马在整个中国的历史中具有重大的作用,它既可用于耕作,又可用于交通,还可用于作战等等,马的多寡意味着军队的强盛、国家的稳定、边郡的安宁。马促进了农耕民族与游牧民族文化的交流,促进了中华民族文化的融合,推动了社会进步。马对古代社会人们的意义最初是食用,它供给人们马乳、马肉,供给人们出行时骑乘,后来才被应用于耕田、游牧、狩猎、交通、战争和体育娱乐等方面。总之,古代敦煌地理和气候环境决定了马在人们生活中的地位,由此也形成了地域性极强的马文化。敦煌壁画作为以佛教内容为主的辉煌艺术,其中包括了很多以马为题材的绘画,其画法和模式随着时代的不同而呈现出不同的风格。[1]

13.4.1　早期马画的代表作

早期马画,马体修长,头部向后勾,以白色为主色,曲线明了。图13－13中白马以5匹代表500,白马象征着纯洁与高贵。马腿的关节处弧线相切,后腿向后上方翘起,表现急速运动的印象。这种变形、夸张的马的造型,在西亚、印度等地方都不曾见到,但却可以在汉代的画像上见到,足见敦煌壁画中的动物画与汉代艺术是一脉相承的。[2]　图13－14中马腿修长,画的有张有弛,富有节奏感,石绿色的四蹄很有想象力。这种嘴尖腰细、四肢修长、高大善跑的马,与汉武帝时期记录的天马极其相似。以上两幅是敦煌壁画中典型的早期马匹画。

图13－15是北周290窟所画调训中的马,其头小嘴阔,颈、股丰硕,细腿大蹄,是当时人们喜爱的西域骏马形象。马竖耳勾首,抬起前蹄,显出桀骜不驯的样子。技法上不用定稿线,起稿后直接赋彩和晕染,受光处和毛色较前部分,则轻描淡抹,稍加晕染。特别是马头部,只用一笔红色勾出鼻线,而将鼻上的白斑空出,笔意简练并带有几分粗犷。[3]

---

〔1〕谭蝉变:《敦煌马文化》,载《敦煌研究》1996年第1期。

〔2〕张道一:《敦煌艺术中的动物形象》,载《美术学刊》1980年第6期。

〔3〕万庚育:《敦煌画中的技法之一——晕染》,载《敦煌研究》1985年第3期。

图 13 - 13　飞奔白马　257 窟(北魏)　　图 13 - 14　挽车白马　257 窟(北魏)

图 13 - 15　驯马图　290 窟(北周)

　　图 13 - 16 是北周第 428 窟中表现萨埵太子舍身饲虎、两位兄长急忙策马回宫报信中的马。马嘴细长,头部和臀部丰硕,瘦踠大蹄。画法是用红色勾出轮廓后,用颜色在轮廓内平涂,但留了一些底色,不再勾勒定稿线。壁画中本身的马是青灰色,后腿根部弧形线条延伸到臀部的中央,意在表现后腿骨的结构。这个动作最早见于汉代画像石,在敦

·欧·亚·历·史·文·化·文·库·

图 13 - 16　奔马图　428 窟（北周）

煌壁画中则被作为固定模式，代代沿袭。为了加强马的快速运动感，画师特意将旁边的树冠画成倒向一边，表现马在狂奔时激起的气浪如风击树，这种夸张的画法给画面增加了戏剧性效果。

　　图 13 - 17 来自北周第 296 窟，是官兵所骑的装备铠甲的马。画面用不同的颜色表现装备的不同。马头画的比较明显，而且每个马头的线条用笔以及比例都几乎一致，仿若用同一模板印制出来一样。但在细微处又有所区别，马头大小不一，最前边的马嘴比后面的马嘴更靠前，只是画面利用斜侧面的效果，让我们看时觉得几匹马在同一直线上，而且马的下巴有曲有直，鼻孔有大有小，脖颈有粗有细，马的表情不一，尤其是近处的马，嘴部弧线稍微弯曲，似带有几分惊喜和兴奋。这幅马图与西魏第 285 窟五百强盗成佛故事画中的铠马是迄今为止所见时代最早的古代具装铠甲马的形象资料。

13.4.2　中期马画代表作

　　隋唐时代是中国文化的黄金时代，在这个时期，出现了很多名家，像杨子华的鞍马，展子虔的车马，陈闳、曹霸和韩干的马，都独步一时，精妙绝伦。马在隋唐时期的敦煌壁画中很普遍，在 301 窟、303 窟、296 窟、390 窟以及 420 窟中都有关于马的题材画，而且大部分都作为经变画的一部分出现。隋代马的造型已经出现了写实的倾向，头、颈、躯干、四肢都画得稍长，颇有高头大马的神气，但仍有些沿袭前朝样式。这种转变与人物画由北朝后期秀骨清像向唐代的以肥为美的转变是同步的。唐代马的造型以丰肥为美，也画得大都比较精细，结实强

图 13 – 17　铠马　296 窟（北周）

健。在 431 窟中就可以看到多种姿势的马，代表了敦煌在此时对于马的绘画的基本风格。这个时期出现的张议潮家族营造的 156 窟，有两幅著名的出行图，即张议潮出行图和宋国夫人出行图。在这两幅反映现实生活的画卷中，出现了 100 多匹马，是敦煌壁画中马的图像最多的画幅，可以说是前所未有的百马图。虽然画中的马都朝着一个方向，但由于视角的不同，马的功用不同，马的形态也不同，但它们普遍都是膘肥体壮，马蹄轻快。隋唐时期马的画法逐渐走向鼎盛，唐玄宗还曾命韩幹画马，韩的画技被誉为"古今独步"。韩幹等一代画马名家笔下腹丰臀圆的画马模式，给画坛带来很大的影响。

　　在北周末隋代初期营造的第 301 窟中，绘有萨埵太子本生长卷式故事图中，图中有 3 位王子于山林间休憩，3 匹马抓紧时间饮水吃草的

·欧·亚·历·史·文·化·文·库·

情景(见图 13-18)。马的造型略带写实风格,马背上画有鞍具。除鞍具稍涂浅色外,基本是赭红线白描,用线法与北朝相近。马身和马腿还是细瘦,这并非表现马的饥饿形态,而是当时画马的一种范式,但是其白描技法线条流畅,用笔富有节奏感,每匹马的马蹄和马腿都表现得不同,但布局衔接错落有致。

图 13-19 是隋代 303 窟东壁北侧的供养马。画面上供养人正在礼佛,马夫牵马在一边等候。画面明显沿袭了北朝的风格,马头长而嘴尖,小耳圆腹,身披长长的布匹。一匹白马和一匹黑马,用色自然,尤其是黑马头部的色彩,上部为黑色,然后逐渐过渡成下部为白色,给人的感觉是此马鼻梁到嘴部是白色,侧脸和头部以及整个身体是黑色,表现的十分写实。白马颈部用线条简单勾勒,仿佛是马长长的鬃毛一般。

在初唐第 431 窟西壁供养人画像中,有一幅马夫与马的小品,即彩图 13-20。画面上一个困倦的马夫交脚抱膝埋头坐在地上打盹,手牵着 3 匹马,马的形象是典型的唐代骏马图。此图是一幅唐代社会现实生活的写照,一边是瘦小而困倦的马夫,一边是由他调养的膘肥体壮、神气十足的骏马,画师在图中交织着对马夫的同情和对骏马的赞美。画面亲切感人,3 匹马画得精神十足,充满活力,结构准确,颇为生动。

图 13-18　饮马　301 窟(隋代)

图 13 – 19　供养马　303 窟（隋代）

3 匹马都面向马夫，神态各异：左边一只仿佛惊奇之余带着几分怒气，右边前面一只垂首低怜，后面一只神情木然，仿佛社会中面对马夫的 3 种人一样。马尾和马头均作了颜色加深处理，质感非常强烈。这是敦煌壁画中唐代马画的典型和代表。

　　图 13 – 21 位于榆林 25 窟北壁，属于中唐时期的作品。此为弥勒经变中"七宝"的马宝，兵宝。画面表现了一匹高大健壮的白色骏马，红鬃、红尾，背负摩尼宝珠，前面站立着一位全副武装的武士，手持盾、斧，以及弓箭。马头套着的缰绳，以及颈部和尾部的装饰都画得非常精细，技法上基本没有晕染，用细致流畅的线描来塑造形象，并用细线表现马鬃和马尾的整齐、干净、顺滑。虽然这种用线方法在初唐已经有所应用，但是此期的手法较之前刻画更加精细，马蹄处的褶皱和装饰出的穗子都表现得很明显。白马具有唐马的基本典型特征，此图是众多唐马中保存特别完好的佳作。

　　以张议潮及其夫人为主角的出行图中，张议潮出行带的马匹多达

图 13 – 21　白马武士图　榆林 25 窟（中唐）

80 余匹,其夫人带的马匹多达 30 余匹,两幅出行图是敦煌壁画中马匹形象最多的画幅。图 13 – 22 是晚唐第 156 窟中张议潮出行图中的仪仗马队,前面的是军乐队,后面的是仪仗队。因为是夹道而行,这些马都从背面作画,有白马、枣红马、赭黄色马和棕黑色马,有的皮毛上还有花斑,但是由于视角的不同,功用和形态不同,有正面、侧面、背面,有走的、跑的,有负重的、拉车的、追逐的。马腿动作基本一致,臀部圆弧非常精致,尤其是前面的乐队马,臀部用不同的颜色晕染出了光线感,同时也使得画面更加现实生活化。[1] 每匹马都是腹股丰圆,充满力感,精神具足,造型是典型的唐代风格。

13.4.3　晚期马画代表作

晚期包括五代、宋、回鹘、西夏、元代,是整个敦煌壁画开始衰落的时期,但是宋朝时创立的画院大大地促进了敦煌地区艺术的发展。这个时期敦煌好多关于马的题材画都出自一些画师之手。虽然整体艺术

〔1〕胡同庆:《初探敦煌壁画中美的规定性》,载《敦煌研究》1992 年第 5 期。

图 13 - 22　马队图　156 窟（晚唐）

水平渐渐衰退,但是在马图方面还是不乏一些赏心悦目之作,尤其是少数民族对于敦煌的统治,使敦煌马也加上了地方色彩。在五代 108 窟和 146 窟的法华经变图中出现了大量的关于马的题材画,而且形态各异,有单马,也有群马;有拉车的马,有乘骑的马;有飞奔马,也有休憩马,还出现了明显的圈养马。在第 100 窟曹议金统军出行图与回鹘公主出行图上,虽然在整幅画面上都在追摹第 156 窟的张议潮统军出行图和宋国夫人出行图,然而众多的马匹造型则没有前代马匹那样健壮,变的头小、颈部细长、步伐轻快,没有了唐代的气势威风,但显得高傲灵活。此期画了很多大幅面的画作,在五台山图中,就有众多的马匹,画的非常写实。此外这个时期的马画作品受密宗的影响,画风大都结构严谨、造型写实、风格细腻,元代的作品种能明显地感觉到这一点。

　　彩图 13 - 23 是五代第 98 窟中背屏后面的一幅图,内容是劝诫狩猎杀生的,与同时代相比,此图更为精彩。其中的马画得写实生动,勾线灵活有力,用赭红色晕染表现马的肌肉,这在当时还是一种尝试。画中的马颇似水粉画中的晕染效果,射猎人的眼神和动作与马的动作协

·欧·亚·历·史·文·化·文·库·

调得很好，马的前蹄极度向前伸展，表现出马的飞跃，但是给人的气势已经不再有隋唐时代的雄健和高昂。第98窟虽然不是动物画作的主要窟，但是里面的这幅射猎马图却值得我们关注。

回鹘公主出行图的前段绘有马上乐队（见图13-24），马的体型细瘦高大，比例较为匀称。马尾呈翻翘状，比前期和中期画的马尾巴要短，显得马的品种不同。马前后形成一排，马上是乐器演奏者。虽然有部分画面已经不清晰，但是从现有的能够看清的画作中，可以发现，有几匹马的神情几乎一致，马腿部明显呈同一种姿势，粗细大小没有什么明显区别，可能是出自同一个模板，但是模板如何印制，这就是另外的一个研究方向了，在这里我们只关注马画的基本形式。乐队马的晕染很讲究，在颈部用淡色和深色相互衬托出了马的鬃毛，这在敦煌壁画中对于马画作的处理中还是比较少见的。可以说这幅马图是敦煌壁画以马为题材的画作中比较特殊的一幅。

图13-24　马上乐队图　100窟（五代）

总的来说，敦煌壁画中的动物画取材多样，分布广泛。据统计，敦煌壁画中包括的动物画题材有38种之多，各个时期都有不同的题材（如彩图13-25、13-26），又以马、虎、大象、鹿，以及孔雀为主要题材，几乎在每一个时期都有这几种题材的动物画，这与当时敦煌地区的交通以马之类为主有密切关系，不仅反映了西域地方文化对敦煌文化的渗透，还反映了佛教和佛教艺术对敦煌壁画题材的深刻影响。敦煌动物画大多从佛教的教理出发,体现了佛教中"众生平等"、"上天有好生之德"以及"我不入地狱谁入地狱"这样的大公大德之心。这种思想与我们今天提倡的保护动物、爱护生态环境的思想不谋而合。[1]

　　各种动物的画法按照时代的不同呈现出不同的风格和色调,各个时期具有其独有的特征。从整体画法来看,画家的表现手法是简练的,有的只用一两种色彩敷染,有的还只是单色的线描,但用笔虽少,却并不影响充分表现物象的效果。画家善于描写出各种动物的真实情态,使它们活跃地出现在壁上。如果没有熟练的技巧,没有深刻的观察力和丰富的想象,抓不住每种动物的不同性格与其独特的动作和情态,塑造这些生动的形象是不可能的。尤其是马的画法,常常使用四蹄分开、前后伸展的动作,这种画法,在中原最早见于汉代画像石,在敦煌壁画中则作为固定的格式被世世代代所沿袭。本章仅对敦煌壁画中的现实动物从题材和特征上给予简要分析,敦煌壁画的动物画是个深刻的课题,需要进一步的研究和认识。敦煌壁画中的动物画其本身不仅是门艺术,更是我们研究动物历史演变、家庭牲畜饲养,以及动物医疗的宝贵资料,它将对我们画史的发展和美学装饰的艺术进步起到不可忽略的意义!

表 13 - 1　各个时期动物画题材统计表

时期	主要的动物题材
北凉、北魏	狮子、鹰、鸽子、虎、马、鹿、孔雀、青牛、大象、白鹅
西魏、北周	虎、马、羊、野牛、野猪、鹿、牦牛、耕牛、骡子、驴、狒狒、玄鸟、猴子、狼、狐狸、鹦鹉、鸽子、雉鸡、马鸡、斗鸡、飞鹤、孔雀、蛤蟆、蛇
隋代	马、骆驼、驴、大象、牛、狮子、鹿、兔子、鸭子、鱼
唐前期	虎、马、牛、驴、象、蛇、熊、狮子、孔雀、鸳鸯、雁、鹦鹉、仙鹤
唐后期	虎、马、牛、狮子、大象、鹿、猎犬、山羊、孔雀、鹦鹉、大雁、天鹅、蝎子、毒蛇、白鼠
五代、宋代	马、虎、骆驼、毛驴、骡、牛、大象、狮子、鹿、羊、大蛇、猕猴、大雁、孔雀、仙鹤、鹦鹉、鱼
回鹘、西夏、元	马、虎、狮子、孔雀、鱼、龟、象、牛、骡子、龙、鸡、鸭、鹅、蓝鹊、狗、野猪、仙鹤、鹿、鹦鹉、麒麟、猴子、蟹、蝎子

---

〔1〕刘玉权:《敦煌动物画卷》,上海人民出版社 2000 年版。

·欧·亚·历·史·文·化·文·库·

14 敦煌壁画之建筑

建筑,凝固的音乐。

——谢林

敦煌石窟是一个综合性的艺术宝库,除了壁画和彩塑外,在敦煌壁画中还保存有十分宝贵的建筑画资料。从北朝开始直到元代,敦煌壁画以极大的容量表现了无比丰富的建筑形象。可以说在这一期间,尤其是从北朝到唐、五代、北宋的中国建筑画,主要依赖敦煌石窟壁画而得以保存。建筑画是建筑艺术研究的一个重要方面,研究敦煌建筑画对于绘画史的研究具有相当重要的意义,尤其是在北朝至唐初敦煌以外建筑画资料十分稀少的情况下,其价值更加显著。

14.1 敦煌壁画中的建筑画概述

敦煌壁画中,除元代洞窟中建筑画较少以外,从十六国晚期一直到西夏末,前后 800 年时间内,壁画中都描绘有很多的建筑,向我们展示了一部不断发展的建筑史。从数量上来说,敦煌壁画中的所有故事画和经变画几乎都有对建筑的描绘。单是在约 300 幅大型西方净土变和东方药师变中,详细绘出的建筑按单座计就不下 4000 座,若总计全部,至少也接近万数之多。[1]

敦煌石窟的佛经故事画及经变画中,建筑形象只是作为佛与众菩萨以及人物活动的背景。随着壁画的发展和绘画技巧的进步,建筑形

---

〔1〕萧默:《敦煌建筑研究》,机械工业出版社 2003 年版,第 28 页。

象逐渐增多,在壁画中出现了规模巨大的建筑组群及千姿百态的单体建筑,建筑画成为敦煌壁画内容的重要组成部分。各个时代的画师把当时的佛寺、城阙、宫殿、民居等丰富而优美的建筑形象,像戏剧舞台上的大布景和道具一样穿插在绘画中,既有建筑的群体组合,又有组成建筑群的单体建筑,如城门、城楼、角楼、殿堂、佛塔、楼阁、台榭、回廊等,还有殿舍、茅庵、草棚、屠房、监牢、桥梁、坟墓、烽燧等不同的建筑形象,几乎包括了各时代大部分的建筑类型。壁画中还给我们留下了丰富的细部做法并显示了古代建筑的色彩处理,诸如台基、台阶、勾栏、墙垣、门窗、柱枋、斗拱以及屋顶、脊饰等,都有可观的表现。尤其是斗拱,至少数以万计,形式也十分多样,并呈现出不同时代的不同形制,给斗拱发展史提供了许多例证。壁画中还难能可贵地保存了几幅施工图画,使我们了解到古代匠师实际操作的情景。可以说敦煌壁画中的建筑画是一部系统的古代建筑历史画卷。

敦煌壁画中大量的各个时代的古建筑形象,是研究中国古代建筑史极其珍贵的形象史料,具有很高的历史价值和艺术价值。

北朝石窟,系指始于十六国晚期,历北魏、西魏而至北周的一群,计32 个,前后绵延约两个世纪。这时的绘画技巧还比较稚拙、粗犷。壁画中穿插着殿堂、坞壁、佛塔、民居等建筑类型,建筑形象有明显的汉魏遗风,如殿阙、楼阙的形式。相当于这一时期的我国建筑,上继秦汉,下启隋唐,在传统的基础上又受到了随佛教而来的外来影响,是我国建筑史上的一个重要阶段。[1]

隋朝仅延续了短短 30 余年,但隋朝统一了南北朝以来约 200 年的分裂局势,下启将近 300 年的大唐盛世,是中国历史由分到合的关键时期。隋王朝平定中原以后,很快控制了河西和敦煌,对敦煌莫高窟来说,隋朝也是一个重要的兴盛期。隋朝的两代帝王都倡佛崇法,短短的30 余年间,在莫高窟一地就建造了近 70 个洞窟,开凿的洞窟比北凉到

---

〔1〕敦煌文物研究所考古组:《敦煌莫高窟北朝壁画中的建筑》,载《文物》1976 年第 2 期。

· 欧 · 亚 · 历 · 史 · 文 · 化 · 文 · 库 ·

北周的 100 多年间还多,壁画内容和形式都发生了变化。[1] 建筑形象中出现了佛寺的简单组合,以 1 殿 2 楼或 1 殿 2 堂的组合形式来表现寺院建筑组合。在故事画中,描绘了繁简不同的院落,反映了隋代的院落布置已经成熟。

唐代是中国历史上极强盛的时代,也是中国古代建筑的成熟期。依据敦煌地区的历史状况,将唐代开凿的 228 个洞窟分为初唐、盛唐、中唐(又称吐蕃时期)、晚唐 4 个时期。[2]

初唐时期,由于佛教净土思想的广泛传播,敦煌壁画中多画阿弥陀经变、弥勒经变及东方药师经变。这些经变画中最具典型意义的是出现了简单的寺院组合建筑形式。这几种经变和寺院建筑组合一直贯穿于唐代以后的各个历史时期。

盛唐时期,统一的大唐帝国空前繁荣,在王室贵族的扶持下,佛教更加兴盛。为了装点恢宏壮丽的大型寺院,当时许多知名画家都为寺院画过壁画。都城长安、洛阳佛教建筑及艺术活动的规模都很大,表现在经变的画面上,满画殿、阁、楼、台,周围回廊环绕,中间七宝水池、舞乐露台,组合呈中轴对称,多为院落的布局,庭院严谨而开阔,殿阁巍峨而有序。画师以绘画散点透视的法则,准确地表达了建筑物的正侧俯仰和阴阳向背的立体形象,把一个庞大的建筑群,浓缩在一幅画面中。特别是表现出群体建筑的远近层次、高低变化的规律,使其产生壮阔而深邃的空间效果。它所形成的恢宏气度和壮丽景象,至今令人惊叹不已,以后各时代的建筑画都没有超越盛唐的辉煌。

中晚唐时期,开凿了许多大型洞窟,壁画中为了表示寺院的壮观华丽,把寺院的 3 门、钟楼、经楼、歌台等画在寺院最前面,架楼叠屋,层层密密,充满画幅,使建筑群拥挤繁复,似有踵事增华的感觉。唐代末期对佛教的打击,使其有逐渐衰落的趋势,反映在艺术上便是已经没有大唐盛世时的气度和创造精神,必然是逐渐走向程式化。

〔1〕王洁、陈世钊:《敦煌莫高窟隋朝建筑图像解读》,载《敦煌研究》2010 年第 4 期。

〔2〕史苇湘:《丝绸之路上的敦煌与莫高窟》,载《敦煌研究文集》,甘肃人民出版社 1982 年版。

五代、宋时的壁画艺术是晚唐风格的继续,建筑画几乎没有新的创造。根据供养人题记可知,这时敦煌在曹氏家族的统治下设有画院。艺术表现的程式化逐渐严重,开凿大型洞窟是这一时期的特点。

西夏是宋代时偏居西北的一个少数民族政权,立国近 200 年。西夏在榆林窟第 3 窟壁画中有丰富的建筑图像,并一改唐宋以来的建筑画风格,而与中原辽金时期建筑画风格相似。建筑用浓淡不同的墨线描成,重点部位用石青、石绿加以强调,不仅突出了建筑形象,而且色彩淡雅宜人。

元代壁画中没有大型的建筑画,只有少数几个佛塔形象。

敦煌壁画中的建筑画,以它丰富的内涵、相对准确的艺术形象,使历史记载中模糊的建筑形象清晰起来。对于它的研究,不仅具有史学意义,而且具有现实意义。近代建筑学家梁思成先生曾说:"中国建筑属于中唐以前的实物现存的大部分是砖石佛塔,我们对于木构的殿堂房舍知识十分贫乏,最古的只见于 857 年建造的五台山佛光寺正殿一个孤例(按:当时建于公元 782 年的五台南禅寺还没有被发现),而敦煌壁画中却有从北魏至元数以千计,或大或小、各型各类、各式各样的建筑图,无疑为中国建筑史填补了空白的一章。"[1]

14.2　敦煌壁画中的建筑画内容

敦煌石窟壁画中的建筑画展现了从北凉到元代,历经 10 个朝代,历时 1000 年中的各类建筑形象。由于石窟的开凿年代久远,这些建筑形象必然反映了历史的陈迹,是一部形象的建筑历史画卷。我国著名的建筑学家梁思成先生是敦煌建筑研究的最早开拓者。1932 年,中国营造学社刚成立不久,梁先生就注意到了敦煌建筑资料。这一年他发表的第一篇学术论文《我们所知道的唐代佛寺与宫殿》就是论述敦煌建筑的。当时南禅寺和佛光寺还没有发现,研究唐代建筑还只能主要

〔1〕梁思成:《敦煌壁画中所见的中国古代建筑》,载《文物参考资料》1951 年第 5 期。

依靠文献。梁先生发现了敦煌建筑资料的重要价值,他说:"幸而有敦煌壁画,因地方偏僻和气候的干燥,得千余年岁,还在人间保存……其中各壁画上所绘建筑,准确而且详细,我们最重要的资料就在此。"[1]这篇文章从唐代建筑的平面配置、建筑类型到各部件的详细做法都进行了介绍和论证。梁先生认为"唐代艺术在中国艺术史上是黄金时代",对壁画中的唐代建筑成就给予了很高的评价。梁思成先生在他的不朽之作《敦煌壁画中所见的中国古代建筑》一文中,对敦煌壁画建筑作了详尽的研究。他说:"敦煌千佛洞的壁画不惟是伟大的艺术遗产,而且是中国文化史中一份无比珍贵、无比丰富的资料宝藏。关于建筑的类型、布局、结构、雕饰、彩画方面等,都可由敦煌石窟取得无限量的珍贵资料。"

14.2.1 佛寺

佛寺是佛教僧侣供奉佛像、舍利(佛骨),进行宗教活动和居住的处所。敦煌壁画中的佛寺建筑群从隋代开始出现简单的群体组合,自初唐以后出现大型建筑群,主要表现在观无量寿经变、西方净土变和药师经变等大型经变画里,它们以殿堂、楼阁、台榭、回廊、钟楼等多种建筑单体作为建筑元素。从大量壁画中的佛寺建筑中可以看出,佛教在中国流传近两千年,不同时代、不同宗派的佛寺在建筑上存在着差异,每一幅经变中的寺院群都有各自的特点,同时呈现出宏大的群落之美的共性,大体上沿袭中国传统的庭院形式。

14.2.1.1 1 殿 2 楼布局

在敦煌壁画中,北朝石窟没有出现有关佛寺的壁画,但它的洞窟形制,尤其是洞窟的中心塔柱式布局,反映了早期在庭院中心建有高塔的这种佛寺的某些特点。在隋代壁画中最早出现了可作为佛寺看待的画面,如隋代第 423 窟窟顶弥勒经变的佛寺(见图 14-1),其最普遍的形式是正中立 1 座 5 开间大殿,单檐歇山或庑殿顶,使形象突出,大殿左右各立 1 座 3 层或 4 层楼阁为陪衬,3 座建筑都是正立面,没有画出周

---

[1]梁思成:《我们所知道的唐代佛寺与宫殿》,载《营造学社汇刊》1932 年第 3 期。

图 14 - 1 弥勒经变的佛寺 423 窟(隋代)

围廊舍,所表现的是寺院中最主要的一组建筑。

14.2.1.2 凹形建筑平面布局

在隋及初、盛唐壁画西方净土变中,有这样的寺院建筑组合,即中间 1 座大殿,左右各有 1 座小殿,3 殿平面组成"凹"形。有的在 3 殿间连以廊庑,有的左右 2 殿是 2 层楼阁,与中间大殿以弧廊相连,或者 3 座建筑都是楼阁而以廊道相连。在初唐、盛唐以后,这种建筑前面有方整的水池和平台,甚至有的全部建在水面上,如盛唐第 225 窟南壁的弥勒经变(见图 14 -2)。但大多数场合,这种"凹"形布局的建筑仍建在陆地上,只是在它的前面有方整的水池和平台,这在盛唐有更丰富的表现。[1]

14.2.1.3 院落式布局

在数以万计的敦煌建筑画中,有近 300 幅的大型院落群体画,充分反映了"呈院落布局的群体组合"这一中国古代建筑的主要特点。[2]自盛唐以后,历经中、晚唐以至五代、宋初,壁画表现又前进了一步,佛寺全部画出了院落。这些院落依其组合又可分为 3 种类型:单院、前后

〔1〕萧默:《敦煌建筑研究》,机械工业出版社 2003 年版,第 39 页。
〔2〕王进玉:《敦煌壁画中的科学技术》,载《自然杂志》1988 年第 11 期。

图 14 - 2　阿弥陀经变的佛寺　225 窟（盛唐）

纵列的 2 院和左右横联的 3 院。这样的佛寺,大多画在大型经变中,如观无量寿经变、阿弥陀经变、东方药师变、弥勒经变等,在壁画建筑资料中所占的分量很大。

单院式　单院佛寺的表现方法有两种。一种是经变画中出现的,寺院左右对称,视点放在寺院中轴线上方,基本上采用一个焦点的透视画出的鸟瞰图。这样的画面都很大,非常华丽,渲染出了强烈的天国气氛。另一种集中见于五代第 61 窟西壁著名的五台山图中(如图 14 - 3:1),采取近似轴侧投影的画法,所画的寺院比较小也比较简单。

前后纵置的双院式　此式布局相当于在单院后又接出一进后院。后院宽度同于前院,深度则比前院小。前院情形和单院式佛寺差不多,后院中路的布置因被前院建筑遮挡,大都不详(如图 14 - 3:2)。在前后院之间的中廊与左右廊的丁字交叉点上,有的也设置了角楼。无论是单院式或双院式佛寺,都有许多画面显示出后廊在角楼处并不终止而继续向东、西延伸出去。有一些佛寺图在后廊之北还有建筑物的屋顶显露出来。

横列三院式　这是比较特殊的形制,都出现在弥勒经变中,画在画面最上方横长的面积内，象征弥勒佛居住的天宫。有两种方式：一种是横列3院互不连接各自独立成单院。中院最大，建筑南向；东西2院较小，方向均朝向中院，并与中院相对开门以通往来（如图14-3:3）。也有的左右2院是园林，院中各有一六角亭。另一种方式是3院接连，以盛唐第148窟所绘最完整。这种布局虽都是3院横列，但各图的变化都很大，并无规范。有的布局看来不可能实行，例如中院是一座城的布局，在实物及文献中都找不到什么根据，考虑到她们所处的横长画幅的地位，可以认为系出于画家的杜撰，并非写实。但其中某些例子，布局合理，或许是有现实依据的。[1]

1　单院式　61窟（五代）

2　双院式　148窟（盛唐）

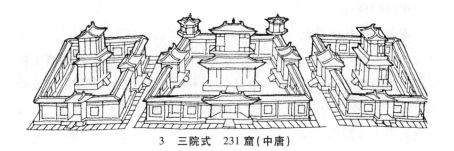

3　三院式　231窟（中唐）

图14-3　佛寺布局

---

〔1〕萧默：《敦煌建筑研究》，机械工业出版社2003年版，第61-64页。

·欧·亚·历·史·文·化·库·

14.2.2　佛塔

佛塔,亦称宝塔,藏语称曲登,原是印度梵文 Stupa(窣堵坡)的音译,还有称为浮屠,即来源于 Buddhastupa。佛塔是佛教的象征,最早用来供奉和安置舍利、经文和各种法物。根据佛教文献记载,佛陀释迦牟尼涅槃后火化形成舍利,被当地 8 个国王收取,分别建塔加以供奉。[1]塔着重表现天与地、建筑与自然之间的密切关系,强调这种无形的力量要远胜于那些单纯的建筑形式美的原则。塔的形式一直伴随着佛教的传播与发展,是壁画中变化最多的一种建筑类型。这种外来形式在逐渐汉化的过程中,随时被打上了中国传统建筑的烙印。因为作为艺术,一个民族总有自己的传统和土壤。

敦煌壁画中从北魏开始绘制塔的形象,直到元代,塔的造型各不相同。由现存成熟期的塔形来看,都是以中国固有的重楼为基本要素,加上印度覆钵式塔作为刹部融合而成的,并且完全中国化了。它往往和名山大川相结合,成为风景名胜的景观。敦煌壁画中的塔有楼阁式、亭阁式、窣堵坡式、金刚宝座式等,造型多样,结构奇巧。敦煌北朝壁画就已经画了塔,数量虽然不多,但都各具一式,并不雷同,说明接近早期的塔就已拥有丰富多样的形式。北朝壁画还为中国在当时已出现了金刚宝座塔和已经采用砖木混合结构提供了证据,修正了之前以为它们出现得很晚的概念。[2]

隋唐至宋代的壁画,塔的数量大为增加,总数当不下数百座,以木结构的为主,也有较多的单层窣堵坡式砖石塔,弥补了以上几类塔实物资料较为稀少的缺憾。壁画中的多层砖石塔几乎都是由单层窣堵坡叠加而成,与实物中的多层砖石塔大都是仿木构楼阁式有所不同。后者在壁画中没有发现。

14.2.2.1　木塔

善用木构是中国传统建筑的一大特点,木塔是在中土起源最早的

---

〔1〕宫治昭、李萍、张清涛:《涅槃和弥勒的图像学》,文物出版社 2009 年版。
〔2〕王进玉:《敦煌壁画中的科学技术》,载《自然杂志》1988 年第 11 期。

塔。历代所筑木塔均借鉴了很多宫殿建筑的元素和技术,从斗拱、椽、枋、梁、柱等承重结构到门窗栏杆等非承重结构,都与同时代的宫殿建筑非常相似。木塔是敦煌壁画中出现最多的一种,其结构又有单层和多层楼阁式。

单层木塔 从隋代到宋代都画有单层木塔,以盛唐第 23 窟(如图 14－4:1)所绘最为具体和典型。此塔除了有塔刹之外,实际上完全是一座方亭,造型稳定自然,华丽丰富,界画画得工整具体,应是当时建筑的真实写照。晚唐第 85 窟的塔与上塔相近,只是 3 开间全敞开,攒尖顶,屋檐完全平直。壁画中其他单层木塔与上举两例大致相同,有的很简单,只有基座,不设基台,所以只有一周勾栏;有的基座正中不设踏道,基座边沿也没有勾栏,塔身不能登临。

楼阁式木塔 这种样式的木塔从初唐至西夏壁画中都有出现,低者 2 层,高者可达 7 层,平面大都是方形,也有六角形的(因为壁画只能表现出多角塔面向观者的 3 个面,所以也可能是八角形)。这种塔下面几层的做法大致相同,变化多发生在顶层。榆林窟五代第 33 窟一塔高 7 层,方形,底层坐落在方形砖石须弥座上,座束腰部分有间柱,座下是覆莲,沿须弥座边沿及座中心的踏道设勾栏。五代第 61 窟五台山图中有一座 4 层塔,与上例相仿,也是下面几层是木构,仅在顶层改为一个小的窣堵坡塔作结。窣堵坡上另有覆钵塔刹。所不同的是,此塔各层勾栏都是直接置于下层屋脊上,没有平座层。值得注意的是,中唐以后壁画的木塔还出现了一种奇特的形式。其特点是大量使用曲线,有的竟到了毫无节制的程度。在前面提到的中唐第 361 窟北壁净土变寺院(如图 14－4:2),其中作为中心建筑的一座塔,就是这种形式。宋代第 61 窟北壁净土变佛寺中心建筑也有一座这样的塔,它甚至连基座的平面也做成花状,屋顶也与众不同地处理成凸曲面盝顶,通体几乎无一直线。[1]

---

〔1〕萧默:《敦煌建筑研究》,机械工业出版社 2003 年版,第 146－154 页。

·欧·亚·历·史·文·化·文·库·

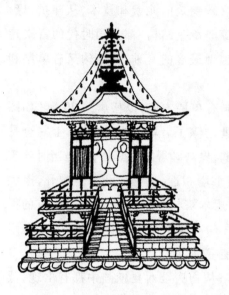
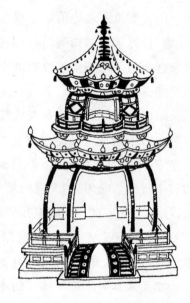

1　单层木塔　23 窟(盛唐)　　　　　　2　楼阁式木塔　361 窟(中唐)

3　单层砖石塔　　　　4　多层砖石塔　　　　5　砖木混合塔

盛唐 217 窟　　　　　五代 61 窟　　　　　428 窟(北周)

图 14 - 4　塔形建筑

14.2.2.2　砖石塔

敦煌壁画中的砖石塔要比木塔少,以单层居多。

单层砖石塔　单层砖石塔可分 3 种:第 1 种与山东济南历城神通寺隋代所建的 4 门塔相近,其特征是塔壁平直、平面方形,可名为 4 门塔式;第 2 种塔身作覆钵形,即塔壁上部弧转收小,平面圆形或方形,可称为窣堵坡式;第 3 种为单层密檐,简称为密檐式。第 1 种甚少,隋代第 302、初唐第 68、盛唐第 23、31 窟的塔都是这种 4 门塔式,以第 31 窟的较典型。第 2 种塔式在敦煌壁画中,自北朝晚期到西夏都有所表现。北周第 301 窟舍身饲虎故事画中埋葬太子尸骨的塔是最早的一例,还出现在隋代第 303、419 窟,盛唐第 217 窟(如图 14 - 4:3)等处。第 3 种密檐塔只有一例,见于隋代第 302 窟,其平面方形,基座形状已模糊不清。塔身 4 面各开 1 门;上覆密接的 4 檐,上 3 檐特别缩小。

多层砖石塔　多层砖石塔多见于五代第 61 窟五台山图中(如图 14 - 4:4),往往是多个窣堵坡塔重重叠加而成,多则 4 层,少则 2 层,且多数除了在塔顶有用作塔刹部件的覆钵外,全塔顶层也是一个半圆形的大覆钵,而塔的下部几层平面是方形的,因而全塔可说是一个或几个方形平面的窣堵坡叠上一个圆形窣堵坡再加上塔刹组成。有个别塔形下部几层塔壁平直不内收。

砖木混合塔　前述一些塔,有的主体只用一种材料构成,只在某些附属部分用了其他材料,如砖石塔使用了木制的勾栏或木塔下有砖石基座,都还不算是砖木混合塔。只有在主体部分——塔身、塔檐上混用了两种材料的塔,才能称之为砖木混合塔。这种塔在敦煌壁画中大都出现于北朝。

北魏第 257、254,隋代第 302 窟的塔都是砖身木檐,五代第 61 窟的五台山图 1 塔 3 层,方形,其中心部分是砖石砌窣堵坡伸出为 2、3 层,底层四周加筑一圈木结构附件,3 开间,是砖木混合的又一种做法。

砖木混合的做法还有一种方式,即木构部分不仅只用于檐部而且扩大至塔身,是在砖石承重墙内外立木壁柱,壁柱之间水平方向用壁带联系起来成为木构架,内外木构架之间可能还有水平木骨,形成一个网

·欧·亚·历·史·文·化·文·库·

络,将砖石承重墙连成一个整体,提高了墙体的整体稳定性。此种方式见于北周第 428 窟金刚宝座塔(如图 14 - 4:5 及图 14 - 5)。[1]

14.2.3　城

从北朝开始,直到宋代的敦煌壁画中,都画有城的形象。早期佛教故事画如阿修罗王故事、须摩提女故事、须摩提本生故事等,都有城的形象。唐宋的经变画如观无量寿经变边幅画面背景的毗耶离城,在法华经变、弥勒经变、报恩经变、华严经变、劳度叉斗圣变以及佛教史迹画和佛传图中也都画有很多城。

14.2.3.1　城形

壁画中的城形,大致有 3 种。第 1 种是方形或长方形(如图 14 - 6),占绝大多数。这种形式是在城的四面正中或相对两面正中设城门,城角多有角楼,城外有城濠,城濠或沿着城墙作方整转折,或宛转呈曲线。正对城门在城濠上架桥。有的城濠在城门附近向外折转,使城门前形成一个广场。这种方城在某一面城墙还可能有一些小的转

图 14 - 6　方城　9 窟(晚唐)

---

〔1〕萧默:《敦煌建筑研究》,机械工业出版社 2003 年版,第 156 - 166 页。

折,转折处或设角楼,或也有城门。第2种城形的城墙作多次直角转折,仅有的一例绘在第323窟南壁。图中只显出了全城的一部分,可以看出,在城的一面,城墙有多达9次的直角转折。第3种城形也仅1件,画在初唐第321窟的宝玉经变。该图已漫漶,但还能看出有一段群山环绕中的城墙。城依山面水,城墙顺坡依势起伏蜿蜒,完全是曲线,城门前也可见有城濠和濠上的桥。

14.2.3.2 城墙

绝大多数的城墙都涂浅赭红色底再绘土红色密集横线,显然表示为土筑,横线表示就是版筑的夯层。过去一些文章,误认为这些横线是砖缝而断定壁画中的城全系包砖。实际上,包砖的做法只用于城台和角台处。包砖面用色彩表示,作灰、白或石绿色,与红色土筑城墙有别,有些还在上述底色上再用墨线界画出横直的砖缝以表示条砖包筑;也有用方砖包砌的,砖缝作斜交或正交的方格。总之,包砖城墙与土筑城墙的画法显然不同。个别城墙如代表弥勒经变兜率天宫的城,则画作全部包砖,想是以此突出其崇高的地位。

14.2.3.3 城门道

壁画中的城,门道数从1到5都有。1道最多,粗略估计占70%以上,2、3道较少,4、5道仅各见1例。3道城门多见于未生怨故事画中,小城中没有出现。如晚唐第9窟维摩诘经变毗离耶城,画作宫城的正门,3条道路中间的1条是驰道,又称御道或中道(见图14-7)。按古代驰道制度规定,中道只有天子才能通行,其他人只能走旁道,要穿越中道必须绕到交叉路口或城门处。2道城门多见于毗耶离城或其他占幅面较大的城。壁画中的1道城门为数最多,常见于各经变画中的小城。4道的城门只1例,晚唐第85窟东壁用作毗耶离城的正门。5道城门在画中只见于晚唐第138窟弥勒上生经变中,象征兜率天宫的宫城的正门。总的来说,壁画城门的门道数反映了城和城门等级地位的高低。

14.2.3.4 慢道

慢道,或称幔道,都是宋代名称,即登城的道路,明清称为马道。在

·欧·亚·历·史·文·化·文·库·

图 14－7　城门　9 窟(晚唐)

敦煌壁画中只有晚唐第9窟中一城画有登城道路,此城的两个城楼右侧各有一慢道,用作踏步,临边有勾栏,入口处情况不明。

14.2.3.4　角楼

敦煌壁画里的城绝大多数都有角台,角台上几乎都有角楼。角台平面多数是长方形。角楼做法与城楼一样,也是在有收分的角台台顶建平座栏杆。平座下斗拱或有或无,平座上建角楼。角楼也多为长方形平面,面阔三间,进深两间,单层,庑殿或歇山顶。少数角台和角楼的平面是方形、六角形或圆形,如盛唐第148窟涅槃经变的城(见图14－8)。

此外,西域城也在壁画中有所表现。盛唐第323窟佛教史迹画张骞出使西域图中,绘出西域城1座。盛唐第217窟和第103窟的两幅法华经变化城喻品中的城仍很清楚,显然是当时新疆城垣的一种反映。故事称师徒一行赴异国求佛,入大沙碛中,饥困难行,其师幻化一城以激励徒众。所画城的最大特点是没有木结构的城楼和角楼,代替它们的是一些筒拱顶,城内有1塔,其顶也作筒拱形,塔身和筒拱顶都开圆券门。在中唐第237窟绘有一个小城堡,榜书"于阗国舍利弗毗沙门天王决海时",可见也是一座西域建筑,其城门道亦作半圆筒拱顶。[1]

14.2.4　住宅

住宅是各时代建设最多的一种建筑类型,贫富的差别使住宅的规

〔1〕萧默:《敦煌建筑研究》,机械工业出版社2003年版,第115－134页。

图 14 - 8　涅槃经变的城　148 窟（盛唐）

模和形式表现得千差万别,加之生产和生活方式的改变,使住宅比较难
于长期保存,所以壁画上提供的这类形象更显珍贵。这里有王宫的宫
室——北周第 296 窟须阇提本生故事和善事太子入海故事中的宫城。
善事太子入海品有宫殿多处,大体同式,其中之一宫墙曲折围绕,墙内
主要建筑在一高台上,高台深灰色,下大上小有收分,台上设平座栏杆,
正面有台阶直达地面,台上殿堂单层,面阔 3 间,上覆 2 段式歇山顶。
也有豪门的深宅和平民的院落、草屋茅棚。北魏第 257 窟须摩提女缘
品故事中的坞堡宅院,是一座豪尊富贵之家的宅第。前为宅门,2 层,
下层门为首,建于台基之上,台基设斜道以升降,宅门后为堂,绘主人宴
请宾客的场面,再后为 4 层楼阁,从下至上面阔高度均逐层递减,与古
代建筑一般作法是一致的。楼下层绘须摩提入睡,顶层绘其执香火作

·欧·亚·历·史·文·化·文·库·

祈祷状。[1]

院落住宅是中国住宅的基本形制。敦煌壁画中的住宅布局大多是四合院,有独院的、前后串连2院的和在2院住宅的一侧再附建厩院。隋代第420窟壁画中的一所住宅为:单院,院内中轴线上前后列2屋,前者3层,后者2层;院四周各开1门,都有门楼;4座门楼之间是覆有瓦顶的院墙,院墙画成多折状。初唐第431窟未生怨故事中的宫城,概括地反映出宫廷中前朝后寝及御苑的3个组成部分。盛唐第148窟未生怨故事用条幅形式,按故事发展情节,组织表现了帝宫九重的意境。这里没有高大厚实的城墙与门楼,只用7道横廊围出6重院落,且每一院落的布局都有轻重区别,使条幅的画面布局稳定,且显得生动活泼。在北周和隋代壁画中,有多种不同院落形式组成的民居建筑群落。五代第98窟法华经变的宅院,是典型的四合院住宅。它以廊庑分为前后2院,前院横长,主院方阔,四周以廊庑围绕。在前廊和中廊正中分设大门和中门。门屋或为单层或为双层,后院正中置1屋,也是1层或2层(见图14-9)。这种类型的住宅,还见于晚唐第85窟、五代第5、61窟等。总体看来,敦煌壁画中的院落,大多是四合院,有独院的、前后串连2院的和在2院住宅的一侧再附建厩院的3种。壁画里还画有一些茅屋,如宋代第55窟弥勒经变里就有一座。茅屋附近有田野牛耕的场景,以表现弥勒净土的"一种七收"等等。

14.2.5　其他建筑和建筑构件

壁画中的建筑画在再现了中古时期各种佛寺、城、塔、住宅等大型建筑形象的同时,也再现了许多其他建筑,如监狱、坟墓、台、帐、帷、桥、栈道等,以及建筑构件和各种建筑技术、装饰艺术等等。由唐至宋,壁画法华经变都出现了许多监狱,如盛唐第45窟(见图14-10)、23窟、宋代第55窟等。北周第296窟微妙比丘尼缘品所画墓园相遇场面,唐、五代的弥勒下生经变,为了表现"人寿八万四千岁……人命将终自

〔1〕敦煌文物研究所考古组,萧默:《敦煌莫高窟北朝壁画中的建筑》,载《文物》1976年第2期。

图 14-9　宅院　98窟(五代)

图 14-10　监狱　45窟(盛唐)

·欧·亚·历·史·文·化·文·库·

然行诣冢间而死"的情节等,都画有坟墓。[1] 台是用土夯成或以砖石砌成的高离地面的一种建筑,或也有木结构的。大台上可以建筑整组宫殿,小台上可以只有一座亭屋,还有一些特殊用途的乐台、舞台、戒台、烽火台等。这些在壁画中都有所反映。北朝已画有僧人山野禅居用的草庵,以后各代都有,五代第 61 窟就画有多座。穹庐多出现在唐五代弥勒下生经变的嫁娶图中,如盛唐第 33 窟、晚唐 196、156 窟等。这种表现嫁娶场面的还有帐和帷(如图 14 - 11)。桥梁在壁画中也有多处表现,如榆林窟中唐第 25 窟、初唐第 341 窟。栈道只见于晚唐第 14 窟法华经变中。斗拱,是中国木结构建筑最繁复的构件,形制十分丰富。同时,它的发展又常常影响到其他各部分的做法,故对斗拱的研究历来是建筑史的一项重要研究。敦煌壁画中,各时代屋檐下斗拱的演变,形象地记录出了一条斗拱演变的轨迹。另外在石窟内还能看到

图 14 - 11　帐和帷　33 窟(盛唐)

[1]萧默:《敦煌建筑研究》,机械工业出版社 2003 年版,第 189 页。

北魏时期绘在木斗拱上的木构彩画。在各时代的建筑画当中除了表现建筑外,还常常在建筑内外画有远山近树、小桥流水、红花绿草,反映出浓郁的生活情趣。

历史学家翦伯赞先生曾说:"我以为除了古人的遗物外,再没有一种史料比绘画雕刻更能反映出历史上社会之具体的形象。"这里反映了 1000 多年间的建筑形象,以及建筑从形式到结构的发展变化过程,因此,敦煌壁画中的建筑画是最形象的一部建筑历史画长卷。

14.3 敦煌壁画中建筑画的时代特点

在中国建筑艺术史上,从战国到汉代的建筑画,绝大多数都采用了正投影画法。正投影表现了人对于一座建筑的最直接、最一般的感受,画法也比较简易,因而出现得最早。在这种画面上,人们敏感地把握住了建筑最主要的一个立面即正立面的美,所以几乎都是正立面的投影。也有少数画面希望能表现建筑或建筑群的立体形象,采用了透视画法,大都是俯视角度。这种出现稍晚,大约到东汉才有比较完整的作品。

敦煌壁画中的建筑画在绘画技法上,接续了汉画的传统,有正投影和透视两种画法。在北朝和隋代,正投影画法较多,初唐以后以透视画法为主。敦煌各时代的建筑画显示了明晰的发展脉络。敦煌画属于宗教画,也是壁画,这两个特性在建筑画中有独特的体现。[1] 在绘画风格特点上,各时期敦煌壁画中的建筑画表现出鲜明的时代特点。

14.3.1 稚拙多样的早期建筑画

早期敦煌壁画包括十六国晚期和整个北朝时期的作品。

魏晋十六国时期的敦煌,已经有了较高的本土文化,而作为佛教进入中原的门户,这一时期的石窟艺术,是在汉文化基础上兼收并蓄,出现的一种新的中外交融的佛教艺术。

早期佛教壁画题材以佛经故事为依据,大多是佛传、本生及因缘故

〔1〕萧默:《中国建筑艺术史》(上),文物出版社 1999 年版。

事,建筑画作为人物活动的场景穿插在故事画中。建筑画虽然数量不多,但种类不少,有殿堂、城垣、城门、阙、坞堡、望楼、门楼、佛塔、舍利塔等形象,并且,从中可以看到很多建筑的结构特征,如不同形式的屋顶,以及屋顶下的斗拱及栏杆。寺院形象也初见端倪。建筑形式有中原及外来形式,也有中外结合的新形式。

敦煌早期的佛教文化受到西域影响,所以由西域传来的圆券门、葱头形龛楣、希腊式柱头等西方建筑的个别形式也和谐地出现在石窟中。如北魏石窟中所绘天宫是由连续的圆券门屋组成,或由圆券门屋与汉式悬山门屋相间排列,这种中外合璧的建筑形象,是适应当时当地的民俗及审美习惯绘出的。

在建筑画的技法上,北凉时期壁画风格及用色与酒泉嘉峪关魏晋墓中的画法相似。对于绘画中如何表现建筑物,除了用正投影来表现建筑物正立面之外,也采用轴侧透视来表现建筑物的立体形象,如北周第 428 窟的五分法身塔,用正投影表现每个塔的单体,用中点透视表现五塔的群体。同一建筑,虽然用不同的透视方法表现,却浑然天成,仍使人感觉很自然。

在艺术风格上,大凡一种艺术,在其初创阶段,都具有两个鲜明的特点:一是事由初起,无所师承,因而带有更多的幼稚性;二是由于尚无成见,创作中不同的作者各自独立探索,因而呈现出多样的面貌。作为建筑画来说,敦煌早期壁画当然并不是初创,至少在它的前面,远有汉代画像石,近有河西魏晋墓室壁画,已经为它初辟草莱。但是,敦煌壁画面临的毕竟是一个全新的和内容十分丰富的佛教课题,已有的汉代和魏晋建筑画,无论表现方法或题材范围都远不能满足新课题的要求,所以在很大程度上,早期敦煌建筑画仍独辟蹊径,经历了一个探索的过程,与后代作品比较起来,也仍带有一定的稚拙性和多样性。

北凉的第 275 窟中,有一座用正投影画法画出的阙门。作者只表现出建筑的大体轮廓和大的对比关系,如木结构构件在白色墙面上造成的剪影效果,虽然画得很久,却并不仔细表现细部,人和建筑的比例也未加注意。北魏第 257 窟的阙与塔结合的异形塔和代表王居的宫阙,以及北周第 301 窟的舍利塔,也都是这样。这种画法形象鲜明,一般来说可以满足对单座建筑的表现。用正投影画出的建筑正立面,画面对称,构图稳定,特别适合于用在要求取得庄重效果或作对称布局的画幅中。西魏第 249 窟覆斗顶西披正面正中所绘须弥山顶帝释天所居的天城就是一例。

正投影有时也可用来表现群体,如北周第 428 窟的金刚宝座塔由五塔组成,中间一大塔,四角各一小塔,作者在画各塔时仍用正投影,画面构图完全对称,但它又表现了群体的空间,方法是把后面的两座小塔位置向中轴移近,略有些一点透视的效果。一点透视的对称构图在唐以后得到特别的发展。

北凉第 275 窟还有一座采用透视法画出的阙门。从画面可以看得出作者力图突破正投影的局限,尝试着要表现对象的立体感,但是他的努力却没有完全成功,画面角度悖谬,比例失据,显出了画家一副手足无措的窘态。但这件虽在真实地表现对象方面不能算是成功的作品,仍自有其稚拙之美,它把画家对于对象的片断的印象拼接在一起,笨手笨脚地努力要把自己的主观感受传达给观众(见图 14 - 12)。

当要表现组合得比较复杂的建筑群体时,空间成了最主要的问题,这时最好的办法就是采取俯视的角度。汉代已有这样的传统。敦煌早期壁画继承了汉画的经验,在表现空间方面取得了成功。西魏第 285 窟五百强盗成佛图的宫室就用了俯视。此画作横卷式构图,依情节先后,画面由左向右逐渐展开。画中有一座殿堂,右边是宫墙和宫门,宫门和殿堂没有中轴对位。看来画家并不重视建筑的逻辑,只是撷取了一些他所需要的形象,示意事件发生的场景。

前面提到的北魏第 257

图 14 - 12 太子出游四门
275 窟(北凉)

欧·亚·历·史·文·化·文·库·

窟(图14－13)西壁须摩提女故事画的坞壁画特别值得我们注意。为了更充分地显示坞壁内部的情况,坞墙被有意识地画得很低。坞门有一座示意性的高堂,人物很大,与堂不成比例,但人物的动态神貌却得以表现得十分鲜明。堂后有楼,底层有女睡卧,示意这是宅内的居住部分。楼后一朵莲蕾,也是示意,表示是宅后的花园。正如我们在住宅章谈到的,前堂后室和最后面的花园是古代住宅的三大组成部分。画家对于表现这三大部分十分关注,而对一切无关宏旨的建筑细部则几乎全不在意。全画主旨突出,构图稳妥,与画幅上下边线平行的坞墙使全图稳稳当当地坐落在壁面上。它的整体感和平面感,以及构图的穿插关系和装饰性,都十分符合壁画的要求。

用俯视表现建筑群更需要画家发挥想象力和具有更高的造型综合能力,因为除非恰好在所要表现的对象附近有一座山或高楼,否则人们通常不会看到它的俯视形象。画家在动笔之先就必须运用想象,把他将要表现的建筑物从习见的形象转变成俯视的形象。第257窟的坞壁图正是画家这样殚心竭思的结果,他不像五百强盗图那样于建筑逻辑毫不用心,相反,他努力于真实地表现对象。但尽管如此,画家仍大胆舍弃了无关艺术真实的细节而着力于再现对象的最本质的特征。

图14－13　须摩提女因缘故事中的坞壁　257窟(北魏)

这幅画与第275窟用透视画出的阙门一样,虽然都带有那个时代特有的稚拙气息,但在这里已听不到画家对于对象无能为力的叹息了,人们更多感到的是画家充满信心的创造力。第257窟的坞壁图是整个早期建筑画中最值得重视的作品。[1]

敦煌早期故事画经常采取横卷式构图,如第257窟的须摩提女因缘和同窟著名的鹿王本生及沙弥守戒自杀品,以及西魏第285窟的五百强盗故事等。横卷式能更详尽地表现复杂的情节,在图中按情节发展的需要画出建筑。北周画家往往将横卷作"之"字形转折,以充分利用壁面,容纳更多的内容。北周第290窟的佛传故事画全长达25米,主要场面多达80余个。这样的长卷绝大多数场景都画有建筑。建筑是单座的,大多在单座建筑旁连接着一段院墙,院墙作多次锐角转折,以加强其装饰效果(见彩图14-14)。

14.3.2　承上启下的隋代建筑画

隋代立国之初,隋文帝曾普诏天下,听任百姓出家,"有僧行处,皆为立寺"。当时全国新建寺院近3800所,在大兴城(今陕西西安)靖善坊建大兴善寺,"佛殿制度,一如太庙,为京城之最"。大规模的佛教寺院建筑活动,为寺院壁画发展提供了机遇。[2]

隋开皇十三年(593),文帝令天下各州建舍利塔,"瓜州(敦煌)于崇教寺起塔"。崇教寺就在莫高窟。这时敦煌壁画的内容和形式已发生变化,如第419窟中,本生故事画与佛经故事的经变画共存于一窟;第420窟就全部以经变画为内容了。此后,隋代石窟中经变画内容主要有弥勒上生经变、维摩诘经变、法华经变以及阿弥陀经变等。

随着内容的变化,这时的建筑画有了新的发展。在弥勒上生经变中出现了最早的由一殿两楼组合的天宫形象及三殿呈"品"字形的组合佛寺,这种组合在以后的壁画中,成为寺院中轴线上的主体建筑形式。维摩诘经变里充分发展了当时各种殿堂形象,以及周围的自然环

---

〔1〕郎绍君:《早期敦煌壁画的美学性格》,载《文艺研究》1983年第1期。
〔2〕新修增补大藏经编委会:《新修增补大藏经·史传部》,中国文艺出版社2005年版。

境。法华经变中表现了很多宅院，佛塔主要在故事画中出现。重重叠叠的曲墙和楼阁，是隋代独有的时代特征。善画台阁的画风更好地表现了对建筑细部的描绘，从丰富的建筑形式上，可以看出隋代建筑结构正处于过渡时期。

从早期带有更多地方色彩的画风向唐代以中原艺术为根基的高度民族化风格的发展过程中，敦煌隋代壁画正处于转变的时期。初唐的发展进程加快了，为盛唐艺术高峰的到来作了充分的准备。隋代建筑画在正投影和透视画法两个方面都有所发展。透视画法主要用在故事画中。

隋代出现了一种新的故事画构图，代替了以前的横卷。它是北周横卷作"之"字形转折的发展，即在上下画面之间取消了分隔线，形成了布满人字披的矩形画面和覆斗顶上的梯形画面，有时甚至布满了斗顶四披。

在完全没有分隔线的情况下，为了区分一个个场景，画工巧妙地利用了建筑、山峦和树木。他们把北周的单座建筑画成一座座完整的院落，在每座院落画出一个情节，院墙就成了场景的分隔。这些院墙往往出现更多的锐角转折，一眼望去，只见满眼全是折线。折线围成一个个的环；有的在院墙外又画出连续的山峰作环状围绕，环的感觉就更突出了，成了名副其实的连环画。看来画家主要着意的不是建筑本身的真实表现，而是建筑在画面上的构图作用和装饰效果（如图 14 - 15）。隋代正投影画法的建筑多出现在经变画中，有表现佛国世界的东方药师变、弥勒经变，也有表现维摩诘居士和文殊师利菩萨辩论场面的维摩诘经变，还有规模巨大的法华经变。经变画把一般人们不易理解的玄奥的教义和艰深的经文变成一目了然的视觉形象，是隋唐以后壁画的主体。

隋代石窟除部分维摩诘经变把文殊菩萨对称地分别安排在正壁佛龛两侧外，其他经变画都画在窟顶，位于全窟的中轴线上。画面常作完全对称的构图，以渲染佛国世界的庄严。建筑都是正投影的立面图，一般是正中 1 座 5 开间的高大殿堂，两边各挟 1 座 3 层或 4 层的楼阁（第

图 14 - 15　连环画　423 窟（隋代）

419、423、436 窟）。它们只表现了佛寺中轴线上一组最主要建筑的正立面，没有表现建筑的体积，也没有表现佛寺的纵深空间。第 423 窟维摩诘经变的大殿是 7 间，无左右楼阁。第 433 窟弥勒经变的兜率天宫正中大殿左右各画出配殿一座，呈"凹"形布局。配殿是以很不精确的透视画出的。佛、菩萨形象都安置在建筑内。为了减少柱子对佛、菩萨的遮挡，柱子画得很细。有的正面开间非常大，其他开间狭而高。建筑虽然画得很大，但斗栱柱枋等构件只是剪影效果，并不仔细画出。与唐代经变画比较起来，整个画面形象仍较简单，气氛较单调。

14.3.3　积极探索的初唐建筑画

初唐的繁荣，带动了建筑活动的发展，这时修建的长安（今陕西西安）大明宫规模宏大，极尽豪华。长安城内的佛寺鳞次栉比，而且都是制逾宫阙的规模。高宗李治为母亲所立慈恩寺，寺内房屋近 1900 间。唐人韦述所撰《两京新记》中记载，长安有僧尼寺院、道观祠观共 120 多座。而今只有慈恩寺、荐福寺内的大、小雁塔是仅存的胜迹。

·欧·亚·历·史·文·化·文·库·

初唐时期莫高窟开凿的洞窟以第 71、220、321、323、329、331 等最具代表性。建筑画多在阿弥陀经变和弥勒经变中出现,这些经变都以一个整壁来表现,画面开阔,增强了建筑画的空间感。净土思想宣扬在西方极乐世界中有七宝池、八功德水,因而初唐经变中着重表现池水和露台,并将露台栏杆细部和地面铺装描画得很细致。对于建筑组群的描绘则还处于探索中,楼阁、殿堂等单体建筑或松散分布在经变里,或3 个 1 组组成简单的"凹"字形平面或"山"字形平面,继承了隋代寺院布局的基本形式。

壁画上的建筑类型一如前朝,有佛寺、宫城、塔庙等,但建筑表现的方法却有很多改变。从初唐开始,注重对建筑细部的刻画,如在第431、71、321 窟的建筑画上,可以清楚地看出当时的斗拱结构、脊头瓦形式,以及照壁和鸟头门。这种形式的改变,一直为以后各代的建筑画所袭用,并为当今研究早已失传的初唐木构建筑提供了翔实可信的资料。

初唐以后建筑画大大发展了,凡经变画大都画出了很多建筑,如阿弥陀经变、观无量寿经变、法华经变、弥勒经变、维摩诘经变、药师经变、报恩经变、华严经变以及某些涅槃经变和其他各种经变。其中,阿弥陀经变、观无量寿经变和药师经变中的建筑尤为宏丽。以下我们就以这3 种经变画作为主要的叙述对象。

阿弥陀佛就是无量寿佛,前者是音译,后者是意译。这两种经变所根据的佛经有所不同,但都表现了阿弥陀净土即西方净土。药师经变又可称为东方药师变或东方净土变。以上都可以叫做净土变。净土变可能在北魏时已经出现,如一些说法图下部描绘出宝池莲花,不同于同期的其他说法图,似乎就是净土变的早期形式。

初唐在隋代的基础上继续新的探索。它不满足于隋画把佛、菩萨放入建筑内的做法而力图更突出佛、菩萨的形象;它也不满足于只画出一片平板的建筑正立面,而希望表现出建筑的体积和环境的纵深空间;它还要扫除隋画的单调空寂而尽量渲染出歌舞升平的天国欢乐。于是,初唐的净土变从窟顶搬到主要壁画上来了。没有了中心塔柱的唐代覆斗顶窟室壁画面积很大,通壁的大型净土变也在初唐出现了。

通常的构图是取消了正中大殿,佛、菩萨被安排在露天,被画得很大,头顶上悬浮着华盖,由很多小菩萨簇拥着,形成很壮观的听法场面。在听法场面上部是水面和水中平台,平台上有欢乐的歌舞和规模可观的乐队。建筑退居到很次要的地位,多半只是在画面上方或左右各立一两座楼阁,这种布局可以第329窟南壁弥勒经变为代表(见图14-16)。

图14-16 弥勒经变 329窟(初唐)

楼阁用透视法绘出,表现出了体积。前后两座楼阁以及水中平台的透视关系表现了建筑群的纵深空间;但从建筑群的布局来看,各建筑之间缺乏联系。虽然有了空间,却是偶然的、互相孤立的,使人感到这整个环境好像是设计得很蹩脚的舞台布景,一座座楼阁就像是单个的景片,以不适当的方式竖立在舞台上,而真正的建筑群体美,其主要价值恰在于各单座建筑之间的高度组织性,在于它们相互有机的呼应和衬托,在于建筑和建筑之间外部空间的完整和变化。所以,初唐壁画在许多方面虽然比隋代有了明显的进步,但在表现建筑的群体美方面,仍

·欧·亚·历·史·文·化·文·库·

然只是处于探索的阶段,甚至在某种意义上,反而不如隋代。但即使如此,仍然是值得赞美的,因为探索就意味着发展,第一次否定是第二次否定的前提。

初唐也有个别画面如第 205 窟北壁西方净土变,注意了群体美而且处理得较好:中央 3 座楼阁用曲桥相通,左右又各有 1 座;全部建筑都架立在水中,上有祥云、飞天,一派天国气象,是探索成功的例子。

在建筑单体和细部表现上,初唐比前代有很突出的进步,不再只用粗线来表示构件的剪影,而是仔细地画出了各个小构件的体积,其穿插关系也画得比较详细而准确。在第 321、329、431、220、71 窟都有这样的作品。从此,敦煌建筑画脱离了示意的阶段。[1]

初唐的积极探索为盛唐建筑画的发展高峰作了充分的准备。

14.3.4　辉煌灿烂的盛唐建筑画

在盛唐近 80 年中,莫高窟共开凿了 80 个洞窟。开元、天宝年间开凿的第 130 窟,规模宏大,显示出大唐盛世的气魄,第 217、320、45、172、148 等窟的壁画,雕塑艺术异彩纷呈。盛唐的成就,使敦煌石窟达到艺术的巅峰,成为光照千秋的文化瑰宝。

经变画的绘制继承初唐形式,用整个壁面画一铺经变。因为画幅较大,画面上的净土世界场面疏朗,视野开阔。在观无量寿经变、阿弥陀经变、药师经变中,以表现大型寺院建筑群为主,两旁画有宫廷和城垣;在弥勒经变中以表现天宫的院落为主,附带画有城楼的形象;涅槃经变中根据故事情节也表现出城垣与城楼;而在法华经变中则是佛塔和民居建筑较大。画面上对寺院建筑群的描写,突出布局的恢宏和建筑的壮丽,注意建筑的局部刻画。寺院中多重殿宇、楼阁、回廊、角楼等单体建筑的组合,井然有序,形成壮阔而深远的建筑空间。中心部分画大小不等、高低不同的露台,是佛及菩萨、天人、伎乐歌舞的活动场所。大殿的上部与两旁,在蓝天彩云的衬托下,造型优美的钟台、经藏、碑阁错落分布在庭院之中,虹桥飞跨楼群之间,飞天穿梭在台阁之上,渲染

---

〔1〕萧默:《敦煌壁画中的唐代建筑》,载《中华文化画报》2008 年第 4 期。

出一派热烈而祥和的西方净土极乐景象。

　　盛唐的建筑画经过画师们的努力,用绘画透视技法,把他们从现实生活中得来的建筑印象,在符合佛教内容的条件下,搬上了佛国世界,谱写了一曲天上人间的建筑乐章。虽然表现的主题是佛光世界,但实质上歌颂了人间的建筑之美。把现实的人文景观和净土理想融为一体,这正是画师们在创作佛教经变时追求的美学意境。

　　壁画中的建筑形象不失为这一时期最好的、最直观的形象资料,特别是寺院建筑的资料,结合文献与考古发掘的成果,也许能从中找到盛唐寺院形象的梗概。

　　一般认为第 217 窟是盛唐时期的第一个洞窟,窟内北壁观无量寿经变的建筑图也是盛唐建筑画第一批杰出作品(见图 14 - 17)。它的

图 14 - 17　观无量寿经变　217 窟(盛唐)

成功之处首先在于重新认识和重视了建筑美,但它并没有回复到隋代的老路上去,而是在初唐成就的基础上继续发展。如佛和菩萨形象被特别强调,不放在建筑里而置于露天之下;下部绘出水池和水中平台,平台上有歌舞音乐。这些,都可以在初唐壁画中看到。但是建筑不再是一些稀稀拉拉不成组群、形象重复的楼阁了,它们被置于图的最上方,从左至右横贯画面,形成了有组织的建筑群。在这一派气度非凡的梵宫琳宇正中和左右端,各有 1 座楼阁,其间对称安置了 6 座高台——2 座砖台、4 座竖楼式木台,台上有攒尖方亭或歇山小亭。整个组群横向连以通长折廊,组成了丰富的天际线。快乐顽皮的小飞天从一个窗口飞进,穿室而过,又从另一个窗口飞出,给庄严的法会平添了生机盎然的趣味。她们长曳的飘带以及宛转轻逸的流云,呈现出流动的曲线美,与建筑构件方正的直线形成对比。流动与凝重互映,给人以难忘的印象。建筑细部画得很认真,色彩也比初唐更加绚丽浓重了。就其总体构图而言,此画与初唐第 205 窟的净土变有更密切的传承关系。

但是,与下面我们将要看到的其他盛唐画比起来,第 217 窟净土变的建筑组合总给人以不完全真实的感觉,好像是画家把许多本来不是同一场合出现的美丽建筑形象搬到一起来了。敏感的观众不会看不出它们生硬的组合关系。比如,那几座过于密集的台,尤其是台的平面位置,使人感到偶然,而真正美的建筑群体是不会给人以偶然性的印象的。虽然就纯粹的绘画构图而言,它或者不应该受到这样的挑剔,但从对建筑美的真实表现这一角度来说,应该指出,它仍不免带有拼凑的痕迹。

第 172 窟北壁观无量寿经变在这一点上比第 217 窟高出一筹,是敦煌建筑画高峰期的代表作之一(见彩图 14－18),它的构图与第 217 窟相比,有以下两个主要不同:一是建筑不是集中横列在最上部,而是从左右凹侧和上部三面环抱,围出一个很大的庭院,佛说法和歌舞场面就画在庭院;二是更忠实地表现了现实中实际存在着的佛寺,总平面布局是按照真实的佛寺设计的,建筑不过于密集,建筑与建筑之间的呼应向背、疏密进退等,处处都符合建筑群的设计逻辑而绝无生硬拼凑之嫌。作品表明画家对于建筑美有敏锐的感受和深刻的理解,正是在这个基础上,才使它的艺术达到了前所未有的高度。

作为建筑群,一般要有一个构图中心或谓之主题建筑,以此来统率全局。正如山水画那样,"主峰最宜高耸,客山须是奔趋"[1],此建筑体量应该是最大的。画面中轴线上的前殿就是建筑群的构图中心,最高最大,位于庭院横轴两端的配殿比它小得多,发挥了它们的"奔趋"即陪衬的作用。每座配殿左右各挟一座楼阁,配殿与楼阁又形成第二个层次的主客关系,所以即使配殿只是单层,其体量比起楼阁来也仍然是可观的。配殿在平面上凸出于楼阁之前,也加强了它在这个层次中的主体地位。

建筑群体美又很重视群体轮廓(或曰天际线)的起伏对比关系,切忌平泛单调。就此画中轴一路来说,先是一座高大的前殿,单层,其后的中殿面阔虽小但却是楼阁,轮廓高起,后殿又回复为单层,轮廓线又降下(在敦煌壁画中凡画出前中后三殿者,都是这种配置)。就左右二线而言,配殿是单层,紧接着高起的楼阁,然后再接以低平而长的廊庑,最后以高起的角楼作结。人们说建筑是凝固的音乐,这种旋律和节奏的起伏疾徐正是建筑与音乐重要的共同特征之一。

再如中国建筑的屋顶,以其舒展的曲线和优美的轮廓作为构成建筑美的重要手段,历来受到重视。各式屋顶又有不同的性格倾向:庑殿顶显得庄重恢宏,雍容大度,多用于中轴一线的主殿;歇山顶就显得活泼升朗,华丽生动,常用于配殿等次要建筑。第172窟的净土变也正是这样。

各单座建筑之间的有机关系是群体美的灵魂,上述各点就是这种有机关系的多方面表现。这种有机关系在各单体之间织成了一张网,似乎无形,却是可以感受得到的,它使建筑群的布局显出了必然性。比如,主殿和配殿的有机关系就使得庭院横轴必须在主殿之前不远,如果它与主殿相平,势必使建筑过于拥挤;如果它退到主殿以后,那么从前

---

[1]〔唐〕王维《山水论》。

庭来看就大大减弱了它们的呼应关系;如果把它往前拉得过远也会有类似的结果。正好位于廊庑转角的角楼也是这样,人们不能随意移动它们的位置。

上述这些都是就此画而论建筑群体美的一些基本方面,由此我们获得了一层认识,就是艺术家对于他们描绘的对象必须有敏锐的感受力和深刻的理解,才有希望创作出真正有价值的作品。

但这种感受和理解,还只是创作的准备阶段,要进入真正的创作过程,亦即把作者的感受和理解充分表达出来,还需要一番"惨淡经营"或谓迁想妙得的功夫。

敦煌壁画从主题性质来说是宗教画,从绘画种类来说是壁画,这两个质的规定性要求它有自己的形式特征。作者表现客观美的经营过程最终应该使美找到某种恰当的表现方式,使作品符合自身的特质。[1]

我们将从以下几个方面对这幅净土变的表现方式进行分析。

14.3.4.1　对称稳定的构图

作为宗教画的净上变,主观上需要表现庄严的佛国世界。佛是至高无上的主宰,理应放在画面的正中,并比画面的几何中心稍偏高一些,恰好位于全画视觉上的重心位置。佛像距离地面比人眼高,适于信徒的瞻仰。左右对称分坐观音、势至两大菩萨,半侧向佛。一佛二菩萨的对称构图是全画的主旋律,其余部分如建筑、平台、华盖及其他菩萨、伎乐都以此为中心作对称的安排。以上这些,都使清净佛土弥漫着一种庄重神圣的氛围。

作为壁画来说,要求安定性。壁画的质地是墙壁,由此决定壁画要有与墙壁相应的坚实感和稳定感,此于大面积的主题性壁画尤为重要。对称的构图有助于这些要求的实现。敦煌壁画所有经变画全是对称式构图,在早期的尊像画甚至故事画中,也多采用这种构图方式。

---

〔1〕段文杰:《唐代前期的莫高窟艺术》,载《中国石窟·敦煌莫高窟》(三),文物出版社 1987年版。

14.3.4.2 富有装饰性的特征

佛国本来就是子虚乌有之物,要表现佛国,就需要有比表现现实生活更多的想象。一幅表现现实人物的画,如果为了强调画中的主题人物而把他画得特别高大,把其他的人物画得十分矮小,人们会感到不真实不自然,但净土变里的佛和主要菩萨,比起其他菩萨和伎乐高大得多,人们会认为这是无可非议的。众多的小菩萨和建筑的比例基本符合,有助于人们对建筑获得正确的尺度感。如果没有这么多的小菩萨,那么建筑和如此之大的主尊相比就会显得像是模型或玩具了。

壁画本来就是装饰墙壁的,与画在梁枋斗栱上的建筑彩画有某些相似,比起其他画种来,要求更多的装饰性。壁画的装饰性很容易和宗教画的想象性结合起来。在山水画中如果画上几个飞天,是不可设想的事,但是这些美丽的小飞天、乘云而来的赴会菩萨、图案化了的彩云、飘荡于空中的不鼓自鸣的乐器、水池中的化生童子等,用在敦煌壁画里却特别合适,使得整个画面弥漫着一种幻境似的魅力,引得人们神往,这也正是壁画所特别要求的装饰性的表现。

14.3.4.3 散点透视的应用

这幅壁画最可注意之处在于透视的处理。宋邓椿在讲述画院试题时说:"又如'乱山藏古寺',魁则画荒山满幅,上出幡竿以见藏意。余人乃露塔尖或鸱吻,往往有见殿堂者,则无复藏意矣。"[1]这里说的是卷轴画,用意在突出诗题中一个藏字。但敦煌壁画净土变,用意却在突出一个露字。净土宗宣传快速成佛,说只要诚心修持,念阿弥陀名号,迟则7日,快可1天,就能往生净土,不必经过几世几劫不可能做到的累世修行,所以净土宗一出现,对人们的吸引力就很大。为了把这无限安乐的净土景象显现给人们,净土变当然不能画成荒山满幅只出一幡竿。画家利用现实世界的建筑作为美化佛国世界的手段,就必须尽量地显露它,这样,俯视就是最理想的角度了。它使天国的景象一览无余,仿佛伸手可及。信徒们在宗教的迷狂中,面对壁画,似乎可以自由

---

〔1〕《画继》卷1。

进入甚至已经进入了天国。[1]

对称构图的俯视就是把灭点设在中轴线高处的一点透视。但画家的手段又不限于此,针对画中不同的对象有许多变通的处理。如在俯视的整体构图中,为了强调佛、菩萨的庄严凝重,采用了平视即正投影的角度;为了显示佛殿的雄伟,中轴线上几座佛殿屋顶又处理成仰视。仰视的屋顶可以充分显露斗拱,表现斗拱的装饰美,也可以减少屋面在画面中所占的面积。后部高处的两座角楼屋顶也是仰视。俯视、平视和仰视出现在同一画面,似乎是不协调的,但是原作的画幅很大,画得又相当细致,在光线颇为幽暗的洞窟中,人们一般不会离画面太远,这样,也就不会太介意这种不协调。事实上,人们在观看上述几座建筑的屋顶时,视线恰好也是仰视的。协调和不协调是相对的,可以设想,如果全画各部分都画成同样的俯视,那么头大身短的佛菩萨和大片单调的屋面,肯定是不会令人满意的。

又如,就全画来说,灭点取得很高,但远处的地平线(本应该就是视平线)却又放得颇低,恰在建筑群远处轮廓线以下,使美丽的建筑天际线可以展现在蓝天背景前。

这种透视处理,若按照西画的所谓科学的透视,简直是近乎荒谬了,但中国画有它自己的逻辑和长处。西画重在写真,国画重在达意。写真者对景写生,务求眼手一致;达意者以景入心,然后以意出之。故中国画对于对象不囿于某一固定视点的一隅之见,而是在前前后后全面观察之后再予以重新组合,创造出一个新的境界。二者都有存在的理由。若必持科学的立场,谓中国画为非透视或竟称之为无透视,则是不公平也不符合事实的。

关于俯视,宋沈括有一段颇为精当的话。他说:"大都山水之法,盖以大观小,如人观假山耳。若同真山之法,以下望上,只合见一重山,岂可重重悉见,亦不应见其溪谷间事。又如屋舍,亦不应见其中庭及后

---

[1]李铸晋:《净土变建筑的来源》,载《敦煌石窟研究国际学术研讨会文集:石窟艺术编》(1987),辽宁美术出版社 1990 年版。

巷中事。若人在东立,则山西便合是远境;人在西立,则山东却合是远境,似此如何成画?"[1]强调画家不应囿于山东山西的偏狭之见,而应"重重悉见",由再创造中,得出一个新的、现实中不可能见到的"如人观假山"的画面。他所说的"以大观小",就是中国式的俯视。

但沈括还认识得不够彻底,所以他反对李成画俯视山水时山顶亭馆楼塔皆"仰画飞檐",嗤之为"掀屋角",认为"李君盖不知以大观小之法"。其实,作为艺术,只要处理得当,在就整体而言"以大观小"的画法中,未尝不可在某一局部"以小观大"。敦煌壁画像第172窟那样的"掀屋角"画法,至迟自初唐就开始了,到宋代迄未少衰,前后500年,画幅数近百余。

郭熙就比沈括更高明,他首先提出了三远的理论:"山有三远,自山下而仰山巅,谓之高远;自山前而窥山后,谓之深远;自近山而望远山,谓之平远。……高远之势突兀,深远之意重叠,平远之意冲融",反复强调意、势二字。换成我们的说法,所谓高远,就是仰视;所谓深远,就是俯视;所谓平远,就类乎正投影(画者作水平移动的连续平视)。一幅画可以主要用高远或深远,如立轴山水;或者主要用平远,如长卷山水。但也可以深远与高远并用,或深远与平远并用,甚或三远同处一画,只要处理得当,均无不可。敦煌第172窟的净土变就正是这样。这种透视,也可名为散点透视或运动透视。三远的理论,在宋代以后经常被提到。中国画的三远是中国画与西洋画的重大区别之一。

14.3.4.4 具有平面感的构图

壁画画在墙壁上,从属于墙壁,所以和壁画应有的安定感一样,也要求有平面感。平面感将会和画面所表现景物的深远产生矛盾,这就要求对于深远的处理应有所节制。

画山水又有所谓迷远、幽远之说。宋人韩拙曰:"有烟雾溟漠,野水隔而仿佛不见者,谓之迷远;景物至绝,而微茫缥缈者,谓之幽

---

[1]《梦溪笔谈》卷17。

欧·亚·历·史·文·化·文·库·

远。"〔1〕其实此处所说也是指深远,着重考虑空气透视:愈远色愈淡,愈远景愈隐。但敦煌壁画往往远处的色彩和近处的同样浓重,远处的细部和近处的同样清晰,显然是画家对深远的有意识的节制。壁画的深远主要靠透视。清沈宗骞说:"画近处要浓重,远处要清淡,固是成说,然又不当故以轻重为远近,要识远近之法,在位置不在浓淡。"〔2〕这就是说,有透视而不分浓淡也可以表现深远,当然其效果不如同时也分浓淡更加充分,但这对于壁画来说已经足够了。

即使运用透视来表现深远,壁画也是有所节制的。以第172窟此画为例,左右廊房画得颇短而正中却有前中后3座大殿,可知实际上前后的纵深是很大的。现在形成的效果使人好似有从望远镜中看重重建筑的感觉,就是因为画家有意识地拉近了描绘对象的纵深距离。这个现象,只能用壁画所需要的平面感来解释。

第172窟壁画在认真经营全画总体布局的同时,也没有放松对于细部的精心刻画。檐下的斗拱是宜为繁琐精细的部位,但在建筑造型上起着重要的作用。中国唐代建筑所注重的结构美,在很大程度上正是通过斗拱来显示的。画家对此十分着意,不但把各个构件的穿插嵌接交代得十分清楚,同时也把唐代斗拱雄大豪放而疏阔的风采和神韵充分表现出来了。

敦煌建筑画盛唐杰作除前面举的两幅图外,还有集中在第148窟中的几幅,如东壁南侧的观无量寿经变、北侧的药师经变(见图14-19),西壁的涅槃经变等。前两幅的场面比第217和172窟的更为宏大,建筑规模伟丽雄奇,其灿烂辉煌臻于极境。在148窟涅槃经变中画出一座大城,其构图、透视、比例、细部和色彩也都是大家之笔,极得体而精美。〔3〕

壁画中还有许多立轴式画面,以第148窟观无量寿经变左缘的未生怨故事画为代表。全画由下至上沿水平方向均匀并列了7道横廊,

〔1〕《山水纯全集》。
〔2〕《芥舟学画编》。
〔3〕苏莹辉:《从敦煌壁画谈古代建筑壁画之制作方法》,载《美育》1996年第5期。

图 14 - 19　药师经变　148 窟（盛唐）

把画面分成 7 格,每格内几乎都画有一座建筑。建筑在格内的位置或偏左或偏右,依次间隔变化(2、4、6 格偏左,3、5 格偏右),偏左建筑右向,偏右建筑左向。为避免分格的呆板,所有横廊都不是通长横贯,要么廊顶的水平线被高起的屋顶打破(3、5、7 廊),要么廊子本身作 1—2 次直角转折(1、4、6 廊)。这样,既有了很强的秩序感和壁画所要求的安定感、平面感和装饰性,又不失其生动活泼,看来画家在构图上是很费了一番匠心的。由于画幅是立轴,画家放弃了全景的表现,而采取了有次序地组织许多个别场景的方法,再现了"帝宫九重"的意境(见图 14 - 20)。

　　第 148 窟是盛唐最后一个洞窟,此时敦煌已陷入吐蕃的包围,大军压境、孤立无援,画师们仍能镇定地坚守着自己的神圣事业,在刀光剑影的千里沙碛,留下了盛唐最后一束艺术奇葩。

14.3.5 趋于程式化的中晚唐建筑画

唐建中二年(781)吐蕃占据敦煌。由于吐蕃人笃信佛教,在此期间,沙州僧徒日增,开山凿窟之声不绝于耳。在敦煌石窟的历史分期中,把吐蕃时期称作中唐。唐大中二年(847),敦煌人张议潮收复敦煌,三代世守,是敦煌石窟的晚唐时期。这两个时期,对敦煌石窟的开凿都有所建树。

中唐第 158、237 窟、榆林窟第 25 窟,以及晚唐的第 196、85 窟,都是这一时期大型石窟的代表。经变画由初盛唐时以 1 个壁面画 1 铺经变画,改为 1 个壁面画 2—4 铺经变,由横向图改为竖向构图。经变题材从盛唐的 17 种发展到 20 几种,仍以观无量寿经变、阿弥陀经变、药师净土变、弥勒经变较大。在这些经变里,集中展现了寺院建筑群的绘画水平。而在华严经变、维摩诘经变里,中晚唐扩大了建筑画的规模,加入了城与城楼的形象。由砖石建造的窣堵坡依然是塔的主流形象,法华经变中则以 3 开间小殿式的单层木塔为主要形式。其他如民居、宫廷等住宅建筑被安置在法华经变和大幅经变下部的屏风画中,建筑形象及其装饰含有一定的吐蕃风格,这种艺术风格和绘画技巧,一直影响到晚唐和五代以后,如中唐 237 窟(见图 14 - 21)。

图 14 - 20 帝宫九重 148 窟(盛唐)

盛唐以后中唐(吐蕃占领时期)、晚唐建筑画的基本特征都沿袭着盛唐的路子,并逐渐程式化,没有明显的发展。敦煌壁画中的佛国净土,中唐时在吐蕃的影响下曾有过一段繁荣,画面细腻,技艺精湛,力求完美。到了晚唐,佛教艺术从高峰逐渐走向低谷,画风凝滞,在建筑绘画上开始了程式化的倾向。

从中唐开始,通壁大画减少了。这是由于经变画的种类增多,往往一窟内画出很多经变,最多时可达 15 幅,如晚唐第 85 窟(见图 14 - 22)。一般较小的壁面画 2 幅,大壁面可并列 5 幅,画幅也因此从盛唐

图 14 – 21　天请问经变　237 窟（中唐）

图 14 – 22　药师经变　85 窟（晚唐）

时的横长方形或方形改变为竖长方形。画幅形状的改变使建筑画多不止于画出建筑群的后半部分,同时也画出了前部,完整显现了院庭布局。

敦煌建筑画中采用的透视画法,绝大多数都是一点透视(只有一些方形塔的视点取在塔棱上,作两点透视或45°轴侧投影),建筑的一个立面与画面平行,另一个立面与画面正交。前者的垂直线仍然垂直,水平线仍然水平;后者的垂直线也仍然垂直,水平线则斜向交于灭点(绝大多数都没有明确的灭点,只作斜向平行)。这种画法比成角透视简单得多,所以得到广泛采用。采用这种画法也许还考虑到壁画的特征——大量的与画幅边线平行的横、竖线条,使画面具有很强的安定感。

中唐第361窟南壁西侧的净土变中,几乎完全不见斜线,在所有敦煌壁画中,是独一无二的构图。它的平面没有透视,就是一个规规矩矩的纵长方形,表现了一所围绕着水濠的完整院落。周围廊,前有门楼,4角各1角楼,左右廊正中突起钟楼和经藏。院内横轴以后正中立1座2层塔。除4座角楼及某些局部用了透视外,其余都是正投影。这种画法与中国其他许多表现建筑群体的图形一致,诸如宋绍兴间刻的唐道宣《戒坛图经》插图,宋刻唐太极宫、兴庆宫图,宋平江府图碑,金登封中岳庙碑,金汾阴后土祠庙像图碑以及明清各种地方志书的插图,清"样式雷"的许多设计图等,都是这样。在横平竖直没有透视的总平面图上竖起单座建筑的正立面,二者同时出现,既能表现总平面布局,又能大体显示各单体建筑形象,画法简易。它长久地通行在工匠们中间,是中国建筑制图法的创造。在某些资料中还见有一种画法与上述近似,不同点只在于凡表现侧立面向前的建筑如配殿时,并不画出侧立面而仍画正立面,所以左右两侧的建筑都朝外倒下,甚至画幅下端的建筑倒立在下。这已纯粹是实用的图形,可不入于绘画之流了。

这种画法的表现,先有长沙马王堆西汉墓的《守备图》,继而又有内蒙古和林格尔东汉墓壁画(如武城图、离石城图、繁阳城图、土军城图等),但都很粗糙简略,不注意对象的真实比例,所以第361窟净土变是采用这一画法最早的成功之作。在它以后的各图,多使用单线描绘,不施彩色,画幅也小,不如此图表现充分。此图建筑布局严谨合理,又反映了中唐以塔为佛寺中心建筑的布局情况,实在是中国建筑史和建筑画史值得充分重视的资料。从壁画特征而言,此画构图和用线更强调横平竖直,具有异乎寻常的安定感。[1]

14.3.6 日薄西山的晚期建筑画

敦煌石窟晚期包括五代、宋、西夏、元。

北凉僧人因有感于三危山的夕照而在敦煌开窟建寺,500 年后,随着唐王朝的覆灭,敦煌艺术也日薄西山,进入了晚期。此后,历经曹议金政权,西夏及元代,共计 462 年。曹氏政权时期正值中原的五代和北宋两代。

曹氏政权时期,石窟内的大幅经变画继承了中晚唐的传统,画面上的大型寺院保持中轴线对称,沿中轴线布置有种类繁多的单体建筑,形成气势恢宏的建筑群体,虽然有失于庞杂壅塞,但也表现了建筑的群体之美。西夏时期莫高窟的壁画,少有精彩之作,更少有建筑画。唯有榆林窟第 3 窟中表现出的寺院、佛塔、楼台亭阁、田家农舍,为敦煌石窟晚期建筑画的落幕,又涂上了浓重的一笔,是一个辉煌的亮点。西夏的建筑画与敦煌近千年流传的形式、风格截然不同,其总体形象与山西繁峙的岩山寺金代壁画风格相似,画中的"十"字平面佛殿与建于宋代的河北正定隆与寺摩尼殿相似。有理由认为这一石窟内的壁画是出自中原画师之手。敦煌元代壁画也有精彩之作,但建筑画只见于几座喇嘛塔。

从五代至元代,保存至今的古建筑实物逐渐增多,而且宋代流传下来的卷轴画中,以建筑为主题的也不少,如《清明上河图》、《金明池夺标图》等。这一时期的建筑画要求画家深入了解建筑构件的名称、用途及结构,说明宋代对建筑画已经建立了比较完整的技术指导理论。

五代至北宋时期的建筑画基本沿袭中晚唐时期的画风,创新较少,

---

〔1〕段文杰:《唐代后期的莫高窟艺术》,载《中国石窟·敦煌莫高窟》(四),文物出版社 1987 年版。

·欧·亚·历·史·文·化·文·库·

但仍不乏优秀之作,如五代第146(见彩图14-23)、16、61窟,榆林窟第2、3窟,北宋第55窟等。

沙州回鹘以及西夏早期和中期,虽然壁画数量还是不少,艺术上却是一段衰败时期,所绘建筑类皆草率荒疏,构图比例颇欠推敲,细部也没有认真去绘制,一切都敷衍应付,唯色彩多用石青、石绿和黑色,画面一片清冷,虽不复唐画的辉煌热烈,也别具一种装饰之美(如图14-24)。

图14-24 回鹘时期建筑画

榆林窟第 3 窟有西夏晚期的两幅净土变,风格又有一变。从总体看,同内地金、元作品颇相似,但仍具有敦煌壁画共同的特点——取全对称构图,用一点透视的俯视画法。这两幅画描绘细致认真,与回鹘时期和西夏早、中期完全不同。

元代敦煌壁画建筑画只有两幅,其中之一为白描画,画在现认为是晚唐改造的第 9 窟中心龛柱背面。所画建筑很大,用笔洒脱豪放,颇见功力。从画上可清楚看出,凡较长直线都是借助于直尺画出的,较短者则为徒手画出的。

建筑画中有大的直线,为了表现建筑的坚挺,免不了要借助直尺,尤其大幅壁画,直尺更不可少。仔细观察敦煌各代建筑画,用尺的情况也都与第 9 窟相同。建筑中的曲线,如屋顶轮廓和瓦垅线,则为徒手,其线条有如弯弧挺刃,富于弹性。[1]

敦煌壁画中的大幅画面,在布置总体构图时可能还用了墨斗弹线的办法。从北魏第 257 窟南壁说法图脱落处,可以清楚看出土红色的纵横弹线,以此确定各部分的位置和比例。墨斗在壁画中也曾画出,如西魏第 285 窟东顶伏羲左手所持。

总之,敦煌壁画中的建筑画绝非简单的器物之画,也几乎不存在"为建筑而建筑"之画作,它们大都与社会生活内容紧密相关,而更多是与佛国净土气象之渲染有关。从美学艺术角度分析,关于敦煌壁画中的建筑画可以得出以下结论。

首先,敦煌建筑画是敦煌民间建筑汲取中华建筑文化营养之后在艺术上的形象表现和升华。虽然专家们认为敦煌建筑画是真实的资料,可以弥补中国建筑史的空缺,但它毕竟是画面形象,是艺术家对现实生活的观察、感悟、体验、模拟、想象与艺术传达,其艺术上的价值应是第一位的,它间接反映了敦煌建筑文化的繁盛和美轮美奂的佛国世界。

其次,敦煌建筑画比较真实地反映了人们的现实生活。敦煌建筑

---

〔1〕段文杰:《晚期的莫高窟艺术》,载《敦煌研究》1985 年第 3 期。

画通过在建筑屋宅时，在梁上、内壁上、院墙上进行装饰性雕刻绘画，不仅反映了敦煌人们热爱生活的精神风貌，而且表现了当时建筑文化追求美的社会风尚。

再次，敦煌建筑画在汲取汉画和魏晋墓葬壁画的基础上，能够结合时代不断取得进步。由敦煌早期的稚嫩而不失活泼，发展到隋代的严整布局，再到盛唐的辉煌，直至中晚唐时期形成一定的程式化，就明显地表现出一条逐渐本土化和精致化的上升曲线。

最后，从艺术技法上说，敦煌建筑画继承并发展了中国传统壁画艺术的技巧。在全对称式构图、不拘一格的装饰效果、透视方法的处理、平面感的诉求、形色并用的大胆取舍等方面，都达到了空前高度，将中国传统建筑的群体美原则推上了一个高峰，从而成为中国传统建筑文化的经典和代表。[1]

---

［1］易存国：《敦煌艺术美学——以壁画艺术为中心》，上海人民出版社 2005 年版，第 196 - 197 页。

15 敦煌壁画之山水

人也按照美的规律来塑造物体。

——马克思

敦煌壁画因为保留了自公元 5 世纪以来的许多山水画的图像资料,在中原地区传统绘画实物稀缺的情况下,成为揭开早期山水画真实面貌的关键。考察这些弥足珍贵的壁画山水遗存,使我们能够不仅仅依靠文献记载而是结合实物资料相互印证,为中国山水画的起源、发展、继承、嬗变提供完整清晰的脉络。

山水题材绘画,是中国绘画中最具有个性色彩的、最兴盛的表现题材,与中国人的山水文化情绪密切相关。在中国文化中,山水自然是人生情感的一部分。山水画作为独立的绘画主题,最早见于东晋和南朝的文字记录中。当时,山水画的主要功能,是用作神仙画或人物画的背景。在敦煌壁画中,我们可以看到很多来自早期山水画的遗风。这些石窟壁画中的独立山水画从一个侧面反映了中国山水画格式的变迁过程。

在适应中国思想意识和风土人情中,敦煌壁画的画师们根据"身所盘桓,目所绸缪"[1]的现实生活中得来的素材,加以想象进行艺术创造。汉晋以来画师们在创作实践中逐渐形成了现实主义和浪漫主义相结合的创作方法,留下了具有鲜明民族特色的珍贵艺术遗产。敦煌石窟保存的大量壁画山水,补充了唐以前卷轴山水画保存的不足。它的

---

〔1〕南朝宋宗炳《画山水序》云:"夫理绝于中古之上者,可意求于千载之下。旨微于言象之外者,可心取于书策之内。况乎身所盘桓,目所绸缪。以形写形,以色貌色也。"

·欧·亚·历·史·文·化·文·库·

可贵,在于提供了各个时代的作者对于自然美的认识以及画法演变的具体状况。历代的画家们,当他们进行创作时,总是把山水自然与人的关系,即与社会的关系联系起来去处理。可知任何山水画,包括佛教经变的配景画,都包含了人的思想感情,也必然具有一定的时代气息。不论这些绘画有这样或那样的千变万化,总是脱离不了生活,脱离不了社会现实。敦煌壁画山水,是中国山水画发展史上的一个重要方面,虽然它不是佛教壁画的主体,但其影响是深远的。

敦煌石窟是作为佛教信徒修持和礼拜场所而开凿的,因此,壁画不仅表达了佛教理念的崇拜,也表达了对美好环境的向往。壁画中的山水图像是以佛教内容为中心,作为装饰和人物活动的背景出现的,其画面数量之多、描绘之精、世代延续之久,在古代艺术中都是绝无仅有的。在印度和西域壁画中,虽也画出一些植物和简单的象征性风景,但绝没有像敦煌壁画这样大量的山水画,这表明了中国传统山水审美意识对佛教壁画的强烈影响。

敦煌壁画山水是与壁画内容息息相关的。王伯敏先生根据敦煌壁画的内容将其分为4类:"配于经变中貌似寻常实非一般的山水,配于佛传或本生故事中的实景山水,佛国世界的净土山水,生活现实中的自然风光。"[1]对于敦煌壁画山水的内容,目前学术界也存在其他说法,但笔者认为关键还在于理清壁画山水的发展脉络,所以本章从敦煌壁画艺术的发展角度阐述壁画山水的演变。敦煌壁画山水的时代分期参照敦煌的历史时代分期大体经过了以下3个发展阶段。

敦煌早期,包括北凉、北魏、西魏、北周。从北朝至隋代以前近200年间,山水画的基本形式代代相传。石窟开凿的初期,虽然已吸收外来艺术为主要倾向,但中原的艺术因素也执著地进入了佛教洞窟,对于山水的表现就是例证之一。在敦煌最早的北凉时期的壁画中,尚未出现山水因素。北凉第275窟北壁西,佛本生故事画中画毗楞竭梨王、虔阇

---

〔1〕王伯敏:《敦煌早中期壁画山水再探》,载《学术月刊》1987年第8期,该文收录于氏著《敦煌壁画山水研究》一书,浙江人民美术出版社2000年版。

尼婆梨王、尸毗王、月光王等本生故事,下画供养人多身,下边饰垂角幔帷。整个画面还处于早期佛画的形式,没有任何与山水相关的元素。但是到西魏第249窟则出现了连续分布的山峦和树、水的形象,有了构成山水画的全部景物要素。北周至隋代,佛教故事画中布满了真实而自然的山峦、林木等山水景物,画面生动而富有想象力,这些山水及狩猎场面的样式显然源自汉代绘画。

敦煌中期,包括隋、唐,是敦煌壁画山水的高峰期。隋代以后,出现了以整面墙壁为构图的大型经变画,取代了早期横卷式故事画构图,为山水创作提供了新的空间,气势宏伟的全景式山水画得以展现。不仅在叙事性的经变画中表现出繁复的山水场景,即使在以净土为中心的经变画中,也表现出自然而和谐的山水风景。画面赋彩由装饰性的色彩相间转为色调统一的青绿山水。造型表现出山峰、断崖、沟壑、坡地、河流、泉水等多种复杂的地形地貌,并出现了众多的植物品种。在盛唐第103窟《妙法莲花经》画中,讲述了一个富商在一向导的指引下到宝城取宝,历经千辛万苦,跋山涉水,以坚忍不拔的精神冲破重重险阻到达目的地的故事。这幅画没有用穷山恶水来表现道路艰难,而是用青绿山水画来描绘山清水秀、碧波荡漾的情景,给人一种心旷神怡的视觉效果(如彩图15-1)。中唐以后,山水画沿着青绿山水画的道路发展的同时,产生了具有水墨画特征的新因素,在第112窟壁画以及敦煌出土的绢花中可以看出这种新的风格。此外,这一时期屏风式壁画的兴起,也促进了独立山水画的发展,并为壁画立轴式构图开辟了新路。

敦煌晚期,包括五代、北宋、西夏、元代。这一时期,本生、因缘、佛传故事画又少量出现。在山水表现上有明显的阶段性变化,呈现出各自的特点。五代以后,敦煌曹氏政治势力衰弱,与中原王朝的关系不似以前那么密切。敦煌壁画的制作趋向保守,但仍然出现了像第61窟那样独立的巨幅五台山图。这是一铺五代时期绝无仅有的以山水画为主体的鸿篇巨制。西夏至元代,敦煌石窟的开凿已进入尾声。西夏前期壁画继承了曹氏画院的传统,但更趋于简淡,山水景物描绘极少。西夏晚期至元代,山水画又出现高潮。在榆林窟第2、3窟出现了山水画的

·欧·亚·历·史·文·化·文·库·

新风,特别是第 3 窟,规模宏大、技艺精湛的水墨山水画,一改过去青绿山水的风格,显示出两宋山水画对佛教壁画的巨大影响。[1]

15.1　装饰背景的敦煌早期山水画

敦煌石窟开凿之初——魏晋南北朝时期,正是中国山水画蓬勃兴起的时代。据记载,著名的画家顾恺之、戴达、宗炳、王微等人都长于山水。然而,他们的山水画迹到唐代就已经很难看到了,只有顾恺之的《洛神赋图》和《女史箴图》还有摹本传世。敦煌壁画中的山水图像,则是这一时期留下的真实可靠的山水画资料,从中可以品味中国山水画萌发期的状况。

在敦煌早期壁画中,山林样式继承了汉代的表现形式——山峦平列,尤其是狩猎场面,与汉代的狩猎图如出一辙。北魏以后,在故事画中,常常在横长画面中画出斜向排列的山峦,既可作为故事的背景,又可分隔故事场次;有时还采用小山头堆积的形式,用以表现高山。北周时期,随着长卷式故事画的繁荣,对山水风景有了比较深入而细致的刻画,值得注意的是树木的表现在西魏以后出现了很多新的技法,水的表现也多了起来。新技法绘制的山水生动而又富于想象力,体现了当时从中原传来的风格和形式。

15.1.1　敦煌早期山水画的表现特色——装饰性

敦煌早期是我国山水画创始阶段,政治的黑暗和社会的不安定,造成了人们远离社会、以观赏自然风光为乐的风气,并涌现出了一些山水诗人和山水画家。尽管当时画家们的作品均已不传,但以宗炳、王微等人的山水画理论来看,山水画已形成了一个独立的画种,并已取得了相当的成果。唐代张彦远在《历代名画记·论画山水树石》中,对隋代以前的山水画是这样描述的:"魏晋以降,名迹在人间者,皆观之矣,其画山水,则群峰之势,若钿饰犀栉,或水不容泛,或人大于山,率皆附以树

---

〔1〕史苇湘:《关于莫高窟内容总录》,敦煌文物研究所整理,文物出版社 1982 年版。

石,映带其地。列植之状,若伸臂布指。详古人之意,在显其所长,而不守于俗变也。"[1]

敦煌早期壁画山水,多为佛教绘画的配景山水,它的发展与文献记载大体符合。如254窟北魏壁画萨埵那太子舍身饲虎,285窟北魏壁画得眼林故事,257窟北魏壁画九色鹿本生图,285窟五百强盗成佛图中的山水及环境描绘是表现因缘故事的配景;249、285窟的西王母像、东王公像,涉及民族传统神话题材的表现,画面的山水景致,也是作为配景的。总的说来,这一时期的山水画,主要是作为背景或用以分隔故事情节,表现出一种强烈的装饰性。这种重视环境的铺陈式故事画构图方式,使起衬托作用的山水树木以及鸟兽、楼台景致等占了画面的很大比例,这无形中冲淡了题材的宗教气氛而使其向人间环境转变,使观者更能形象真切地贴近心目中的佛地。

敦煌石窟现存最早的山水绘画,是在北魏中心柱窟里,一般是画在四壁下沿金刚力士下面,形状简单,以近乎三角形的山头,很有规律地排列,在山头上绘出与轮廓线相平行的纹理,颜色各有不同,或赭红、或石绿、或黑色有规律地变化,造成一种装饰效果。有的佛说法图上部也画一山峦,如第254窟西壁白衣佛等,画得更为精致。第254窟南壁萨埵那本生故事画中,因故事需要而绘制了山崖,表现萨埵那太子舍身饲虎的场面,由于人物较大,山形成图案式的层叠状,看不出悬崖的险峻。显然,画家还不能运用更好的表现手法,当然,画家也无意于刻画山水景物。北魏第257窟西壁九色鹿本生故事画(见图15-2)中,斜向画出了一条大河,除了下部一列山峦外,还在中部画一两排斜向延续的山峦,造成一种纵深感,为人物情节提供了较为开阔的背景。同窟南壁的沙弥守戒自杀缘品中,也绘出了横向连续的山头。总的来说,这些山水画具有一种装饰效果。

在西魏,山水的装饰性得到了更大程度的利用,第249窟窟顶四披下部绕窟一周均绘连续的山峦。山头用石青、石绿、赭红等色绘出,显

---

〔1〕〔唐〕张彦远:《历代名画记》卷1《论画山水树石》,人民美术出版社1964年版。

图 15－2　九色鹿的山水　257 窟（北魏）

得明亮而活泼。山头上长满了树林，山林中又画出许多野兽，如野猪、野牛、山羊、鹿等，还绘出了猎人射猎的场面，极富于生活气息。西魏第285 窟（见图 15－3），除了窟顶山水与 249 窟一致，还在南壁五百强盗成佛故事画中绘制了丰富而精致的山水，山中有奔走的野兽，水池里水鸟嬉戏，还有各式各样的树木，充满生机。这些山水林木并不一定是故事画所必需的内容，是画家作为一种美的装饰而移入的。从西魏到北周，敦煌壁画中的故事画大量涌现，山水作为故事画的背景也得到普遍的表现。北周第 428 窟的须达拏本生故事画，是一个典型的形式。由于故事画采用长卷式带状构图，山水一方面是作为故事的背景而出现，一方面在构图上又成为联系全画的纽带。画家利用山峦的起伏蜿蜒，分隔出一个个小的空间，成为每一个情节的小环境，而在全图中又联成一气，造成上上下下流动的节奏感，打破了横向带状布局的单调、刻板，使故事画获得了一种活泼的韵律。

　　山水画在故事画中得到广泛运用，可以说，山水的运用使故事画的表现形式趋于完美，但却给山水画本身则造成了停滞不前的后果，这种

图 15 - 3　五百强盗成佛　285 窟(西魏)

简单的山峦带状连续,施以变化的色彩而构成的装饰性样式从北魏直
到隋代 200 年间没有大的变化。

15.1.2　敦煌早期山水画法——继承汉画传统

比较秦汉以来的绘画便可以看出,敦煌石窟北朝出现的山水画是
承袭汉代传统而来的。秦代咸阳的山水野兽图空心砖,大约是我们所
见最早的山水图景了。山形呈带状平列,连绵起伏。山峦中一些线条
表示山的纹理,沿山的轮廓线,还有一层紧密相连的短竖道,这是表示
山上的树林,山坳之中有鹿、狼等野兽。密县出土的西汉画像砖,也有
山水图样,它们几乎完全继承了秦代空心砖的形式。这类山峦野兽及
狩猎的画像传,在郑州、洛阳等地也有出土。看来秦汉时,这类山峦的
描绘是很常见的。尽管山峦的表现十分幼稚,却也说明对山水自然的
审美意识早在秦汉或更早便已在民间兴起,而这种审美意识同样也影
响到了河西、敦煌。在甘肃酒泉丁家闸五号墓中,我们再次看到横向连

·欧·亚·历·史·文·化·文·库·

续的山峦表现,其用笔颇具地方特色,而风格与秦汉画像砖完全一致。比较敦煌壁画第249窟窟顶与丁家闸墓室顶部,不仅在内容上(东王公、西王母)形象完全一致,而且在山峦布局上也惊人地相似。

至此,我们已经看出,敦煌早期壁画中的山水表现,主要是继承了汉画传统的风格,除了在色彩布局等方面有所改变外,基本精神仍然是汉代的。

15.1.2.1 山的画法——形式多样

王伯敏先生将敦煌壁画中的山分为两种样式,一种是分层赋彩,另一种是勾勒皴染。[1] 这种分类更多是出于绘画技法层面的考虑。从山岳的外形来看,敦煌壁画中的山岳类型多样,如西魏第285窟中的山峦(见图15-4)。本章遵循赵声良先生将早期敦煌壁画中的山岳分为3种类型:

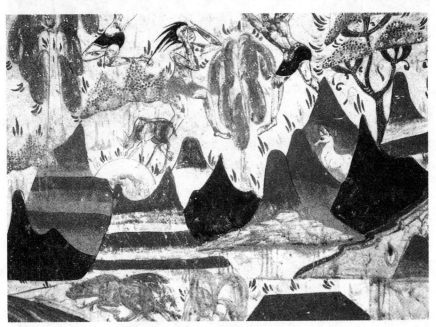

图15-4　山峦　285窟(西魏)

〔1〕王伯敏:《莫高窟壁画山水三探》,收入氏著《敦煌壁画山水研究》,浙江人民美术出版社2000年版。

（1）驼峰式山峦,其特点是轮廓线大多以柔和的曲线来表现,每一个山峰不一定是相同的,但在连续描绘的时候,山峰的形状大体是相似的,具有波浪的特征。往往一面平滑,另一面还有两三道波形线,山头与山头相连或叠压,并分别以红、黑、白、绿、蓝等色染出,色彩在这里仅仅起装饰作用。这样的山峦形式在敦煌壁画中延续的时间最长,以第254、251、248等窟为代表。

（2）角形山峦,其特点是以柔和的曲线绘制每一个山峦的轮廓,一侧或平滑、或弯曲两三下,排列组合在一起就形成类似于驼峰一样的效果。代表石窟有北魏第254、251、248、257窟,西魏第249窟,北周第428窟。比起圆形的山头来,角形表现出一定的质感特征,具有写实性的倾向,但在敦煌壁画中,常常与驼峰式一起描绘,所以在形状上没有太大的变化。晕染的方法也出现了新的特征,改变第一种类型那样沿轮廓线晕染方式,而采用水平线晕染,虽说具有表现远近感的倾向,但有一点形式化。北魏后期,北魏皇室王元荣出任瓜州(今敦煌)刺史。王元荣信佛教,文献记载他在敦煌造一大窟。敦煌西魏时代第285、249窟壁画中出现了很多新的因素,被认为是受了中原风格影响而建立的石窟。角型山峦的出现,也可以看做是中原地区的新风格。

（3）多角形山峦,特点是每个山头多为不规则的多角形,早期即有,晚期出现得更多一些。早期排列形式为连续平列、叠压和环绕式,到了隋唐山水画逐渐成熟以后,则为变形之后的前后错落排列。[1] 这种多角形山峦在晚期大量出现与中原山水画中山石皴法的成熟和空间纵深感的增强有很大关系。因为随着技法的成熟,画工更多地不仅仅是表现出山峦的形状,而是要表现出山的质感和岩石的层面。前后错落排列,使得山峦的空间从平面向立体转换。代表性洞窟有西魏第249窟、285窟。

15.1.2.2　水的画法——运笔自如,刻画精细

敦煌早期壁画中水的描绘虽少,但凡所画的水,一般都还比较流

---

〔1〕赵声良:《敦煌早期山水画与南北朝山水画风貌》,载《敦煌研究》1990年第4期。

·欧·亚·历·史·文·化·文·库·

畅。如前所述的第257窟北魏壁画九色鹿本生图的南端部分画一人溺水,对水纹的描写运笔自如、刻画精细。画者在绿水上勾描出翻卷回旋的波纹,这种画法与顾恺之《洛神赋图》中水的画法是一致的。在《洛神赋图》中,我们不难感觉到水的描绘与画面要求配合得恰如其分。其中"睹一丽人,于岩之畔"时脚下水流的湍急之势,"或戏清流,或翔神诸"的神女起舞时如微风鼓浪的翻腾澎湃之意,"动朱唇以徐言"时水波的回旋转滞之情,"鸣玉鸾以偕逝"时激波扬涛之态,水的描绘恰当地衬托了画面的主题。[1]

15.1.2.3 树的描绘——富于装饰性

树是"山之衣"。自绘画中出现对树的塑造起,便开始经历由简到繁、由稚拙到成熟的演变过程,树的画法越来越丰富。魏晋南北朝时期,无论敦煌壁画,还是中原卷轴画、墓室壁画、画像砖、画像石,树的描绘多有相似之处,既写实,又富有装饰性;单线勾描,树冠在画面上呈平面状的伸展。

敦煌壁画中的树木形象也经历了一个从无到有,从简单到复杂,从种类单一到丰富多样的过程。北凉时期的敦煌壁画中还很少出现树的形象。北魏时代的壁画中,描绘的山峦很多,但树木的描绘十分罕见,仅在第257窟南壁的故事画中有一棵树(见图15-5)。在同窟西壁的九色鹿本生故事画中,山峦之间描绘出了一些类似花草的植物,并没有出现树木。与同期西域风格和中原风格的树木比较来看,敦煌壁画的描绘显得更细腻而丰富,但却不是在写实方面更具体,而是在装饰方面表现得更好看了。西魏第285窟的故事画中也画出了一棵大树,树冠为9个云朵形,相间排列,每个云朵形树冠下有3叉树枝,形象概括,用色浓厚,具有很强的装饰性。

王伯敏先生从敦煌壁画树的艺术表现出发,将树分为3种:一种是

---

〔1〕王伯敏:《莫高窟壁画山水探渊》,收入氏著《敦煌壁画山水研究》,浙江美术出版社2000年版。

图 15 - 5　树下小憩　257 窟（北魏）

偏于写实的树，一种是偏于写意的树，另外一种是偏于装饰性的树。[1]
这种分类基本概括了敦煌壁画中的各种树的表现，同时他还指出，偏于
写实的树来源自西北地区生长树种的客观存在，是壁画的创作者对身
处的自然环境观察后在艺术创作中的体现。赵声良先生认为早期敦煌
壁画中树的形象有两个源流：一个是龟兹风格的植物，根据是北魏时期
的植物与克孜尔石窟中的植物类似，但是在西魏以后就很难见到类似
的植物形象了，说明敦煌早期壁画中树木的刻画受以克孜尔为代表的
龟兹地区的影响。另一个是中原风格的植物。通过与中原地区植物的
比较分析，他认为敦煌早期树木受中原地区影响，但呈现装饰性的倾
向。

----

〔1〕王伯敏：《莫高窟壁画山水三探》，收入氏著《敦煌壁画山水研究》，浙江美术出版社 2000
年版。

·欧·亚·历·史·文·化·文·库·

我们认为,敦煌壁画山水早期所画的树木多强调其装饰性,但西魏第285窟南壁所画的垂柳修竹却比较写实,可见垂柳依依、修竹挺拔、柏树粗壮,树木特征明确。

15.1.2.4　人与景的描绘比例——人大于山

敦煌早期壁画中,所画山水与人物的关系,在一定空间中,皆为人大于山。如第249窟西魏狩猎图(见彩图15-6),第257窟北魏九色鹿本生图,第428窟北周萨埵那太子本生等作品中,都有人大于山的描绘手法(如彩图15-7)。敦煌早期出现人大于山的表现手法,一是艺术技巧的问题,由于当时的画家对于空间透视的变化,还不能确切地运用到绘画上;画家对对象在一定透视关系中的大小比例,还不能做出适当的判断,即在绘画技巧上,还处于稚拙的阶段。对一些形体,在透视中明明是远近的位置,到了绘画中却只能表现成上下的关系,甚至对大小一样的对象,远的反比近的大。二是创作者对自然有一种特殊认识,就是对山的尊敬和崇拜。当然,敦煌壁画出现人大于山的情况,可能有更复杂的原因,因为它是佛教绘画,但无论如何,都不能排除上述历史原因。在洛阳出土的北魏孝子棺石刻画,给我们展示了当时中原地区山水画的一些特征。这是一个很长的画面,从中分出一个个故事画,人物活动在浓郁的树林和山岩中。画家似乎在努力避免人大于山的局面,石刻画布局很满,树林后面还可见远山和卷云,使画面产生了一种空间感。

15.1.2.5　山体空间表达——错落有致,富有立体感

北魏时代的敦煌壁画中持续着汉代以来的一列山峦并列的表现形式。但是,在故事画中已可看出对空间表现的尝试。在第257窟南壁的沙弥守戒自杀故事画中,开头部分小沙弥剃发出家及师父给沙弥讲法的情景,背景描绘了绵延的山峦,画面上部又朝水平方向向右延伸,画出一列山峦。看来画家想通过上下位置的差异来表现远近关系,但是山的大小及颜色的处理都与近景的山峦没有区别,于是这些山峦就像悬在空中的装饰物一样。尽管如此,这些画面已表明画家在试图表现山峦的远景与近景的空间关系了。

同窟的九色鹿本生故事画中,左侧描绘出一条大河,沿河两岸各画出一列斜向排列的山峦,画面的中部也画出几列这样斜向的山峦。这样,与河流同样,这些山峦也表现出纵深的空间感。于是,山峦就由汉代那种装饰纹样特征发展成为具有空间特征的风景了。

西魏第285窟五百强盗成佛图也多次出现这样斜向排列的山峦,是分情节段落绘制的,形成远近不一、错落参差的装饰性构图。其中山林建筑错落分布,近山多,远山少;近山大,远山小,造成了一个有三度空间感的环境,使画中人物活动场景更富真实感。[1] 第249窟山峦的色彩也表现出了一定的立体感。以同样颜色,通过深浅不同的晕染形成一种过渡。虽说这也还是一种装饰性的表现,但从某种意义上来说,它表现了一种立体感。这就是古代文献上记载的"凹凸法"。

总之,在南北朝时期,中原山水画已经在远近关系、空间处理、山势走向、人与自然协调等方面取得了很大的进展。而在敦煌壁画中,山水画却始终保持着汉以来的传统,这主要是由于敦煌地处沙漠绿洲,没有南方秀丽的山水环境,画家对山水没有亲身感受,也无法产生描绘山水的热情;同时,敦煌地区在南北朝时期始终保持着汉文化的传统,较少受到南朝文化的影响,缺乏像南朝那样的山水审美基础,因此,在北魏末至西魏,东阳王元荣出任瓜州刺史带来了中原绘画新风格,除了在壁画中树的种类增加外,山的表现方法则始终未变。另外,也应看到敦煌壁画作为佛教绘画,是以表现佛教思想为目的的。为了明白而详细地表达佛教故事的情节,就不能过分描绘山水这类次要的东西,而单纯的装饰性的山峦便成为合适的形式。

15.2　细密精致写实的敦煌中期山水画

隋代统一了南方各地,虽然为时不长,但在文化艺术的发展上,却是一个重要时期。这个时期,佛教复兴,佛寺得到大肆修建,壁画绘制

---

〔1〕王伯敏:《莫高窟壁画山水再探》,收入氏著《敦煌壁画山水研究》,浙江美术出版社2000年版。

·欧·亚·历·史·文·化·文·库·

多请当时名手,仅唐代张彦远的《历代名画记》一书就记录了隋代参加壁画工作的主要画家如展子虔、郑法士、郑法轮、董伯仁等数十人。隋代统治者非常重视佛寺,隋文帝杨坚少时即受佛教思想的熏陶,所以即位后,大兴佛事。公元605年,隋炀帝杨广即位,他信佛更甚于其父,"故使天下造像主寺成风"。当隋文帝控制河西及敦煌一带地区后,立即派僧人专送舍利到瓜州。从《李君莫高窟佛龛碑并序》中获知,当时莫高窟大兴土木,建寺起塔,交通运输,昼夜不舍。总之,隋代虽然只有30多年,但在敦煌留下了80余个洞窟,其中作为独立性的壁画山水,第303窟的山林图就建于我国6世纪末、7世纪初这一段变革的历史时期。

唐代分为初唐、盛唐、中唐、晚唐。根据对敦煌的统治,我们将唐代分为两个时期:吐蕃占领前称为唐代前期,包括初唐、盛唐;之后,称为唐代后期,包括中唐、晚唐。[1]

唐代前期,随着中国与西域诸国的频繁交往,处于丝路要道的敦煌已成为一个佛教文化的中心,长安、洛阳的艺术很快就能传到敦煌,敦煌壁画的发展差不多与中原同步。文献中记载的长安、洛阳一带佛教寺院壁画的经变画等内容,绝大多数都能在敦煌壁画中找到,说明当时敦煌壁画艺术与中原寺院壁画密切相关。在当时,吴道子、朱审、韦偃等画家曾经在寺院壁画中画出了独立的山水画。敦煌虽然没有出现完全独立的山水画,但第217、103、148等窟的壁画中的山水画已具有相对独立的意义了。

唐代后期,公元781年,吐蕃军趁唐王朝西北守备空虚之机,占领了敦煌及河西地区。吐蕃时期正值中唐。67年之后,敦煌人张议潮率军起兵,击败吐蕃,收复了河西,唐王朝封张议潮为归议军节度使。归议军时期为晚唐。

唐代以后壁画中的山水画不仅画幅增多,而且在技法上越来越成熟,比例也逐渐协调,对山、石、树木的刻画细致深入,岩石肌理,树木的

---

〔1〕段文杰:《敦煌石窟艺术研究》,甘肃人民出版社2007年版。

枝干、叶以及云、水的描绘技法都表现出一定的写实性,对于空间的处理,已表现出一定的远近关系,尤其是通过山水景物宏大的空间来烘托出佛国境界。从这些山水壁画中,大致可以推知李思训一派青绿山水的风格,同时,还可以感受到唐代多种山水画风并存的繁荣状态。

经过盛唐的发展和完善,山水画在中唐以后更加丰富了,几乎每个洞窟都画有山水景物,凡能够表现山水的地方,都被尽量画出。尽管山水仍然是人物活动的背景,但这一时期山水画已经成为壁画中不可缺少的部分,一些经变已经形成了与佛经内容相对应的固定的山水模式。盛唐时期取得较高成就的青绿山水画,在这一时期得到进一步发展,但出现了模式化的倾向。大量绘制的屏风画形成了山水画构图的新形式。屏风画本是模仿当时生活中实用的屏风形式而出现的,因此,不可避免地要表现在实际的屏风中最流行的题材——山水画。另一方面,水墨画技法传入敦煌,为壁画中山水画艺术带来了新的气息。这些具有水墨画特征的山水画,为探索唐代水墨山水技法的兴起和发展,提供了重要的参考资料。

15.2.1 表现特色——华美精细

美术既是一种文化,它自然离不开时代的文化特质。这个时期敦壁壁画山水与同期其他山水画风都表现出一种堂堂正正中的华美与规矩精细中的雄浑。这是一种有法度与规矩的自由,是一种有节奏与气势的韵致。这种统一气象下华装丽质的隋唐美术精神,在其内部体现了总体上的上升与开拓,在其外部表现为技艺与法则。唐代是中国佛教壁画发展至最高峰的时代,它所形成的样式成为中国佛教艺术的规范。敦煌石窟壁画最能代表这个时期石窟壁画的风格变化与水平。在敦煌石窟壁画遗存中,各类型的题材表现都形成了完美的体系。唐代石窟壁画的风格变迁,反映了唐代壁画逐渐走向写实与装饰性结合并形成自身定式的发展历程。对壁画场景的描绘、气氛的烘托,加速了人们在山水、花鸟、建筑、器物诸方面作出更丰富深远的探索。

综观敦煌中期壁画中的山水画,大致与中原山水画的发展同步,画风从简单疏淡到细密精致。这一时期,敦煌壁画中山水画的成分不断

·欧·亚·历·史·文·化·文·库·

增加。敦煌中期壁画与早期壁画相比，更注重写实，同时色彩运用技巧提高，所用颜色多为朱砂、青绿、土红、赭石、石黄等，并在局部贴以金箔，以增加华丽效果。

15.2.1.1　过渡性质的隋代山水画

隋代壁画，由于经过北魏、西魏而至北周将近 200 年的发展，所以，它的提高，就有了一定的传统基础，体现出隋代艺术宏大的气魄。隋代壁画中，故事画大量出现，内容空前丰富，表现手法细腻而精致。在长卷式故事画中，山水景物被大量地描绘，虽然这是北魏以来就流行的形式，但隋代壁画中山水树木刻画之精细与繁复，却是前代所无法比拟的。第 419、420、423、303 等窟的山水树木都具有代表性。隋代画家展子虔等都很擅长宫殿楼阁，在敦煌壁画中可看出隋代的建筑画画得很多，反映了中原新画风的影响。隋末第 276 窟的壁画（见图 15 - 8）还出现了表现岩石的新技法，对唐代绘画的发展产生了深远的影响。

隋代故事画继承了北周的传统，依然用山水树木作背景。但山水树木在画面中所占有的比重越来越大，人物相对画得较小。开凿于开皇四年（584）的第 302 窟，在

图 15 - 8　山岩　276 窟（隋代）

人字披顶上画出了横卷式故事画萨埵本生和福田经变,作为背景,以赭色的山峦、绿色的树木分布在素面的墙上,显得质朴而简淡。这一时期不像北朝故事画那样用人物形象挤满画面,而是留出了一定的空白,画面上部还有天空中飞翔的小鸟,这些富于想象力的表现,使画面产生了一定的空间感。

隋代对水的描绘也逐渐丰富。第420窟(见图15-9)窟顶东披在观音救难的场面里画出了河流与海洋中的水。曲折的河流上窄下宽,体现出由远至近的空间距离。画面中的大海画得像小小的水池一样,没有远阔的海面,在水池中还长出莲花。海浪卷起的漩涡画得像植物的藤蔓,令人想起彩陶纹饰中的波浪纹。由此可见,当时敦煌的画师还没有掌握描绘大海及波浪的技法。同窟窟顶在群鸟听法的场面里还绘有水池。佛坐在高台上说法,前面有很多鸟伸长脖子在聆听佛法,山丘后面的水池中也有很多水鸟面佛静听,佛的身后是长长垂下的柳树,环境优美,衬托出佛法的庄严。第420窟不仅在窟顶画出河流、大海和水池,还在西壁佛龛两侧的维摩诘经变中再次描绘出绿色的水池。水池

图15-9 观音救难 420窟(隋代)

·欧·亚·历·史·文·化·文·库·

中莲花盛开,水鸟嬉戏其间。一些隋代洞窟的说法图中的下部也画了水池,这是表现西方世界的净水池,绿色染出的水池中,用细线勾出水波和涟漪。

隋代的说法图中出现有大量的树木。北朝以来,说法图通常是在中央画出佛的形象,两侧依次分别画出菩萨和弟子,上部是华盖、飞天。隋代的说法图则往往在佛的身后或两侧画出很多枝繁叶茂的树木,形成了树下说法的格局。有一部分树木还可以辨认出特征来,如松树、柳树、菩提树、梧桐树等。当然,大多数树木难以辨认其种属,因为当时并非对景写生,而往往是根据装饰的需要来描绘的。隋代壁画的说法图中各种各样的树木,千姿百态,目不暇接。如果说在故事画中的树木主要是配合山峦而画出的,那么在说法图中,树木则主要考虑与人物的比例关系,所以画得很高大,于是树干、树枝、树叶等要素就刻画得更为具体了。

隋代壁画的山水风景中,山峦与建筑相结合形成故事画的背景,层次更加丰富。殿堂宅院大量进入背景画面是隋代壁画的一大特色。从佛经故事的内容看,除了有在野外山林中的故事外,还有很多情节是发生在宫殿宅内的。在造型上山峦通常是曲线和圆弧形,而建筑则往往是直线和折线形成的角。直线与弧线,使画面中刚柔相辅,丰富多姿。建筑物的大量介入,使画师更注重人物与景物的比例关系。隋代绘画在比例方面有了很大的进步。

隋代是一个充满变革的时代,也是一个承前启后的时代,壁画中的山水已经具有了山峦、河流、池水、树木、建筑等要素,并且初步形成描绘岩石、树木、水波、风浪的技法,其中有些技法被后世所继承沿用。[1]

15.2.1.2　壮阔华美、气度雍容的唐代前期山水画

唐代的莫高窟壁画,不仅在人物画、图案画上达到了空前绝后的高峰,而且在山水画艺术上也取得了巨大的成就,对于中国山水画史的研

---

〔1〕万骁:《试析敦煌壁画中的山水画及山水景致画风》,南京师范大学硕士研究生学位论文,2004 年。

究具有重要意义。

　　唐代以后,尽管山的形状仍沿用早期山势的表现手法,但是可以看出艺术家已经在努力追求山水美的趣味和广阔,山的位置从故事画的点缀发展到整个佛龛的布局,使佛国世界显得更加庄重。如初唐203窟西壁龛内佛像两侧,塑出的山峦影壁与壁画山水连成一片,满布龛内。艺术家摈弃了佛两侧历来沿用的忍冬、卷草纹饰和飞天的形象,而试图以山来装饰佛身,这不能说是偶然的好奇心所驱使,而是唐代山水审美意识发展的体现。初唐第205窟彩塑佛弟子袈裟上的山水纹,同样也是这种审美意识的体现,是唐代大幅山水壁画出现的先声。

　　初唐第209窟南壁西侧、西壁和北壁西侧(见图15-10),都画了大幅的山水画,虽说是作为故事画的背景,但山水景物的表现已很完整。人(神)的形象相对地缩小,可以看出画家在有意摆脱人大于山的局面,在表现故事内容的同时,也在着意表现山水景物。南壁西侧,右边一重山占了将近1/4的画面,左边主要画了三重山。其间以曲折排列的树木相连,近处是大河前横。两组说法图,分置于山与山之间,远处画了3座小山表示远景,云霞飘动,显示意境深远。树的形式,主要作为装饰,沿山的轮

图15-10　高山流水　209窟(初唐)

·欧·亚·历·史·文·化·文·库·

廓线画出,远处高大、近处矮小,甚至有的如小草一般。大约画家为了突出人物,又要考虑山、树的装饰作用,画的树的比例。这种山和树的装饰性,实际上是承袭了早期山水画的特点,但又注意到了山水景物的空间层次感。色彩上已摒弃了魏隋时代青绿相递叠染的方法,而用大面积的绿色染出,又以赭色相间以表现层次。209窟西壁,还保存有赭红线条勾出的山石轮廓,对照隋代276窟的山水画,可以看出它们的传承关系,说明209窟还保持了一定的隋代风格,但画面采用大面积青绿染色,又不同于隋代那种疏朗淡雅的特色。

初唐第332窟,是颜色保存较完整的一窟。南壁涅槃经变场面宏大,山水画得到了进一步的发展,特别是上部送终图和八王分舍利图等画面,描绘了辽阔的山水环境,为故事内容创造了相应的气氛。山的画法仍是勾出轮廓线后,平涂颜色;山峦外沿,以石青绘成树形,装饰性极强,但又不是为了装饰,而是力求表现一种层次和变化。山峰之间,明显地以赭石和石青、石绿分出阴阳向背,这种特点在初唐321、335、431等窟中均可见到。

值得注意的是,初盛唐之交的321窟南壁宝雨经变(见图15-11),在表现人物与山水景物的关系上都达到了新的水平。画面左侧画3人造塔,依山傍水,环境清幽,比较北周和隋代壁画中的造塔场面,就显得更真实可感。又如左下角一列武士半隐山岭中,旌旗显露在外,人物不多,却富于威严、壮阔的气势。

宝雨经变内容丰富、情节众多,画家主要利用山水作背景,分别表现各个情节,又使整铺经变有机地统一起来。这种山水布局在盛唐就很盛行,如45窟的观音经变、445窟的弥勒经变等等。

初唐山水与传为展子虔的《游春图》(见图15-12)大致相似,即"以细线勾描,没有皴笔,施以青绿,色彩明秀,人物直接用粉点染,山顶小树只以墨绿随圈涂出……"但在画水方面,又胜于展画。早期山水画,往往山多水少,水纹简单勾描,富于象征性。唐代画水就很广泛了,无论是阿弥陀经变中的七宝池,还是故事画中的河流、海浪以及装饰图案中的水纹都有大量的表现。初唐209窟北壁西侧表现了汹涌而

图 15 – 11　降宝山水　321 窟（初唐）

图 15 – 12　展子虔《游春图》（隋代）

下的泉水,南壁有波涛澎湃的河流;220窟东壁文殊身后,表现了绿水荡漾,321窟南壁还有横贯整幅壁画的海浪等等,这些都已经体现出画水技法发展的一个高峰:这时已不是水不容泛,而是有动有静,或激流向前,或微风涟漪,景物完善、内涵丰富、气氛活跃。

唐代出现的大量巨型经变画,为山水画提供了表现的场地。法华经变、涅槃经变、观无量寿经变、弥勒经变等经变中的山水画,是敦煌壁画中山水画发展的高峰。盛唐217、103、323等窟,保存了完整的具有独立意义的山水画,堪称青绿山水的代表作。

第217窟南壁西侧,是根据《法华经·化城喻品》(见图15-13)来绘制的山水图景。画面的顺序大体是从右至左,再从左至右。右上角是危崖壁立,有2人骑马一远一近行进。透过山崖,可见远方曲折流淌的河流,境界辽远。中部两座高峰之间,一道飞瀑涌泻而下,山下的旅人被这大自然的奇景所吸引而驻马观赏。山间,马匹半掩。左部也是一条曲折的河流,山崖遮断。下面群峰悬崖突兀,青藤蔓草悬垂。有3人仿佛是长途跋涉而疲惫不堪,1人牵马,1人躺倒在地,1人在水边,

图 15－13　山间行旅　217 窟(盛唐)

欲饮山泉。中间靠右是旅人向一座西域城堡走去,路旁桃李花开,树木丰茂。

如果说 321 窟宝雨经变等山水画是以山水背景来体现故事情节的话,217 窟的化城喻品则是把山水景物作为主要对象来描绘的。画家并没有机械地按照经文画出那种穷山恶水的荒凉景象,而是渲染了一路曲径通幽、草木葱茏的秀丽景致,使之成为可居、可游的游春图景了。说明画家是在有意识地创作山水画,并且从美的角度来创作,这幅山水画主要表现了 4 组山峦。左侧一组山峰刻画颇细,以石绿和浅赭相间染出。峰峦上的树形除了沿用过去那种装饰性的树形外,又相应地描绘了树的枝叶细部,还画了不少悬垂的藤蔓。右侧是潺湲的流水,中部是一组平缓的山丘,与左侧的山崖相映成趣,用很单纯的笔法勾描,平涂石绿色,并着意刻画了不同的树,花开烂漫、一片春色。右上一组山最引人注目,飞流而下的瀑布,虽已变色,但仍使人感到充满生意,仿佛点睛之笔,是画面中最传神之处。左上部的远景,尽管不如前面几组富有特色,但在画面构图上是必不可少的,它把左侧近景山崖与右侧一组山峦有机地联系在一起,使山水显得较有纵深感。

同样题材,盛唐第 103 窟(见图 15-14)也有成功的表现。这里几乎抛开了故事情节和顺序,独立地表现山水景物。画面主要描绘了两组山崖相对如阙,左侧崖岩突兀,一涧泻下,崖上遍布青草翠蔓,颇多奇趣;右侧峰峦与之对峙,山下溪水边一行人牵马举首观泉,上部远山间一行人牵马向前行走,与前面人物相呼应。右侧为一城堡,中间 2 人拜塔。这铺化城喻品比 217 窟的构图更集中,笔法更成熟,岩石的勾勒表现出皴笔的效果,表明山水画技法进入了一个新的阶段。初唐的山水画,大多是以细线描出轮廓,然后填彩,用笔一般较柔和,这种方法一直延续到盛唐。

103 窟的山水画,已开始注意刻画岩石的质感,较多地运用皴笔,勾勒的线条挺拔劲健。这些技法特色,也散见于 445 窟北壁、45 窟北壁等山水图景中。中唐 112 窟的山水画,则更发展了这种风格。对照中原绘画,如陕西唐代李贤墓和李重润墓室壁画中的山水画法,与敦煌

·欧·亚·历·史·文·化·文·库·

图 15-14　山间行旅　103 窟(盛唐)

103 窟山水画的笔法非常一致。墓室壁画更显得老练、劲健,但在墓室壁画中,山水只作为人物活动的背景陪衬出现,而莫高窟 103 窟的壁画则重在表现山水景致,因而更注意画面的布局与气势,景物的协调与意境,显得完整而统一。

　　盛唐 323 窟的山水画,也是唐代前期杰出的青绿山水作品。由于变色严重,大部分山水壁画已失其本来面目,但从蜕变后的痕迹中,仍可窥知当年灿烂的面貌。本窟南北壁均画佛教史迹画,从人物与自然景物的协调一致上看,无疑是在初唐 209、321、332 等窟山水表现的基础上发展起来的。山势的表现上,尽管线描、色彩均漫漶不清,但对照 321、103、217 等窟的山水画,可以推知它的原貌,也属于青绿重彩的山

432

水画。从模糊的山崖上还可看出藤蔓、草丛，与332窟涅槃经变,217、103等窟的化城喻品,45窟的观音经变极相近似。本窟较引人注目的远景山水，由于年久变色，变黑了的远山很像水墨染成，有人误以为是唐代的水墨山水画。如果比较同一时期的青绿山水壁画，如217窟的化城喻品、23窟顶东披南披的法华经变、33窟南壁的弥勒经变和444窟东壁的观音普门品等，其中的远景山水，多是以线描出轮廓，以石青或石青与它色混合染出。在320窟(见彩图15-15)南壁上部靠东侧的远山，还有一部分未完全变色的地方，从中可看出石青与其他色混合填染的痕迹，可见它们的一致性。说明323窟的远景山水并非采用水墨画技法，而是与整壁山水相一致的青绿山水画法。[1]

早在南北朝时期，山水画家已注意到山水的远近透视关系。宗炳说:"竖划三寸，当千仞之高，横墨数尺，体百里之迥。"但在具体的绘画实践中，则是很晚才出现合理的山水透视。初唐的山水画在透视关系上还显得生硬。盛唐323窟山水已不是分离于人物故事之外的可有可无的东西了，而是和人物紧密相联，不仅以景来衬托人，而且也把人纳入景物之中。如南壁近景的人物高大而清晰，远景人物逐渐画小，与辽远的景色相协调，体现了咫尺千里的境界。画家注意到分隔故事情节的山脉所具有的重要作用，它占的面积较大，作为近景又关系到整壁山水场面的布局，画家用两组山脉把壁面分为三段。左侧山脉呈"之"字形，左下又有一组小山相呼应。右边一组山脉大体呈"C"形，环抱故事画，壁面最右边上有一组山崖与之相顾盼。在两组山脉之间，还有一组山峰耸立，把两组山脉连系起来。这样，两组山脉在横长的壁面构成了稳定的结构，主宰着整壁，使山水联成一气，绵延壮阔。远景山水，不是与近景山水直接连在一起的，而是以曲折的流水相连系，观赏者透过山峰间隙看远山，更显得层次丰富而境界壮阔。画家很注意水的表现，前人论画谓"水活物也"，"山水以为血脉"，"故山得水而活"。尽管线色脱落，但是仍可看出近处的波浪和远处的河流，特别是远景的点点帆

---

〔1〕赵声良:《试论莫高窟唐代前期的山水画》，载《敦煌研究》1987年第3期。

影,颇有"孤帆远影碧空尽"的意境。水使山活,山也使水活,曲折的河流以山遮断,更显得川流不尽,正是"水欲远,尽出之则不远,掩映断其派则远矣"。

从初唐到盛唐的山水画中可以看出,水的表现越来越为画家所重视,盛唐217、103等窟中成功地表现了流泉、飞瀑,323窟表现了烟雨迷蒙的江湖景色;盛唐172窟的背景山水中(见彩图15-16),更以劲健奔放的笔法和水墨渲染,表现壮阔的波澜,具有大江大河雄浑的气势;同窟北壁十六观中的山水,以流畅而错落有致的线条,描绘了溪流,颇有"采采流水,蓬蓬远春"的意境。

在172窟山水画中,画家更加注重色彩的对比运用。如东壁文殊变的背景,水以墨线有规律地描出波浪的起伏,并以淡墨渲染出光影效果,与山的石绿及赭红色皴笔形成鲜明的对比。这里,线描、皴法、染法、用色等方面都达到了完美的统一。

唐代前期的山水画,使我们体会到了前人所说的以大观小的原则,观者仿佛站在一个极高的视点,鸟瞰全图,又如在空中翱翔,可以自由自在地观察到远近高低不同的山山水水。以大观小的原则,要求画家不仅仅是客观地描摹自然风光,更需要融汇画家的思想情感,如顾恺之所说的"迁想妙得",表现出画家的思想感情和山川的气韵。在表现手法上采用散点透视法,不局限一个定点,而是把不同时间、不同角度观察到的不同景致综合起来,自然地表现出来,即所谓"妙造自然",这样给观众的便是丰富的自然风景中综合的美感。217、323、148等窟的山水画,可以看出高远、深远、平远等多种山势的综合表现,不论是近处的峻峭危崖还是远处的平远山丘都和谐自然,这正是从整体气韵考虑,运用以大观小原则的结果。

综观唐代前期的山水画,大致与中原山水画的发展同步,是从简单、疏淡到细密精致。唐代李思训闻名于两京时,莫高窟也绘制了103、217、323等窟青绿山水,成为唐代山水画的典范。山水的笔法,由初唐那种简单勾描如209等窟,发展到多种方法的勾勒、皴擦、晕染。色彩的运用也是从单纯疏朗而丰富绚烂。从画面结构上看,唐代前期的山水画大体可分为两类。一类可称为全景山水,主要表现巨幅经变画,如 332、148 窟的涅槃经变,23 窟的法华经变,45 窟的观音经变等等;也有表现经变的部分情节或独立故事,场面宏大的,如 217、103 窟的化城喻品,323 窟的佛教史迹画等等。这种山水常常画满一壁,具有宏大的气势。画家注意到整壁的总体效果,把山、水、树、人等和谐地组织在一起,繁而不乱、丰富而曲折,体现了盛唐气象,对于今天的壁画创作,仍具有学习、借鉴的价值。另一类可称之为主体式山水。这类山水画常常只表现经变的一个情节、一个场,画面较小,又独立开来;山峰层次不多,视点较低,刻画较细而富有意趣。这类山水画常见的有观无量寿经变两侧十六观中的日想观和未生怨中的请佛场面,没有全景山水那样壮阔的气势,但因画幅较小,适宜表现近景、刻画山石林木,并且构图灵活,为唐代后期所继承。

15.2.1.3 萧条淡泊、世外景物的唐代后期山水画

唐代后期包括吐蕃统治时期(781—847 年)和归义军时期(848—906 年)。敦煌石窟的开凿兴盛不衰,壁画中的山水画也进入了新的发展时期。经过盛唐的发展和完善,山水画在中唐以后更加丰富了,几乎每个洞窟都有山水景物,凡是能够表现山水的地方,画家都画上了相应的山水画。尽管山水画是人物画的一种场景和陪衬,在佛教石窟里始终没有取得独立的地位,但是,这一时期山水的普及,正如装饰图案一样已为壁画不可缺少的内容了。一些经变如金刚经变、楞伽经变、观无量寿经变等已经形成了一定的山水模式。盛唐曾取得很高成就的全景式青绿山水,在这一时期更进一步地发展。如第 369 窟南壁两铺经变画,巍峨的高山是佛说法的特定背景,无疑增加了宗教的庄严感。这种格局在初唐 321 窟的宝雨经变、盛唐 103 窟的法华经变等壁画中就已出现。山不再画成简单的装饰物了,而是经过了一番"惨淡经营"。东侧这一铺经变,由于菩提宝盖后面没有画宫阙殿宇,就给了山水更大的空间。画家为表现场景的空间,在西侧分别描绘了峥嵘崔巍的山崖,中间画成辽阔的原野、起伏平缓的丘陵。这种透过山崖而体现苍茫远景的构图,正是宋代郭熙所说的深远山水。同壁西侧的金刚经变山水构

欧·亚·历·史·文·化·文·库·

图与前者相反:主峰耸立于画面正中,两侧的层峦叠嶂,构成了向主峰倚倾的趋向性,使画面形成一个三角形。这种金字塔形的布局使人有透不过气来的感觉,加强了宗教的崇高和威严感。由于年久色衰,这些山水画只存有线描和少量皴染、部分赭色,已失去了青绿山水的意味了。

晚唐第85窟东壁的萨埵太子本生(见图15-17),是一幅色彩保存较好的青绿山水画。全图基本上是连环画构图的形式,显得有些松散,但部分山脉的有机联系,随着故事情节的发展方向,山峰主次安排有一定的趋向性,把画面较和谐地统一起来。此外,第9、156、159等窟也有不少青绿山水画,只是比较零星且疏散。

图15-17　萨埵太子本生　85窟(晚唐)

中晚唐壁画在很大程度上继承了盛唐青绿山水画的成就,但由于时代的变迁,石窟壁画风格由华丽绚烂转向清淡萧疏,色彩强烈的青绿山水画已不能适应这个时代的需要,即使是照搬盛唐青绿山水形式的画面,也在用笔和色彩上作了一定的改变——写实化,注重笔墨效果而摒弃强烈的色彩,追求恬淡、疏朗的意境等,是这一时期山水画的共同特征。[1]

盛唐的画家们尽管也在写实方面作了很大努力,但青绿山水作为一种装饰性的山水画,画家所追求的是一种与人物、内容协调的富丽华

---

〔1〕〔日〕秋山光合:《唐代敦煌壁画中的山水表现》,载王伯敏《敦煌壁画山水研究》,浙江美术出版社2000年版。

美的情调,表现出细密精致、色彩灿烂。而此时的山水画却迥然不同。第369窟南壁东侧的山水画,或危崖耸立,或沟壑蜿蜒,或原野空阔,表现了不同的透视感。如果说表现宫殿建筑的透视效果在盛唐达到成熟,那么,山水画则是在中晚唐才普遍地追求这种写实化的透视效果。在第112窟南壁,画家刻画了一重重峻峭的山崖,墨线的转折和淡墨晕染,表现出岩石的质感。同窟北壁的报恩经变左上角有一山洞,中有一苦修者;前面两重山峰间,有清泉流出。山洞的幽邃,山崖的层次和棱角分明的岩石历历在目,使人有亲临其境之感。又如第238窟龛内屏风画,这是善友太子入海求宝故事的片断。善友太子躺在地上,牧人赶着牛群悠闲地走来。前面有一山峰,旁有一株老树枝繁叶茂,近处是一条转折的河流,后面是平缓的山坡。如果抛开故事内容,这实际上是一幅生动的风景写生图。第361窟龛外北侧屏风画中的五台山图,画家仔细地刻画了山脉的走向。不同的峰峦,或仰或俯,曲尽其态。山水树石无不和谐自然,可以看出画家对大自然的观察和表现都深化了。第231窟北壁弥勒经变上部,描绘了茫茫苍苍的远景,右侧峰峦耸峙,一轮红日半掩云中。最有趣的是山坡旁的3只小鹿,给画面增添了无限的活力。

壁画中树木的表现,也随着山水的写实化而进一步发展了。在第369窟、238窟,榆林窟第25窟等,远景近景的树木,疏密、向背表现得自然、真实。第468窟龛内屏风画中曲屈的老树,树皮的皴裂、虬枝的偃仰、树叶的分布等都表现得很成功。第17窟北壁的双树,可说是晚唐画树的杰出作品(见图15-18)。粗壮的树干上、自然的纹理、枝梢的向背宛若天成,繁而不乱的树叶,刻画得极为细腻、真切。《唐朝名画录》曾记述王宰画双树"千枝万叶,交查屈曲,分布不杂。或枯或荣,或蔓或亚,或直或倚,叶叠千重,枝分四面"。这段话用来形容17窟的双树,也恰如其分。

山水画从象征性、装饰性而发展到写实性,正是不断深化的表现。由于对写实性的追求,原来那种笔法单一的青绿山水技法已不适应新的时代需要,这样就促成了描绘技法上的突破,正如张彦远所说的"象

图 15 - 18　树　17 窟(晚唐)

物必在于形似,形似须全其骨气,骨气形似皆本于立意而归乎用笔"。
山水画用笔、赋色的重大变化,是体现唐代后期山水画特点的关键。在
54 窟龛内西壁的屏风画中(见图 15 - 19),左侧的山石,通过棱角分明
的勾勒和皴染,很好地体现出质感。右侧的山坡也可看出明显的皴笔
和层次效果。虽然仅仅是一幅山石小景,但是这种不加五彩,运用勾勒

皴染表现出的和谐景致,已可体味到水墨画的韵味了。在第468窟西壁龛内的屏风画中,岩石的凸凹和转折效果,可以看出这种新的山水技法的优势;第112窟变化丰富的勾勒线和小斧劈皴的运用,辅之以淡墨晕染,成功地表现了岩石各个面的效果。皴、染往往结合在一起表现山石质感。由于墙壁的渗透效果远比纸、绢差,因而,这里所用的皴笔显得细而干涩,晕染则只有借助于湿壁的效果了。在榆林窟25窟南壁观无量寿经变右侧的山水画中(见图15-20),山崖较好地用晕染体现出层次来,同窟北壁的弥勒经变山水中,则可看出部分皴染较板滞和不和谐,表现出它的局限性。

图15-19 屏中山水 54窟(中唐)

　　唐代后期山水画不仅仅展示了笔墨技法上的重大变化,更重要的是它反映出了一个时代审美观念的重大变化。唐代后期,经过安史之乱以后,政治局势动荡不安,士大夫阶层已失去了唐前期那种积极进取的精神,表现在艺术上,那种追求建功立业、歌颂太平盛事的华美乐章消失了,继之以一种淡淡的略带凄清的情调,正如司空图所说的“浓尽必枯,淡者屡深”。在山水画方面表现在对不贵五彩的水墨山水的推重,在唐五代的画论著作中可以看出这种微妙的变化。成书较早的

·欧·亚·历·史·文·化·文·库·

图 15 – 20　观无量寿经变　榆林 25 窟（中唐）

《唐朝名画录》非常推崇青绿山水画家李思训,称他"山水绝妙","国朝山水第一"。晚唐的《历代名画记》虽然也称道李思训"画山水树石,笔格遒劲",但是对吴道子、王维的绘画则流露出更大的兴趣。符载赞美张璪的山水松石"毫飞墨喷,捽掌如裂,离合惝恍,忽生怪状"。五代的荆浩对李思训已采取批判的态度,说李画"巧写象或,大亏墨彩",而对张璪的"笔墨积微"、"不贵五彩",王维的"笔墨婉丽"大加赞美。[1] 这些都说明了唐代后期,对山水画的审美趣味发生了一系列变化。由于王维、张璪等画家的作品,现在已很难见到,对这些变化,几乎是无迹可求了,而唐代后期敦煌壁画中的山水画,则明确标志出了山水画由青绿向浅绛、水墨发展的轨迹。远在边陲的敦煌石窟,仅仅根据粉本而画于墙壁,其成就是不能与唐代两京寺院相比的,但其所体现的意境是值得玩味的。如第 112 窟报恩经变左上角的山水画,一僧在幽邃的岩洞里

〔1〕宁强:《〈历代名画记〉与敦煌早期壁画》,载《敦煌研究》1988 年第 4 期。

苦修,前面岩石涌出一泓清泉,一只鹿恬静地饮水,幽静、冷寂,这本是佛家所追求的苦修的境界,但通过山石环境来烘托这种境界,则是唐代后期才有的。盛唐以前凡表现佛说法的场面,画面都画得较满,而在中晚唐则很讲究留白,讲究疏朗。如第54窟屏风画中,左侧的岩石,树木仅占了极小的部分,近景和远景之间留有较大的空间,体现一种空阔、萧疏的境界,使人想起刘商诗中所写的"苔石苍苍临涧水,阴风飒飒动松枝"。第468、238、360等窟的山水画,也体现着类似的意境。随着对山水意趣的追求,人物越来越不重要,有的甚至不画人物,把空间留给了山水树石。第154窟龛西北侧的一幅屏风画,已是一幅独立的山水条幅。第93窟龛内西壁中,朦胧的山势、淡远的境界,若不是榜题在旁,绝不会使人感到是一幅佛教故事画,第9、159、361等窟的五台山图,都可看做是独立的山水图景。此外,对于山的造型,唐前期多圆浑、柔丽,而这一时期多尖峰,棱角分明,这与行笔的劲健有关,但它反映了一种冷峻的个性,通过简练的笔触勾勒皴擦,造成一种着墨不多而回味无穷的效果,所谓"笔才一二,而象已应焉",这是青绿山水达不到的。[1]

总的来说,唐代后期壁画中,青绿山水已居于次要的地位,画家甚至有意识地摒弃颜色的渲染,而突出线条、笔触的韵味和水墨晕染的效果。但这种山水画在我们还不能称作水墨山水画,它与五代以后纸绢本的水墨山水画还有很大的距离。从这些山水画的行笔、施彩的情况看,它与所谓的浅绛山水很接近。我们不妨暂且称之为浅绛山水。唐代后期浅绛山水的大量出现,说明了这种注重水墨效果,用侧锋行笔而造成线条的变化,表现山石的各个不同面的方法,已逐渐为当时的画家们所重视,并进而探索各种皴、擦、点、染方法的规律,实际上为后来水墨山水画的发展打下了基础。从这个意义上看,唐代后期的山水画拉开了宋以后水墨山水发展的序幕。

---

〔1〕赵声良:《敦煌石窟唐代后期山水画》,载王伯敏《敦煌壁画山水研究》,浙江美术出版社2000年版。

·欧·亚·历·史·文·化·文·库·

15.2.2 敦煌中期壁画中的山水画法——多种画法并存

15.2.2.1 笔法——变化多样

笔法是我国绘画历来十分重视的一个问题。敦煌石窟唐代前期山水的笔法,由简单勾描(如第209窟)发展到多种方法的勾勒、皴擦、晕染(如第103、172窟)。第112窟唐鹿母夫人本生图(见图15-21)出现变化丰富的勾勒线和小斧劈皴的运用,淡墨晕染,具体地表现出岩石各面的效果。在艺术上,这是唐壁画山水中较为写意的一种表现。山水画笔法在唐代后期进一步地发展,出现了突出线条和笔触的韵味。表现山峰的笔法出现了变化,根据山的形体而使墨线呈不同的变化;通过线条的转折,形成了尖的角度;又由于用墨变化而形成了皴法。皴法是线描的发展,通过皴法可以表现一定的面,使线的作用丰富起来。如在第112、158窟的壁画中,墨线或粗或细,或柔或硬,以及转折丰富的变化,表现出岩石的不同质感及立体特征。从唐代后期的敦煌壁画山水中,可以看出画者进一步地探索各种皴、点、擦、染的笔法规律,为后来

图15-21 山中修行 112窟(中唐)

水墨山水画的发展打下了基础。壁画山水笔法的深入、丰富与中原的绘画发展有密切关联，从中也可以看到中原与敦煌的文化往来从未间断。

15.2.2.2　设色——和谐统一

在色彩的选择与使用上，隋唐的画师们重视总体的统一协调与局部的精湛丰富。唐代前期的敦煌石窟壁画，山水以青绿山水为主，色彩感强烈，富丽堂皇。画者追求一种与人物、内容协调的华美、灿烂的情调。唐代后期，山水画从象征性、装饰性发展到写实性。由于对写实性的追求，青绿山水技法已不适应新的时代需要，壁画山水在唐代后期渐渐出现由青绿设色向浅绛设色发展的现象。如榆林第25窟中弥勒经变的迦叶神窟中，画者用水墨晕染山石，突出线条，使我们体味到水墨画的韵味。第85窟报恩经变中弹琴部分（见彩图15-22），画工将场景置于绿树浓荫的幽静气氛中，画中的两棵大树，用刷平染，色彩自然外渗，出现晕化的奇妙效果，颇有韵味。总体说来，由于壁画画种的特殊性，需要注意设色的大效果。敦煌隋唐时期壁画山水以石色较多，在对大面积的田野、山坡、天空等描绘中，则选择了纯正沉着的色彩来平涂，重视用色的对比与协调，以造成一种总体上统一的风格。唐代画师在色彩运用上造就的大唐气息令后人赞叹，壁画色彩富丽典雅，这也造就了中国特有的壁画用色规则。[1]

15.2.2.3　结构——严谨宏伟

敦煌石窟唐代前期山水画的画面结构主要有两种类型。一类是表现巨幅经变画的全景山水，这种山水画常能衬托宏大的气势，如第332、149窟的涅槃经变，第23窟的法华经变，第45窟的观音经变，第3窟的佛教史迹画等等。在这种山水画中，画者把山、水、树、人等和谐组织，繁而不乱，丰富绚烂。另一类是主体式山水，常表现经变的一个情节，画面较小，相比全景山水，其视点有所降低，刻画较细而富有生趣。如第172窟观无量寿经变两侧的十六观。这类山水可谓小景山水，适

---

〔1〕万骁：《试析敦煌壁画中的山水画及山水景致画风》，南京师范大学硕士研究生学位论文，2004年。

·欧·亚·历·史·文·化·文·库·

宜表现近景,刻画细致的山林水色,构图虽然没有全景山水那样繁复壮阔,但却灵活自然。这种画风在唐代后期的壁画山水中有所继承发展。唐代后期敦煌壁画山水画的画面结构依旧延续这两种类型。隋唐时期,山水画还是人物画的一种场景和陪衬,在佛教石窟里并没有取得独立的地位,但这一时期山水的普及,已成为石窟壁画中不可缺少的内容。

15.2.2.4 树木描绘——丰富多样

隋代第303窟四壁下层的山水画中,树木平均地排列在山中,树与树之间没有穿插,整幅画面的树木属于平面装饰,有北魏、北周的遗风。隋代壁画山水中树的画法处于过渡时期,这一时期另有如276窟维摩诘经变的问疾品局部,画中树木已有了造型分枝的写实手法。壁画山水发展到唐代,随着画师技法的提高、绘画经验的积累丰富,树的描绘也丰富多样起来。壁画山水中,树冠已不像隋代之前单纯的"伸臂布指"状,出现了偏于写实的树、偏于装饰的树、偏于写意的树等多种样式,树种也多样化。树木与山坡、山冈相配合。树干也更加多姿、更加生动,正是"千有断笔宜生枝","得自然照应之妙"。第25窟弥勒变上部的配景山水中,近树、远树精心处理,衬出由近及远的透视关系。

15.2.2.5 构图与视点——鸟瞰式构图与散点透视相结合

自魏晋时代开始,出于对经变故事或本生故事的描绘需要,常采用鸟瞰式的构图,将不同时空中的情节穿插其中,或是鸟瞰式的全景山水,或是半鸟瞰式描绘各类场景,形成既变化又统一的巨大画幅。在敦煌隋唐壁画的发展中,造就了这种全景式的扩展状布局方式,这种空间构图的视像带有一定的主观性,呈现出一种以无限深远的空间为视觉灭点的放射状的由近及远的鸟瞰式描绘。

隋唐壁画中,这种空间构图方式常在描写宏大场面的经变画中出现。第321窟初唐的宝雨经变即是一例。全图以鸟瞰式的山水为背景,穿插各类人物活动,并绘有各种建筑,如寺塔、庙宇、房舍、城网、长城及各种动物。在这种构图中,佛像为构图中心,上下左右均作环绕而由近及远的布置,组合成一种中国人对空间安排的特有视觉画面。

隋代展子虔的《游春图》中,山水空间构图把握也同样采取了鸟瞰式的全景构图,画家似乎是站在高处并神游其间的观察者。这种布局方式,造成了画面远近错落的空间联想,兼容了各种近观默察时所获得的形象。这种以大观小的山水画构图与壁画经变画的空间构图有相似之处。

随着山水画的发展,全景式构图方式得到广泛应用,并对后世中国山水画的构图方式影响巨大。这样的构图方式为中国画的纵深感觉与纵向构图的发展提供了审美上的心理准备与艺术上的基础样式。

15.2.2.6 空间表现——日趋成熟

从北朝到隋代的壁画,构图较满,人物较大,对于画面整体来说,空间关系还没有明显表现出来。但在隋代,山水中比例的问题已开始受到画家们的重视,人与山、人与树、山与树等方面的比例在不断调和,使画面达到和谐,同时画家注意到远景与近景的区分。也就是说,隋代以后,空间表现受到重视,并产生了较为成熟的空间表现手法(如图 15-23)。

图 15-23 崇山峻岭 332 窟(初唐)

·欧·亚·历·史·文·化·文·库·

15.2.2.6.1　山与树的比例——合理

隋代以后,尤其是进入唐代,敦煌壁画山水高度发达,画面中的比例逐步趋于合理。北朝壁画表现山水的现象是很多场面中树比山高,如按真实的比例,树应该比山小得多,乃至看不到的程度。这一点在敦煌中期有了很大的改变。唐代的画家们有意识地在近景与远景中表现不同的树木,通过不同的比例来区分出远近关系。如在山峰中表现叶林,在建筑前表现较高的树木等。

15.2.2.6.2　远景与近景的关系——区分细致

一般来说,画面的上部为远景、下部为近景,北朝时代的故事画中已有这样的远近表现。隋代以后,画家们对远近大小的关系有了更具体的认识,远景的山峰与近景的山峰以不同的形状来表现,且远景的山峦渐略,近景的山峰描绘详细。

隋代以后的壁画中已可以看到细致地刻画的近景山岩了。在第276窟壁画中,以强劲的笔力刻画出岩石的轮廓,并体现出一定的质感。初唐第332、335窟壁画中,近景山峦险峻、陡峭,而远景山峦平缓,从而大体上区分出远近关系。

色彩的应用也区别出远近的空间感。第323、217、103等窟的壁画中,近景山峰基本上施以石青。古代的石窟比今天看到的要暗得多,石绿具有明亮感,而石青相比之下则显得较暗,这样的明暗对比就体现出一定的空间关系来。中唐以后,远景中的施彩比近景颜色更淡的情况较多。无论如何,以色彩关系来表现远景空间可以说是这一时期山水画的一种基本技法。

15.2.3　代表窟的实证分析

15.2.3.1　隋代303窟山林图的山水表现

15.2.3.1.1　山石的画法——勾皴加染

山石画法,基本上有3种:(1)以色彩分层次;(2)勾皴略加染;(3)排列、交错,形成群山的气势。

(1)以色彩分层次。这铺山林图(见彩图15－24)的色调,基本上以赭色为主,山石多以赭色涂刷。画山头,虽平涂,由于粉壁不很平,所以留下的笔触粗细、毛润不一,甚至色彩不匀的感觉也很明显,作为艺术的要求,反而感到有"画山多层次"之妙。另一种是用墨色画山,墨色有用墨,有用熏烟调轻胶。由于壁面不平整,画上去好似有"皴擦"的味道,尽管不一定是画工在落笔时的本领,可是在客观上,产生了这种艺术效果。再一种是用赭黑相间来画山石,从艺术表现来说,当以这种表现较丰富。

（2）勾皴加染。这种画法,似乎先勾线,接着加皴,然后染一层淡彩,这在北周壁画中已发现,303 窟的表现可谓承继传统。

（3）排列、交错,形成群山的气势。当时画家通过山形的大小、方圆、高低以及色调变化,经营其位置,成为群山奔腾的气势,在艺术处理上,千余年前的画家,已懂得取巧与取势。在艺术处理上,他们又做到了"落笔半偷闲"。

15.2.3.1.2　树的画法——丰富多样

303 窟壁画中树的画法,严格地归纳,约有 7 种;若论不同形态与枝叶的变化,那就更丰富了。一种是树枝的交叉,它的造型与北魏、北周的传统是相承的,但也与所见的汉石刻画像中的某些树枝交叉很相近,说明这种树的画法,在民间流传已经很久了。

303 窟壁画山林,看来不在佛国,是须弥山、铁围山之外凡界的山林。树木虽多,但并非江南春天漫山遍野红里掺白状如大红玛瑙的茶花树,也不是如桃红色花瓣包着金丝花蕊的杜鹃花,更不是有青绿花蕊镶着乳白花瓣的报春花,不是绿杨或白槐。303 窟的壁画树木,密密丛丛,看似平常的乔木,却是一种宝树,加上画工的想象和创造,虽然叫不出树名,却是有形有色。[1]

15.2.3.1.3　山水画风——过渡性

山林图是有北魏、北周明显传统风采的隋代壁画。画山用色彩刷染,并以白、灰、棕红、橙黄等色线勾勒,与北魏的狩猎图、鹿王本生,北

---

〔1〕王伯敏:《莫高窟壁画山水再探》,收入氏著《敦煌壁画山水研究》,浙江美术出版社 2000 年版。

周的萨埵那太子本生、福田经变等所画相似。画树,有的树干作对称,大叶子则勾线填彩,装饰性较强;有的所画,犹存"伸臂布指"的作风。从北周至唐代,该图这些画树特点,明确地体现了那个时代发展的过渡性。

15.2.3.2 盛唐323窟的山水表现

323窟的山水画标志着莫高窟唐代山水画的高峰,人物与景物、近景与远景、山与水等关系的处理,以至整铺山水的布局,都体现出了画家独到的匠心。早期的山水画,大都以故事人物为主,山水是作为陪衬的,因而往往不顾远近透视,从山水画的角度看就失去了它的完整性。323窟南壁的3铺故事画,在这方面可说是达到了较好的统一,画家娴熟地处理人物、故事情节、山水景物等方面的关系,观众既能清楚地看出故事的脉络,又从山水景物中体会到自然之美,可谓赏心悦目。

15.2.3.2.1 人物与山水的比例

北壁张骞出使西域的场景中,画面中近处描绘张骞辞别汉武帝的场面,人物画得很大。在左侧的山峦中,画出张骞与随从人员渐渐远去的身影,人物越远越小,人与山水比例协调,表现出自然的空间透视感。南壁的石佛浮江故事,画面的远景中画出一些人看着闪闪的佛光,指指点点,这一组人物画得最小,只能看出大体形象,看不清面目。中部的一群人在江边远礼石佛,这一组人物比起远景中的人物来,要大一点。靠下部的近景中,人们迎接石佛的到来,人物画得大而具体。这样由远及近,通过江水联系起来,表现出远近空间的关系,山、水、人物的比例都十分协调。由于山水的远近关系趋向合理,大大增强了画面写实性,同时也使全壁的山水画具有完整性。

15.2.3.2.2 远景与近景的关系

对远山的表现是全画的得意之笔,特别是远景中画出帆船,颇有意境。北壁上部表现唐僧从海上来到东土的情节。大海中一叶扁舟,隐约可见舟中数人。南壁的远景中有几处画出了小舟,与山水相映成趣,表现了烟雨迷蒙的江湖景色(见图15-25)。尽管线色脱落,但是仍可看出近处的波浪和远处的河流,特别是远景的点点帆影,颇有唐诗中

图 15－25　千里江山　323 窟（盛唐）

"孤帆远影碧空尽"的意境。由于变色比较严重，山水及人物的轮廓线都看不清楚了，远山的颜色都变成了黑色，竟现出几分水墨画的味道，因此有人误认为此窟壁画是没骨山水，这是由于不了解敦煌壁画变色的情况而产生的误解。按照唐人绘画的习惯，多是采用线描施彩的办法，即在鲜艳的色彩之上勾线，而随着时代的推移，表面的墨线往往比较易脱落。

　　由于远景的表现，大大扩展了山水画的空间，真正体现出唐人所乐道的咫尺千里的效果，成功地处理了近景远景的关系，使山水进入了成熟阶段。在第 323 窟东壁的戒律画中，远近关系表现得较为暧昧，这是由于画面表现的不是完整的故事，而是一个并列的内容。类似的处理手法，在第 45 窟南壁的观音经变中也可以看到，画面中央是观音菩萨像，两侧画出现身说法图及救苦救难的场面，这里山水又用于分割画面，然而，与早期故事画不同的是，作为背景的山水，在每一个具体画面中都有着相对真实的空间感。

·欧·亚·历·史·文·化·文·库·

图 15 – 26　大江远流　323 窟（盛唐）

15.2.3.2.3　树木的表现

树木的表现颇有特色。在近景中有枝繁叶茂的大树,在山崖和远景的山丘上画出附着于山体的蘑菇状树叶,有的如草叶一样。在一些险峻的高山上还画出藤蔓垂下。分布在山峰中的这些丰富的植物形式,使画面充满了生机。

15.2.3.2.4　云的描绘

本来在早期的壁画中就已出现过很多云,但大多是描绘佛、菩萨及天人等乘云来去的场面,那样的云是佛、菩萨、天人等的乘骑,带有很强的象征性,并不是自然景色中的云,但在第 323 窟中描绘的是佛图澄举杯洒酒化为雨扑灭大火的神异故事。画面中高僧佛图澄举杯向上,一朵乌云向上升去,山峦的后面有一座城,城楼中火焰升天,空中的乌云化为大雨,倾盆而下。同窟南壁西侧,在远景中描绘出一朵云霞。南壁表现昙延法师祈雨的故事,画出了天空的乌云(见图 15 – 27)。这些画面都是按现实中的自然现象描绘出来的。大火燃烧,烈焰熊熊;乌云翻滚,大雨如注,都可以形成独特的风景。唐代画家们最早注意到并描绘

图 15-27　远山浮云　323 窟（盛唐）

出了这些自然奇观,为中国绘画史留下了珍贵的资料。[1]

　　总之,323 窟的山水反映出山水画各种表现手法的综合运用,表现出山脉的气势、水流的掩映、远景的苍茫,还善于用"藏"的手法,如南壁西灵寺瑞像中表现船载金佛像而归,船的后部藏在山后,既表现了山水的层次,也表现了人物众多;北壁张骞出使西域图中,张骞一行乘骑半藏在山后,既表现了山重水复的效果,又体现出张骞等人跋山涉水的艰辛,情节、环境相互映衬。321 窟南壁、217 窟南壁等山水画中也有类似的方法。盛唐石窟的青绿山水大多是从中原传来的粉本,或丘峦秀丽、绿树环合,或烟霭雾锁、山水迷蒙,或大海扬波、舟楫帆影……都不是西北的自然风景。但是敦煌的画家们受到内地山水审美意识的深刻影响,自觉或不自觉地把西北自然风光融入了青绿山水画中,尽管经过了加工美化,但仍能寻其端倪。如盛唐 172 窟东壁文殊变背景的山水

〔1〕罗华庚:《敦煌石窟鉴赏丛书》第 3 辑第 6 分册第 323 窟,甘肃人民美术出版社 1990 年版。

画,辽阔宽广的原野,不再用装饰性山形来分远近,而是用一条明晰曲折的河流,两边的树愈远愈小,直至消失,以此造成极深远的透视感。同窟北壁观无量寿经变上部也有这种辽阔原野的表现。这种景色显然不是南方风光,细察画面沟壑的特点就会发现,这种仿佛断裂而成的沟壑,在西北很多地方都可以看到,敦煌附近就可以找到类似的沟壑,只是没有那样汹涌的流水而已。而在唐代,莫高窟附近曾是"左豁平陆,目极远山;前流长河,波映重阁"的景色,这就为当时的画家们提供了素材,并激发了画家们的灵感,进而创作出这种富有敦煌特色的山水画来。这类山水画在 148 等窟中也有不少优秀的作品。

15.3   深秀简素水墨流芳的敦煌晚期山水画

敦煌晚期包括五代、宋、西夏、元。

公元 914 年,曹议金接替了张氏的归义军政权,继续统治敦煌一带,曹氏世代相袭,延续了 100 多年,这一时期相当于中原的五代到北宋。曹氏家族崇信佛教,大肆营建莫高窟和榆林窟,并仿照中原建立画院,这一时期的壁画主要是曹氏画院的画工绘制的。画工们努力保持前代绘画的传统,缺乏创新,用色单调,总的趋势是走向衰落。

公元 1036 年,西夏占领敦煌,进行了长达两个世纪的统治。公元 1227 年,敦煌归入蒙古元朝的版图。西夏和元代,在莫高窟和榆林窟都营建或改建了不少洞窟,留下了一批具有时代特色的壁画。西夏前期的壁画中,很少描绘山水画;西夏后期到元代,出现了一些与传统青绿山水风光迥然不同的山水画,可以看出北宋以来中原山水画风的影响。特别是榆林窟第 3 窟的大型水墨山水画,标志着一个崭新时代的开始。

15.3.1   表现特色——内容丰富、构图严谨

五代、宋之际,卷轴绘画逐渐取代了壁画的主流地位,无论数量上还是质量上,卷轴绘画的大兴都使壁画相形失色。总起来看,敦煌石窟壁画画风在此时期基本没有脱离唐之藩篱,但色彩的富丽堂皇之感稍

逊。五代初期壁画线描仍保留有唐代兰叶描的豪放和富于变化的特点,壁画构图方式多为重复晚唐,模式化较重。用色以石绿、赭石、茶黑较多。整体来说,五代壁画内容在唐代的发展基础上更加丰富,布局也较严谨,其中一些新的内容和形式成为人们对佛教美术关注的重点。

这一时期风格突出的当属第61窟的五台山图。这是一幅山水、人物并重的巨作(见彩图15-28)。五台山是佛教圣地,有许多佛教寺院,不少佛教传说故事源自于此。这幅佛教史迹画面积约40多平方米,是敦煌壁画中幅面最大的作品。全图以鸟瞰式构图尽收五台山全景,将千里江山、亭台楼阁、风土人情汇于一处。图中附有榜题,与实景基本吻合。这种表现形式虽含有"图谱"之意,但仍有相当的艺术价值。这幅作品的意义在于山水画从隋唐敦煌壁画作为人物背景出现已逐渐发展至五代取得独立的地位。

西夏、元朝两代民族政权,在莫高窟,榆林窟留下了许多个性鲜明的精美作品,丰富了莫高窟佛教艺术的内容与形式,使敦煌艺术在达到一个新的高潮中结束。

在榆林石窟现保存了一批极为重要的,能代表西夏风格的壁画。如第2窟的两幅水月观音,构图谨严、意境幽美。其衬景山水景致与菩萨的神情仪态搭配和谐自然。第3窟的文殊变、普贤变两幅作品中也有保存完好的山水。作品描写两位菩萨率众离开自己的灵山道场,巡回于云海之间。唐代最常表现的经变画在西夏之后随密教的广泛传播而逐渐减少。至元代经变画已很少表现,取而代之的是尊像画。在元代,石窟壁画中鲜有山水景致,而转以花草图案与适合纹样来配合主体人物。其藏密壁画装饰性强,并追求神秘气氛;中原风格的壁画更追求用线和笔墨的变化,这在一定程度上受到中原绢本、纸本工笔人物画的影响。元代是在西夏壁画的基础上发展起来的,并且使汉藏两大系统的壁画艺术得到共同发展。

15.3.2　敦煌晚期壁画中的山水画法

15.3.2.1　山水画风——兼收并蓄

以文殊变背景中的五台山山水为例,山峰耸立,树木葱郁,楼阁相映,彩虹横空。茅舍野店隐现于荒野,寒林深远。看得出画者在追求山水的高远意境方面的良苦用心。山石以水墨渲染后略施淡彩,显出山林苍茫凝重之感。这样的画风显然受了南宋水墨山水画的影响,与南宋山水画风代表——马远的山水画有相似之处。马远的《踏歌图》中运用了"大斧劈皴",山石表现得如假山般峻峭,前后山景之间一片烟雾迷蒙,利用空白表现出山水辽阔深远的纵深关系。这些特点在文殊变的五台山配景山水中都有所体现。敦煌石窟壁画山水发展到西夏时期,山石的皴、擦、点、染等技法已相当成熟,与同期中原画风相当。除山石笔法外,文殊变中树木的笔法也与南宋山水画中的树木表现手法相似。画中菩萨两边单线勾画,构图、用笔都给人一种成熟的中原风格的印象。从壁画内容与画风上,我们能寻到宋代的武宗元、马和之、许道宁、李唐等名家的影响。但西夏艺术是有着独特艺术风格的,在壁画中我们还能看到其摄取了当时各民族的艺术风格,兼收并蓄、融会贯通,形成了自己的新风格。勾勒的树木,生动自然,笔法劲健灵活,与《踏歌行》里中景的树的画法相似。

马远的《水图》是山水画中水法的经典杰作。《水图》以笔线表现江、河、湖、海不同水性的动势,并略施以烘染,有虚有实,把 12 种不同季节气候下江河湖海等各种水态、水势画得曲尽其妙,精致入微。作者充分利用了粗细、提按、转折、曲直的变化来表现水波,显示了对客观对象真实形态的把握和对中国画线条高超的概括能力。文殊变以单线勾描水波,虽显得单调,但相比敦煌早期壁画山水画中的水的刻画,已有了很大的进步。画者同样注意了水法的提按、转折、曲直的变化,是西夏时期山水画中水法的代表作。

15.3.2.2 水云相连的处理——自然和谐

古人说:"画云不得似水,画水不得似云,入手工程不可忽之也。"云水均是"无常形而有常理"的,由于它们在形象感受和艺术处理上比较接近,因此,我们要特别注意画面上同时出现云水相连的处理,尤其在工笔山水,云和水均以中锋线勾出时。这要求作者具备运笔取象高度的概括能力。

普贤变局部中云水相连的处理,自然和谐,其云水法采用中国画白描手法,云用装饰性的圆润线条勾出,用白粉罩染;水则采用细密笔线勾写,笔线方圆之间,表现出水波起伏、荡漾自如的意境。宋人佚名作品《江天春色图》局部中,云水的处理上与普贤变中的云水相比,装饰性减少,现实性形象增多,做到笔之所至,"意以为云则云,意以为水则水"。此幅勾云甚有唐人遗意,用笔精到,笔意较为松动,与勾水所用的较凝重的笔线形成对比。

15.3.2.3 竹的画法——可证中原文化的影响

西夏《水月观音》中修竹苍翠,与辽代《竹雀双兔图》中的双勾墨竹有几分相似,同是源于中原五代宋初黄荃父子的宫廷花鸟画的格法。西夏和辽代的绘画艺术与中原画风的可比性,可证明当时中原汉文化对周边不同民族绘画的影响。

15.3.3 五代61窟五台山图山水画法

15.3.3.1 画面结构——宏大严谨

五台山图是全景式的构图形式,这种鸟瞰式的散点透视法在本章隋唐部分已有分析。这种构图形式更利于画者经营位置,自由创作。中国山水画之所以能画出百里山川,在于中国传统的绘画早就突破了时空对画面表现的局限。五台山图创作时期与五代董源、巨然的山水画兴起,时间大致相当。五代时期董源的《龙袖骄民图》、《夏山图》,巨然的《秋山问道图》,之后北宋范宽的《溪山行旅图》、许道宁的《渔父图》等等都是全景式构图法。在这些作品中,山水空间表现兼具宋代郭熙在《林泉高致集》中提出的"深远,平远,高远",以及韩拙在《山水纯全集》中提出的"阔远,幽远,迷远",五台山图也有同样的宏大表现。[1]

15.3.3.2 设色——清雅和谐

五台山图以青、绿、赭为主色,作淡皴染,画面已显示"水晕墨章"

---

〔1〕王伯敏:《莫高窟壁画山水五探》,收入氏著《敦煌壁画山水研究》,浙江美术出版社2000年版。

·欧·亚·历·史·文·化·文·库·

的写意山水技法之先声(见图15-29)。图中描绘了青色的瓦,绿色的屋檐与屋脊,朱红色的桥面,加之白色院墙,赭色的山冈,色彩清雅和谐,破民间画工用色重浓丽的常规。

15.3.3.3　道路——连贯巧妙

五台山图中山林、道路的画法,作为山水画史的研究部分,有着它的独特性和艺术价值。数百里的圣地,全由山坡、道路来连贯。所画构成分隔的不是云烟,而是利用高低、大小,以及横、斜、曲直线条构成,自然天趣。其中道路的画法,以弯曲形状予以表现近及远的透视关系,这与五代董源的《洞天山堂图》、巨然的《秋山问道图》等作品中表现的山径透视有相似之处,都传达了"路曲景深"的意味。

15.3.3.4　题材与体例——结构紧密的现实性艺术

五台山图是主题明确、独立的大型的山林寺院图,兼具佛教性质和地图性质。它又是富于现实主义的创作,是山水画与社会生活紧密结

图15-29　五台山　61窟(五代)

456

合的山水人物故事画。五台山图如实地描绘了 10 世纪后期的社会风貌,给观者展现了当时敦煌画师眼中的中原壮丽山河,反映了五台圣地在中古时期的繁荣(见图 15 - 30)。同为风俗画,若说宋代张择端的《清明上河图》是以描写细腻著称,那么第 61 窟的五台山图则以结构宏阔而引人注目。这种画风,在敦煌壁画中有一定的传承性。在敦煌中期壁画中,如第 23 窟盛唐法华经变中药草喻品局部,榆林 25 窟唐弥勒经变中农耕、嫁娶、罗刹扫城等等,都是这种所谓的山水人物画,也可称为风俗画。在五代之后,这种画风被传承了下去。

15.3.3.5　树的描绘——不断丰富

五台山图中树的画法,相比早期富有装饰性的"伸臂布指"已向具体写实画风推进。经过分析比较,发现画面中树的表现手法大致可分为 9 种,大多是先勾描、后晕染的表现方式,率意天真。有的树已表现出自然婀娜的身姿,并且讲求"树分四枝"的法则。树的表现手法,有富有装饰性的对称画法,也有富有写实性的手法,表明敦煌壁画山水画中画树的技法随着时代变迁在不断丰富进步。

图 15 - 30　五台山　61 窟(五代)

·欧·亚·历·史·文·化·文·库·

15.4　敦煌壁画中的山水画的艺术价值

敦煌壁画是中国古典美术的重要组成部分,仅从美术史的角度来看,它就包含着难以估量的意义和巨大价值。敦煌壁画山水画及衬景山水景致是敦煌壁画的组成部分,也是敦煌佛教绘画的组成部分,它在中国山水画史研究方面有着重要的价值。

形象地拓展了佛教故事表达的空间　视觉艺术,要由可视的艺术语言来表达。山水景致在绘画中成为人物情节的连贯,使客观存在的世界形象化。对于这些佛教壁画,如果缺少山林水草、树木杂花、飞禽走兽的衬托,画面会索然无味。在历史上,人们意识到的空间,一是与生活紧密联系的生活空间,一是自然空间。生活空间是有限的,而自然空间是广阔的。佛教绘画中画山水,是在艺术上反映空间,是人类所共有的对空间的需求。人们已习惯把想象中的佛教世界社会化,观者在观赏壁画、接受宗教教育之余,山水画给佛教故事更增添了境界意趣,使观者获得更宽裕的精神空间,得到更多的美的享受。

早、中期敦煌壁画山水画是中国早期山水画史研究资料　唐代是我国山水画发展的兴盛时期,吴道子、李思训、李昭道、王维等都在两京寺院里绘制了大量的山水壁画。可是盛唐诸家的山水画真迹几乎没有流传至今的,形成山水画史上的一大缺憾。

魏晋南北朝学术文化的发展使得美术理论家对绘画艺术的认识达到较高的层次,对绘画的认识融入对人生的认识,绘画理论体系的形成及其发展成为必然之势。山水画论在此期间也逐渐形成,其中最重要的文献,如顾恺之《画云台山记》,南朝宗炳的《画山水序》和王微的《叙画》。这些山水画论的精深阐述,给予后来中国画题材的分化以限定和启示,为后来中国画理论框架的确立进行了全面的开拓。唐代的美术理论家深化发展中国古代美术理论,以张彦远为代表的美术理论家把绘画艺术推上中国正统文化的行列。中国第一部系统的画史《历代名画记》在唐代的出现,系统全面地总结、梳理了中国历代绘画艺术及其理论成就,将以往被视为工匠之属的画人、画迹以史传的形式记录下来,从中可窥见我国唐代以及唐代以前古代绘画的概貌。其中的《论画山水树石》,对中国魏、晋、隋、初唐山水画的风格面貌及演变历程进行了阐述,我们从中可了解中古以前山水画的风格。但画史毕竟是理论文献,而敦煌早、中期壁画提供的具体的形象资料,印证了文献史料的记述,在一定情况下弥补了文献的不足。

为后人学习中国传统青绿山水技法提供宝贵的资料　在感叹其艺术之辉煌的同时,我们对敦煌壁画中的山水画风进行分期研究,更能深刻地感受敦煌壁画的丰富,也从中认识到佛教绘画对中国传统重彩画风发展完善的影响。中国卷轴画中的青绿山水画风是佛教绘画的延续。隋唐存世的"细密精致而臻丽"、"勾金染碧"绘画风格的卷轴青绿山水如今已罕见,敦煌早、中期壁画山水填补了这个空缺,为我们探索学习中国传统青绿山水技法提供了宝贵资料。敦煌壁画中的山水画画风对卷轴画中的青绿山水乃至后世的工笔重彩画风有深远的影响。

提供形象资料证明了中国民族文化的一脉相传　敦煌壁画艺术是我国历史上各民族在宗教信仰与意识交往中的结晶,是中国各民族源远流长、互依互存的历史所形成的重要标志之一。通过敦煌各时期壁画山水中的树石法、云水法、亭台楼阁法,画面结构,人与景的关系处理,笔法,晕染法与同期的中原及东南诸地的山水画画法的比较研究,让我们清楚地看出它们的艺术表现在历史上的连贯性,说明远在雄踞两关、地接西域的敦煌,与中原有共同的民族性,共同的文化内涵,其宝贵的形象资料证明了中华民族文化的一脉相传。

16　敦煌壁画之色彩[1]

色彩的总体,要表现一种意义,没有意义,便一无美处。

——罗丹

　　举世闻名的敦煌莫高窟,是中华民族艺术遗产的宝库,敦煌壁画艺术的发展,展现了我国民族绘画传统艺术的不朽成果,受到国内外高度重视,人们已从各个不同领域对其研究并给以高度评价。在保存完好的 492 个洞窟内,除塑像外,单壁画一项就有 45000 多平方米,其数量之多、质量之高、规模之大,为世人所震惊,不愧为世界艺术史上惊人的伟迹。凡到过敦煌莫高窟的人,无不被那富丽堂皇的色彩气氛所感染而赞叹不绝。敦煌壁画作为我国传统绘画的重要方面,在色彩领域取得高度艺术成就,却并未得到相应的评价和重视。在现有的敦煌艺术研究中,谈及色彩时仅作一般的概括介绍,缺乏必要的理性的分析和研究,而在我国传统绘画技法理论中,也很少谈及色彩的作用,大凡都在笔、墨、神、韵四个字上做文章,甚至以笔、墨二字概括中国传统绘画的技法,对色彩的淡化和轻视已是习惯成自然,几乎到了被忘却的地步。诚然,笔、墨确系中国画之特色,自当不可忘,那么色彩就与中国画特色无缘? 其实,色彩与造型是绘画艺术的两大基本要素,形与色各自都具有相对独立的艺术审美功能,同样具有艺术的高度、技术的难度和理论的深度;笔墨本是归属造型的范畴,理论上是不能把色彩归属于笔墨之内的。色彩在世界绘画史中一直居于重要地位,对色彩的重视和研究

---

　　[1]本章由周大正撰稿,主要内容参考了周大正著《敦煌壁画与中国画色彩》,人民美术出版社 2000 年版。

已进入高层次发展阶段,从而又推进了绘画艺术的发展和创新。然而在我国传统绘画技法理论中,长期以来存在着对色彩的淡化与轻视的观念倾向,色彩被看成是西画和油画所特有的,甚至被视作非传统之洋货,排斥于中国传统绘画之正宗之外,形成中国画重形轻色和重墨轻色的观念。我国传统绘画技法理论似乎已被圈定在笔、墨、神、韵的范围以内,满足于民族特色之笔、墨优势,这种观念倾向势必将影响中国传统绘画的正常发展。其实,色彩本来就并非是什么洋货,它作为绘画的主要形式因素,在我国传统绘画中早就占有重要地位,敦煌壁画的色彩成果就是最好的证明。莫高窟中大量的壁画、图案和彩塑已突出地显示出色彩的高度感染力和表现力,其色彩的丰富性、色调的多样性和色彩结构的规律性,无不显示出高度艺术审美价值,充分反映出我国传统绘画在色彩领域由低向高的发展进化过程,尤其在隋、唐时期已发展到相当成熟的高级阶段,形成了敦煌艺术发展的高峰期,作为世界美术史上的惊人奇迹,足可与欧洲文艺复兴相提并论。色彩作为这一高峰期的艺术成果和重要内容,具有不可否认的历史价值和审美价值。不少优秀壁画实不愧为我传统绘画之色彩典范。然而这种民族的色彩传统却并未引起足够的重视,也未能从理论的高度进行研究和评价,为此本章以敦煌优秀的色彩作品为依据,以解剖分析之法对其色彩组合结构进行实证分析,从色彩的规律性高度进行剖析,总结其色彩效果的成因,这对于我国传统绘画走向世界,为更多的人理解和接受,以增强自身的生命力,促进传统绘画的继承和发展,是具有一定意义的。

16.1 敦煌壁画艺术色彩观

敦煌壁画作为我国民族绘画中的重要画种,是随着佛教的兴起而产生的,在内容上体现了中国佛教艺术发展的一致性,在形式上显示了中国美术发展的某些重要轨迹。色彩作为壁画的主要形式手段,有如大树之年轮,清楚地展示出不同朝代的时代特点和风格特点,反映出我国传统绘画在艺术形式、风格、趣味方面的不同,正在于观念的差异;而

·欧·亚·历·史·文·化·文·库·

绘画观念又是随着人类文明的进化而不断变化更新。东方和西方绘画在观念上都经历了由低向高的发展进化里程,这种差异正是在其发展进化中显示出来,逐渐形成了中、西绘画两大体系。受其观念的支配,在色彩使用上,中、西绘画逐渐形成了各自不同的色彩结构法,在色彩观念上和色彩形式上显示出中西绘画的不同风格和特点。敦煌壁画以它精美的色彩结构,作为中国传统绘画的杰出代表,反映出我国传统绘画在色彩艺术领域发展的高度。如何评价与认识这一高度,并非以泛泛几句形容词就可表达,既不能以现代某流派的观念来做标尺,也不能以西洋油画的观念来衡量其高低,必须以历史唯物主义观点,站在艺术发展的美学高度,综合古今中外艺术的本质、特征、功能及民族审美心理,予以客观的理性分析,方能得出比较客观的认识。只有对敦煌壁画在色彩观念、色彩结构和色彩效果三方面进行客观求实的分析,并与西欧绘画在观念上的发展作历史的比较,才能对敦煌艺术在色彩领域的美学高度产生足够认识。

16.1.1　装饰色彩传统的形成和特点

敦煌石窟所展现的是从北凉一直到元朝 10 个朝代的壁画,充分展示了中国绘画从佛教艺术到世俗艺术的发展轨迹,从内容情调、形式技巧和艺术观念上可明显地看出装饰艺术传统得到了连续性继承。装饰艺术作为我国民族传统绘画的母体,从一开始就以浓厚的装饰性作为表现形式的主要特点,并随着佛教石窟艺术的发展逐渐形成了一套装饰性的色彩结构法,它与传统的线描勾勒法和渲染着色法构成了传统绘画工笔重彩的表现形式,显示出敦煌壁画浓厚的民族特色,与西欧传统写实性绘画(指 19 世纪以前)形成了鲜明的对照。色彩结构作为绘画观念的一个方面,反映出中、西绘画的不同差异,同时也显示出色彩美感规律的一致性。中、西绘画无论在观念、形式和风格趣味上有多大差异,在艺术规律上却都是相同的。凡具有色彩美感的艺术必有色彩结构规律可以遵循,色彩美的规律是艺术家从长期艺术实践中领悟出来的,人们对色彩的认识随着绘画的发展在逐步上升,认识的升华必将导致观念的变更与进化,这种进化既不可能脱离历史的文化基础,也不可能超越时代。任何民族和地域的绘画都经历了相当长的原始初级阶段,其绘画观念都很相似,几乎都是用勾线填彩的造型方法从摹拟物象开始的。不仅中国早期绘画是如此,西欧文艺复兴以前的绘画也属此类,绘画观念的简单、造型的稚拙及赋色的单纯,是一切处于原始初级阶段的共同特征。而处于原始起步阶段的绘画是仅仅依赖于某种功利目的而发展起来的。敦煌石窟艺术正是为了弘扬佛教这一功利目的而产生的,壁画的功利作用在于宣传和图解佛经故事,形式上是为了装饰彩绘佛教洞窟,造成一种宗教的环境和气氛,因而壁画的形式必然与这种功利目的相一致,在造型和赋色上必须与装饰图案相一致,实际上是把壁画的图像按照图案和纹样来绘制的。物象造型被概括成模式化的纹样和图案,色彩的结构更是按照图案装饰的方法进行,以色彩符号来区别物像图形。"一色多用","随类赋彩",画面的物像被概括成若干种颜色组成的图案,以色彩的点、线、面组成平面式的画面,此法当然离真实感相去甚远,但却是摹拟物像的艺术手法,它表现出的已不是自然形态的物像,而已被概括加工成装饰性的艺术形象。特定的内容要求特定的形式,神秘而抽象的佛经内容,只有采用象征性图像来表现,并不计较图像的真实感,色彩的使用也可以不受真实性的制约,画师们只需按照自己的色彩美感经验来组合画面,这种经验其实就是装饰色彩的形式规律性,它来自于画师对亭台楼阁建筑装饰彩绘的实践,画师们以师徒相传的方式,将我国民族绘画的装饰艺术传统带到敦煌莫高窟。装饰色彩结构法作为我国民族绘画的色彩传统,早在秦汉时期的画像石和墓穴壁画中,已初步形成我国传统绘画的基本风格。绘画观念与殷周时期一脉相通,其浓重的装饰意味和鲜明浓烈的色彩是民族形式的一大特征,从殷周到秦汉已逐步形成了一种基本格调和用色方法,敦煌早期壁画正是在此基础上兴起而发展的。

16.1.2　装饰色彩结构法的民族性

　　装饰色彩结构作为一种技法,到了北魏已经开始脱离原始稚拙的自然形态,并在画师们大量的壁画实践中得到了充分发挥。我们从北魏时期的壁画中可以看到那浓烈而又和谐的色彩对比、深沉而又明亮的色彩调子和丰富而统一的色彩效果,具有强烈的艺术感染力。我们可以在254窟、260窟、435窟的壁画中真切地感受到这种浓郁而神秘的色彩气氛,它们展示着敦煌艺术早期的观念、形式和面貌,虽然笔法造型显得稚拙、粗犷,但色彩上已表现出相当高度的美感效果和强烈浓厚的民族特点(见彩图16-1)。出于民族的审美心理和审美欲望,壁画爱用鲜明的色彩对比与黑灰白等调和色巧妙搭配,单纯而简洁的用色,反映出热切而淳朴的审美愿望。这方面我国民间画师传有用色口诀:"红间绿,花簇簇;粉间黄,胜增光;黑间紫,不如死;红间黄,喜煞娘;红冲紫,臭其屎";"紫是骨头绿是筋,配上红黄色更新";还有"紫多发恶,红主新,黄色少了多主淡,绿色大了也不新,上面三色均可用,唯有紫少画真新"等。以上口诀中可反映出我国民间色彩观念上的喜恶偏爱,虽然带有一定的偏颇性,但却反映出我国民族民间审美观念和认识。

然而,随着绘画的发展,观念在逐步更新,到唐代以另一种倾向反映出色彩的民族性,并以文人画家的画论经验反映出来,如:"用色不以深浅为难,难于色彩相和","若火气炫目,则入恶道矣";"大抵浓艳之过,则风神不爽,气韵索然矣";用色应讲究"艳而不俗,浅而不薄";"惟能淡逸而兼逸气,益淡妆浓抹间"[1]。这些作为当时文人及专业画家的用色经验,反映出我国传统绘画色彩观念的民族性:注重色彩的和谐,反对火气;注重淡雅、秀润,反对艳俗、轻浮;注重色彩沉着,反对浓艳炫目。敦煌壁画正是在这样的色彩观念指导下,表现出色彩的审美高度认识。

16.1.3 传统绘画墨与色关系的分析和演变

敦煌壁画色彩观念的民族性还体现在对墨、色的使用上,从大量的壁画色彩调查中发现,黑、灰、白在壁画色彩中占有很大比重。作为画中不可缺少的中性调和色,它们是壁画色彩保持鲜明与和谐的关键,鲜明的原色总是与黑、灰、白搭配使用以形成既对比又协调的色彩关系,

---

〔1〕周积寅:《中国画论辑要》之设色论,江苏美术出版社2005年版。

它们对壁画色彩效果的形成起着关键性的作用。这作为一条色彩形式法则,早已被古代画师所认识。随着壁画艺术的发展,对墨与色作用的认识越来越高,作为一种传统用色经验总结成墨与色的技法理论,如"以色助墨光,以墨显色彩","墨中有色,色中有墨","墨不碍色,色不碍墨,墨色交融"等,反映出对墨与色辩证关系的高度认识。以色彩学的观点来看上述理论,其实就是色彩的对比与和谐的关系问题。古人把深浅不同的黑、灰、白色以墨色来概括,用以表示与色彩的相互关系。这种墨、色观念随着壁画的发展与兴衰,出现了明显的变化。从墨、色比重分析,敦煌壁画有墨主色辅者,有色主墨辅者,有墨、色并重者,也有纯用色彩者。然而从总的发展倾向看来,从北魏至隋唐盛期这一发展阶段中,是墨色并重和以色为主的面貌,自晚唐开始到五代时期出现了重色轻墨的用色倾向。由于对墨色及调和色作用的轻视,导致了五代时期壁画色彩走下坡路的趋势,色彩艳丽而轻薄。由于失去黑、灰、白等调和色的衬托与对比,色彩显露出千篇一律的平泛和单调感。到西夏时期,这种倾向又转变成轻墨又轻色的弱化倾向,显现出一片石绿色为特征的清淡素雅之状。宋代开始对墨色作用高度重视,又转变成重墨而轻色及以墨为主的倾向。由于对墨色渲染的变化所产生的表现力兴趣越来越大,推动了中国水墨画技法的发展。从此,"以墨为主,以色为辅"的用色观念一直延续至今,形成了中国画色彩民族风格和特点。

16.1.4 传统绘画色彩观念的发展与进步

随着佛教艺术的兴盛发展,在唐代形成了敦煌艺术高度繁荣的昌盛期,隋唐时期的壁画充分反映出传统绘画观念的更新和进化。我们以北魏早期与隋唐盛期的壁画进行对照,便可清楚地认识这种进化。其表现在以下 5 个方面:

绘画技法 早期是简易的单线平涂加叠染的方法,线描还处于稚拙而粗犷的状态;到唐朝已是功力深厚的线描勾勒法和细腻的渲染法相结合,形成了工笔重彩的完善技法,具有充分而细致的表现力,作为传统的工笔画技法已趋于成熟和完善。早期以叠染法来表现人体面部

·欧·亚·历·史·文·化·文·库·

立体感的所谓西域之凹凸法,其实就是渲染法的前身,它是传统绘画在早期对表现物像立体感的初级观念意识,是初级立体意识与单线平涂表现形式的生硬结合,因而表现出的效果显得古板、稚拙和概念化。这种并不完美的凹凸法,在西魏以后被逐渐自然淘汰,柔和细致的渲染法取而代之,这种近乎平涂的柔和起伏感与单线平涂的表现形式更为和谐统一。渲染法的发明不仅用以表现人体和面部的起伏,同时广泛运用以表现衣纹的起伏变化,以及山、水、云、雾、花、石、树等景物的烘托,大大提高了工笔重彩的艺术表现力,加上线描技巧的高度讲究,标志着我国传统绘画在技术上和观念上的进化。

用色 早期壁画多用鲜明而简洁的原色与黑、灰、白搭配来组成不同色调,到隋唐时期已出现各种丰富复杂的复色和中间色,并在同一色种中也分出深浅冷暖的不同层次,色彩的丰富感大大加强,拓宽了色彩的表现力和感染力。如果说早期壁画反映出画师们对色彩鲜明感的认识,则唐代壁画已反映出对色彩丰富美与和谐美的高度认识。用色由单纯向丰富化的发展,标志着色彩观念的进化。

色彩观念 反映在色彩观念上是由主观的固有色观念向客观的光色观念的进化。中国传统绘画基本上是以表现物像固有色来组合色彩关系,不表现物像的光影和明暗变化,这是与西画观念的一个主要区别。早期壁画在用色上带有相当程度的主观随意性,所表现的并非是物体自然形态的固有色——为了组成装饰性色彩秩序,用色可以不受真实性的制约,同一颜色可以表现不同的物体,并不担心色彩的重复,及由于色块大小和形态的变化及色块组织的疏密、均衡、节奏等的变化,克服了色彩重复的单调感,然而在效果上与客观真实有一定差距。这种观念在隋唐开始出现明显变化。在隋唐的许多壁画中反映出色彩上已非常接近客观真实感,如隋390窟壁画上成排的佛像,就表现出处于逆光背影下的光色效果和空间层次感,这种根据客观自然形态的光色意识而对固有色进行的大胆变色,已跳出了主观固有色观念的束缚,反映出唐代画师们的色彩观念已进入高级认识阶段。

色调 更为明显地反映出观念的进化:早期壁画的色调比较单一,

多为土红底色的暖色调,结构上多为对比色调;到隋唐时期,壁画色调已极其多样化,既有对比色调,又有类比色调,还有柔和的中间色调和调和色调,也有花调子和灰调子等等,并在色调上展现出各种冷、暖、深、浅、明、暗、浓、淡、强、弱的不同个性,反映出壁画的色调意识越来越强。色调的多样化显示出莫高窟492个洞窟的不同色彩效果,打破了色彩类同的单一化。壁画色调的单一性向多样性的发展,是色彩观念进入高层次发展阶段的重要标志。

形式特点 作为装饰性壁画兼有工艺和绘画双重性,在敦煌早期是工艺性重于绘画性,隋唐以后则绘画性成分逐渐增强。唐盛时期壁画绘画性因素已占主导地位,壁画作为艺术创作的独立性和完美性越来越显著。由于当时对佛教石窟艺术的高度重视,一些著名的艺术家和文人画家把敦煌莫高窟当作发挥其艺术才能的机会和场所。画师文化艺术素养的提高,对绘画的更新与进化起着决定作用,在题材内容的扩大,世俗题材的增多,壁画的构图形式的多变,表现技巧的精湛,色彩的丰富,色调的多样,线描勾勒的讲究,造型功力的深厚,渲染技术的细致等方面,都充分显示出我国传统绘画艺术的发展高度。

16.1.5 中、西绘画观念的差异和发展轨迹

从北魏早期至隋唐盛期的发展阶段,把敦煌壁画艺术推向高峰期,时间正处于公元4—7世纪。与同时代的世界绘画相比,西欧绘画还处于原始稚拙状态,这个稚拙阶段几乎持续到文艺复兴之前,直到15世纪才逐渐形成西欧绘画兴盛的高峰期,即意大利的文艺复兴。若与唐代艺术高峰相比,时间上要相差900年。西欧传统绘画体系的形成和发展,主要是在14—19世纪这个阶段。我们以这个阶段的西欧绘画观念与我国传统绘画作比较,以弄清其观念的差异和发展轨迹。

凡处于原始初级阶段的绘画,其观念和技法都有很大相似性。西欧早期绘画同样是服务于宗教而兴起的,观念上继承了古罗马人体雕刻的写实传统,以真实感为技术优劣的标准。为追求写实的逼真,最有效的途径是写生。写生画法把西欧绘画观念引向了科学性、写实性、准确性的发展轨道。为达到这一目的,人们开始研究解剖学、透视学和色

·欧·亚·历·史·文·化·文·库·

彩学,形成了为表现物体立体感的光影明暗法的写实主义绘画体系。最先形成的是明暗法,它以丰富的素描和明暗层次表现出物体的立体感、质感、量感和空间感。以伦勃朗为代表的西欧古典油画把明暗法发挥到顶点,然而在色彩上却还处于一片"酱油汤"色调的单调状态。直到 18 世纪前后,色彩才逐渐进入高级发展阶段,18—19 世纪形成写实主义油画发展的顶峰。然而照相术的发明,使写实性绘画面临挑战,它对绘画观念的冲击导致法国印象派的诞生。印象派画家以色彩明亮的光色效果和形式结构的崭新面貌,掀起了世界绘画史上一场色彩革命。欧洲传统观念开始被突破,打开了通向形式主义艺术的大门。艺术观念被导向形式主义多元化的发展方向,迅猛的观念变更导致了近代和现代艺术流派争奇斗艳的新局面。我们将西欧绘画的发展变化与中国传统绘画相对照,不难看出在绘画观念上走着两条不同的发展道路。在色彩上,西欧绘画注重色彩自然规律的探索,可归纳为写生色彩学;中国传统绘画注重色彩形式美感规律的探索,应归纳为装饰色彩学。两者都具有自己的形式优势,都具有同样重要的美学价值。我们以表16 – 1 来说明中、西绘画观念和形式的差异。

表 16 – 1　中西绘画观念与形式比较

	西欧传统绘画	中国传统绘画
绘画观念	写实性 + 科学性	装饰性 + 形式感
造型方法	明暗光影法	线描造型 + 渲染
表现效果	立体感和质感、量感、空间感	平面化的装饰性和绘画感
色彩观念	光色原理 + 明暗光影法	装饰原理 + 色彩美感经验
色彩结构	固有色 + 光源色 + 环境色	固有色 + 形式美感规律
表现效果	客观的色彩自然美感	主观的色彩艺术美感
美感规律	色彩以自然变化规律为主,以形式规律为辅	色彩以形式美感规律为主,以自然规律为辅

表 16 – 1 显示出绘画的观念差异和特点,然而这种差异并非绝对化。在中、西绘画中,两种观念的渗透、融合、结合的状况十分普遍,由此而形成了各种不同形式的风格和流派。中、西绘画虽然在色彩结构观念上存有不同差异,然而在绘画中都反映出对色彩美感规律认识的

一致性和共通性,都能从各自不同观念出发,通过各种色彩的对比和谐调的方法取得色调的统一与和谐,都在绘画中表现出对色彩丰富美、鲜明美与和谐美和形式美的高度认识,也都充分显示出色彩在绘画中的高度表现力和感染力,同样经历了由低级向高级的发展阶段。

16.1.6 色彩领域两种观念的融合与渗透

实际上中、西绘画的色彩结构中都包含有两种色彩的规律,只是各有主次罢了。敦煌壁画在色彩上注重于形式规律的运用,但也包含有色彩自然规律的因素,隋唐壁画中所表现的光色效果就是例证。西欧绘画虽以色彩的自然变化规律为用色依据,但也包含有许多形式美感规律在内。如色彩的对比与和谐法则,色彩的均衡法、谐调法、呼应法、渐变法等形式美感规律也突出地反映在西画中,尤其在 19 世纪印象派后期,随着对色彩形式美感的多方面追求,出现了各种不同形式的风格和流派,这显然是东西方文化艺术交流影响的结果。尤其是后印象派画家马蒂斯、高更、克里木特等画家,采用了装饰色彩结构秩序,取得色彩的对比与和谐,由此创立了独特风格,赢得了世界画坛的极高声誉。如马蒂斯的油画《画室》、《下棋者》及克里木特的肖像画,采用了装饰色彩结构秩序取得色彩的点、线、面,组成了平面化的装饰效果,无论在观念、形式和手法上都与我国敦煌壁画是同一路数。这种画法在西欧画坛出现时被看做是一种创新,可见绘画观念的新与旧也是相对而言的。看来,中、西绘画两种不同观念的渗透和整合是促进艺术发展的必然。装饰色彩结构作为绘画的形式规律,并非我国独有,世界其他民族和地域的绘画也有自己不同风格的装饰艺术传统;同样,写生色彩学作为色彩结构规律,也不是西欧绘画所独有,不能把它看做是外来的"洋货"而排斥。总之我们没有理由轻视我国传统的装饰色彩结构法而妄自菲薄,更没有理由固守其法而永不更易。中国传统绘画只有在观念的更新中才能取得发展。

16.2　敦煌壁画艺术色彩结构

绘画中任何色彩效果的形成都必有色彩规律可遵循,因为绘画色

·欧·亚·历·史·文·化·文·库·

彩美感规律是来自于作品的色彩效果。敦煌壁画的色彩结构所以给人以美感，是因为其结构符合于形式美感法则。内容和石窟建筑形式的要求，决定了壁画形式的装饰性特点，它采用了图案与绘画相结合的形式，为了取得形式的统一，而采用装饰性的构图布局和装饰性的色彩方法。

装饰性色彩结构的主要特点是按照装饰色彩的秩序来组合色调，讲究色彩均衡、韵律、疏密、节奏关系，把复杂多变的物像概括为平面化的大小色块，通过色彩的巧妙配置以形成整体的和谐与统一。为求得色彩的鲜明强烈的效果，多用原色来直接涂用，色彩单纯而简洁；为求色彩的丰富化，注重色彩的相互对比，通过各种不同性质的色彩对比，互相衬托相互穿插，以造成色彩并置的奇妙效果。色彩结构的均衡是装饰色彩的基本法则，以权衡整个画面的色彩布置，根据物像不同大小、形状、性质和所占位置的主次，构成色彩的均衡、呼应、节奏和疏密变化，以醒目的色彩来突出画面的中心及主要形象，并使所有颜色形成有机联系的统一色调。出于佛教内容的需要及民族欣赏习惯，壁画构图极为满而密，多为密体画，宏伟而繁杂的构图形式为装饰色彩结构提供了形象依据，人物图像相应缩小，造成了无数小而多变的色块，为色彩分布的疏密与均衡造成了自由发挥的条件，同时又十分便于师徒间流水作业法的展开。敦煌壁画正是充分发挥了装饰色彩的形式法则，使其既保持了色彩的鲜明度，又取得了丰富和谐的色彩效果。这种结构形式最有代表性的可算是五代98窟中的天问经变，其石绿与土红的色彩对比几乎布满了壁画所有部位，构成了画面的主色调。画面共用了11种颜色，都按主次分布均衡、疏密有序、主次分明、人物突出、色彩丰富、整体和谐统一，实乃装饰性壁画之典范。

敦煌壁画色彩结构的特点及色彩效果的形成与石窟环境有密切关系。作为石窟建筑室内装饰的组成部分，受建筑环境与空间的制约，受洞窟昏暗光线条件制约，并受观赏者视觉习惯的制约，壁画绘制者必须为适应这些客观环境与条件而作出周密的设计，要使壁画在昏暗的光线下显示出鲜明的色彩效果，只有充分运用对比手法以加强色彩的鲜明度,以适应观者视觉的分辨力。在当时颜料种类不多、纯度不高的条件下,如不善用对比手法,不懂得对比所产生的色彩效应,将无法解释壁画何以会有如此瑰丽的色彩效果。如果都用些灰暗而暧昧的颜色,在昏暗的光线下势必含混一片,不装高瓦电灯则难以辨其形。壁画作为特定的室内装饰画,不能拿出洞外,它只能局限于洞窟内的空间范围内观看,画师正是为了适应这种观看条件来经营壁画的构图和色彩配置的。事实证明,壁画只有在洞内观赏时才会有最佳视觉效果。当我们把临摹好的壁画稿拿出洞外观看时,色彩效果就不如在洞内那么沉着而丰富,似乎失去了在洞内观看时那含蓄而神秘的色彩效果,这一现象说明壁画的色彩效果是借助于洞窟里昏暗光线的配合而产生的。由于同一颜色所处地位不同、所受光线强弱不同,其呈现出的明度和色度也不同,这就使相同颜色的重复产生了色彩变化因素,我们可以从在洞内拍摄的彩照中明显看出这种色彩变化,特别是白墙底色也呈现出深浅不同的柔和色彩,这种从洞外反射进来的柔弱光线等于给壁画笼罩了一层统一的光源色,把鲜明的颜色和谐地统一起来,增加了色彩的丰富感和谐调感。这是一条值得注意的原因,由此可以明白壁画之所以多用原色和对比色的道理。

我们从敦煌早期至盛唐时期的壁画色彩看来,在效果上虽然略有差异,而色彩总的倾向是沉着而高雅的,并不像晚清庙堂壁画那么“火气”和“恶俗”,显示出鲜明而不艳俗、淡雅却不轻薄、浓烈而又沉着的色彩风格。为什么壁画大量使用鲜明的原色对比却不感到艳俗呢?其原因与壁画所用的颜料有关。古代壁画所用颜料大多为手工自行炮制的矿物性和植物性颜料,出于成本造价的经济原因,颜料多为自然材料研磨泡制而成,其鲜明度和纯净度并不很高,更赶不上现在化学颜料的纯度标准,可以说还制造不出比较纯净的三原色。颜料本身都多少带有某种倾向和其他色素在内,如石绿就带有白粉,土红带黑,石黄偏红,其他像花青、藤黄、赭石、胭脂、朱砂等也都有 3 种色素在内,所以颜料本身就比较沉着、稳重,好比经过专门调配的颜色一样,故而将这些原色直接涂用并不显其俗,尤其在洞窟的光线条件下更不必担心因色彩

·欧·亚·历·史·文·化·文·库·

过艳而出现不和谐与刺眼感。我们从敦煌壁画整个颜色调查看来,使用最多的颜色除黑、灰、白外,就是土红、石绿、赭石、石青、棕褐、朱砂等,壁画一般以这些颜色来组成画面的基调。像石黄、藤黄、朱红、花青、胭脂、靛青等,用的较少,一般用作补充色和点缀色,这也是同颜料的来源和造价之贵贱有关。从色相对比来看,敦煌壁画使用红、绿对比最多,朱、青对比次之,橙、蓝对比和黄紫对比较少。正是由于对某些颜色的偏爱和限制,形成了壁画色彩的民族特色。

16.2.1　对比色与调和色的关系

　　敦煌壁画色彩效果的形成,其关键在于色彩的巧妙搭配,而对比色与调和色的巧妙结合起了主要作用。在绘画中,色彩的对比与和谐关系的处理乃是绘画色彩学的核心问题,任何绝对化地理解对比与和谐,片面而过分地强调哪一方,都将导致颜色上的恶俗结果。对比色的大胆使用并不等于盲目滥用,实践证明并非任何强烈的对比色都能有好的效果,对比色必须依靠各种谐调手法方能存在,因为对比谐调是色彩结构中不可缺少而又不可分离的矛盾双方,是相互依存、相互制约的辩证关系。对比产生色彩的多样变化,而多样变化的颜色必须统一于和谐色调之中,方能显出丰富美。如果没有相应的谐调手段或离开了调和色的配合与衬托,鲜明的对比色将变得轻薄而艳俗,即便色种用的再多也难以出现丰富感。色彩的多样统一规律乃是不可更易的艺术法则。

　　色彩对比的含义有多种性质,敦煌壁画中所运用的就有补色对比、色相对比、黑白对比、深浅对比、明度对比、纯度对比等,而出现更多的是原色与黑灰白的对比。壁画色彩的多样变化正是依靠各种不同性质的色彩对比,造成错综复杂的色彩关系的。

　　从敦煌壁画的调查看来,出现最多的补色对比可算是土红与石绿,这是一对美妙而和谐的对比色。石绿在土红类色的对比与衬托下,显出翡翠般的明亮,在暖色调中起醒目的对比和补充作用,使色彩取得视觉平衡,显露出鲜明而和谐的色彩美。众所周知,大红与大绿相并是极为艳俗的,民间口诀曰:"红配绿,俗簇簇"。这是因为红绿双方纯度太高,色性极强,两色争艳互不相让之故,所以不相协调。然而土红与石绿是带有一定调和色素的对比色,红中带黑而绿中带粉减弱了色相差,加强了明度差,因而显得沉着与和谐。由此可悟出一条色彩相和的规律:凡带有一定调和色素和明度差的补色对比是和谐的,而过于纯净的补色对比则难以谐调。然而,单靠对比色本身的谐调,是产生不了丰富感的,鲜明对比色只有与黑、灰、白等调和色配合才能呈现出丰富而美妙的和谐。古代画师正是充分认识和运用了这一规律,在壁画中以多种形式进行创造性的发挥,才取得了丰富多样的色彩效果。黑、灰、白色之所以被画师们如此垂青,是因为它们属于中性调和色,可以和任何颜色相和,既可形成和谐的对比,又可衬托其他颜色的鲜明,并在对比中反衬出自己的色彩来。这种大胆使用对比色与调和色搭配并用的手法,无疑是一种色彩美感经验,它是古代画师们在艺术实践中悟出的色彩结构规律在敦煌壁画中的广为采用,北魏早期至隋唐壁画中尤为明显地体现出了这一特点。五代时期的壁画正是由于忽视了对黑、灰、白的使用,一味地追求色彩的鲜明,对石绿和土红色的偏爱而过量使用,大量的石绿色取代了壁画底色的统一作用,从而脱离了调和色的配合与衬托,导致了色彩结构上的"软骨病"。虽然色种用的不少,然而色彩效果仍显得贫泛单调,其丰富感反而不如隋唐时期和北魏时期。北魏壁画只用了6—7种颜色,却有丰富的色彩效果,而五代壁画用了12种左右,反而显得单调,其道理就在于此。由此可见画面色彩的丰富感并不完全取决于颜色种类的多少,而在于对比与谐调关系的处理及调和色的使用上。我们从壁画中看出,在各种复杂的对比关系中,使用鲜明的暖色与黑、灰、白的对比占有很大比重,这种和谐的对比关系是壁画色彩效果形成的重要因素,也是我国传统绘画色彩结构的一大特点。例如在北周428窟的善恶因果图中,画面主体人群由黑、灰、乳白、蓝灰、土黄和粉橙色组成的冷调子,在土红色背景衬托下形成了富有色彩的对比效应,只用了8种颜色,就组成了丰富而和谐的冷暖对比。这种以暖衬冷的对比效果可以在隋、唐的壁画中看到类似例子,如隋唐397窟西北藻顶乘象入胎图中就有类似的效果。唐代壁画正是运用这种和谐的对比作了多种不同的发挥,使色彩与色调越来越丰富。

16.2.2　关于色调结构与色彩效果

敦煌壁画有自己丰富多彩的色调,色调变化显示出各朝代的不同特点,色调的不同个性又显示出各洞窟的不同特征。敦煌壁画的色调结构有自己的特点,与西洋画色调观念有所不同。作为装饰性绘画的色调主要取决于几种主要颜色的比重,凡占据画面最大面积的颜色就是主调色;色调类型和冷暖完全取决于三大色系即冷色系列、暖色系列与调和色系的比重(凡带有不同色彩倾向的黑、灰、白均属调和色系)。

我们从色彩调查纪录中看出,敦煌壁画的色调归结为三种类型:对比色调、类比色调与调和色调。三种类型又因冷暖色的面积与比重不同,各有冷暖之分,而三大色系比重的变化总是有大小轻重之差,比重较大的两个色系必将决定色调的倾向与类型,凡冷、暖色系比重大的必是对比色调,凡调和色系比重大的必为调和色调。在调和色调中,黑、灰、白比重的不同又可形成深调子、灰调子和淡调子。总之,占据画面最大面积的颜色决定色调的色彩倾向,出现最多的色彩就是画面的主调色。在三类色调中,主调色的不同色性决定了色调冷暖的不同倾向和色调个性。敦煌壁画就是以选用的几种颜色在比重上的不同变化而造成了色调的多样变化。然而,底色的运用对色调的形成起着十分重要的作用,由于底色在画面中占有很大面积、分布于画面所有部位,往往起着主调色的作用,它把分散的图像联系成一个色彩的整体,构成画面的完整统一。底色的主要作用在于在色彩上衬托主体,它在色调组成中具有对比与谐调的双重作用,装饰性色彩结构的一大特点,就是底色的选用决定了色调的类型和倾向。在敦煌壁画中对底色的选用是颇具匠心的,根据统计共有 10 余种之多,用得最多的底色为白墙底、泥墙底、土红底、灰色底和石绿底,此外还有少数用黑色、天蓝、粉土红、灰紫色、淡黄、粉赭、灰红等作底。以黑、灰、白和泥墙作底,是因为它们属于中性调和色,具有良好的衬托与谐调性,既能与主体色产生对比效应,又能以本身的调和性来统一色调。以土红、石绿及鲜艳色作底的,则是对比色调,在色彩对比关系上与前者正相反,即主体往往要多用黑、灰、白之类调和色及与背景相反之色,与背景形成和谐的对比。这类对比形式在敦煌壁画中甚为流行,如北魏、北周、隋代壁画就流行以土红为底的暖红色调,257窟的壁画以统一的土红底与主体黑、灰、乳白、石青、石绿、土黄等构成艳丽而强烈的对比色调,可作为北魏色彩绚丽的代表作。254窟萨埵那太子本生图则以赭、褐、土红、黑、灰、紫灰、土黄组成了暖灰调,衬托出石青、石绿的明亮对比,暗中透亮,显示出宝石般的色彩效果。同样是这几种颜色,却在435窟天宫乐伎及千佛图中组成了另一种不同色调,以次序地变更固有色的方法形成了色调的多样变化。

　　在壁画色调结构中可以发现一条规律:凡色调个性越强的画面其色种用得越少,凡色种用得越多的其色调个性越弱,色调感强的壁画对颜色的使用是有限制和选择的。画师们并没有把所有的颜色都用到同一幅壁画中去求得色彩的丰富。从理论上讲,色调的统一与颜色的选择和限制密切相关,无论这种限制是客观条件所限还是有意识的选择,都具有色调结构规律性的价值。敦煌壁画正是由于不同的洞窟选用不同的几种颜色(少至5—6种,多达12种)而变化组成不同的色调个性,如果当时把所有颜色都平均地用到所有的壁画中去,那么壁画色彩将造成千篇一律的单一化格局,也就失去了色调变化的丰富性和多样性。

　　在装饰性结构中,色彩的丰富感并不完全取决于颜色种类的多少,色种用得多不见得就能产生丰富感。色彩丰富感主要来自于同类色之间的深、浅与冷、暖变化及色彩间的和谐对比,以复杂的中间色与调和色使色彩形成过渡和联系是形成色彩丰富感的关键。隋唐壁画之所以色彩丰富感较强就是这个道理,例如初唐220窟中药师经变图和阿弥陀经变图中暖色系列的深、浅,冷、暖变化造成了复杂的层次,冷色系列中就绿色而言就有4种不同深浅层次,并与石青、淡蓝等组成了丰富的冷色系,加上中间色与调和色的谐调作用,形成了和谐的对比色调,并呈现出色彩的丰富美。又如唐代156窟中张仪潮出行图中的马队及人物服饰的色彩变化,充分发挥色彩对比与和谐的技巧,取得了色彩的丰

欧·亚·历·史·文·化·文·库·

富和统一感。只有悟出了色彩辩证的规律,才可能画出丰富和谐的色彩效果,反映出唐代艺术家对色彩丰富美与和谐美的高度认识。

由于隋、唐时期画师们创造性地发挥了装饰色彩技巧,在色彩结构形式和色调多样化的探索方面所取得的开拓性发展,这个阶段成为敦煌艺术最辉煌绚丽的时期。色调的多样化反映出艺术家在色调个性与趣味上的多方面追求,一种是追求色彩的单纯与概括,画面类似套色版画效果。如341窟中的弥勒经变图,画面由3种深浅不同的颜色棕黑、乳黄、蓝组成强烈而深沉的对比,虽然色彩效果比较生硬,但却反映出作者是有意识在单纯之中求变化的形式探索,是对色彩单纯化和概括性的一种尝试。顺其思路,我们在209窟南壁的说法图中看出其发展轨迹:同样采用了版画式的对比,只是这里采用了类似色的深浅对比,即以明亮的乳黄底色衬托出几个棕褐色基调的菩萨像,再配以少量其他色作点缀,形成了丰富而和谐的色彩效果,成为暖色类比色调,其结构跳出以往对比色调的常规,是在单纯之中求丰富、在和谐之中呈变化的成功之作,显示出色彩和谐美的审美价值。类比色调的出现,打开了通向色彩丰富美与和谐美的大门,一批趣味不同的柔和色调与类比色调相继出现,用色上已逐渐改变了早期那种单纯简洁的作风,采用了各种中间色与调和色的柔和对比,使壁画色彩愈显丰富。57窟中的说法图,220窟的维摩诘经变和322窟的故事画中的菩萨像等,都是杰出代表,其柔和的底色起了重要作用,特别是巧妙地利用泥底本色与乳白、乳黄、粉橙等类似色造成复杂而微妙的斑斓变化,更增添了色彩的复杂变化。

在初唐323窟中的经变故事系列画中,就更显示出艺术家的高度色彩素养,尤其是南壁西侧壁画,色彩柔和、丰富、鲜明、和谐(见彩图16－2)。值得注意的是,背景的色彩闪耀着冷暖变化的朦胧光辉,有如法国印象派《日出印象》的色彩感觉,其背景的山水采用了浅淡而柔和的冷暖色并置,造成了柔和透明的光色效果,衬托出浓重而鲜明的人群,形成了光与色的和谐统一,背景仿佛处于朦胧的空气之中。这种色彩的空间距离感的出现,标志着色彩已跳出了装饰色彩平面化的局限,向着绘画性与客观真实性的方向进化。

色调意识和光色意识乃是色彩认识的高级观念,却在公元 6 世纪的隋代已经突出地表现出来。色调上除显示出冷、暖,深、浅,清新、浓重,强烈、柔和的不同个性外还出现了灰调子和黑调子等,特别是 419 窟的帝释天妃图就是用黑色涂底衬托出主体色的明亮,呈现出宝石般的色彩效果;而 390 窟的壁画则是典型的灰调子,画面各色都带有不同程度的灰色成分,类似油画中常用的灰色谐调法,其丰富而变化的灰色调佛像群在乳白色背景衬托下,如笼罩在晨雾的逆光背影之中,显出一种色彩朦胧美的效果。从背景颜色处理中发现其景物是按光色原理而进行的变色,如树的颜色就并非是常规的绿色,而是用浅灰色、淡青色和暖色来表现,这足以证明作者已有明显的光色意识和色调意识。隋代壁画和图案中所出现的色彩并置效应,与西欧印象派和点彩派的原理相似;其排列整齐的千佛图案,按一定的次序变化色彩,形成了绚丽而复杂的图案背景。由于选用的颜色不同,所造成的色调也各异,其效果之奇特可谓一绝,这其实就是运用了色彩并置法所产生的效果,这种色彩并置效应在敦煌的许多藻井图案装饰中得到充分的发挥。

追求色彩的和谐美与光色意识的觉醒给色彩带来了远近感和虚实感,丰富了色彩的表现力,使传统的装饰色彩结构向客观真实感迈进了一大步。由于色彩感染力的强化,使线描相应淡化,线条则越来越弱,甚至隐而不见,色彩以它强盛的感染力占据了壁画的主要地位。

敦煌壁画色彩效果与人物肤色的多样变化有直接关系。由于人物面部和身体裸露部分占据画面不少面积,又是视觉最注目的部位,所以肤色的变化对色调的丰富和谐起着重要作用。仅唐代壁画就有十几种不同肤色,出现最多的是黑、褐、灰乳白、肉白、淡土红等,也有淡土黄、肉色、粉橙色、赭红色、红色、灰蓝,及各种不同深浅的素面色。壁画以不同的肤色来表现人物的民族、地位、身份和性格之区别,虽是表现皮肤的固有色,却带有强烈的主观随意性。值得注意的是,竟有如此多的佛像和菩萨的肤色是用黑、褐、赭红、灰等深颜色来表现,并非是常用的肉色。这绝非偶然,其用色的大胆十分值得研究。一种说法认为是壁

·欧·亚·历·史·文·化·文·库·

画年久氧化变色所致,我们固然可以从某些壁画中找到这种根据,但是我们又可从更多的壁画中找到并非变色的可靠依据,如在第 390 窟、220 窟、47 窟、57 窟中的巨幅经变图中,就有五六种不同肤色出现于同一幅画中,单用年久氧化变色是无法解释这一事实的,因为任何浅淡的肉色都不可能变出黑色来,整个壁画统一变得灰暗些实有可能,但色彩间深浅关系是不会变的,这肯定是作者有意识的色彩处理。之所以多用深色是出于以下几种原因:其一是为了区别种族、身份、地位、性格及人物类型。其二是用以表现处于逆光背影的色彩感觉,特别是当佛像群处于天空或浅淡色背景之中,以深肤色造成逆光背影的整体造型效果时。在第 390 窟、244 窟、217 窟、355 窟等壁画中可见到这种处理效果,这其实是光色意识在装饰性绘画形式的一种体现。与西欧油画的光色观念不同,它虽不直接表现光影明暗,但却表现出光影所形成的色彩感觉,是固有色与光色变化的结合。其三是出于艺术家对色彩美感的实践经验,深浅不同的中性调和色有利于色彩的对比和谐调,即以深沉的肤色与服装和景物的鲜明色形成和谐的对比,拉开肤色的深浅差距是为了加强视觉的显明度,有利于突出人物整体形象。总之,肤色的多样化是一种色彩语言,对于表现内容和色彩效果的丰富性起着不可忽视的重要作用。

通过对敦煌壁画的色彩从观念到形式结构的分析,可以看出我国传统绘画色彩领域的高度发展和成就,然而这一成就却并没有得到持续的继承和发扬,从晚唐至五代时期就已出现了逐渐下滑的趋势,呈现出程式化与类同化的倾向,色彩上开始片面地追求鲜艳和华丽,忽视了对黑、灰、白等调和色的使用,淡化了对色彩和谐的高度的认识。由于缺乏对隋唐壁画色彩成就从理论上科学的客观的总结,以至于逐渐丧失了这一优良传统。五代壁画色彩之所以出现艳丽而单调的倾向,与官府画院的管理有关。官府意志的审美口味对画师们在艺术上提出了规范化与程式化的质量要求,在某种程度上限制了画师们艺术创作的主观能动性,所以质量上尽管画得严谨细致、工细至极,但色彩上却因缺乏调和色的配合,对石绿的过量使用,造成了色彩的轻薄与浮华,这种重色轻墨的观念倾向又导致了西夏壁画"一片绿"的色彩特征。宋代开始出现了与此相反的倾向,即对五代重色轻墨作风的反弹,在用色观念上转变为以和谐为主导的倾向,形成了重墨轻色和以墨为主、以色为辅的用色观念,并作为用色经验被文人画家以画论方式给予理论的肯定。这种观念倾向影响到宋代和元代的壁画风格,虽然也有一些杰出的壁画色彩,如五代 61 窟的壁画和元代 3 窟千手千眼观音及元代465 窟的密宗天顶壁画,以极其工整细腻的工笔重彩技法与富丽堂皇的色彩成为元代壁画顶峰之作,然而这一时期总的看来壁画已呈现出色彩淡化的倾向,它的重要作用被笔墨和渲染所替代。到清代,一些"好心人"用极为艳俗的色彩对莫高窟的某些洞窟进行了"翻新",由于缺乏色彩的基本常识,反而破坏了原来的面貌,呈现出一些恶俗的衰败景象,已无审美价值可言。宋代以后,传统绘画的重心由壁画转向世俗的水墨画和文人画,宋代文人画家的用色观念成了传统绘画的"既定方针",重墨轻色的观念倾向几乎持续至今,虽其作为传统绘画的一种风格特点无可厚非,但如把它当作是传统绘画用色的法则和规范,确有重新商讨的必要。

16.3　敦煌壁画典型洞窟色彩实证分析

16.3.1　西魏 249 窟

　　249 窟处于北魏与西魏交替时期,是保存得相当完好的大型殿堂窟。跨进西魏初期的 249 窟,无不被那绚丽的色彩氛围所震撼(见彩图16－3)。壁画明丽的色调、秀丽的人物造型、空阔的天宇、飞舞的神女、生动的物像、华丽的装饰,展现出一个生机勃勃的全新艺术世界。石窟艺术是一种综合性很强的艺术,建筑、彩塑、壁画和自然环境之间,均有密不可分的内在联系。窟内光线较暗,与窟外宽广明亮的环境形成强烈对比。观者一进洞窟就感受到一个相对封闭的、色彩斑斓的、庄严神圣的佛国世界。窟内有 1 佛 2 菩萨,壁画绘在窟内四壁和顶部,满布全窟每一个角落,使洞窟变成了一个彩色的世界,像梦幻般美丽而神秘。

色彩分析 249 窟的色彩鲜明强烈，保存十分完好，颜色比较齐全，色度明亮，由此看来，可以基本排除变色的因素。洞窟壁画色彩美感的客观存在已是无可非议的现实，我们有何理由再给壁画蒙上一层变色的迷雾？更不忍心让如此美妙的壁画被打上变色的烙印。变色说的夸大化和误断与推想，其实是对壁画色彩成就的变相否认。美妙的色彩效果实在应该归功于画师们的辛勤创造和用色技巧，并非是变色带来的偶然效果。

249 窟的色彩结构与 257 窟相似，从画风与用色手法上看，可以断定是同一帮画师的手笔。它在技巧上显得更为成熟和细致，用色上拓宽了底色的变化和色调的对比运用，拉开了色彩的空间。洞窟四壁为土红底色的浓烈色调，壁画的底部与天顶为白墙底色，两种底色的交替变化，相互形成对比与衬托，造成了色调整体的节奏感与均衡感。其南北两侧的壁画以暖红色背景衬托出冷灰色的菩萨，突出了色彩的冷暖对比，并以深浅对比为辅助，造成了色彩浓烈与沉着的和谐对比。应该说这是一种极为高级的色彩对比关系，其中蕴含着色彩美的无限魅力，值得美术家们细细品味。

天顶壁画则是以亮衬暗、以白衬浓，绚丽的色彩随着它所表示的物像在天空游动，使天顶画产生出强烈的色彩运动感，表现了天堂人间的勃勃生机，令观者心旷神怡。土红色的花边图案把天顶划分成五大块独立的画面，分别表现了东王公西王母道教神仙和羽化登仙的尊神；四披下部描绘人间景致，山峦绵延、树木丰茂、野兽穿行、猎人张弓，充满一派生机。绚丽的色彩构成了满天飞舞的花斑，其实用色十分单纯，除了白墙底色，画面主要用石青、青莲、土红、肉黄、黑、紫灰等六七种颜色组成。以石青与土红的鲜明对比为主调，鲜明的黑色使天空更显清新明亮；单纯而简洁的颜色，靠色块的形状大小与疏密位置的分布，构成了壁画的色彩节奏；白底色与黑、灰色的调和作用，使壁画的鲜明色具有了和谐统一的基础。单纯而简洁的色彩关系，为装饰性壁画获得了朴实的美感效果。

佛像图案的装饰美　值得观者注意的是,天顶与墙交接处的一圈伎乐图案,以其丰富多样的姿态美和变幻无穷的色彩美,给观者留下了百看不厌的美感印象。之所以能有如此丰富耐看的效果,就在于统一的形式中包含丰富的变化。它是由许多不同姿态、不同构图、不同色调的肖像画排列成的图案花边。单独看仿佛是一幅幅精美的油画肖像,其中色调的变换是十分值得研究的:总共不过六七种颜色,除了肤色是统一的紫灰色外,其他颜色则按照背景、衣服、飘带、光环、裤裙的不同次序进行,使各个单独画面无一类同,造成色调变幻无穷的丰富美。由构图的变化、姿态的变化和色调的变化,构成了艺术美之多样性。紫灰色的人物肌肤与基本形式的统一性,使丰富变化的色彩保持了和谐与统一。一圈图案花边就足以体现出多样统一的美学基本规律。以佛像、菩萨、乐伎作为图案纹样在敦煌壁画中的数量不少,其色彩结构多有不同,有的千篇一律、单调乏味,如印章般地整齐划一,起到糊墙纸般的装饰作用,令人一眼望穿不再细看;另有一种虽然图像千篇一律,其色彩却次序变化,使单调的纹样又组成规则的图案效果,但终因纹样的千篇一律,不值得一一观看,最多充当花式糊墙纸的作用以填充洞窟壁画之空白。与上述图案相比,249窟的乐伎图案则具有非凡的创造性,作为一条图案装饰带,具有如此丰富耐看的色彩艺术魅力,不得不令人叹服。其实它仍是按照装饰图案的用色法则绘画的,只不过摆脱了刻板的二方连续和四方连续的固定法则,又突破了物体固有色的限制,结合了绘画性之变化规律,在有序的排列中,营造了无穷的变化,在有序与无序的交替变化中,构成了整体色调的和谐统一。

颜色的选择　色彩美的产生不仅依靠颜色的组合关系,同时取决于颜色自身的成分。

颜色的选择对于色调的构成是个关键。在壁画样稿确定后,选取哪些颜色来搭配组合,这是画师们必须面对的复杂问题。画师必须在着色前对洞窟的色彩效果有一个总体设计和安排,否则难以把握完成后的效果。首要问题是选择颜色——用哪几种颜色进行组合方可产生最佳效果,一直是画家费尽脑子探索追求的复杂问题。颜色的选择范围实在太大,不仅是红、黄、蓝、白、黑5原色和色相环中的12色,各颜料之间相互调配可以产生成百上千种不同的颜色。其中哪些该用,哪些不该用,总得有一定的法则来控制。这种用色法则就是现代的所谓色彩构成,它的复杂性就在于对选用的颜色所产生的效果预先估计,画家的主观设想与最后的效果是否一致?更为复杂的是选取的颜色组合能否产生色彩美感效果?这绝不是一般人想象的那么简单,如"有什么颜料就用什么","颜色越多越好看","颜色越鲜越好看"等等之类,画师们必须凭着自己的实践经验和审美修养对颜色进行选择。颜色一旦组合在一起,就存在着是否和谐的问题。鲜明的颜色难以和谐,各种最鲜明的颜色同在一幅画中往往会不谐调而失去色调的个性。色调的和谐是产生色彩美感的基本条件。色调的和谐统一取决于对鲜明颜色的限制。纯度很高的鲜明色尤其不能随意滥用,它将对色调的和谐起反作用。颜料中纯度越高的,其个性越强,调和性就越差;反之调和性越好的颜料则个性越弱,黑、白、灰色就是调和性最好的颜料。各类不同的复色和中间色都具有不同程度的调和性。画师们只有熟知各类颜料的性质和性能,并根据画面构图所需对颜料进行选择和限制,方能控制预期的色彩效果。

颜色的限制,对于画师来讲是一种很高的修养;限制鲜明色种的过多使用,就是这种修养的重要方面。从249窟的壁画中,我们将天顶画与壁画的用色进行比较,就会发现:最常用的石绿色仅在墙面壁画中使用,而在天顶画中没有出现;鲜明色中仅用了石青和青莲、土红3色作为对比色,而色相环中其他鲜明色均被限制。可见,画师在用色上是有所讲究的,至少是严格地控制了对鲜明色的使用范围,显示出画师们成熟的用色修养。

应该说颜色的限制含有主观因素和客观条件的限制两个方面。就客观因素而言,许多纯度极高的颜料在当时还没有发明,不可能有今天颜料盒中如此齐全的色种。

当时使用的大都是土制的矿物性颜料和植物性颜料,其鲜明度本身就不高。从颜色成分上分析,颜料中都带有不同程度的调和色素在内,除青莲外其他颜料都达不到纯净色的鲜明度,也没有足够鲜艳的极端色可以使用。这是客观条件的限制,正是这一局限,使画师避免了对火爆极端色的滥用。这种条件的限制促使画师们发挥出艺术的智慧,在颜色的搭配组合上下工夫去探索色彩美的法则,这便是敦煌壁画在初创时期色彩获得成功的原因之一。如今看来,这正是绘画艺术得以正常发展的正道。

  颜料限制与色调的构成关系 纵览敦煌莫高窟各个朝代壁画色彩概貌,便可清晰地看到色彩发展变化的趋势。它像古树的年轮一样,清楚地显示出发展变化的轨迹。色彩的"年轮"清晰地显示出两个不同的发展期,以初唐为发展的鼎盛期,从北魏至隋唐时期的壁画色彩呈现出一片和谐、温馨的色彩印象。颜色温文尔雅,不火不俗;色调变化神奇莫测,用色单纯之中求丰富;色彩浓烈而沉着,鲜明而和谐,呈现出一派色彩美的高级阶段的繁荣景象。而盛唐以后的色彩"年轮"则显示出逐渐下滑的衰落景象。若与早期壁画相比,可以概括为病态的发展阶段。何以会如此?在很大程度上似乎与颜料品种的发展不无关系。随着壁画的兴起,高纯度的鲜明颜料逐渐齐全,颜色的客观限制便逐渐消失,画师们很自然地把各种鲜明颜色都尽可能地用到壁画上,以求得色彩的丰富性,然而却事与愿违,想法并非不好,而客观效果却导致了壁画色调的单一化倾向。晚唐与五代时期的壁画就是这种单一化、程式化的典型,仿佛都是同样的色调、同一种面貌,单独看来很完美,工整细致,色彩花哨;然而和隋唐以前的壁画相对照,则明显地看出它的单调性,其绘画技术的规范性、人物造型的标准化、构图布局的程式化和色彩调子单调化,构成了五代时期的壁画特征。这一现象反映出一个有悖常理的现实:按理说颜料的发展越来越齐全,色种多了,应该是有利于壁画的艺术发展,然而发展的现实却并非如此。颜料的鲜明度增强了、品种齐全了,本应是一种有利条件,但却给画师们提供了使用和滥用鲜明色的方便。极端纯净的鲜明色和原色的滥用,使壁画颜色步入了病态,鲜明的原色一旦脱离了调和色的配合,就失去了色调和谐统一的基础。这就是后期敦煌壁画所常见各种病态之根源。到清朝时,

·欧·亚·历·史·文·化·文·库·

就是因用这种极其鲜艳的原色对敦煌的许多洞窟进行翻新和修缮,以至于使极为珍贵的艺术宝库中许多珍品遭受到恶俗色彩的破坏。造成这一惨重损失的人为因素,应归罪于对鲜明色的滥用,应归罪于修缮人的色彩知识的贫乏。这是惨痛的历史教训,足以引起人们的警戒。

16.3.2　隋 420 窟

隋文帝杨坚于公元 581 年统一中国,结束了魏晋南北朝近 300 年的分裂局面。隋朝在短短的 37 年中,在莫高窟造窟 100 个左右,这在隋朝前后都是绝无仅有的。隋朝前期,内政、外交政策开明、宽松,社会生产迅速发展,促进了文化的繁荣;加之隋代皇帝信奉佛教,使佛教艺术获得空前发展。隋代统一南北,带来包括佛教在内的文化上的大统一,佛教进入了一个南北融合交相辉映、承前启后的新时期。420 窟就是在隋窟造像最盛期完成的。隋代洞窟的形式结构、塑像形制、壁画风格、色彩调子都有着明显的特点,显示出一种蓬勃向上的生机(见彩图 16 - 4)。画风细密精致,色彩雄浑、华丽、浓烈又不失和谐。隋代的艺术在人物造型、构图设计、色彩配置、绘画技法、渲染技术等方面,都似乎都显示出一种向上发展的创新精神。隋代艺术承袭了北魏时期的优良传统,加进中原文化的介入和融合,有如两河交汇、相互渗透,使原来的西域画风相对淡化,中原文人画风逐渐有所显露。两种画风的融合,必然促进了壁画艺术繁荣昌盛的趋势。

色调分析　作为整幅壁画之局部,维摩诘单独看来色调是和谐而完美的。维摩诘图在暖红色的背景中突出了人物的黑白对比,画面中以不同层次的粉绿、灰绿与墨绿与土红形成对比,此外又以淡紫色与土红形成冷暖对比,这是壁画中常用的三色对比结构,即土红、粉绿、淡紫。表现主体人物则依靠强烈的黑白对比,以此衬托出人物的突出形象。深褐色的人物头部在暖白色的墙面衬托下显得突出而显眼。文殊菩萨的一组与维摩诘基本对称;作为辩论的双方,在用色上也有所区别。文殊一组弟子服装多用土红色与青莲,与深褐色人物组成了暖调子而与维摩诘一组形成对照——维摩诘一组中弟子服装多用灰绿色。从色彩效果来看,维摩诘经变图在色彩结构的安排是很高明的,色彩的明度和纯度掌握得极有分寸,显示出画师具有极好的色彩素养,尤其是背景的色彩处理,体现出很高的用色技巧。北魏时期多用土红作底色但多为平涂,这里虽然也是以土红色作底,但已处理成为景物背景,图中可见亭台后面绘以灰绿色的竹林及褐色飞天,在土红色中并置了灰绿色,使暖红背景产生了奇妙的色彩感。色彩效果极佳的另一个因素是深褐色骨架的作用。画面多处使用黑色与深褐色,包括人物面部肤色及池中荷叶,好比套色版画之黑版,衬托出对比色的绚丽。深褐色的浓重色彩,好比交响乐中的低音部使音色厚重而明亮。在对比色的使用上值得注意的是增加了绿色系的丰富色阶,改进了北魏以前石绿用色的孤单,以石绿、灰绿、上绿、墨绿等深浅和冷暖不同的色层构成了绿色系的丰富色阶,使红绿对比产生了和谐与过渡的调和因素。图例中对红绿对比的纯度和明度掌握得极有分寸,是壁画获得最佳效果的主要因素。

色调法的改进 在颜料使用方面可以看出增加了某些新的颜色,如青靛、藤黄、朱红、土绿、金色等,增加了颜色的鲜明度。隋代调色方法的改进,对壁画色彩的丰富性起了一定作用。北魏时期用色多为原色的直接涂用,以保持颜色的鲜明度,而隋朝壁画的用色则多为二色或三色调配而成,使壁画色彩的成分和性能多样化、复杂化,这与隋朝统一后中原文化的相互交汇有密切关系,是壁画色彩技术得以发展的重要条件。

调色方法的改进也可从黑、灰、白的颜色中反映出来。壁画中的黑色其实并非是纯黑墨色,其中调合有红、绿、黄、蓝等各种颜料,使黑色转化为有冷暖色彩倾向的深重颜色,成为红黑色、深褐色、墨绿色、蓝黑色、紫黑色等等,这些浓重的"黑"色,在色调结构中不但起着重要的和谐作用,而且使本身没有色彩感的黑、白、灰色带着色彩倾向参与了色调结构的组合,这就使调和色系与壁画的色调保持了更一致的色调倾向。丰富的黑色系列在色调组合中所起的作用,有如交响乐中的低音部,使色调保持着厚重、沉稳的丰富层次。黑色转化为色彩的同时,白色与灰色也同样如此。可以看出,白色区的复杂色彩感,是由于白色中

·欧·亚·历·史·文·化·文·库·

调有各种少量颜色,使白色系列产生了丰富的浓淡层次和冷暖差别。黑、白系列的微量色差对壁画色彩的丰富感与和谐感起着至关重要的作用。在这一点上,中西绘画是完全一致的,其原理是相通的。

隋代调色方法的改进,使隋代壁画中出现了许多以前不曾用过的颜色,如草绿、灰绿、暗绿、粉橙、金黄、青莲、橙红,以及各种不同的灰色与复色——原色中并无这些颜料,必须通过几种颜料的调配才能调出该色。调色方法的进步,使隋代壁画拓宽了色彩的使用范围,增加了色种的多样性,壁画色彩由原来的单纯化向复杂化形成渐变。这种转变,使隋代壁画在色调的多样性与色彩的丰富性、和谐性上都超过了北魏时期。

调色法的改进、鲜明色种的增加、色彩领域的拓宽,是壁画色彩的发展条件。它有正反两方面的作用,其正面作用当然是主要的,然而同时也潜伏着不小的负面影响。壁画的绘制者如果不通晓色彩的和谐法则,不通晓色调个性的美学原理,不懂得掌握色彩的纯度和明度的分寸,这种负面影响将会恶性膨胀,导致色彩的艳俗、轻薄、生硬与不和谐。这种负面的影响在晚唐的壁画中才暴露出来,而在隋代的壁画中却没有表现,这是什么原因呢?作为学术领域值得探讨的一个课题,还应从色调的和谐来剖析。隋代壁画色种虽然多样化,然而其色调的和谐性并未丧失,其主要原因在于调和色的大量使用,尤其是黑色系列与白色系列在壁画中往往占有优势的比重,自然成为壁画的主要色,特别是黑色系列的大量使用,成为隋代壁画的一种色调特征。420窟的藻井及四周的故事画,就是以黑色作为主要色的复杂画面,作为表现芸芸众生的无数人物,也是以黑色作为形象的色彩符号,除了卧佛与菩萨二人用金色表现以外,其他人物形象都用黑色来表现头部,甚至包括佛光在内都可用黑色来替代。可以肯定,这绝不是什么肉色变成的黑色。壁画中用棕黑色表现人物肤色、衣服、景物等等,黑色系列用量之大超乎寻常。黑色的基调,镇住了鲜明色的强度,衬托出鲜明色的明度,黑与青、蓝、绿、灰构成了壁画深沉阴暗的浓重色调,衬托出全身卧佛的金色光芒,对壁画起了画龙点睛的艺术效果。

敦煌壁画自开创以来到隋代所画的壁画,其色彩都能保持和谐的效果,根本原因就在于黑、灰、白的作用上。善于使用调和色并充分发挥黑、白、灰的调和作用,是壁画色彩成功的基本原因。

装饰性的色彩结构　420 窟壁画具有内容和情节的完整性,也具有构图形式的统一性,其用色方法与壁画的图案装饰保持着形式上的一致性,然而又在用色上与纯图案有一定区别:纯图案用色可以完全不受固有色的限制,而装饰性绘画则因表现内容和形式美的要求,在用色上不能不考虑物像用色的真实性。色彩使观者能够辨认不同的物像和形状,用色必然要参照物像颜色的真实感,同时也要照顾到色彩组合关系的和谐性,其实就是装饰性与真实性相结合,两种用色观念并重的赋色方法。这就是装饰性绘画的色彩方法。装饰性绘画偏重于色彩的形式美,用色受平面的制约,在平涂色块的形式中进行色彩构成,其固有色的真实感并非是装饰性绘画的唯一要求,在大多情况下还必须服从于形式美感的更高要求。因此,追求物像真实感,往往是第二位的要求。可以说装饰性绘画中没有绝对的真实感可言。

真实感的不同观念　装饰性绘画的真实感不过是表示不同物像的色彩符号,一种颜色进入画中就表示物像的固有色。中国传统绘画观念历来把固有色视为色彩的本质,因为它是不受光线影响的物体自身固有的颜色。能够表示物体固有色特征的颜色都是真实的,即使这颜色并不真实,也无关紧要,只要它符合形式美感的要求便无可指责。

装饰性绘画的真实感与西方绘画的真实感存在着本质上的差异。西欧传统的写实主义绘画可谓达到绝对的逼真,不但表现出物像的立体感,而且表现出物像的质感、量感、空间感。它在用色上遵照的是科学的光色原理,追求物像在特定的光源条件下的色彩真实感。它可以通过写生,观察研究物像的光色关系,而用色是按照物体的固有色、光源色与环境色三者的相互关系来进行色彩分析,表现出在光照下的明暗关系和阴影关系。写实主义绘画将光色原理构成的光色关系视为色彩的本质,这便是中、西绘画在色彩观念上的分水岭。观念认识上的不同差异,导致了中、西绘画发展成为不同的两大体系。在色彩方法上把

·欧·亚·历·史·文·化·文·库·

西欧写实绘画归属于写生色彩学,把中国传统绘画归属于装饰色彩学,而敦煌壁画正是装饰性绘画的发源地,也是装饰色彩学的源头。

在绘画艺术领域的两种色彩方法,尽管在色彩的观念上、形式上和方法上有不同差异,然而在色彩美感的规律和产生的美感效果上却具有很多共通性和一致性。至少在色彩的形式美感的原理是相通的。这就是色彩的鲜明美、和谐美、丰富美三要素的合一。无论什么绘画,只要通过色彩来表现的任何画种都必然要遵循这一法则。

装饰色彩法与写生色彩法 写生色彩法虽然具有表现真实感的绝对优势,但也同时受到真实性的诸多局限。客观的真实性往往容易限制形式美与理想美的自由发挥。色彩方法的科学性与准确性把艺术导向客观真实性的尽头,然而真实性并非是绘画艺术的最高原则,真实性并不等于艺术性。真实美只是艺术本质中包含的一个方面,艺术美的本质中涵盖有主观与客观的双重因素,人的主观情感因素与形式美感经验是艺术美不可或缺的构成元素。高明的画家就善于从真实美的矿石中提炼出形式美的元素,创造出带有主观情感的艺术美。如果说写实性绘画有它自己的局限性,就正在于形式美的提炼和加工这一难点上。

装饰色彩法的优势和长处正与写生色彩法相反,其表现物像的真实感不如写生色彩法立体和具体,但在色彩形式美感上保持着相对优势,这正是因为它不受真实性的局限,使装饰性色彩在形式美与主观情感因素方面得以自由发挥,并占有主导地位,产生了与客观真实不完全相同的艺术美和理想美。它可以比客观的真实更高级、更典型、更集中、更美好、更理想,它妙就妙在似与不似之间也。以形式美感法则作为用色原则的装饰色彩法,可以允许用与客观真实不相像的色彩表现任何物像,它与装饰性绘画在物像造型、构图形式、色彩结构与绘画方法等各方面的装饰性特点相一致。由于摆脱了客观真实的局限性,装饰性绘画在艺术表现的手法、形式内容的选择与风格趣味的追求等诸方面,都进入了自由王国,这种局限已转化为装饰性绘画的特色和长处。

中国传统绘画正是在装饰图案的基础上起步发展的。它沿着装饰性绘画的发展道路前进,发展成为多种风格流派和画种形式,而就色彩方法而言,仍然归属于装饰色彩法的体系。

鉴于装饰色彩法的形式法则要求,我们可以理解敦煌早期壁画中何以多用黑色、褐色和灰色来表现人物的头部和肤色。420 窟的大量黑色人头,不过是装饰性色彩的一种表现手法而已,并非是肉色变化来的——我们不能用固有色的真实性来解释壁画的变色问题。

16.3.3　初唐 220 窟

初唐壁画展现了我国传统绘画在鼎盛期的辉煌面貌,220 窟壁画则是这一时期壁画的顶尖作品之一(见彩图 16－5),特别是东壁北侧及南侧的维摩诘经变图,其高超的绘画技巧、深厚的造型功力、高雅而和谐的色彩调子、细致精微的线描功夫、柔和微妙的渲染技巧,在构图章法、人物性格、表情神态、人物形象的深入刻画等各个方面都展现出绘画发展到高级阶段的艺术效果。

壁画的作风显示出文人画风的典型特征,这在壁画中体现得最为显著。该画风与阎立本《历代帝王图》极为相似,有可能是他年轻力壮之时在敦煌所作的代表作品(见彩图 10－6)。

据考证,初唐时期曾从中原内地请来一批专业的文人画家到敦煌投入壁画的绘制工作,如吴道子、杨惠之等,阎立本有可能也在其内,他们以石窟和寺院作为发挥艺术才能的重要场所。来自各地的无名匠师与著名的艺术家,以自己的艺术实践相互促进、争奇斗妍,将唐代佛教艺术的发展推向了高峰。

色调分析　底色对于壁画的色调统一感起着决定性的重要作用。初唐改变了以往以土红涂底的传统,多以石灰墙本色为底,或在画前先用透明的茶叶汁水或黄褐色透明颜料刷底色,其色感与泥壁本色相近似。用某种植物果壳或茶叶泡制的黄色汁水来涂刷底色,本是传统工笔重彩的技法之一,流传至今已成为工笔画家常用的方法,在绢帛和熟宣纸上作画,就常用茶水刷底色,造成一种柔和的古香色调。茶水本身柔和透明、高雅沉稳,是一种较为理想的中间调和色,这是其一;茶叶水

·欧·亚·历·史·文·化·文·库·

透明性好,刷底对深浅浓淡可随意调节,既可节省许多颜料,也十分便于施工操作。在浅淡的茶色基调上作画,可收事半功倍之效果。许多赋色不到之处,可保留茶色的色彩感,这种柔和的茶褐底使壁画笼罩在和谐统一的中间色氛围之中,再以白粉和深褐色染出壁画的深浅明暗层次,和谐的深浅浓淡对比,拉开了人物与背景色的色差和距离。在和谐统一的氛围中,鲜明色的使用受到了色调和谐的制约,底色的映衬作用在客观上限制了鲜明色和不和谐颜色的滥用。底色的统一性控制了画面其他颜色的鲜明度。底色的作用为画师们省去了许多处理颜色关系的麻烦,节省了时间、精力和颜料,在绘画施工中可收事半功倍之效果。底色的妙用,是工笔重彩技巧的组成部分,也是文人画风别具一格的绘画技巧。

色彩结构分析 可以看到,其用色是十分单纯、简洁而有序的,在和谐的茶褐色调中突出了几种性质的对比:一是深褐色与乳白色的深浅对比,二是土红色与石绿色的补色对比,其次是淡绿色与黄褐色背景的冷暖对比。深浅对比突出了文殊菩萨的主要地位,大块的土红色突出了下部帝王的重要地位。画中运用墨色渲染丰富了壁画的明暗层次,并与土红、茶褐、黄灰色构成了和谐的暖色系列群,与石绿形成冷暖对比,一切颜色均在和谐的共同性中统一起来,呈现出高雅而文气的色彩感。画中色彩的对比与和谐能兼顾和并存,体现了色彩美学中对立统一的辩证关系。认识并深悟其理,对于壁画赋色效果起着至关重要的作用。

色彩的文气与线描的文气加上渲染的精细微妙,构成了文人画风的三大特长,它促进了装饰性壁画向独立性绘画发展的技术进步。线描勾勒的文气表现在用线的细微及功力的深厚,淡雅的墨线和色线与衣物能融为一体,"含而不露"、"隐而不显",在细、微、虚、弱的线描中隐含着挺拔的功力和准确的造型。近看有线,远看有形。在减弱线描显形作用时则突出了色块显形的作用,细致淡雅的色线与微妙高雅的渲染技法及文雅的色彩调子,构成了工笔重彩和文人画风的配套技术。它的表现效果,可谓"朦胧之中见细致,和谐之中见丰富,淡雅之中见厚实,虚弱之中见功力"的含蓄深沉的艺术效果。淡雅的用色把许多陪衬人物沉浸在灰黄色的朦胧氛围之中,似有似无的浅淡描绘,使他们不可能与主要人物去争抢观众视线。用线用色的淡、雅、虚、弱和隐含不露的准确造型,使陪衬的人群和景物处于次要地位,观众若不细看不能辨其形。表面看来似乎表现得不够充分具体,许多东西似乎没有交代清楚,甚至没有画完,其实这正是文人画风的一大技法特点。由于圆润的人物造型与精细的线描肯定了形体的准确性,细微的渲染使人物表现虽淡雅却不显单薄、虽淡弱而并不轻浮,用色虽单纯而并不单调,其效果虽朦胧但并不空虚,对某些局部的简略描绘,也没有未画完的感觉,并不影响整体效果的完整性。

　　总之,这种淡、雅、虚、弱的处理手法,在效果上不但没有失去观众的注意力,实而吸引了观众的注意,增加了壁画的耐看性;它使观众不能一览无余和一眼看透,这就是减弱手法所产生的艺术魅力之所在。观者往往在模糊不清之处投以格外的注目,想细看究竟却又看不透,这便是含蓄手法隐而不露的艺术魅力。这种素养犹如武术家的内功,柔中有刚、虚中有实,可以四两拨千斤。这些特征无疑反映出大师的高度艺术修养,壁画的造型功力显示出画家并非无力对人物进行深入具体的描绘,而是无须和不必再画蛇添足,壁画中色彩配置的对比关系已足以突出人物的宾主关系。刻画人物的深入程度与色彩的显明度不能不受宾主关系的制约,否则将分散观众的注意力,反而影响到壁画的完整性。通常画家易犯的毛病是对画面的所有人物都要进行一番深入的描绘,唯恐其不突出,在用色用线上一视同仁地尽量鲜明,面面俱到的精工细雕,却往往带来了不耐看的反效果。事倍功半的结果令画家沮丧不已,其病根就在于主次不分的平均对待和喧宾夺主干扰了画面的视觉中心。画面如果没有隐、藏、虚、弱的艺术处理,必然使物像清清楚楚地暴露无遗、一览无余而无需细看了。文人画风在用色用线上讲究轻、重、浓、淡和虚、实、隐、藏,正是出于对表现物体明显度与清晰度的把握能力,这正是文人画风的一种修养和风格特点,也是区别于民间画匠作风的最明显的特征。在用色鲜明度的把握和造型清晰度的把握上能严

·欧·亚·历·史·文·化·文·库·

格分寸、掌握适度,乃是文人画风和工笔重彩的艺术特征。

中西绘画在表现观念上存有很大差异性,但在色调和色彩的运用上都有着广阔的发展天地,都可以创造出无穷无尽的色调和风格趣味。色调个性化特征只有在绘画发展的高级阶段才越来越明显,中西绘画的差异,并非在原始初级阶段就已存在,只有发展到高级阶段才逐步显示出其文化艺术的差异性。

历来中国画论中总是突出强调笔与墨的重要性,把笔墨视作我国传统绘画之强项,而把色彩视作弱项,自叹不如西画。色彩这一造型基本元素长期以来一直被淡化和弱化,在我国传统绘画的画论中仅占有很次要的地位,对色彩理论的研究和探讨几乎是空白。中国传统绘画色彩弱化的心态,在一定程度上影响了我国传统绘画的正常发展。然而,历史事实并非如此,敦煌壁画艺术证明,我国传统绘画的色彩不仅不是弱项,在历史上应该说是强项。敦煌莫高窟从北魏开创以来到隋唐盛期(4—7世纪)的这段时期,其色彩效果表明它在当时曾处于世界领先地位,而西欧壁画的成熟期则在14世纪的意大利文艺复兴时期,晚于敦煌盛期900年。

从壁画的实证分析中可以得到如下结论:敦煌壁画在开创的初期,在绘画技术还处于起步的稚拙阶段时,色彩的运用已有较高的起点,因为它是以装饰图案的色彩方法作为色彩基础的;墨色并重的用色观念促使传统绘画在隋唐时期得以健康而迅速的发展,文人画风在隋唐的出现,表明我国传统绘画在用色观念上已进入高级发展阶段;许多用色方法及色彩效果与现代科学的光色原理相似、相近或不谋而合;工笔重彩的技术完善与色彩观念的配套发展,形成了中国传统绘画的形式风格体系,它拉开了与世界绘画的距离,并处于领先地位。色彩上形成了一套具有民族特色的装饰色彩体系,它与现代的平面色彩构成是同样原理,虽然在历史上没有给它以应有的理论肯定,但敦煌壁画为这一体系打下了坚实的研究基础。我国传统绘画在造型方面的发展相对缓慢的主要原因在于文明发展的历史局限。当时世界上还没有在透视学、解剖学和写生素描方面进行科学研究,这使我国传统绘画对形的表现局限于平面的两维空间,使绘画艺术在造型结构的准确性、科学性和真实感方面有局限性,这本应归于历史发展的局限性,然而在现在如果还不能认识这种局限性,甚至把局限性也视作专长和特色,让其永久地局限下去,恐怕不应是我国传统绘画的发展趋势。西欧绘画之所以能在18—19 世纪的高速发展,无非是得益于对素描写生的研究,透视学、解剖学与色彩学的问世,使西欧绘画在形与色两方面都取得了长足的发展。中国画在保持自身的笔墨优势的同时能否突破色彩弱化、淡化的用色观念的局限,是值得人们探讨的一个学术问题。

16.3.4　晚唐 156 窟

　　唐代后期的艺术出现了不少与前期不同的特点,若论浑雄健康、生气蓬勃,唐代后期显然不如前期,然而它是在前期的基础上发展起来的,在某些局部方面仍有超越前期的成就。总的说来,中唐和晚唐时期,壁画内容增多,意境却不很丰富,经变结构的公式化日益明显。唐代数量众多的大型经变画的蓬勃诞生,必然造成壁画在形式、内容的程式化、规范化上出现难以避免的千篇一律的模式化。尽管这些壁画在风格、趣味和绘画技术上有着各自不同的特长,然而在绘画的表现语言,形、色、线的运用上也存在着良莠不齐的差别,但是像张议潮出行图(见彩图 16 - 6)这样的作品,也还是前所未有的杰作,它无论从内容上、构图形式上、人物造型上,还是色调结构上,都继承了初唐时期的画风而突破了程式化的规范,创造了表现现实生活题材的长卷式历史画之经典。

　　色调分析　底色是以暖黄色的基调所展开的深浅层次系列,粉绿色的渲染表现出西北大地的地面特征,并以它的冷绿色与人物车马的暖红色成补色对比。构成色调的基本颜色除暖底色外,主要有表现人物车马的朱红、橘红、土红、赭石、深褐、土黄、暖粉色等组成的暖色系列,并配以少量的深蓝与淡蓝及灰色、粉白色作点缀色。在主要人物出场的画面上留出了较为醒目的暖粉色路面,以突出画面色彩的趣味中心。

　　为突出色彩的表现作用,人物及车马仪仗等均以色块的平涂来表现,有如水彩画。其色块边沿一般不再勾线,在表现主要人物时才勾以较明显的线描。线描也并不全然用黑线,有空白线和色线。其用色、用线和人物造型风格都与初唐时的323窟、220窟相似,显示出文人画风的赋色素养。

色彩关系如此大型的历史长卷画,在构图与色彩结构的安排上又如此周密和谐,其色彩关系井然有序、华丽丰富,显示出画师高超的色彩素养,非一般画师所能比肩。红、绿对比如果说是唐代壁画的主要特征,浅白色的底子上突出鲜明的红、绿对比,已是大多数而不是全部唐代壁画的基本特征。然而,具有同样特征的壁画却存在着色彩效果好与不好的巨大差别。许多壁画所用颜色的种类数量,与该图相差不多,但其效果却大相径庭,甚至截然不同。有些壁画过于艳丽花哨,有的则又平泛单调;有的生硬火爆,有的则轻薄枯燥。为什么在同样的底色上使用同样的颜色,又突出同样的红、绿对比,会产生各种不尽如人意的效果? 这正是值得我们分析和研究的地方。

首先,色调的形成与壁画的构图形式紧密相关。不同的构图形式,有着不同的人物和景物组合,必然会存在不同的色彩组合结构。如果对壁画的色调构成缺乏周密的设计安排,势必会出现不尽如人意的效果。模仿和套用某一幅佳作的色彩构成,往往会得到面目全非的效果。这是由于构图形式的不同直接关系到各种颜色的分量和比重,而对比色之间的强弱和比重则直接关系到色调的和谐与统一。

其次,对比色的浓淡、轻重和面积大小,无不直接关系到色调的和谐统一。

其三,对比色与调和色的搭配及分量比重,更是色调构成的关键问题。换句话说:红绿之间的配搭及对比如果没有或缺乏黑、灰、白及中间调和色的配合,是不可能产生和谐的色彩美感的,调和色系的比重则直接影响色调的调和性。壁画色调之所以出现单调乏味或艳俗轻浮的感觉,其原因就在于此。前人创造的优秀作品之所以在色彩上能站稳脚跟,就是在于调和色与对比色之间把握好使用的比重和对比的分寸。

唐代的文人画家正是深谙此道而形成了高雅柔和之画风;一般画

匠也因为不明此道,不谙此理,以简单的随类赋彩法,模仿套用他人之色调,故而不能得其善也。

如果缺乏调和色系的配合,鲜明色用得再多也无法克服单调乏味和轻浮感。色种的多样代替不了色彩的丰富感,这是一般画匠所难以理解的地方。色彩丰富主要依靠色彩层次的丰富和同种色的冷暖差异性。过于强烈的冷暖对比和过于浓重的补色对比只会导致颜色的孤立感,而红绿对比的不断重复使用也只会带来单调和乏味感,更给观者视觉造成花哨的零碎感。

不分主次地到处滥用强烈的对比色,只会造成眼花缭乱的平面感和枯燥乏味的单调感,有如花布和糊墙纸一般平均展示给观众,这正是构图繁杂的密体画和经变图中普遍出现的疑难问题,而解决这些问题有赖于画家对壁画色彩色调的总体设计和安排,色彩效果的好坏又取决于画师的色彩素养和审美能力。唐代的文人画家正是在这些方面与一般画匠存在着明显的差别。

16.3.5　五代 61 窟

61 窟是五代曹(曹议金)氏画院所造的莫高窟最大的洞窟之一,窟名文殊堂。此窟不仅规模宏大、形制典型、内容丰富、壁画保存良好、艺术水平高,而且是瓜、沙曹氏官府画院的代表洞窟。该洞窟不仅有闻名的五台山全景图及联屏佛传故事画,还有规模宏大的经变画和数量众多的供养人像等,有内容完备、字迹清晰的经变题榜,为敦煌文化的研究提供大量形象资料。

色调　曹氏画院绘制的壁画,基本上承袭了晚唐的规范,但内容上却大大地丰富了。与晚唐一样,经变画是石窟艺术的主要题材,61 窟的维摩诘经变和北壁药师经变图是其中最有代表性的官府画院的作品(见彩图 16－7)。与初唐 335 窟的同样题材相比较,它们在构图上形式十分相似,然而在色调处理与画风特点上有着明显的不同:前者是以深褐色浓重色调把人物群概括在一个整体之中,以明亮的背景衬托出人群的整体效果;后者则以装饰性的手法随类赋彩,以归纳法处理色彩的平面构成,这是壁画最常见的一种色彩形式,也就是装饰色彩法。它

·欧·亚·历·史·文·化·文·库·

以突出色彩的鲜明对比为主要特征,讲究色块之间大小位置的穿插和疏密对比,通过鲜明的色块来突出画面的中心,靠色彩的穿插和并置来获得色调的和谐统一。我们从两幅同样的经变图中可以明鉴这两种赋色方法所产生的不同效果,各有千秋,各具特色。前者色彩沉着浓重、和谐统一,后者色彩明亮清新、艳丽统一;前者体现了文人画家清、素、高、雅的艺术的情趣,后者体现出广大民众和官府画院的审美口味。两种不同的色彩方法反映出两种不同类型的画风。这两种不同画风自隋朝以来就已逐渐分明,形成两大流派:一派是中原传来的文人画风,另一派为各地画匠高手的装饰性画风。两大派不仅在绘画形式和方法上有各自的特点,更明显的差异是在色彩结构上的不同处理手法,反映出两种不同的色彩观念和审美趣味。两种流派虽然在石窟艺术的共同事业中各显身手、相互影响、取长补短,发挥各自的优势和特长,但却保持着各自风格的差异性。延续到五代时期,两种画风仍保留着明显的特色。

装饰性和工艺性的风格　以中原文人画家为主的画风,是以突出线描勾勒与墨色渲染方法、以传统的工笔重彩的技法,追求并讲究壁画的绘画性与观赏性的,以追求色调的和谐与丰富、色彩的清淡高雅,及渲染着色的细致微妙见长。这类作品在本书的优秀图例中占据多数,其经典作品大都集中于隋唐早期。五代时期文人画风又再度兴盛,显示出"主导"画风的辉煌。如100窟北壁的回鹘公主出行图和98窟于阗国王供养像、36窟普贤变等,都是五代文人画风之代表作品。另一类就是来自全国各地的名师巧匠的佳作,着重突出壁画的装饰性和工艺性的风格。这一流派之画风自中唐以来一直占有数量上的绝对优势,自然占据了敦煌壁画画风的"主流"地位。61窟的维摩诘经变图和药师经变图正是这种装饰性和工艺性画风的代表作品。

装饰性风格的壁画以鲜艳的色彩和工整细致的绘画技术博得了广大民众的喜爱,尤其符合官府画院统治者的口味。技术上力求工整细致、色彩上鲜艳明快,是这一流派的两大特点。官府画院自然以此作为敦煌壁画的施工质量标准和技术要求。来自于民间的画匠高手无不深谙此道,审美观念的一致性,使画匠们无需再费心思去探索新的路子,造型上有师傅留下的蓝本,赋色上有师傅传下的口诀和秘方,施工操作有师徒承袭的规矩,一切都可按照师徒传统的既定方针进行。观念的保守使画匠们难以真正吸收文人画风的艺术真谛,官府画院的严格管理和质量标准,限制了画匠们的创造性和自由发挥。无论是壁画的行家高手还是技艺高超的文人画家,都必须遵循官府衙门的意志和口味,否则不能获得应有的物质待遇。我们从图例中可以看出两种流派在五代时期表现出较多的共性和一致性,这就是规范化、标准化、模式化倾向。尽管画师们都多少保持了自己的风格特点,但又融进了一致性的趋势。

以追求色彩鲜明美为第一要求的装饰性壁画,袭用了师傅传下的色彩口诀,例如"红间绿、花簇簇;红间黄,喜煞娘;白间黄,胜增光;黑间紫,不如死"。如今看来,这些不过是赋色经验之只鳞片甲,实不足以揭示色彩之奥秘,然而当时却可能被工匠视为祖传秘方。

观念上以鲜明美为第一追求,就自然会轻视和谐美,并淡化丰富美,这势必导致壁画在色彩上出现病态的发展趋势。所以在中唐以后,这类装饰性的壁画就显示出与隋、唐早期的不同变化:其一是色彩的鲜明度及纯度加强了,对比度加强了;其二是色种增多了,色相环中的各种颜色近乎齐全;其三是黑、灰、白等调和色的逐渐减少。墨色、复色及中间色的相应减少,形成了重色轻墨的赋色倾向。五代时期这种倾向已走到极端。大量地使用石青石绿,过多地使用红绿对比,似乎成为那个时代的流行色,造成了色彩调子的单一化和色彩层次的单调化。其色彩效果是:艳丽之中掺和着甜俗,鲜明之中显露出轻浮,过强的对比显得生硬,色种的多样则难免花哨。

颜料品种的增多和颜料纯度的增高,本应有利于壁画色调的多样化,其实则不然,颜料的多样齐全反而造成了壁画色调的单一化模式。自中唐以来,壁画所用色种大致都在 12 种以上。在隋朝以前的壁画用色只有七八种,如除去墨色之外鲜明颜料只用三四种,其色调变化则多样无穷,这似乎不合常理的现象却是事实,北魏时期的优秀壁画就足以

·欧·亚·历·史·文·化·文·库·

证明这一点。

色调是一幅画的色彩相貌,反映出一幅画的特有个性。色彩单纯的画面其色调个性也强,各种色相都齐全的画面其色调个性必弱。这与烹调做菜的道理一样,不同的材料和不同的配料可以做成不同味道的菜来,而色种齐全的画面就好比是炒什锦和大杂烩。如果一桌子全是大杂烩之类的菜肴,也就不成其为丰富的宴席。

壁画艺术逐渐衰败的重要原因　程式化、规范化和标准化的质量要求是壁画艺术逐渐衰败的重要原因。敦煌石窟艺术之所以能够兴盛发展,在很大程度上是依靠官府衙门的支持,如果没有当朝统治者的支持和重视,如此宏大的石窟艺术工程就难以实行。自隋唐以来,官府画院对石窟艺术的开凿与筹建,起着绝对重要的作用,无论从资金的投入到人才的调集、工程的管理等各方面,都做了大量的工作,实在是功德无量,对佛教艺术的发展可谓功不可没。然而,官府衙门又同时限制了壁画艺术的发展。既然是官府的画院,就必须要服从官府的意志,迎合官府的口味。在内容题材上有既定的佛教宣传提纲,在绘画技术上有严格的质量要求,在造型上也有具体的佛教规定,一切须按佛教的规范来进行,不允许"粗制滥造"、"偷工减料"。36窟的药师经变图就是在规范化的质量标准要求下出现的壁画风格模式。其特点是工细无比,面面俱到,严肃认真,一丝不苟。工细者不厌其烦!重复者不厌其多!菩萨造型如印章刻出,上下内外同样清楚,"一视同仁"地坚持质量标准。就技术质量而言,可谓绝对"达标",壁画的每一局部均可分割成独立的画面。图中数百个菩萨佛像均照实画出,无一虚漏。亭台楼阁,一砖一瓦,清楚可见。风景人物充满画面,作为密体面来看,可谓密集到家。画师着实用心良苦,为观众着想,使之能看清楚更多的东西,以增加作品的观赏性。然而,技术质量并不等于艺术质量,工艺性替代不了绘画性,面面俱到的工整性也不等于观赏性。千篇一律的色调,繁琐细腻的刻划,面面俱到的平均主义,使壁画显露出过度劳累的痕迹,观众在叹服之余难免产生"腻味"之感,过度的繁杂反而使观者不耐其烦!平均主义的处理,使观者难以集中视线;同样清楚的物像令观者一览无余,不必再去细细观赏,也无需回味与联想。画匠们未能预料的效果是事与愿违。

总之,壁画艺术在程式化、规范化和标准化的统一要求下,逐渐减弱了绘画性而失去观赏性。如果与隋唐早期的壁画相对照就可发现,它缺少虚实感、含蓄感、朦胧感和神秘感。这些体现出艺术趣味性的东西,往往容易被人们忽视,更难为一般画匠所理解。这些似乎与技术水平无关的东西,其实正是文人画风中所蕴含的美学真谛,说白了就是我们传统绘画中所讲究的精、气、神、韵中之气韵。这些讲究并非仅仅是对骨法用笔而言,也是对画面的色彩结构及整体效果而言,所谓气韵生动也并非是水墨画才应讲究的东西。壁画、工笔画、密体画同样要讲究这些东西,西洋油画和水彩、水粉画也同样包含有这些讲究。它是绘画艺术绘画性、观赏性和趣味性之所在,也是绘画艺术之所以能百看不厌要细细品味的道理。

在绘画艺术的处理手法中就有讲究取舍、隐藏、遮挡、虚实、减弱等等。所谓虚实相间、意到笔不到、以一当十,在绘画中的内在含义包含着许多美学哲理,这些已不是技术所能包括的东西,所以定名为艺术技巧。因此,技术质量的好坏不能等同于艺术技巧的高低。

16.3.6　元代 3 窟、465 窟

公元 1227 年,蒙古成吉思汗灭西夏,结束了 100 多年的分裂状态,建立了一个地跨欧亚的大帝国。元代统治者除宣扬儒家思想外,又重视道教,大搞"三教平心"、"以佛治心、以道治身,以儒治世",对伊斯兰教、基督教、犹太教也都兼收并蓄,在佛教中又以藏传密宗最受尊敬。由于密宗萨迦派的特殊地位,在敦煌的莫高窟中出现了引人注目的西藏式密宗艺术,元代 3 窟和 465 窟就是保存完好的元代密宗艺术的代表洞窟(见彩图 16－8)。元代所开凿洞窟为数不多,但由于出现了新的风格,取得了新的成就,尤其是壁画中的色彩感染力,给观者以深刻印象,从而打破了莫高窟最后时期的沉寂气氛。

465 窟以密宗的欢喜金刚为造型的形象,许多动态各异的裸体造型给人以新异的感受(见图 7－19)。此外,新异的另一个原因在色彩

·欧·亚·历·史·文·化·文·库·

上,其浓重艳丽的色调,美艳之中令人畏怖,效果强烈令人惊叹!与敦煌晚期的风格趣味不相同的颜色和情调,是装饰性绘画的一种风格样式,带有浓重的印度和西域风格及情调。

色调不同于晚唐以来所常见的红绿对比色调,也不同于文人画风之古香色调,基本上是以石绿为主色与黑、灰、白所构成的冷色调。在鲜明色中出现了普蓝、群青、赭红、淡土红、紫灰、土黄和金色,除石绿之外大多以小面积和点缀色出现。石绿多用作底色,起着色调的统率作用。用作底色的还有灰蓝色和白粉底,用以区别不同的画面色调。底色的不同变化对色调的新异起了一定作用。

色彩结构十分类似北魏至隋代的用色方法,可以归结为"墨色并重",大量的黑、灰、白色与鲜明色配合,看来是色调成功的关键。如果没有黑、灰、白等调和色的和谐基础,其他颜色则难以显示出色彩的鲜明度,也就和西夏壁画的一片绿无区别了。画中的鲜明色除石绿外,其他颜色其实并不十分鲜明,土红和赭红都已减弱了浓度和使用面积,仅起着点缀色的作用。画面没有过强的暖色可与石绿抗争。强烈的黑白对比突出了人物的整体效果,并取代了强烈的冷暖对比。其他颜色在深沉的色调中隐现出色彩的丰富感。

装饰性的勾线平涂　勾线虽然不像中原文人画那么多讲究,所勾黑线细而均匀,隐而不显,突出了色块的装饰作用。色彩结构上似乎又恢复了隋唐早期的优良传统。在用色上,一个重要的方面是佛像的肤色由各种不同的颜色画成,可以认为是大胆而多变的。该窟的佛像、金刚数量众多,构图结构饱满,其头部和裸体颜色占有很大面积,肤色的变化在很大程度上决定了色调的丰富感。就该窟而言,用得最多的是黑色皮肤,此外有紫灰、群青、淡紫、赭红、灰色、白色等七八种之多,这是壁画色彩出现神秘感和丰富感的一个原因。从中可以清楚看到,佛像肤色的不同颜色,完全是画师有意设置的,没有理由怀疑是什么"变色"的缘故。就用色观念而言,画师根本不理会佛像的皮肤应该是什么样的"肉色"才合理,更不理会皮肤固有色的真实性。在画师的观念里,只要能显示出人物的整体外形,就没有什么颜色不敢用。尤其在壁画中,黑色和深颜色佛头最多,使人看不清佛像的真面目,观者只能分辨出佛像的平面外轮廓,这在绘画中可看作"舍弃细部而顾全整体"之法。其实正是这一点看不透的黑色影像,使色调具有了某种神秘感。

肤色的大胆使用,对一般人来说实难接受。例如把皮肤画成蓝色、石绿色、紫灰色等等,依照我们的观念来看则无法理解:天下哪有绿色蓝色人种?这些肤色肯定不是真实的。其实这里只是用色观念不同罢了。

画师之所以把佛像的肤色画成各种颜色,仅仅是出于形式美感的需要,并非着眼于皮肤固有色的真实性,装饰性绘画的一个特殊性正在于此。肤色的不同只是用以表现佛像的不同身份和地位,只能看成是一种色彩符号而已。从内容上讲,佛像、金刚、菩萨等都是一种偶像,并非真实的人物,又何须强调其真实性?既是偶像,用什么颜色都可以,有必要也可涂成金色。这种用色观念有点类似戏剧脸谱之化装,有白脸、红脸、黑脸、花脸等。花脸是戏剧人物的色彩符号,并不表示真实性。

通常人们看画时总习惯于接受正常人的肉色,与它相差太大的肤色都难以接受和理解,尤其对黑色和深颜色画人体都会从观念上否认这个现实,往往容易误认为是"变色"的缘故。其实这是一种误导,这是模糊和否认了壁画色彩结构中的美感因素。

其实,用黑色、灰色和深颜色来表现佛像菩萨的壁画数量相当多,从北魏至初唐,"黑头佛爷"的壁画占有很大比重,许多壁画已成为色彩上的典范佳作;本章所列举的图例中亦占有相当的比重,这绝非是偶然现象。有的图例所具有的色彩神秘感,在很大程度上与肤色的深浅有关,而人物肤色的变化对色彩的丰富感起着重要作用。

早期壁画与晚唐、五代时期相比,在肤色上有截然不同的处理。五代 61 窟壁画中多达数百尊佛像、菩萨都画成统一的肉白色,给壁画造成了难以回避的单调感。如此规范化的形象,又用统一的肤色来表现,色彩岂能有丰富感。因此在绘画中,有意识地对人物肤色以不相同的颜色来区分,有时可以人为地夸张和强调,其实是绘画艺术中常用的一种赋色手法。无论中、西绘画在观念上有何不同,但在这一点上是相同的,都同样强调肤色的不同变化。这是绘画艺术形式美感的要求。

隋唐以前的壁画在色彩总体效果的评价上要比晚期壁画高级得多,其根本区别就在于在黑、灰、白的使用上存在着用色观念的差异,它关系到色彩结构中如何妥善处理好调和色与对比色、无彩系与有彩系的组合关系,这是壁画色彩美感能否产生的关键。其区别的另一方面就是壁画人物肤色的多样化与单一化之区别,即敦煌早期壁画中黑头佛和菩萨多的缘故。表现佛像和菩萨多用黑色、灰色和深颜色,表面看来其用色并不真实,然而它所产生的"负面"效应却远远超出了它的"正面"效应。这"负面"效应就是色彩的美感和神秘感。如果把465窟壁画中的不同肤色都改换成统一的肉色的话,该窟的色彩效果和色彩美感也就所剩无几了,绝不可能有如此高的艺术感染力。

如果将第465窟作为装饰性绘画风格的代表作,那么第3窟则是元代中原文人画风之典范图例,是甘州画师史小玉的杰作之一。壁画以深厚的线描功夫为特长的工笔淡彩,所创造的千手千眼观音菩萨设色清淡典雅,俨然中原画风;特别是以折芦描、铁线描、游丝描、钉头鼠尾描相结合,把线描造型推到了极高水平,体现出中原文人画风进一步发展的趋势和特点。这就是以线为主以色为辅的工笔淡彩技术。壁画以粗糙的泥壁作底,绘以精细微妙的线描,用色淡雅,色不压线,色不抢线,充分突出了线描的表现力。

画面颜色统一在泥壁底色的灰黄色调中,以微妙的墨色渲染配合淡墨线描勾勒,形成了色线结合的丰富层次,造成了一种和谐的古香色调氛围。暗红与石绿的对比用以突出主要人物,用色少而显得金贵;鲜明色被严格控制,绝不随意滥用,仅用以表现人物,起着点缀色的作用;泥底上少量的白粉表现衣物飘带,拉开了底色的层次。该画的笔、墨、用色谨慎细微,具有惜墨如金的珍贵感。用色用线讲究虚、实,隐、显的交替变化,淡墨的渲染使底色包含着丰富的层次变化,造成了一种灰色调的朦胧感,令人回味无穷,百看不厌,显示出画师高超的造型功力和深厚的艺术素养。史小玉的画可谓"下笔成珍,挥毫可范"。他在线描造型上的艺术才能和杰出成就,成为敦煌艺术的优秀代表。第 3 窟工笔淡彩画技术的发展,反映了我传统绘画技术发展的趋向,即对艺术领域的多方位追求有了明显的侧重性。在形、色两大造型因素中,形已占有了绝对优势地位,色已退居次要地位。在造型的领域里"以线描为主以色为辅",逐渐成为传统绘画中的既定法则。在线描造型长足发展的同时,色彩的感染力却在逐渐衰退,对色彩的轻视和淡化,已在我国传统绘画中变成一种既定的观念和看法,并以此作为中国绘画的特色,被视为国粹。水墨画与工笔画的高度成就掩盖了色彩贫乏的弱点。中国画的艺术境界似乎被局限在笔墨情趣的范围之中,固然是神形兼备或气韵生动,然而缺乏色彩的强烈感染力,终究还是绘画发展的缺憾。从敦煌壁画色彩实证分析可以看出,中国传统绘画可以将色彩领域作为艺术探索的一个方向和突破口,从色彩理论、观念认识上重建新的学风,用科学、求实的观点正确地审视中国绘画的自我发展历程,这对中国绘画的进一步发展应该是有益的。

参考文献

〔日〕秋山光和. 敦煌壁画中的山水画［M］∥敦煌石窟·敦煌莫高窟:5,北京:文物出版社,1982.

Sullivan M. The birth of landscape painting in China［M］. Berkeley: University of California press,1962.

常书鸿. 敦煌艺术的源流与内容［J］. 文物参考资料,1952(4).

陈传席. 中国山水画史［M］. 南京:江苏美术出版社,1988.

陈传席. 中国早期佛教艺术样式的四次变革及其原因［J］. 敦煌研究,1993(11).

陈方平. 有序的形式和自由的时空——敦煌壁画构图的装饰性分析［J］. 西北美术,2002(4).

陈绿寿. 论敦煌隋唐时期壁画［J］. 装饰,2005(2).

陈麦. 敦煌图案的魏唐风格［J］. 新美术,1983(1).

陈志良,黄明哲. 中国佛家［M］. 北京:宗教文化出版社,1998.

楚启恩. 中国壁画史［M］. 北京:工艺美术出版社,2000.

戴蕃豫. 中国佛教美术史［M］. 北京:书目文献出版社,1996.

戴瑞坤. 敦煌艺术中的装饰图案［C］∥第二届敦煌学国际研讨会论文集,台北:汉学研究中心,1991.

董怡. 借鉴传统民族服饰思考——谈丝绸服装的设计［J］. 蚕学通讯,2003(3).

杜元. 早期山水画与敦煌壁画中的树木描写［J］. 敦煌学辑刊,2002(2).

段文杰. 段文杰敦煌艺术论文集［M］. 兰州:甘肃人民出版社,1994

段文杰. 敦煌壁画的内容和风格［J］. 敦煌,1990(7).

段文杰.敦煌石窟研究国际讨论文集(1987)[M].沈阳:辽宁美术出版社,1990.

段文杰.敦煌石窟艺术论集[M].兰州:甘肃人民出版社,1988.

段文杰.敦煌石窟艺术研究[M].兰州:甘肃人民出版社,2007.

段文杰.敦煌早期壁画的风格特点和艺术成就[M]//中国美术全集·绘画编(14):敦煌壁画(上).上海:上海人民美术出版社,1985.

段文杰.敦煌早期壁画的民族传统和外来影响[J].文物,1978(12).

段文杰.飞天——乾达婆与紧那罗——再谈敦煌飞天[J].敦煌研究,1987(2).

段文杰.飞天在人间[J].文史知识,1988(8).

段文杰.供养人画像与石窟[J].敦煌研究,1995(3).

段文杰.略论敦煌壁画的风格特点和艺术成就[J].敦煌研究,1982(2).

段文杰.略论莫高窟第249窟壁画内容和艺术[J].敦煌研究,1983(3).

段文杰.莫高窟吐蕃时期的艺术[J].甘肃画报,1984(4).

段文杰.十六国、北朝时期的敦煌石窟艺术[M]//敦煌文物研究所.敦煌研究文集.兰州:甘肃人民出版社,1982.

段文杰.试论敦煌壁画的传神艺术[J].敦煌研究,1982(6).

段文杰.谈敦煌早期壁画的时代风格[J].敦煌研究,1988(2).

段文杰.唐代后期的莫高窟艺术[M]//中国石窟·敦煌莫高窟:4.北京:文物出版社,1987.

段文杰.唐代前期的莫高窟艺术[M]//中国石窟·敦煌莫高窟:3.北京:文物出版社,1987.

段文杰.吐蕃时期的莫高窟艺术[J].甘肃画报,1984(4).

段文杰.晚期的莫高窟艺术[J].敦煌研究,1985(3).

段文杰.榆林窟党项、蒙古政权时期的壁画艺术[J].敦煌研究,1989(11).

段文杰.榆林窟的壁画艺[M]∥中国石窟·安西榆林窟.北京:文物出版社,1997.

段文杰.早期的莫高窟艺术[M]∥中国石窟·敦煌莫高窟:1.北京:文物出版社,1981.

段文杰.张议潮时期的敦煌石窟艺术[J].敦煌学辑刊,1982(3).

段文杰.中国敦煌壁画全集·敦煌(5):初唐(图版说明)[M].沈阳:辽宁美术出版社,1989.

段修业.对莫高窟壁画制作材料的认识[J].敦煌研究,1988(3).

敦煌文物研究所.敦煌壁画[M].北京:文物出版社,1962.

敦煌文物研究所.中国石窟·安西榆林窟[M].北京:文物出版社,1981.

敦煌文物研究所.中国石窟·敦煌莫高窟:1—5[M].北京:文物出版社,1981.

敦煌研究院.2000年敦煌学国际学术讨论会文集:石窟艺术卷[M].兰州:甘肃民族出版社,2003.

敦煌研究院.敦煌莫高窟供养人题记[M].北京:文物出版社,1986.

敦煌研究院.敦煌石窟全集:图案卷[M].香港:商务印书馆,2003.

敦煌研究院.全国敦煌学术讨论会文集[M].兰州:甘肃人民出版社,1987.

敦煌研究院文献所.敦煌图案[M].兰州:甘肃人民美术出版社,1996.

敦煌研究院文献研究所.敦煌供养人[M].兰州:甘肃人民美术出版社,1999.

敦煌研究院文献研究所.敦煌菩萨[M].兰州:甘肃人民美术出版社,1999.

敦煌研究院文献研究所.飞天[M].兰州:甘肃人民美术出版社,1996.

樊锦诗,马世长.莫高窟第290窟的佛传故事画[J].敦煌研究,

1983（1）.

樊锦诗.敦煌艺术中的服饰文化[J].敦煌研究,2004(3).

樊锦诗.莫高窟壁画艺术·北凉[M].兰州:甘肃人民出版社,1986.

方广锠.中国佛教文化大观[M].北京:北京大学出版社,2001.

冯培红.汉晋敦煌大族略论[J].敦煌学辑刊,2005(2).

宫治昭,李萍,张清涛.涅磐和弥勒的图像学[M].北京:文物出版社,2009.

关文儒.中晚唐的石窟艺术[J].敦煌研究,1983(12).

关友惠.北周时代的艺术[J].甘肃画报,1983(6).

关友惠.敦煌北朝石窟中的南朝艺术之风[J].敦煌研究,1988(2).

关友惠.敦煌壁画中的供养人画像[J].敦煌研究,1989(3).

关友惠.敦煌莫高窟隋代图案初探[J].敦煌学研究,1983(12).

关友惠.敦煌莫高窟早期图案纹饰[J].敦煌学辑刊,1980(2).

关友惠.敦煌图案[M].兰州:甘肃人民美术出版社,1996.

关友惠.敦煌图案概述[M]//敦煌壁画白描精粹·敦煌图案.兰州:甘肃人民出版社,1996.

关友惠.敦煌装饰图案[M].上海:华东师范大学出版社,2010.

关友惠.莫高窟壁画艺术·西魏[M].兰州:甘肃人民出版社,1986.

关友惠.莫高窟晚唐艺术[J].甘肃画报,1984(5).

关友惠.中国敦煌壁画全集:晚唐[M].天津:天津人民美术出版社,2003.

贺昌群.敦煌佛教艺术的系统[J].东方杂志,1931(28).

贺世哲.北宋的莫高窟艺术[J].甘肃画报,1984(1).

贺世哲.敦煌图像研究:十六国北朝卷[M].兰州:甘肃教育出版社,2006.

贺世哲.莫高窟壁画艺术:北宋[M].兰州:甘肃人民出版社,1986.

·欧·亚·历·史·文·化·文·库·

贺世哲.隋代敦煌艺术[J].甘肃画报,1984(1).

弘远.敦煌莫高窟佛教壁画雕塑之兴起、发展与演变[J].文史杂志,1995(6).

胡同庆,安忠义.佛教艺术[M].兰州:敦煌文艺出版社,2004.

胡同庆.灿烂的敦煌飞天艺术[J].东方艺术,1995(4).

胡同庆.初探敦煌壁画中美的规定性[J].敦煌研究,1992(5).

胡同庆.敦煌晚期壁画中的天国图像[J].敦煌研究,1996(2).

胡同庆.试析敦煌隋初壁画的艺术特色[J].敦煌学辑刊,1998(2).

黄忏华.中国佛教史[M].上海:上海文艺出版社,1990.

黄能馥,陈娟娟.中国历代服饰艺术[M].北京:中国旅游出版社,1999.

霍熙亮.莫高窟壁画艺术:五代[M].兰州:甘肃人民出版社,1986.

霍秀峰.敦煌唐代壁画中的卷草纹饰[J].敦煌研究,1997(3).

季羡林.敦煌吐鲁番学在中国文化史上的地位和作用[J].红旗,1986(3).

季羡林.敦煌学大辞典[M].上海:上海辞书出版社,1998.

季羡林.中国敦煌学史[M].北京:北京语言学院出版社,1992.

暨远志.中国早期佛教供养人服饰[J].美术,1995(1).

金维诺.敦煌壁画中的中国佛教故事[J].美术研究,1958(1).

阚延龙.千手千眼观音的艺术特色[J].艺术百家,2003(2).

兰州大学敦煌研究所.敦煌石窟艺术概论[M].兰州:甘肃文化出版社,2005.

郎绍君.唐风论纲——从莫高窟看唐代美术风格[M]//段文杰.敦煌石窟研究国际讨论会文集(1987):石窟艺术编.沈阳:辽宁美术出版社,1990.

郎绍君.早期敦煌壁画的美学性格[J].文艺研究,1983(2).

雷德侯.净土变建筑的来源[J].敦煌研究,1988(5).

李成君.试论敦煌壁的透视[J].美苑,1996(1).

李其琼.论吐蕃时期的敦煌壁画艺术[J].敦煌研究,1998(2).

李其琼.莫高窟壁画艺术:隋代[M].兰州:甘肃人民出版社,1986.

李其琼.莫高窟壁画艺术:中唐[M].兰州:甘肃人民出版社,1986.

李其琼.再谈莫高窟隋代艺术[J].敦煌研究,1988(5).

李涛.佛教与佛教艺术[M].西安:西安交通大学出版社,1989.

李伟国.敦煌话语[M].上海:上海科技教育出版社,2000.

李文生.中原风格及其西传[J].敦煌研究,1988(5).

李迅文.西夏时期敦煌图案艺术[J].装饰,2003(5).

李永宁.敦煌壁画的世俗性[J].文史知识,1988(8).

李永宁.敦煌服饰[J].敦煌研究,2005(1).

李永宁.莫高窟壁画艺术:晚唐[M].兰州:甘肃人民出版社,1986.

李浴.简谈敦煌壁画的艺术本质及其现实意义[J].美苑,1983(3).

李振甫.敦煌佛像画造型艺术初探[J].敦煌研究,1997(4).

李振甫.莫高窟壁画艺术:盛唐[M].兰州:甘肃人民出版社,1986.

李正宇.敦煌历史地理导论[M].兰州:甘肃人民出版社,2009.

李铸晋.净土变建筑的来源[M]//段文杰.敦煌石窟研究国际讨论会文集(1987):石窟艺术编.沈阳:辽宁美术出版社,1990.

梁粱.敦煌壁画故事[M].江苏:江苏古籍出版社,2000.

梁思成.敦煌壁画中所见的中国古代建筑[J].文物参考资料,1951(5).

梁思成.我们所知道的唐代佛寺与宫殿[J].营造学社汇刊,1932,3(1).

梁慰英.山林动物[J].敦煌研究,1997(2).

林保尧.敦煌壁画与佛教艺术[J].表演艺术,1994(6).

林家平,宁强,罗华庆.中国敦煌学史[M].北京:北京语言学院出版社,1992.

林木.中国画现代形态的初步确立[J].美术,1995(7).

刘进宝.敦煌历史文化[M].兰州:甘肃人民出版社,2000.

刘军.敦煌壁画中氐羌群服饰特点初探[J].六盘水师范高等专科学校学报,2000(2).

刘汝醴.论敦煌魏窟壁画的艺术风格[J].东南文化,1985(10).

刘晓毅.试论佛教石窟中的飞天[J].敦煌学辑刊,2004(2).

刘玉权.敦煌动物画卷[M].上海:上海人民出版社,2000.

刘玉权.敦煌莫高窟北朝的动物画漫谈[J].敦煌学辑刊,1980(2).

刘玉权.漫谈莫高窟早期壁画中虎的形象[J].飞天,1983(1).

刘玉权.莫高窟的壁画艺术(西夏)[J].宁夏画报,1984(1).

刘玉权.莫高窟壁画艺术:西夏[M].甘肃人民出版社,1986.

刘原,王志敬,张骏.铺壁画的制作工序[EB/OL].[2013-4-15] http://www.tibetinfor.com.cn/yishu/yishu200241194211.htm.

卢泰汇.唐代敦煌壁画研究[D].台北:台湾师范大学美术研究所,1996.

陆峰.敦煌壁画艺术价值的再认识[J].美与时代,2004(7).

罗华庚.敦煌石窟鉴赏丛书第3辑第6分册第323窟[M].兰州:甘肃人民美术出版社,1990.

麻元彬.中国古代壁画画法管窥[J].美术观察,2004(8).

马德.敦煌工匠史料[M].兰州:甘肃人民出版社,1997.

马德.敦煌莫高窟史研究[M].兰州:甘肃教育出版社,1996.

马德.敦煌石窟营造史导论[M].台北:新文丰出版公司,1999.

马化龙.莫高窟220窟《维摩诘经变》与长安画风初探[M]//北京图书馆敦煌吐鲁番学资料中心,等.敦煌吐鲁番学研究论集.北京:书目文献出版社,1996.

马世长.敦煌图案[M].乌鲁木齐:新疆美术摄影出版社,1993.

倪建林.中国佛教装饰[M].广西:广西美术出版社,2000.

宁强.从印度到中国——某些本生故事构图形式的比较[J].敦煌研究,1991(3).

宁强.历代名画记与敦煌早期壁画[J].敦煌研究,1988(4).

欧阳琳.敦煌壁画中的故事:微妙比丘尼变[J].飞天,1981(6).

欧阳琳.敦煌壁画中的莲花图案[J].敦煌学辑刊,1981(10).

欧阳琳.敦煌图案简论[M]∥1983年全国敦煌学术讨论会文集.兰州:甘肃人民出版社,1987.

欧阳琳.敦煌藻井图案[J].中国民间工艺,1987(9).

欧阳琳.莫高窟壁画图案[M].兰州:甘肃人民美术出版社,1986.

欧阳琳.谈谈隋唐时代的敦煌图案[J].敦煌学辑刊,1980(12).

潘絜兹.敦煌莫高窟艺术[M].上海:上海人民出版社,1981.

潘絜兹.从《石窟艺术的创造者》到敦煌组画《石窟献艺》[J].美术观察,1998(1).

乔志军.敦煌壁画服饰审美文化透视[J].益阳师专学报,1997(4).

全涌淑.唐代敦煌壁画的内容与风格研究[D].台北:台湾师范大学美术研究所,1997.

任继愈.中国佛教史[M].北京:中国社会科学出版社,1988.

沙武田.敦煌金光明经变的几个问题[M]∥王希隆.历史文化探研.兰州:甘肃民族出版社,2009.

沙武田.吐蕃统治时期敦煌石窟供养人画像考察[J].中国藏学,2003(2).

沙武田,魏迎春.曹氏归义军时期敦煌石窟艺术程式化表现小议[J].敦煌学辑刊,1999(2).

尚世东,郑春生.试论西夏官服制度及其对外来文化因素的整合[J].宁夏社会科学,2000(3).

沈从文.中国古代服饰研究[M].香港:商务印书馆,1981.

施萍亭,贺世哲.敦煌壁画中的法华经变初探[M]∥中国石窟·敦煌莫高窟:3.北京:文物出版社,1981.

施萍亭.金光明经变研究[M]∥段文杰.敦煌石窟研究国际讨论会文集(1987):石窟艺术编.沈阳:辽宁美术出版社,1990.

施萍亭.莫高窟壁画艺术:北周[M].兰州:甘肃人民出版社,1986.

511

施萍亭.莫高窟五代时期的艺术[J].甘肃画报,1984(6).

石江年,魏争光.敦煌壁画和文书中的马文化[J].安徽体育科技,2003(12).

史苇湘.从敦煌壁画《微妙比丘尼变》看历史上的中印文化交流[J].敦煌研究,1995(2).

史苇湘.敦煌佛教艺术产生的历史依据[J].敦煌研究:试刊,1981(1).

史苇湘.敦煌佛教艺术产生的依据[J].敦煌研究,1982(6).

史苇湘.敦煌历史与莫高窟艺术研究[M].兰州:甘肃教育出版社,2002.

史苇湘.敦煌莫高窟中的"福田经变"壁画[J].文物,1980(9).

史苇湘.敦煌研究文集——敦煌历史与莫高窟艺术研究[M].兰州:甘肃教育出版社,2002.

史苇湘.论敦煌佛教艺术的世俗性[J].敦煌研究,1985(3).

史苇湘.论敦煌佛教艺术的想象力[J].敦煌研究,1987(11).

史苇湘.莫高窟壁画艺术·北魏[M].兰州:甘肃人民出版社,1986.

史苇湘.莫高窟初唐艺术[J].甘肃画报,1984(2).

史苇湘.世族与石窟[M]∥敦煌文物研究所.敦煌研究文集.兰州:甘肃人民出版社,1982.

史苇湘.丝绸之路上的敦煌与莫高窟[M]∥敦煌文物研究所.敦煌研究文集,兰州:甘肃人民出版社,1982.

释东初.敦煌壁画之研究[M].台北:中华佛教文化馆,1972.

苏日娜.蒙元时期蒙古人的袍服与靴子——蒙元时期蒙古族服饰研究之三[J].黑龙江民族丛刊,2000(3).

苏莹辉.从敦煌壁画谈古代建筑壁画之制作方法[J].美育,1996(5).

苏莹辉.敦煌及施奇利亚壁画所用凹凸法渊源与印度略论[J].故宫季刊,1970(3).

苏莹辉.敦煌莫高窟中唐壁画简介[J].故宫文物月刊,1994(7).

苏莹辉.略论敦煌莫高窟壁画的内容与形式[J].美育,1995(10).

苏莹辉.略论敦煌艺术与历代的装饰图案[J].美育,1993(9).

苏莹辉.略论莫高窟各期壁画的技法与风格[C]∥第二届敦煌学国际研讨会论文集,台北:汉学研究中心,1991.

苏莹辉.略论敦煌莫高窟壁画的内容与形式[J].美育,1995(10).

苏莹辉.漫话敦煌莫高窟藻井图案——唐代的美术装饰之一[M]∥唐代文化研讨会论文集,北京:文史出版社,1991.

孙昌盛.西夏服饰研究[J].民族研究,2001(6).

孙儒涧.敦煌莫高窟的建筑艺术[J].敦煌研究,1993(4).

孙儒涧.莫高窟壁画中的古建筑[M].兰州:甘肃人民出版社,1990.

孙修身.敦煌佛教东传故事画卷[M].上海:上海人民出版社,2000.

孙修身.敦煌莫高窟296窟"佛说诸德福田经变"研究[J].北朝研究,1990(1).

孙修身.敦煌石窟中"观无量寿经变相"[M]∥段文杰.敦煌石窟研究国际讨论会文集(1987):石窟艺术编.沈阳:辽宁美术出版社,1990.

孙修身.莫高窟的元代艺术[J].甘肃画报,1985(3).

孙修身.莫高窟壁画艺术:元代[M].兰州:甘肃人民出版社,1986.

孙毅华.敦煌石窟全集·建筑画卷(卷21)[M].香港:商务印书馆,2004.

台建群.7—11世纪吐蕃人的服饰[J].敦煌研究,1994(4).

谭蝉变.敦煌马文化[J].敦煌研究,1996(1).

谭蝉雪.敦煌石窟全集·服饰画卷[M].香港:商务印书馆,2000.

汤一介.佛教与中国文化[M].北京:宗教文化出版社,2000.

万庚育,黄文昆.敦煌的艺术宝藏[M].北京:文物出版社,1980.

万庚育.北魏时代的艺术[J].甘肃画报,1984(4).

·欧·亚·历·史·文·化·文库·

万庚育.敦煌壁画中的构图[J].敦煌研究,1989(11).

万庚育.敦煌壁画中的技法之一———晕染[J].敦煌研究,1985(1).

万庚育.莫高窟、榆林窟的西夏艺术[M]//敦煌研究文集,兰州:甘肃人民出版社,1982.

万庚育.莫高窟壁画艺术:初唐[M].兰州:甘肃人民出版社,1986.

万庚育.莫高窟盛唐艺术[J].甘肃画报,1984(3).

万庚育.谈谈莫高窟的早期壁画及其装饰性[J].敦煌研究,1981(1).

万骁.试析敦煌壁画中的山水画及山水景致画风[D].南京:南京师范大学美术学院,2004.

钱玲.敦煌壁画山水与中原传统山水画之比较研究[D].长春:吉林大学,2009.

周大正.敦煌壁画与中国画色彩[M].兰州:甘肃人民出版社,2000.

汪泛舟.论敦煌文明的多民族贡献[J].敦煌研究,1995(2).

王伯敏.莫高窟早中期壁画山水探渊[M]//1983年敦煌学术讨论会文集:下篇.兰州:甘肃人民出版社,1985.

王伯敏.莫高窟早中期壁画山水再探[J].学术月刊,1987(8).

王伯敏.中国绘画史[M].北京:文化艺术出版社,2009.

王伯敏.敦煌壁画山水研究[M].杭州:浙江美术出版社,2000.

王惠民.敦煌水月观音像[J].敦煌研究,1987(2).

王洁,陈世钊:敦煌莫高窟隋朝建筑图像解读[J].敦煌研究,2010(4).

王进玉.敦煌壁画中的科学技术[J].自然杂志,1988(11).

王进玉.绚丽多彩的敦煌壁画[J].科学与文化,1986(6).

王苗.敦煌飞天[M].北京:文物出版社,1980.

王逊.敦煌壁画和宗教艺术反映的生活问题[J].美术,1955(11).

王仲纯.从敦煌服饰管窥唐代文化[J].社科纵横,1994(4).

吴健.敦煌佛影[M].北京:美术家出版社,1998.

吴荣鉴.敦煌壁画中的线描[J].敦煌研究,2004(1).

吴作人.谈敦煌艺术[J].文物参考资料,1952,2(4).

夏鼐.敦煌考古漫记[J].考古,1955(1).

向达.敦煌佛教艺术之渊源及其在中国艺术史上之地位[J].敦煌学辑刊,1981(2).

向达.敦煌艺术概论[J].文物参考资料,1951(4).

向达.莫高、榆林二窟杂考[J].文物参考资料,1951(10).

萧默.敦煌壁画中的唐代建筑[J].中华文化画报,2008(4).

萧默.敦煌建筑研究[M].北京:机械工业出版社,2002.

萧默.莫高窟壁画中的佛寺[M]∥中国石窟·敦煌莫高窟(4).北京:文物出版社,1987.

萧默.唐代建筑风貌——从敦煌壁画看到和想到的[J].文艺研究,1983(4).

萧默.中国建筑艺术史[M].北京:文物出版社,1999.

萧默:敦煌莫高窟北朝壁画中的建筑[J].文物,1976(2).

谢成水.敦煌壁画线描集[M].兰州:甘肃人民美术出版社,1998.

谢生保.敦煌壁画白描精粹·敦煌飞天[M].兰州:甘肃人民美术出版社,1995.

谢生保.敦煌壁画白描精粹·敦煌供养人画[M].兰州:甘肃人民美术出版社,1995.

谢生保.敦煌壁画白描精粹·敦煌菩萨[M].兰州:甘肃人民美术出版社,1996.

谢生保.敦煌壁画白描精粹·敦煌图案[M].兰州:甘肃人民出版社,1996.

谢生保.前世善行——敦煌壁画本生故事[M].兰州:甘肃人民出版社,2000.

谢生保.敦煌壁画中的佛传故事画[J].文史知识,1988(8).

新疆艺术编辑部.丝绸之路造型艺术[M].乌鲁木齐:新疆人民出

·欧·亚·历·史·文·化·文·库·

版社,1985.

新修增补大藏经编委会.新修增补大藏经·史传部[M].北京:中国文艺出版社,2005.

宿白.莫高窟记跋[J].文物参考资料,1955(2).

许琪.敦煌早期石窟艺术风格初探[J].中国敦煌吐鲁番学会研究通讯,1988(9).

阎文儒.中晚唐的石窟艺术[J].敦煌研究,1983(3).

颜廷亮.敦煌文化[M].北京:光明日报出版社,2000.

颜廷亮.关于敦煌地区佛教及其文化的历史进程[J].兰州教育学院学报,1999(3).

杨曾文,方广锠.佛教与历史文化[M].北京:宗教文化出版社,2000.

杨曾文.中国佛家史论[M].北京:中国社会科学出版社,2002.

杨惠南.从敦煌到天女散花[J].西北,1980(12).

杨雄.论敦煌壁画的透视[J].敦煌研究,1992(2).

王艳明.中国学者开始全面系统研究敦煌服饰文化[EB/OL].[2005 - 01 - 21] http://news. xinhuanet. com/st/2005 - 01/21/content_2489665. htm.

易存国.敦煌艺术美学——以壁画艺术为中心[M].上海:上海人民出版社,2005.

易雪梅,卢秀文.敦煌唐代图案的民族特色[J].西北民族研究,1996(2).

殷光明.敦煌壁画艺术与疑伪经[M].北京:民族出版社,2006.

张伯远.莫高窟465窟藏传佛教壁画浅议[J].西藏研究,1993(2).

张道一.敦煌莫高窟的装饰艺术[J].南艺学报,1979(2).

张道一.敦煌艺术中的动物形象[J].美术学刊,1980(11).

张敏.唐代佛教人物画创作研究[D].淮北:淮北师范大学,2010.

赵春明.天衣飞扬满壁飞动——试论中国佛教飞天艺术[J].美术,2003(1).

赵声良.敦煌壁画风景研究[M].北京:中华书局,2005.

赵声良.敦煌石窟鉴赏丛书第3辑第2分册第285窟[M].兰州:甘肃人民美术出版社,1990.

赵声良.敦煌石窟鉴赏丛书第1辑第1分册第254窟[M].兰州:甘肃人民美术出版社,1990.

赵声良.敦煌石窟全集·山水画卷[M].香港:商务印书馆,2002.

赵声良.敦煌石窟唐代后期山水画[J].敦煌研究,1988(4).

赵声良.敦煌早期壁画中中原式人物造型[J].敦煌研究,2008(3).

赵声良.敦煌早期山水画与南北朝山水画风貌[J].敦煌研究,1990(4).

赵声良.莫高窟北周壁画风格[M]∥段文杰.1990年敦煌学国际研讨会文集·石窟艺术编.沈阳:辽宁美术出版社,1995.

赵声良.莫高窟第61窟五台山图研究[J].敦煌研究,1993(4).

赵声良.试论莫高窟唐代前期的山水画[J].敦煌研究,1987(3).

赵声良.榆林窟艺术概述[J].丝绸之路,1996(6).

郑炳林.敦煌:中外文化的交融与碰撞[J].敦煌写本研究年报:第3号,2007.

郑汝中.敦煌壁画乐舞研究[M].兰州:甘肃教育出版社,2000.

中央美术学院实用美术系研究室.敦煌藻井图案[M].北京:人民美术出版社,1995.

周大正.敦煌壁画与中国画色彩[M].北京:人民美术出版社,2000.

周绍华.惑而后记[J].中国画研究,1991(1).

周维平.试论敦煌壁画的空间结构[J].敦煌学辑刊,1998(2).

周一良.敦煌壁画与佛经[J].文物参考资料,1951(4).

朱维熊.动物装饰[M].上海:上海人民美术出版社,2000.

索 引

·欧·亚·历·史·文·化·文·库·

·欧·亚·历·史·文·化·文·库·

525

·欧·亚·历·史·文·化·文·库·

·欧·亚·历·史·文·化·文·库·

·欧·亚·历·史·文·化·文·库·

Z

欧亚历史文化文库

已经出版

林悟殊著:《中古夷教华化丛考》　　　　　　　　定价:66.00 元

赵俪生著:《弇兹集》　　　　　　　　　　　　　定价:69.00 元

华喆著:《阴山鸣镝——匈奴在北方草原上的兴衰》　定价:48.00 元

杨军编著:《走向陌生的地方——内陆欧亚移民史话》　定价:38.00 元

贺菊莲著:《天山家宴——西域饮食文化纵横谈》　　定价:64.00 元

陈鹏著:《路途漫漫丝貂情——明清东北亚丝绸之路研究》

　　　　　　　　　　　　　　　　　　　　　　　定价:62.00 元

王颋著:《内陆亚洲史地求索》　　　　　　　　　定价:83.00 元

〔日〕堀敏一著,韩昇、刘建英编译:《隋唐帝国与东亚》　定价:38.00 元

〔印度〕艾哈默得·辛哈著,周翔翼译,徐百永校:《入藏四年》

　　　　　　　　　　　　　　　　　　　　　　　定价:35.00 元

〔意〕伯戴克著,张云译:《中部西藏与蒙古人
　　——元代西藏历史》(增订本)　　　　　　　定价:38.00 元

陈高华著:《元朝史事新证》　　　　　　　　　　定价:74.00 元

王永兴著:《唐代经营西北研究》　　　　　　　　定价:94.00 元

王炳华著:《西域考古文存》　　　　　　　　　　定价:108.00 元

李健才著:《东北亚史地论集》　　　　　　　　　定价:73.00 元

孟凡人著:《新疆考古论集》　　　　　　　　　　定价:98.00 元

周伟洲著:《藏史论考》　　　　　　　　　　　　定价:55.00 元

刘文锁著:《丝绸之路——内陆欧亚考古与历史》　定价:88.00 元

张博泉著:《甫白文存》　　　　　　　　　　　　定价:62.00 元

孙玉良著:《史林遗痕》　　　　　　　　　　　　定价:85.00 元

马健著:《匈奴葬仪的考古学探索》　　　　　　　定价:76.00 元

〔俄〕柯兹洛夫著,王希隆、丁淑琴译:
　　《蒙古、安多和死城哈喇浩特》(完整版)　　定价:82.00 元

乌云高娃著:《元朝与高丽关系研究》　　　　　　定价:67.00 元

杨军著:《夫余史研究》　　　　　　　　　　　　定价:40.00 元

梁俊艳著:《英国与中国西藏(1774—1904)》　　　　定价:88.00 元
〔乌兹别克斯坦〕艾哈迈多夫著,陈远光译:
　　《16—18 世纪中亚历史地理文献》(修订版)　　定价:85.00 元
成一农著:《空间与形态——三至七世纪中国历史城市地理研究》
　　　　　　　　　　　　　　　　　　　　　　定价:76.00 元
杨铭著:《唐代吐蕃与西北民族关系史研究》　　　定价:86.00 元
殷小平著:《元代也里可温考述》　　　　　　　　定价:50.00 元
耿世民著:《西域文史论稿》　　　　　　　　　　定价:100.00 元
殷晴著:《丝绸之路经济史研究》　　　　定价:135.00 元(上、下册)
余大钧译:《北方民族史与蒙古史译文集》　定价:160.00 元(上、下册)
韩儒林著:《蒙元史与内陆亚洲史研究》　　　　　定价:58.00 元
〔美〕查尔斯·林霍尔姆著,张士东、杨军译:
　　《伊斯兰中东——传统与变迁》　　　　　　　定价:88.00 元
〔美〕J.G.马勒著,王欣译:《唐代塑像中的西域人》　定价:58.00 元
顾世宝著:《蒙元时代的蒙古族文学家》　　　　　定价:42.00 元
杨铭编:《国外敦煌学、藏学研究——翻译与评述》　定价:78.00 元
牛汝极等著:《新疆文化的现代化转向》　　　　　定价:76.00 元
周伟洲著:《西域史地论集》　　　　　　　　　　定价:82.00 元
周晶著:《纷扰的雪山——20 世纪前半叶西藏社会生活研究》
　　　　　　　　　　　　　　　　　　　　　　定价:75.00 元
蓝琪著:《16—19 世纪中亚各国与俄国关系论述》　定价:58.00 元
许序雅著:《唐朝与中亚九姓胡关系史研究》　　　定价:65.00 元
汪受宽著:《骊轩梦断——古罗马军团东归伪史辨识》　定价:96.00 元
刘雪飞著:《上古欧洲斯基泰文化巡礼》　　　　　定价:32.00 元
〔俄〕Т.Б.巴尔采娃著,张良仁、李明华译:
　　《斯基泰时期的有色金属加工业——第聂伯河左岸森林草原带》
　　　　　　　　　　　　　　　　　　　　　　定价:44.00 元
叶德荣著:《汉晋胡汉佛教论稿》　　　　　　　　定价:60.00 元
王颋著:《内陆亚洲史地求索(续)》　　　　　　定价:86.00 元
尚永琪著:
　　《胡僧东来——汉唐时期的佛经翻译家和传播人》　定价:52.00 元
桂宝丽著:《可萨突厥》　　　　　　　　　　　　定价:30.00 元

篠原典生著:《西天伽蓝记》　　　　　　　　　　　定价:48.00 元

〔德〕施林洛甫著,刘震、孟瑜译:

　《叙事和图画——欧洲和印度艺术中的情节展现》　定价:35.00 元

马小鹤著:《光明的使者——摩尼和摩尼教》　　　　定价:120.00 元

李鸣飞著:《蒙元时期的宗教变迁》　　　　　　　　定价:54.00 元

〔苏联〕伊·亚·兹拉特金著,马曼丽译:

　《准噶尔汗国史》(修订版)　　　　　　　　　　定价:86.00 元

〔苏联〕巴托尔德著,张丽译:《中亚历史——巴托尔德文集

　第 2 卷第 1 册第 1 部分》　　　　　定价:200.00 元(上、下册)

〔俄〕格·尼·波塔宁著,〔苏联〕B.B.奥布鲁切夫编,吴吉康、吴立珺译:

　《蒙古纪行》　　　　　　　　　　　　　　　　定价:96.00 元

张文德著:《朝贡与入附——明代西域人来华研究》　定价:52.00 元

张小贵著:《祆教史考论与述评》　　　　　　　　　定价:55.00 元

〔苏联〕К.А.阿奇舍夫、Г.А.库沙耶夫著,孙危译:

　《伊犁河流域塞人和乌孙的古代文明》　　　　　定价:60.00 元

陈明著:《文本与语言——出土文献与早期佛经词汇研究》

　　　　　　　　　　　　　　　　　　　　　　定价:78.00 元

李映洲著:《敦煌壁画艺术论》　　　　定价:148.00 元(上、下册)

敬请期待

许全胜著:《黑鞑事略汇校集注》

贾丛江著:《汉代西域汉人和汉文化》

王永兴著:《敦煌吐鲁番出土唐代军事文书考释》

薛宗正著:《汉唐西域史汇考》

徐文堪编:《梅维恒内陆欧亚研究文选》

徐文堪著:《欧亚大陆语言及其研究说略》

刘迎胜著:《小儿锦文字释读与研究》

李锦绣编:《20 世纪内陆欧亚历史文化研究论文选粹》

李锦绣、余太山编:《古代内陆欧亚史纲》

郑炳林著:《敦煌占卜文献叙录》

李锦绣著:《裴矩〈西域图记〉辑考》

李艳玲著:《公元前 2 世纪至公元 7 世纪前期西域绿洲农业研究》

许全胜、刘震编:《内陆欧亚历史语言论集——徐文堪先生古稀纪念》

张小贵编:《三夷教论集——林悟殊先生古稀纪念》

李鸣飞著:《横跨欧亚——中世纪旅行者眼中的世界》

杨林坤著:《西风万里交河道——明代西域丝路上的使者与商旅》

杜斗城著:《杜撰集》

林悟殊著:《华化摩尼教补说》

王媛媛著:《摩尼教艺术及其华化考述》

李花子著:《长白山踏查记》

芮传明著:《摩尼教敦煌吐鲁番文书校注与译释研究》

马小鹤著:《霞浦文书研究》

段海蓉著:《萨都剌传》

〔德〕梅塔著,刘震译:《从弃绝到解脱》

郭物著:《欧亚游牧社会的重器——鍑》

王邦维著:《玄奘》

芮传明著:《内陆欧亚中古风云录》

李锦绣著:《北阿富汗的巴克特里亚文献》

孙昊著:《辽代女真社会研究》

赵现海著:《长城时代的开启
　　——长城社会史视野下明中期榆林长城修筑研究》

华喆著:《帝国的背影——公元 14 世纪以后的蒙古》

杨建新著:《民族边疆论集》

王永兴著:《唐代土地制度研究——以敦煌吐鲁番田制文书为中心》

〔苏联〕伊·亚·兹拉特金等著,马曼丽、胡尚哲译:
　　《俄蒙关系档案文献集(1607—1654)》

〔俄〕柯兹洛夫著,丁淑琴译:《蒙古与喀木》

马曼丽著:《马曼丽内陆欧亚自选集》

韩中义著:《欧亚与西北研究辑》

刘迎胜著:《蒙元史考论》

尚永琪著:《古代欧亚草原上的马——在汉唐帝国视域内的考察》

石云涛著:《丝绸与汗血马——早期中西交通与外来文明》

青格力等著《内蒙古土默特金氏蒙古家族契约文书整理研究》

尚永琪著:《鸠摩罗什及其时代》

石云涛著:《魏晋南北朝时期的外来文明》

淘宝网邮购地址:http://lzup.taobao.com

·欧·亚·历·史·文·化·文·库·